“十二五”国家重点图书
出版规划项目

国家出版基金项目
NATIONAL PUBLICATION FOUNDATION

陕西出版传媒集团
2011年重大出版项目

中国少数民族法史通览

ZHONGGUO SHAOSHU MINZU
FASHI TONGLAN

总主编
张晋藩

作 者
马克林 张世海 李崇林

第三卷

回 族·维吾尔族

陕西出版传媒集团
陕 西 人 民 出 版 社

丛书主编

张晋藩

张晋藩，男，汉族，1930年7月出生，辽宁省沈阳市人。1952年中国人民大学研究生毕业，历任该校法律系讲师、副教授、教授。1983年至1994年任中国政法大学副校长兼研究生院院长、中国法律史研究所所长。现为中国政法大学终身教授、法律史学研究院名誉院长。

1983年被评为中国法制史博士生导师，1988年被评为国家重点学科法制史学带头人，1991年享受国务院特殊贡献津贴。曾兼任：国务院学位委员会第二届法学评议组成员，中国法律史学会常务副会长、名誉会长，中国老教授协会副会长，全国人大常委会内务司法委员会特约研究员，中国法学会理事，等等。现兼任：中国法律史学会专业顾问，中国教育家协会名誉会长，最高人民检察院特约研究员，等等。

曾出版《中国法制史》《中国法律史论》《法史鉴略》《中国古代法律制度》《中国古代政治制度》《中国法律的传统与近代转型》《中国近代社会与法制文明》《中国宪法史》《中国监察法制史稿》《中华法制文明史》等30余部学术专著，主编《中国法制通史》（十卷本）大型学术著作。其中，有的已译成英、日、韩等国文字出版。迄今已发表专业论文200余篇。

2012年，被中国法学会授予“全国杰出资深法学家”称号。

本卷作者

马克林

马克林，男，汉族，甘肃榆中人。现为西北师范大学社会发展与公共管理学院社会工作系主任、教授。主要从事中国传统法律文化、民族社会学等方面的教学与研究。出版《西部人文环境优化研究》等学术专著，发表论文30多篇。

张世海

张世海，男，回族，甘肃临潭人。现任甘肃省民族研究所研究员、副所长，《甘肃民族研究》主编，兼任中国民族学学会理事、中国回族学会副秘书长、甘肃省民族宗教学会副秘书长等。主要致力于中国伊斯兰教及回族学研究。曾主持、参与国家级、省级社科基金项目多项，出版著作2部，主编论集5部，发表论文数十篇，并参与《甘肃省志·民族志》《甘肃省志·宗教志》《中国回族大词典》《回族简史（修订本）》《回族对伟大祖国的贡献》等书籍的编写出版工作。

李崇林

李崇林，女，满族，新疆维吾尔自治区党校副教授。近年来主持国家级和省部级课题5项，发表学术论文30余篇，主要研究方向为法社会学。

《中国少数民族法史通览》总 序

早在公元前2世纪，中国便初步形成了多民族的统一国家，无论国家疆域、社会的物质文明和精神文明，都是由各民族共同开发、共同创造的，其中也包括辉煌的法制文明。在20世纪80年代中国法律史年会上，我首次提出了研究民族法史。在我的倡导与主持下，法史界的一些同道发宏愿纂修一部信而有征的少数民族法制史。希望借此传承与弘扬各民族法文化的优秀传统，展示少数民族的法律智慧，保存存在于少数民族地区的珍稀法制史料，进一步巩固以汉族为主体的中华民族大家庭。同时也可以充实中国法制史学的内容，提高中国法制史学的世界地位。

一、中华民族是统一的、多样性的伟大民族

在世界历史上的文明古国中，由于种种原因，多已失去独立自主的民族生命，或已沦丧其固有的文化传统，唯有中国历经五千多年的历史发展过程，始终绵永其独立的民族生命与文化。这和以汉族为代表的先进文化为基础所形成的统一的中华文化是分不开的。虽然古代有过华夏文化中心论的华夷之辨，有过“非我族类，其心必异”的狭隘民族观，也有过按民族划分社会等级的民族等级观，但并没有妨碍自秦汉以来中华民族便已形成的稳定共同体的绵延与发展。正像发源于巴颜喀拉山下的涓涓细流一样，中华民族也都发源于一个共同的文化传统，尽管血缘上有异，地域上有别，但不存在严格对立的民族隔阂与阻止交流的壁垒。

“中华民族”作为一个整体，不仅有着同源的文化，而且在漫长的发展过程中，不同程度地进行着相互渗透、相互亲和、相互同化。只是由于所处的地域不同、生产过程与方式不同、习俗不同而表现出“族”的特有的形式而已。

数千年来，各民族经过不断的迁徙、杂居、通婚、互市，在文化上互相学习，在血统上互相融合，你中有我，我中有你，民族畛域逐渐消弭，统一的民族精神日益凸

现，这个民族精神，早已超越了一族的界限。正是这种超越一族的磅礴之气，以及各民族在文化同源的背景下的多样性发展，才形成了绚烂多彩的中华文明，凝聚成厚重的“中华魂”。法律作为中华文化的一部分，也有其源与流、干与支的相互关系及内在联系，并由此形成了多样性的统一体。这是我们在探究中华少数民族法制历史时首先应该注意到的。

二、中华法系是集各族法律智慧共同缔造而成的

中国是世界法制文明的古国，具有四千余年从未中断的法制历史。中华法系是世界公认的特色鲜明的一大法系，其中也汇聚了中华各族的法律智慧。早在法律形成时期便表现出了民族间的相互吸收与传承。根据史书记载，上古时期，华夏族以外的苗民，便已开始制定法律，所谓“苗民弗用灵，制以刑……爰始淫为劓、刵、椓、黥。越兹丽刑，并制罔差有辞”①。其后黄帝灭其族而用其刑，使苗民的刑制发展成为整个夏商周三代通行的奴隶制五刑：墨、劓、刖、宫、辟，并沿用至汉初。

特别需要指出的是由战国末期至秦汉逐渐兴盛的匈奴族，是中国历史上北部游牧民族建立的第一个统一的军事政权，并且适应游牧民族调整内部生活与秩序的需要，开始设范立制。史书说：其法，拔刃尺者死，坐盗者没入其家；有罪小者轧，大者死。狱久者不过十日，一国之囚不过数人。②

自秦汉迄南北朝，在中华民族的大家庭中，又融入匈奴、鲜卑、氐、羌、羯等诸民族。从西晋末年开始的“五胡内迁”，到东晋时期与江南东晋政权抗衡的北方“十六国”，再到南北朝时期的北方五朝，少数民族相继在广大的中原地区建立了政权。同时根据统治广大地区的需要，结合本民族的习惯，制定了使用范围不同的法律，丰富了中华法文化的内容，甚至创造了为隋唐时期所直接取法的法律范本。例如，鲜卑族统治的北魏时期，自道武帝拓跋珪至孝文帝拓跋宏，都较为注重法制建设，经历了从习惯法过渡到成文法，再发展到引礼入法的几个阶段。在儒家思想的引导下，并经过汉族律学家的具体帮助，以“齐之以法，示之以礼”③ 为指导思想，终于在太和五年（481）颁布了著名的《太和律》。这部律典既融汇了汉魏晋以来法制建设的成果，同时也保留了某些元魏旧制，可以说是这个时期游牧文化与农耕文化大融合的产物。从程树德先生辑录的魏律遗文中可以看出儒家人本主义对魏律的影响：“世祖定律，

① 《尚书·吕刑》。
② 《史记·匈奴列传》。
③ 《魏书·刑罚志》。

妇人当刑而孕，产后百日乃决，盖本元魏旧制。”① 至于鲜卑后裔建立的北齐王朝，其在法制上的贡献具有承前启后的历史地位，程树德先生评论说：“南北朝诸律，北优于南，而北朝尤以齐律为最。”②《北齐律》开创的新体例，与隋唐律的传承关系十分明晰：“盖唐律与齐律，篇目虽有分合，而沿其十二篇之旧；刑名虽有增损，而沿其五等之旧；十恶名称，虽有歧出，而沿其重罪十条之旧。”③由于各民族坚持不懈地进行法制的创造和法文化的交流，才有隋唐时期中华法系的定型。历史雄辩地说明了中华法系是以汉族为主体，各族共同缔造的。

隋唐时期中国的法律文化、典章制度远播海外，中华法系成为相邻国家和地区的母法。而建立在祖国边陲的吐蕃、突厥、南诏等地方民族政权，各自有着一套行之有效的法律体系。尽管这些法律带有浓厚的地域色彩，并杂有民族习俗和宗教规条，但是不可否认，它们都包括在中华法文化的大法苑中，都是中华法制文明的重要组成部分，都体现了当时少数民族对法制的重视和思考。

唐朝统治者对少数民族的法律和习俗也持认同态度，《唐律疏议》在处理化外人相犯时就提出这样的原则，“诸化外人，同类相犯者，各依本俗法，异类相犯者，以法律论。”在此条的疏议中就特别提出：“‘化外人’谓蕃夷之国，别立长君者，各有风俗。制法不同。其有同类自相犯者，须问本国之制，依其俗法断之。”④ 由此开创了在统一的多民族国家中，不同的民族在特定条件下可以适用本民族法律的先河。这条规定也从一个侧面反映了各族法律的发展状况，以及在互相交流中不断地得到演进的原因。近年来随着考古的发现，隋唐时期各少数民族政权的法律文件已部分地公之于世，为我们认识这一时期少数民族法制状况提供了第一手资料。

由于唐朝对边疆少数民族实行“恩惠抚和”的政策，使众多的少数民族相继内附，而且由于统治者开明的民族观念，使得各民族关系更为和谐，唐太宗曾提道：“夷狄亦人耳，其情与中夏不殊。人主患德泽不加，不必猜忌异类。盖德泽洽，则四夷可使如一家。”⑤ 以致有唐一代，在内附的民族区域建立的羁縻府州县多达856个，“羁縻，犹言维系也”⑥。在这些羁縻府州县中，政权事务由当地少数民族首领世袭管理，原有风俗一概保留，中央政府不加过问。地方仅在军事上“奉征调”，在赋税上

---

①②③ 程树德著：《九朝律考》，中华书局2003年版，第383、391、391页。

④ 《唐律疏议》卷六“化外人相犯”条。

⑤ 《资治通鉴》卷一九七，贞观十八年十二月。

⑥ 《纲鉴易知录·唐纪》卷四十三，中华书局本。

纳贡。许多民族还制定了地方性法规。

宋朝是面对民族问题最多的朝代，宋朝统治者运用法律的手段调整与西北蕃族的关系，制定了《蕃官法》、《蕃兵法》、《蕃丁法》、《茶马法》等法规。在宋朝统治期间，契丹族、党项族、女真族先后崛起，建立了辽、西夏、金等国，分别制定了既吸收中原地区传统法律文化，又具有本民族特色的辽《重熙新定条例》、金《泰和律义》、西夏《天盛改旧新定律令》等。辽金律已佚，只有西夏国天盛年间制定的《改旧新定律令》保存完好。①《天盛改旧新定律令》是中国历史上第一部用少数民族文字印行的法典，其详细程度为现存中古法律之最。法典总计二十余万言，没有注释和案例，全部是律令条文，其内容包括刑法、诉讼法、民法、经济法、军事法，多方位地反映了西夏社会生活的各个方面。②

至元代，在蒙古族的统治下，天下又合而为一，元朝统治的疆域空前辽阔，其法制的创造性则更加明显，譬如独具特色的刑罚体系，平反律目的创立、民事诉讼的程序化、行政法律规范的细化等等，都反映了法制的民族性与创新性。目前存留的《大元通制条格》，既是中华民族法制史上一部重要的法典，又是蒙古族法制文化所达到的高度的表征。

综上可见，隋唐以来各民族的融合和文化上的交流，为封建社会后期法律体系的趋于完备和法律制度的不断完善创造了条件。至清代，民族立法已臻于完备和成熟。

至清代发源于白山黑水的满族早在关外开国肇基时期，便通过颁布《盛京定例》的形式，与蒙古结成巩固的联盟，并促使蒙古族社会关系的法律调整。此外，还采用“参汉酌金”的立法路线，创造了民族特色鲜明而又迅速封建化的关外法制。1644 年入关以后，更将“参汉酌金”的立法路线推向全国。顺治三年的《大清律集解附例》其实是大明律的翻版，随着汉满法文化交流的深化，至乾隆五年修订的《大清律例》已经成为与唐明律相同的正统封建法典。

清朝统治者为了统治疆域辽阔的统一多民族国家，实行“因族制宜、援俗而治”的政策，一方面确认各族的习惯法在该民族地域内继续发挥效力；另一方面，为了巩固多民族统一国家，制定了一系列民族立法，如《蒙古律例》、《理藩院则例》、《回疆则例》、《青海蕃夷成例》、《西藏章程》以及适用于苗疆地区的条例等。《大清会

① 《天盛改旧新定律令》（史金波、聂鸿音、白滨译注，法律出版社 2001 年版），该法典从俄国引至国内，原文献藏于俄国科学院东方研究所圣彼得堡分所写本部。

② 史金波、聂鸿音、白滨译注：《天盛改旧新定律令》，法律出版社 2001 年版，第 3—4 页。

典》里也汇编了有关适用于少数民族的诉讼、审判、定罪、量刑等方面的律例近百条。这都标志着民族立法进入了前所未有的辉煌时期。

以上可见，自从中华民族进入文明时代起，在中华大地上便孕育了包括汉族在内的众多民族。尽管他们在不同的时代由于文化、经济、政治发展的差别而处于不同的历史地位，对于缔造中华法系所起的作用也有所不同，但无论如何，中华法系是各族人民共同缔造的，凝聚了各族人民的法律智慧，是各民族法律文化与法制经验相互交流与吸收的综合结果。

三、习惯法和民间法是少数民族法律体系中的重要组成部分

在悠久的历史长河中，建立独立政权的少数民族毕竟是少数，而建立全国性政权的少数民族也仅有元清两朝而已。绝大部分的少数民族依然固守在世代生活的一隅之地，遵循着传统的习俗和共同推崇的权威，维持着社会的秩序。在政治、经济和文化发展不平衡的统一多民族中国，这种状况是较为普遍的。这些民族的生产和生活如何维持，相互间的矛盾与纠纷如何解决，对财产的侵犯与人身的伤害如何制裁等，都需要依靠约定俗成的规则。这些规则有些是成文的习惯法，有些是不成文的习俗。虽然简陋，但却具有很高的权威性与约束力，发挥着对该族内部生活的调整作用，这是我们研究与撰写少数民族法制史所不可忽视的。事实上在国家大法难以完全覆盖到的角落，家族法、习惯法、民间法，或者其他风俗习惯都对建立与维持一定的秩序起了重要的乃至主要的作用。韦伯在论中国传统皇权治理模式时说：“出了城墙以外，统辖权威的有效性便大大地减弱，乃至消失。”① 这论断虽然稍嫌绝对，但却揭示了一个现象：在乡土中国，确实存在王法难以达到的真空，何况在少数民族聚居的边远地区。所以在研究与撰写少数民族法制历史的时候，需要探究在该民族地区起着实际作用的法源；需要了解在该民族生活秩序中，法与情、法与理是如何统一的；尤其是需要掌握具有共同性的法律意识的生成、发展及其作用。毕竟一部法典的生命力是有限的，而内蕴在少数民族内心的法律意识是世代相沿的，尤其是在相对闭塞的角落中更是如此。

在20世纪50年代以前，独龙、怒、傈僳、德昂、阿昌、景颇、阿瓦、拉祜、纳西、基诺、黎、布朗、赫哲等十几个民族或这些族群所在的部分地区，原始社会色彩还相当浓厚。不仅不可能拥有成文法，甚至连本民族文字都没有，它们的法律还处在

① 韦伯著，洪天富译：《儒家与道教》，江苏人民出版社1993年版，第109页。

世代相传的祖先训谕与原始宗教规条以及部落首领的训诰层次上。如景颇族的“通德拉”，即属于早期习惯法的范畴，对于这些习惯法的解释和执行，由部族头人和巫师负责。正如前文所阐明的各少数民族之间的发展是不平衡的，譬如凉山的彝族在新中国成立初期还处于奴隶社会，头人作为奴隶主行使着处罚大权，运用习惯法（彝语称“节威”），来维护奴隶主的特权和对奴隶的剥削压迫。较之彝族发达的西藏的藏族、云南西双版纳的傣族在当时已经处于农奴制社会。

藏族是一个具有悠久历史的古老的民族，从吐蕃初期制定的教法戒律，到松赞干布根据佛教“十善”制定的“法律二十条”称为吐蕃成文法的母法，无论是《王朝准则之法》还是《伤人赔偿律》、《盗窃追赔律》，都以它为基准，逐渐形成了在历史上典型的地方少数民族的成文法体系和丰富的法律内容。至清朝统治时期，清政府还通过制定“则例”“章程”“条例”等部门法的形式对西藏进行全面的管理。与中央立法相对应，西藏地方政府也制定了一些重要的法规，主要有五世达赖时期的《十三法》、青海果洛地区的《红本法》、德格土司的《法律十三条》，毛垭土司的《十三条禁令》等。藏族法律形成的多样性以及宗教戒律、道德规范与法律规范的结合，构成了藏族独具特色的、多元的法律文化。

聚居在西南边陲的傣族，长期以来就适用本民族习惯法。远在 12 世纪，首领叭真统一各部建立勐泐政权，随后历代宣慰司和勐泐土司为了维持封建领主的地位，颁布了一系列封建法规，如西双版纳傣族的民刑法规、礼仪规程和孟连宣抚司法规等。此外，壮、布依、侗、苗、瑶、土家、畲、白、回、维吾尔、蒙古、满等 30 多个民族则处于封建社会的中前期。如在苗族地区，基本上是按宗支建立自己的社会组织，即所谓“立鼓为社”，各鼓社均有自己的民主议事制度，并根据古礼和传统习惯制定规约。明清时期，苗疆各民族的习惯法经过长期的演化，逐渐丰富起来，成为具有普遍约束力的“苗例”。它涉及社会生活各个方面，内容相当广泛。经过历代中央政府的认可，苗例在苗疆地区长期适用。

再如侗族，其习惯法为“约法款”，其中的法律条文成为“款词”。款词原本是靠侗族人民口耳相传，后来采用汉字记录语音的方式辑录下来，成了现在的成文形式的侗族习惯法。

总之，少数民族习惯法和民间法的数量是众多的，形式是多种多样的，其内容主要是对贼盗犯罪的惩治和以罚牲畜作为刑罚的主要手段；在审判上运用多种形式的神明裁判。① 这些少数民族的习惯法与民间法，历史悠久，特色鲜明，它密切联系社会生活，服务于社会生活，具有深厚的群众基础和较高的权威，起着相当有效的调整作用。它们的存在有其必要性与合理性，是需要以理性的态度对待的。

需要指出的是，有些少数民族经过一番斗争，才获得了适用本民族习惯法的法定权利。以苗疆各族为例，苗疆各族人民多次进行争生存、反压迫的武装起义，迫使清朝在立法中确认苗疆少数民族习惯法的法律效力。据《清高宗实录》卷一三九载："若苗与苗非聚众而自相杀伤、偷盗，苗人愿照苗例完结者，免其相验解审。""一切（苗人）自相诉讼之事，俱照苗例完结，不治以官法。"《大清律例》卷三七"条例"："苗人与苗人自相争讼之事，俱照苗例归结，不必绳之以官法，以滋扰累。"

随着社会的发展进步，少数民族间的习惯法与民间法也处于由粗俗趋向细密，由野蛮趋向"文明"的进步过程中。正因为如此，整理少数民族固有的习惯法、民间法对于保存传统的法文化资料是十分紧迫的。

四、"通古今之变"是研究少数民族法制史应有的态度

由于历史的发展具有连续性，所以研究少数民族法制史时不能只局限于特定的历史时期，还需要纵向地考察法律内容的嬗变与联系、法律思想的传承与发展，总之要通古今之变。但绝不意味着仅仅是为了叙述其发展过程，厘清其发展轮廓。首先，是为了抽象各少数民族法制历史发生发展的规律性。譬如，秦汉以降在统一多民族的中国，各个民族大小不同、强弱不同、语言不同、居住环境不同、经济类型不同、文化和社会发展程度不同，这些都必然反映在各族群的实际生活与思想意识当中，由此形成了不同民族的法观念和立法的特点，它们在共同性中又存在着明显的差异性。又如，少数民族在取得政权以后（无论是全国性的还是地方性的），法制建设都会出现跳跃式的发展，往往从简单、落后的习惯法跃升到封建性的成文法典，北齐律可以看作是一个最明显的典型。这不是偶然的，是适应先进的汉族的生产方式与社会生活借以存在的需要，同时也和法文化的交流融合分不开。恩格斯说："文明较低的征服者，在最绝大多数的场合上，也不得不和那个国度被征服以后所保有的较高的经济情况相

① 民族志研究者根据田野调查，发现时至今日，在我国一些少数民族地区，对一些纠纷仍然保留传统神判方法，如景颇族，村里的仲裁者在证据不足又不能排除犯罪可能的情况下，就运用神判，目的是借助于神的意志来判定告发人和嫌疑者谁是谁非。其常用的办法有闷水、捞沸油锅、煮米、鸡蛋清卦、斗田螺、捏鸡蛋、诅咒、叫天等等。

适应；他们为被征服的人民所同化，而且大部分甚至还采用了他们的语言。"① 法律的发展也是如此，中华民族内部法文化的交流与融合一直未曾停止过。

其次，是为了总结中央政府在处理民族关系上的历史经验与借鉴。譬如在汉族中原王朝"大一统"思想的主导下，从少数民族政治、经济、文化的差异性以及与内地发展水平的不平衡性出发，采取一定的因族因俗制宜的自治方式或原则。强调"修其教不易其俗，齐其政不易其宜"②，"以其故俗治"③，"各依本俗治"④，"天子之于夷狄，其义羁縻勿绝而已"⑤，"荡佚简易，宽小过，总大纲"⑥，"临时制宜，略依其俗，防其大故，忍其小过"⑦。既强调其因俗制宜，赋予一定的民族自治权，又强调中央政权的管辖与法律的统一适用。这两者结合，是中国古代治理少数民族地区成功的经验，对于今天加强民族关系的法律调整都有历史的借鉴意义。

除此之外，为了维护和巩固统一的多民族国家，中央政府还采取必要措施保证国家对少数民族地区的立法权和司法管辖权，从而形成了中国各民族多元一体的法律发展格局。如何发掘和利用民族法文化的本土资源，使民族的习惯法与国家法律有效地衔接并逐渐一体化，将会促进依法治国的方略在广大疆域的实施。

最后，通过深入挖掘整理民族法文化遗产，将会极大地丰富中华民族的法律文化宝库，繁荣民族法学。由于少数民族发展本身具有不平衡性，无论法律意识、法律思想、法律实践、法律表达在不同的少数民族间存在很大的差距。有的少数民族没有自己的文字，民族的形成又比较晚；而有的民族虽然显赫一时，如契丹族，却早已经消亡以至难觅其踪迹。所以要编写出少数民族法制史，必须要进行广泛的田野调查，收集散失在民间的珍稀法律史料，由今及古复原出少数民族最真实的法制发展进程中的图景。法国史学家马克·布洛赫提到历史学家的技艺时曾谈道："史学家所要把握的正是它在每个阶段中的变化，但是在历史学家审阅的所有画面中，只有最后一幅才是清晰可辨的。为了重构已经消逝的景象，他应该从已知的景象着手，由今及古地伸出

---

① 恩格斯：《反杜林论》，载《马克思恩格斯选集》第 3 卷，人民出版社 1972 年版，第 222 页。

② 《礼记·王制》。

③ 《汉书》卷四二。

④ 《唐律疏议·刑名》。

⑤ 《史记》卷一一七。

⑥ 《资治通鉴》，卷四八。

⑦ 《后史记》卷八七。

掘土机的铲子。”①

系统地编纂中国少数民族法制史是一项前无古人的事业，它的出版必将深化已有的民族法制史研究成果，全面弘扬中华民族的法律文化，使原先隐藏在历史烟尘中的明珠能够在世界法制舞台上熠熠生辉！由于中国少数民族传统法律文化内容极其丰富，而且处于不断发展变化之中，所以编纂这套《通览》并不意味着对少数民族法制史研究的结束，而只能说是一个阶段性成果。“路漫漫其修远兮，吾将上下而求索。”屈子的吟唱同样适用于我们对于少数民族法制历史的探求。

早在1983年，我于中国法律史学会西安年会上第一次提出编写中国少数民族法制史的意见，其后在论及中华法系的特点时，也一再强调中华法系是由汉族为主体的中华民族共同缔造的，但是编纂少数民族法制史的想法一直未能落实。直到1999年岁末，在时任中共云南省委常委、政法委书记秦光荣同志的支持下，我于昆明召开了全国相关学者参加的编写《中国少数民族法史通览》研讨会，后又争取到多项基金的支援，才使得这个计划得以逐步实现。

编写这样一部卷帙浩繁的、前人所未做过的文化工程，困难是很多的。我们虽然勉力以赴，但缺点与不足之处，甚至错误都难以避免。敬请读者批评指正。

张晋藩

2014年9月

① 〔法〕马克·布洛赫著，张和生、程郁译：《历史学家的技艺》，上海社会科学出版社1997年版，第38页。

[目 录]

回族法制史

维吾尔族法制史

回族法制史

HUIZU FAZHISHI

导 论

一、法社会学视野中的回族法制史

在我国各少数民族中，回族在历史上不像满族、蒙古族、藏族那样掌握过中央政权或比较稳定的地域性政权，而是始终处于历代政权的直接行政管理之下，没有自行制定过系统的法律制度。历史上的元、明、清各朝代及近代的民国政府都曾制定过一些涉回法令，但它们都是以中央政权的名义制定的，这些法令是我国传统法制历史的组成部分，并不能构成研究回族法制史的独立的规范对象。从法社会学、法人类学的观点出发，法被理解为开放的、运作的规则、制度和活动，法的根本作用在于对社会秩序的维护与制约，除了国家制定的法律外，社会组织和民间权威认可的规范（诸如宗教法、习惯法、家法族规等民间法）也发挥着法的作用，而且国家法的有效性也只有在社会运行中才能得到真正的体现，“那些仅仅停留在书面文字（法典、法律、法规）上，长期不对社会生活发生实际作用的规则、原则，并不能算作法，正像一台根本不起计时作用的‘钟表’不能算作钟表一样”①。因此，对回族法制史的研究需要从法社会学的视角加以展开，才能深入进行下去。

法社会学研究的主要特点在于注重法的实际运行、实际作用和效果。西方法社会

① 张文显：《法律社会学的法概念》，载李楯编《法律社会学》，中国政法大学出版社 1999 年版。

学研究者在对法的概念和内涵进行分析时，强调“非国家的法”和“行动中的法”两个特点。“非国家的法”的观点，突出表现在人类学家的著作中，他们把法的概念从国家领域扩展到非国家领域，认为“法”这种现象无论在文明社会还是在野蛮社会都存在。马林诺夫斯基通过对太平洋岛屿土著部落的深入研究，认为法是赋予一方以权利、另一方以责任的有约束力的规则，它是由社会结构所固有的特殊机制加以维持的，其最基本的作用就在于约束人类某些自然的癖好，限制和制约人类的本能，强化一种非出自于本能的义务性行为①。霍贝尔认为：“如果忽视或违反一种社会规范，按例会受到拥有社会所承认的特权的个人或群体的有形暴力的使用或以其相威胁，那么，这种社会规范就是法律。”② 这一“法律”概念的定义，核心在于强调以社会强制力为基础的社会规范也是法，认为法是一种有强制力的由特殊的机制所保证的行为规则，不仅国家的行为规则具有强制力，而且许多社会组织的行为规则，如教法、族规、行会章程等等，也具有强制力，并且有特殊的机构保证其实施。因此，国家和各类社会组织的行为规则都具有法的属性。

“行动中的法”的观点，是把人们对法的认识从法律规则、“书本上的法”转移到法的实际运作，转移到在现实中起着法的作用的东西。布莱克认为，法并不是人们通常所理解的国家颁布的法律规则本身，而是在现实生活中能够衡量其大小多少的各种各样的法律行为，即“行动中的法”③。庞德也主张重视“生活中的法律”，认为“法律是知识和经验的集合体”，法律在一个封闭的容器中不可能得到健康发展，应从功能的角度来看待法律制度、法律学说和法律律令，应当把法律看作一种社会工具或当作社会控制的一部分进行研究④。日本法社会学家千叶正士针对西方传统法学理论中的法律集权主义，提出法律多元主义观点，他把一个社会的法律体系分为官方法、非官方法和法律基本原理三个层次，其中非官方法是国家之外的社会权威认可的，如宗教法、家庭法、地方法、少数民族法等制度规范和价值体系，这些非官方法对官方法的效果有某些特别影响，能够补充、反对、修改或削弱官方法，如果由国家正式认

① 〔英〕马林诺夫斯基：《原始社会的犯罪与习俗》，原江译，云南人民出版社 2002 年版，第 40—41 页。

② 〔美〕霍贝尔：《初民的法律：法的动态比较研究》，严存生译，中国社会科学出版社 1993 年版。

③ 〔美〕布莱克：《社会学视野中的司法》，郭星华等译，法律出版社 2002 年版。

④ 〔美〕罗·庞德：《通过法律的社会控制》，沈宗灵、董世忠译，商务印书馆 1984 年版。

可并在与国家法一致的情况下运用，也可纳入官方法。① 以上观点表明，法社会学的研究坚持法与社会的相互联系，重视法的实际运作，把法律置于整个社会中，分析各种社会的、政治的、心理的以及文化的诸因素对于法及其运作的作用和影响。可以说，法社会学的理论为人们提供了新的研究思路，它要求我们立足于广阔的社会生活，从政治、经济、哲学、宗教、习俗、传统等多个角度或层次对法律的文化背景、形成机制、发展趋向以及可能的解决方法等问题进行深入、细致、全面的探讨，从而拓展了法学研究的领域和视野。

法社会学的理论和方法在近年法学领域的显著影响之一，是关于“民间法”研究的开拓性研究。从理论渊源看，民间法的概念发端于西方人类学和社会学界对社会规范的多元性特征的理论分析，经我国学者的学术实践和不懈努力，已展示出不少有影响的研究成果，产生了广泛的学术影响。民间法的理论认为，社会之存在与发展依赖于秩序，秩序之维持则靠的是规范。规范有多种多样，源于国家权威者称之为法律，其他则称之为“非国家法”、“非官方法”、“本地法”、“习惯法”、“民间法”等等。民间法与国家法之间并非互不相干，其间的相互渗透与吸收、冲突与消解在任何国家任何时期都存在。因此，民间法等非正式的规范需要进入也能够进入法学的视野，展示其对社会秩序的意义。因为在现实生活中，我们已经看到，具有现代法治精神的国家法律还未能充分渗透到社会生活的深层并真正深入人心，未能在民众的心目中生根，旧的社会控制体系虽在总体上已被放弃或失灵，但新的法律体系尚未进入稳定有效的运行状态，不少人依然习惯于按伦理、习惯行事，许多人的法律观念与行为存在着明显脱节。事实表明，简单地认为通过制定完备的法律体系就可以改变人们的生活，可以实现社会的深刻变革，将是片面的。因为法律秩序的建立，不能单纯靠制定若干法律条文和设立若干法庭，更重要的是还得看人们如何对待它。在现实面前，许多由法律肩负的社会功能还没有充分显露出来，表现出一种功能欠缺和功能滞后的弊端。基于上述实际问题的存在，满足于就法论法的思路显然需要调整，借鉴和采纳法社会学的一些分析方法就成为可供选择的途径。在这种情况下，法学研究不仅要进行法律的规范研究和实证研究，而且还应当具备和体现社会学的知识和底蕴。正如一些学者所强调的，应改变传统法学研究方法中缺乏自我审视、自我批判的合理怀疑精神倾向和唯书唯上、崇尚权威的僵化的思维模式，重视研究法的社会功能和社会效益，

① 〔日〕千叶正士：《法律多元》，强世功等译，中国政法大学出版社1997年版，第149—151页。

强调法与民族传统文化模式及其心理结构的关系，致力于研究我国社会中普遍存在并构成社会秩序基础的各种习惯法、乡规民约等民间法方面，在此基础上，建立多元主义的法律模型，使各种社会生活中合理的法律秩序和非法律秩序成为对正式法律秩序的有益补充和促进①。

在多民族国家里，各民族的宗教法、习惯法等民间法是国家制定法之外的非正式规则体系，是多民族国家法文化体系中的法律亚文化。所谓法律亚文化，是指由“一个社会中多种多样的社会小气候和社会小圈子”所体现的法文化形式②。法律亚文化与国家制定或正式认可的法律相对照，是在现实生活中实际起到与法律同样作用的社会规则。我国从秦汉以来就是统一的多民族国家，不同民族在各自的发展中所形成的多元文化格局是中华文化的一个显著特点。与此相对应，不同的民族形成独特的法文化，作为表现民族法文化的各民族民间法调整着民族社会生活中的方方面面，使远离国家法的少数民族社会秩序井然。纵观我国几千年来法制发展的历史，各地区、各民族都对丰富中华民族的法制传统做出了自己的贡献，风格各异的少数民族文化、民情风俗和社会规范，构成了法律传统的多样性，各种传统的法观念在人们心目中潜移默化，深深扎根，礼治、德治、人治、神治、家族宗法、民间调解等等都是传统民族法文化的表现形式。就法学研究而言，大量现存于各少数民族社会生活中的传统的行为规范、实物形态、口传及文字资料，为我们探讨中国少数民族法制文化的特点，了解其产生、演变、发展趋势提供了丰富的内容，对于正确对待和处理现代法治与传统法文化的关系具有重要意义。

回族是全民信仰伊斯兰教的民族，传统的回族社会在受到历代中央政权直接管理的同时，又受到伊斯兰教的深刻影响。伊斯兰教不仅支配着回族穆斯林的精神世界，也深刻影响着他们的世俗生活。伊斯兰教法对回族穆斯林的法观念、法行为以及社会生活的许多具体方面，诸如婚姻、家庭、财产继承、经济活动等等，都具有不容忽视的影响。因而，回族法制的历史进程深受伊斯兰教法的影响。当然需要强调的是，回族所处的社会文化背景，决定了伊斯兰教法只能在回族社会特定领域发挥作用；回族社会的法制除了伊斯兰教法的内容外，还包括回族在其历史发展过程中形成的秩序规范，以及吸收汉族等各民族法制的内容。

---

① 田成有：《法律社会学的学理与运用》，中国检察出版社 2002 年版，第 69—71 页。

② 〔日〕千叶正士：《法律多元》，强世功等译，中国政法大学出版社 1997 年版，第 40 页。

当今，随着全球化的不断发展，西方国家的民族正体现着“从民族精神的民族到国家公民的民族”的发展趋势①，我国各民族的文化观念也正在发生显著变化，向共同方向发展的趋势日渐明显。但是，在社会主义初级阶段，各民族之间在政治、经济、文化上的差异还会长期存在，不可能一夜之间就跨越过去。这些差异的存在，是我们强调研究、了解不同民族法制文化传统的一个直接的、现实的、重要的原因；我国的宪法、民族区域自治法等赋予民族自治地方“按照当地民族的政治的、经济的、文化的特点”进行自治立法和变通执行的权力的根本原因也在这里。因此，充分认识和重视回族等少数民族法制文化的作用与地位，充分挖掘和发挥其应有的作用，是具有积极意义的课题。

二、回族法制史研究的意义

其一，拓展回族文化研究的领域。文化是民族差异性的重要表现，不同类型的文化，是各民族在社会实践活动中创造和传承的所有文明成果的总和，同时，它对各民族的社会生活发挥着能动作用。在文化的构成要素中，法制文化是不可缺少的一个方面，因为“文明社会以来，在法律的发展中，国家之法一直扮演着重要的角色，人们的法律地位与法律命运往往因国籍而异。但族群之法也是国家之法的辅助形式”②。由于伊斯兰教的广泛影响，伊斯兰教在非伊斯兰教国家的一些民族中传播的同时，伊斯兰教法中的许多内容也成为这些民族民间法的重要组成部分。回族文化是一个集宗教、世俗、精神、物质、科技于一体的多层次结构，是一个庞大的文化综合体。在回族历史与文化的研究中，人们往往从宗教、道德、习俗等方面探讨其社会作用，而缺乏法制文化概念方面的认识。回族法制史的研究力图表明，回族传统法制文化包含了观念形态的精神文化和规则体系的制度文化，它对回族社会成员的思想意识和行为方式具有重要导向、规范和制约作用，调整着人们的社会关系，规范着社会秩序，凝聚着全民族的力量。因此，关于回族法制史的研究，为认识回族历史和文化提供了一个新的视角。

其二，有助于加强对中国法律传统多元性的认识。中国法律传统是以居于正统地位的儒家化法律体系和中国各少数民族习惯法在相互吸收和影响中形成的。中国传统

---

① 〔德〕哈贝马斯：《后民族结构》，曹卫东译，上海人民出版社 2002 年版，第 18 页。

② 高鸿钧：《法律成长的精神向度》，载《环球法律评论》2003 年冬季号。

法律文化在发展过程中吸收了周边少数民族习惯法的内容。从制度层面看，它不仅包括以汉族为主体的中原王朝法律，也应包括中国少数民族习惯法在内。在大多数历史时期，大一统的中央王朝法律与各少数民族地区的法律和习惯法长期并存，中央王朝根据统治需要，通过各种形式的立法对民族地区法律关系进行调整，各少数民族在受到以汉族为主的中原王朝法律影响的同时，也产生或发展着各自的法制。但以往对中国传统法制的研究，往往将其简化为对儒家法制的研究，而忽略了各少数民族法制存在和发挥影响的事实。有识之士早就注意到这一问题。法律史学家张晋藩教授曾指出："如果不了解少数民族法律制度，就不能了解我国多民族国家法律文化发展的全貌和中华法系形成的整体过程。"① 近些年来，有关少数民族法制文化研究的活跃，正是上述观点付诸研究实践的体现。

在探讨中国法律传统的多元性方面，回族法制史的研究具有独特的意义。回族传统法制作为中华法文化体系中的法律亚文化，其重要特征之一就是深受伊斯兰教法的影响，通过透视中国传统儒家法律文化和外来的伊斯兰教法文化对回族的影响，可以了解中华法系和伊斯兰法系以回族为媒介而碰撞、交融的状况，并深入思考法律文化发展演进的一般规律。当然，对两大法系的比较研究并非本书探讨的重点，也非本书所能涵盖。因为伊斯兰教作为世界性宗教，它在伊斯兰国家和非伊斯兰国家的穆斯林中的影响力和表现状况有很大差别。伊斯兰教是融宗教、道德、法律于一体的律法型宗教，在古代伊斯兰国家，伊斯兰教法以政教合一的政权为后盾，成为治理国家的根本大法。而在非伊斯兰国家的穆斯林社会群体中，由于伊斯兰教不可能成为国家意识形态，教法的适用受到限制，遵守国法成为穆斯林立足的基本前提。伊斯兰教在中国的传播与发展过程中，无论在哪个层面，似乎都不存在真正原初意义上的神圣权威与行政权威结合的网络。中国伊斯兰教从未掌握过中央政权，从未成为大多数人的意识形态，其覆盖面有很强的地域性，多是远离政治中心的边缘地区。这是审视、认识和把握中国伊斯兰教实际影响的基本依据。但是，伊斯兰教法的重要特点之一是民事法律部分发达，有"私人身份法"之称，这与"重刑轻民"的中国法律传统形成明显对照。伊斯兰教尽管也要求穆斯林服从世俗政权，但更强调信教者服从真主的意志，注重按教义立身处世，在可能的情况下，穆斯林更乐于服从教法的裁决。这些都意味着伊斯兰教法在中国各族穆斯林社会中具有发挥作用和影响的空间。因此，伊斯兰教法对回族传统社会的实际表现成为本书着力探讨的问题。

---

① 徐晓光：《藏族法制史研究》，法律出版社 2001 年版。

其三，对探求我国少数民族地区法制建设中处理国家法与少数民族习惯法的关系问题具有特定的个案价值。民族法制建设是我国法制现代化的重要组成部分。少数民族地区社会的发展、人民生活的安定和改善与现代法制的保障有着密切的关系，而国家法律的制定和实施又与各民族的传统法制文化紧密相连。中国奉行民族平等、互助、共同发展繁荣的民族政策，用民族区域自治的政治方式解决国家及其法制的统一，并注重照顾各少数民族政治、经济、文化特点，赋予民族区域自治地方制定自治条例和单行条例的权利，从而使民族自治地方享有立法权和变通实施国家法律的权利。这种权利的应用要求揭示出各民族的法制文化及其对当今实际生活的影响，从而正确制定法律来规范社会行为，并促进法律的有效实施。因此，如何有效地实现国家法与各民族习惯法之间的良性互动，是实现法制现代化和完善民族区域自治制度的重要课题。由于各少数民族社会发展程度的多样性所呈现出的差异，也相应在法制文化演进过程中形成多种个案。在回族社会现代化进程中，探讨传统法制文化的发展历程及其结构、特征、功能，对于研究回族社会发展机制，促进回族社会现代化进程具有重要意义。回族在长期的历史发展过程中，虽已被纳入了统一的中央政权，但由于法制文化的社会效应以及回族文化的相对封闭性，回族社会内部的运作在不少方面尚多依赖于自身的社会规范。因此，这种规范就与回族的整个社会面貌样式，一起成为回族历史发展中的独特现象而具有个案价值，分析这一个案，将有助于认识和总结回族社会法制现代化的特殊机理。

其四，回族法制史的研究还体现了运用跨学科研究的视角与方法尝试探索的意义。对回族法制史问题的研究，是一项涉及民族学、法学、宗教学等多学科的交叉性、综合性研究的尝试。在学科交叉、知识更新的时代，我们常常可以看到，长期以来，画地为牢的知识结构和学科研究，已经使人们在观察社会时失去了其研究领域中某些重要的视角。边缘学科、交叉学科的产生，正体现了这种认识上的需要。本书的研究以法学为出发点，但分析的对象和具体内容则属于民族学、宗教学、社会学等学科范围。法律的产生、发展历史表明，法律并不是任何意义上的法律学者的私藏品，而是动态的、开放的、与纷繁复杂的社会密不可分的文化现象，局限于概念法学、分析法学中的传统法学往往使法学本身陷入危机境地。法学发展的现实正在表明，哲学、社会科学和自然科学的学者从各自的领域对法学的“渗透”，相应出现了法哲学、法社会学、法宗教学、法律信息学等一批新学科。法与民族群体的密切关系产生了法民族学（法人类学），传统社会法律与宗教的交融关系，也要求从宗教学的角度探讨传统法的内涵与特征。因此，本书从法社会学的视角探讨回族传统法制现象，并深入探讨伊斯兰教与回族法制的关系，当属于上述跨学科研究的具体实践与探索。

第一章

回族的源流、形成与发展

回回民族，简称回族，历史悠久，人口较多，分布广泛，是目前中国56个民族大家庭中的重要一员。据2010年第六次人口普查统计，全国回族人口共1058.61万人，分布在31个省、自治区、直辖市，呈“大分散、小集中”的特点。全国约一半回族人口聚居在西北各地，其中宁夏回族自治区回族人口最多，达217.38万人，甘肃省次之，共有回族人口125.86万人，新疆和青海回族人口也较多，分别为98.3万人和83.43万人。除上述西北省区外，回族人口在20万人以上的省、自治区、直辖市还有河南、云南、河北、山东、安徽、辽宁、内蒙古和北京等，在10万人以上的有贵州、陕西、江苏、吉林、福建、四川、黑龙江和天津等。

新中国成立后，实行民族区域自治制度，回族人口聚居较多的一些地区，先后建立了各级民族区域自治政权。目前，全国回族自治地方共有14处，即1区、2州、11县，分别为宁夏回族自治区，甘肃临夏回族自治州、新疆昌吉回族自治州，甘肃张家川回族自治县、新疆焉耆回族自治县、河北孟村回族自治县、河北大厂回族自治县、青海门源回族自治县、青海化隆回族自治县、青海省民和回族土族自治县、青海省大通回族土族自治县、云南省巍山彝族回族自治县、云南省寻甸彝族回族自治县和贵州省咸宁彝族回族苗族自治县。另外，国家还批准建立了四个城市回族区，即呼和浩特市回民区、郑州市管城回族区、开封市顺河回族区、洛阳市瀍河回族区，以及137个回族乡镇，以作为民族区域自治制度的有益补充形式。

“回回”一词作为我国回回民族的族称，在现代已是家喻户晓了。但该词最早出现时的确切含义以及在历史发展的不同时期所包含的意义，并非像现在这样清晰明朗，而是错综复杂、变化不定的。因此引起诸多史学家的兴趣，对“回回”一词展开研究，提出了各自的见解。

最早出现“回回”一词的我国历史文献，大概是北宋时期沈括的《梦溪笔谈》。该书卷五《乐律》中有《边兵凯歌》五首，其四云：

旗队浑如锦绣堆，银装背嵬打回回。

先教净扫安西路，待向河源饮马来。

这是迄今为止所发现的我国历史文献中关于“回回”的最早记载。对这里出现的“回回”一词，史学界历来众说纷纭，莫衷一是。20世纪30年代，从《梦溪笔谈》中发现这首《边兵凯歌》的金吉堂认为：“假令歌中‘打回回’之回回无他项解释，而是指一种民族言……则回回之名在北宋中叶已有之矣。”① 但他未对该词的确切含

① 金吉堂：《中国回教史研究》，宁夏人民出版社2000年版，第3页。

义做更进一步的探究。其后，王日蔚研究指出："其所用'回回'一名，乃回纥、回鹘之转，与伊斯兰教并无关涉。"① 王日蔚的这一观点为大多数研究者所接受，以后的研究者大多沿袭此说。20 世纪 40 年代初，杨志玖系统论述了"回回"一词的源流，认为"'回回'一词为回纥或回鹘的声音的转变，这已是学者所公认的事实"，"所以用'回回'而不用'回纥'或'回鹘'者，一定因为'回回'这一词是流行于当时社会的'大众语'，也就是沈括所认为'市井俚鄙之语'的一类"。"民间用'回回'来代替'回纥'、'回鹘'的原因并不难探知。'纥'、'鹘'这两个字对于一般民众相当难认难写。因此当他们听说这种人是回纥或回鹘时，他们一定辨不清第二个音所代表的字。于是把第二个音也听成和第一个音相同的字，而把回纥或回鹘称为'回回'。'回'字既易写，也易认，念起来又很顺口，因之'回回'这两个字便流行民间。"② 同一时期，白寿彝在其《中国回教小史》中指出，"元时'回回'一名开始代替'大食人'，被认为信仰伊斯兰教者的名称。在它代替'大食人'一名词之前，本是'回鹘'、'畏兀'的变音，是专指维吾尔民族说的。后来又用这个名词兼称波斯人"③。新中国成立初期，白寿彝又在其《回回民族的新生》中，把从"回纥"或"回鹘"到"回回"的转变原因，进行了高度概括："'回回'和'回纥、回鹘'，音既相近，又比后两个名称写起来更简便，也可能就是后两个名称的简写或俗写。"④

1979 年以来，对"回回"一词又展开了进一步的探讨。罗禹对"回回"与"回纥"、"回鹘"的关系进行了考证，进一步指明："我国史书上首次出现的'回回'一词，乃是指生息在以吐鲁番盆地为中心的高昌回鹘而言，实指的是我国历史上的一个民族共同体。"⑤ 但也有人对上述观点提出异议，如汤开健认为，《梦溪笔谈》中的"回回"一词绝不是"回鹘"或"回纥"的音转，"此处的'回回'应该是指西夏"⑥。甚至还有人认为,《梦溪笔谈》中的"回回"一词根本就不是指某种人,而只是一个形容词，等等，不一而足。尽管诸说纷纭，但"回回"即"回纥"或"回鹘"的

---

① 王日蔚：《回族回教辩》，原载《禹贡半月刊》第 5 卷 11 期（1936 年），转引自《中国伊斯兰教史参考资料选编（1911—1949）》上册，宁夏人民出版社 1985 年版，第 234 页。

② 杨志玖：《"回回"一词的起源和演变》，原载《中国回教救国协会会刊》第 2 卷 1 期（1940 年 7 月），转引自《中国伊斯兰教史参考资料选编（1911—1949）》上册，宁夏人民出版社 1985 年版，第 226—227 页。

③ 白寿彝：《中国伊斯兰史存稿》，宁夏人民出版社 1983 年版，第 21 页。

④ 白寿彝：《白寿彝民族宗教论集》，北京师范大学出版社 1992 年版，第 94 页。

⑤ 罗禹：《回回考辨》，载《西北民族学院学报》1979 年第 1 期。

⑥ 汤开健：《〈梦溪笔谈〉中"回回"一词再释》，载《民族研究》1984 年第 1 期。

音转，或俗写、或简写的观点，得到史学界绝大多数人的赞同，是“回回”一词研究中总的倾向。

“回回”一词在历史发展的不同时期所包含的意义及其与伊斯兰教的关系，一直是回族族称研究中的一个大问题，研究者甚多，但仍存在不少概念不清、片面甚或牵强附会的地方。鉴于此，李松茂集众家研究之大成，撰文对这些问题做了比较系统的阐述，“回回”一词最早出现时（北宋中叶）是回纥的转音，和伊斯兰教无关；“回回”一词在南宋时多次出现，逐渐与伊斯兰教发生联系，但有的和伊斯兰教有关，有的无关；元朝时，“回回”一词成为伊斯兰教信仰者的通称，在多数情况下和穆斯林同义；“回回”一词和伊斯兰教联系在一起，称“回回教门”、“回回教”，是到元末明初才开始的；清代，泛指我国信仰伊斯兰教的民族为“回”，以宗教作为民族的标志；民国年间，仍沿袭此说，将信仰伊斯兰教的我国少数民族泛称为“回”。①

新中国成立之初，国家展开了大规模的民族识别工作，以科学地理清我国的民族构成，明确民族成分、族别称谓，为实施党的民族政策，开展民族工作，促进各民族平等团结、繁荣进步打下了坚实基础。1954 年，经识别后法定回回民族为我国少数民族之一。1956 年，国务院发出通知，我国不再称伊斯兰教为“回教”，一律称伊斯兰教，这就结束了长期以来族教不分的局面。从此以后，作为少数民族族称之一的“回回”一词的含义也就十分清楚明晰了。

第一节

唐宋时期的回族先民

一、唐代的回族先民

唐代（618—907）是大一统的封建王朝时期，疆域辽阔，经济文化发达，中西交通频繁，各国贡使、商贾来华者络绎不绝。大约从 7 世纪中叶始，不断有阿拉伯、波

① 李松茂：《“回回”一词和伊斯兰教》，载《新疆社会科学》1987 年第 1 期。

斯等地穆斯林商人来华经商，有些选择定居，娶妻生子，长期不归，成为回族的先民。

1. 伊斯兰教的兴起与穆斯林来华

回族是随着伊斯兰文化与中华文化接触、交流，多民族交往、融汇而在中华大地上逐渐形成的一个历史悠久、人口较多、分布较广的民族。回族的源流，最早可以上溯到唐朝时期来华并留居下来的西亚、中亚等地各族穆斯林。

伊斯兰教是世界性的宗教之一，诞生于公元7世纪初的阿拉伯半岛。伊斯兰教始传人穆罕默德（约570—632），于公元610年在阿拉伯半岛麦加城宣布奉到安拉的“启示”，开始传播伊斯兰教。他反对流行的多神和偶像崇拜，宣称安拉是宇宙万物的创造者和独一无二的主宰，而自己则是受命于安拉的最后一位使者，号召族人皈信正道，以免末日的惩罚。伊斯兰系阿拉伯文音译，原意为“顺从”、“和平”，指顺从和信仰宇宙独一的最高主宰安拉及其意志，以求得今后两世的和平与安宁。信奉伊斯兰教的人称为“穆斯林”（意为“顺从者”）。伊斯兰教的根本经典是《古兰经》。

伊斯兰教在阿拉伯半岛兴起以后，很快便向四面八方传播开来，中国大地上也较早出现了穆斯林活动的足迹。我国史学界一般认为伊斯兰教是从唐永徽二年（651）开始传入中国的。据我国史籍《旧唐书》与《册府元龟》记载，唐永徽二年伊斯兰教第三任哈里发①奥斯曼派使节到唐首都长安，觐见了唐高宗并介绍了伊斯兰教义和阿拉伯国家统一的经过。阿拉伯帝国（中国史籍称为大食②）第一次正式派使节来华，对后来中阿两国在政治、经济和文化上的广泛交流，以及穆斯林商人的东来都产生了重大影响，故历史学家一般将这一年作为伊斯兰教传入中国之始。之后，唐与大食关系密切，据历史学家陈垣在《唐时大食交聘表》中统计，自永徽二年（651）至贞元十四年（798）的148年间，大食“正式遣使之见于记载者，已有三十七次。其遗漏未及记载者，当更不止此”③。这一数字说明双方的交往是比较频繁的。随着一批又一批的穆斯林使臣、商贾等往来于中国和阿拉伯之间，伊斯兰教沿陆上“丝绸之路”和海上“香料之道”传入中国。这些来华的穆斯林中，有些人留居不归，长期生活在中国，成为回族的先民。

---

① 哈里发系阿拉伯文音译，意为安拉使者的继承人、代理人。

② 大食，一般认为是波斯语 Tazi 的音译，系波斯人对阿拉伯人的称呼。

③ 陈垣：《回回教入中国史略》，转引自《中国伊斯兰教史参考资料选编（1911—1949）》上册，宁夏人民出版社1985年版，第7页。

2. 蕃商

唐代是封建社会的鼎盛时期，经济发达，国力强盛，胸怀博大，政治理念开放兼容，外贸管理体系较完善，遂使中西交通大开，周边国家的商人不远千里，纷纷前来中国营商贸易。当强大的唐帝国在东亚蓬勃发展之时，由穆斯林建立的阿拉伯帝国也在西亚崛起，随着其势力向东扩张至中亚，使得以往国际性的丝绸之路贸易，实际上已演变为唐和阿拉伯两大帝国间的陆路贸易。这时由阿拉伯经波斯及阿富汗到达新疆南北，再经青海、甘肃，直抵长安的交通已畅通无阻。因此，两地间的商业关系，也多仰赖于陆上的丝绸之路。商旅相继，朝贡不绝，唐代丝绸之路贸易日趋繁荣。

当时，由丝绸之路来华的蕃商，主要活动在唐朝首都长安（今西安）及开封、洛阳等地。蕃商亦作番商，在唐代文献中又称贾胡、胡客、蕃客，主要指阿拉伯、波斯等地穆斯林商人，当然也有一些非穆斯林商人。但根据当时中国周边国家与民族以及丝路贸易主导力量的实际，蕃商的主体无疑应是穆斯林商人。这些蕃商中，有许多人因长期在中国经商，最后定居下来，建修清真寺，围寺而居，成为回族最早的先民。

作为丝绸之路起点的长安，是当时世界上最繁华的商业都市，人口逾百万，商业发达，共有九市十二大街，像磁石一样吸引着阿拉伯、波斯等地的商人。在长安进行贸易的蕃商日益增多，以致唐政府在长安专门设置“互市监”，加强对他们的管理。长安的西市是蕃商集中进行交易的地方，有衣肆、药材肆、绢行、帛行、金银行、胡店、波斯邸、波斯店等。其中阿拉伯、波斯商人的胡店、波斯邸、波斯店特别引人注目，他们主要操纵着西市珠宝、香药市场，并左右对外贸易。《太平广记》中，就记载有西市蕃商开设的香药铺等事。《资治通鉴·唐纪四十八》贞元三年条载：“初，河陇既没于吐蕃，自天宝以来，安西、北庭奏事及西域使人在长安者，归路既绝，人马皆仰给于鸿胪礼宾……李泌知胡客留居长安久者或四十余年，皆有妻子，买田宅，举质取利，安居不欲归。命检括胡客有田宅者停其给，凡得四千人，将停其给。胡客皆诣政府诉之。泌曰：‘……岂有外国朝贡使者，留京师数十年不听归乎？今当假道于回纥，或自海道，各遣归国。有不愿归者，当于鸿胪自陈，授以职位，给俸禄，为唐臣……’于是胡客无一人愿归者。泌皆分隶神策两军，王子、使者，为散兵马使或押牙，余皆为卒……鸿胪所给胡客才十余人，岁省度支钱五十万缗，市人皆喜。”① 这些来自阿拉伯、波斯及西域诸部族商人和贡使等络绎不绝，留居中国且长期不归，形

① 《资治通鉴》卷二三二。

成了唐时的京都长安“蕃客”、“胡商”云集，“藁街充斥”的繁荣景象。①

中唐以后，西北陆路交通不畅，东西贸易的海上通道转而兴盛。

关于丝绸之路的界定，《中国大百科全书》是这样解释的：“中国古代经中亚通往南亚、西亚以及欧洲、北非的陆上贸易通道。因大量中国丝和丝织品多经此路西运，故称丝绸之路，简称丝路。”但中外学术界研究表明，除了陆上丝绸之路外，还有海上丝绸之路。如法国汉学家沙畹在《西突厥史料》中具体提道：“丝路有陆、海二道，北道出康居，南道为通印度诸港之海道。”与陆上丝绸之路一样，海上丝绸之路也是中外贸易的大通道。在海上丝绸之路漫长的发展史上，中国的主要输出品有时是丝绸，有时是瓷器，或其他，而外国的贸易商品更是五花八门，因此有的学者也称之为海上瓷器之路，或海上香料之路，或海上丝香之路，等等。但大多数人还是约定俗成地称之为海上丝绸之路。

唐朝经济发展，有利于海上丝绸之路的拓展和畅通。由阿拉伯至中国的海上交通较之以往大为扩展，成为当时世界上最长的远洋航线。其航路自巴格达起，经波斯湾东出霍尔木兹海峡，穿过印度洋，经斯里兰卡、尼科巴群岛绕马来半岛，由南海而至广州、泉州或扬州。约在8世纪中叶到9世纪中叶的近百年中，随着阿拉伯帝国的国势鼎盛，阿拉伯人、波斯人垄断并控制了东西方之间的这一海上通道。

唐代船舶聚众者，首推珠江畔之广州。穆斯林商人乘坐的“波斯舶”、“西域舶”出入广州最多，频次也最高。港口帆樯林立，货物山积，因而唐代管理互市贸易的市舶司，乃始置于广州。

约在贞观年间，唐政府又在福州和扬州设二路市舶司。福州是阿拉伯商船停靠的重要港口，据《福州府志》记载，这时钟门海口，蕃夷所到，“船舶之都会也”。扬州居长江与运河之交叉点，水陆交通四通八达，有着适宜于海运的优越条件，中唐时，蕃商已经由海上直航到扬州了。因扬州是唐代最繁华的商业都市之一，故有大量蕃商经常活动于此，《太平广记》中就记载了扬州波斯胡店、蕃商的不少情况。唐肃宗时，宋州刺史刘展叛乱，青齐节度使邓景山引平卢节度副使田神功兵马征讨，“神功兵至扬州，大掠居人，发冢墓。大食、波斯贾胡死者数千人”②。由此可以想见，当时扬州蕃商人数之众。

泉州东南濒临大海，沟阔港深，自唐中期海上交通得到迅速发展，外商船舶云集

① 《旧唐书》卷四九八《西戎传赞》。

② 《新唐书》卷一四一《邓景山传》。

港口，出现了“云山百越路，市井十洲人”的繁荣景象。至晚唐时，泉州在海外交通中的地位日渐重要，遂与广州、交州、扬州并称为东南四大贸易港。

唐代蕃商运进来的商品主要为象牙、犀角、珠玑、香料、珠宝、玉器，以及林林总总的各国特产，运出去的商品以丝织品和陶瓷为大宗，此外还有铁、宝剑、马鞍、貂皮、麝香、沉香、肉桂等。

3. 蕃坊

穆斯林商人的来华贸易不仅带来了阿拉伯国家的丰富物产，也带来了伊斯兰教的宗教制度和社会生活方式以及他们的风俗习惯。在唐代出现了清真寺与穆斯林社区“蕃坊”。

唐代，一批又一批阿拉伯、波斯等地穆斯林不断来到中国，进行贸易、通使等活动。其中一些人长期“住唐”，留居下来，被称为“蕃客”。时日既久，“蕃客”较多的城市，便逐渐形成相对集中的“蕃客”居住区域，被称为“蕃坊”。

蕃坊，又作番坊，内设有“都蕃长”，由唐政府予以任命。“都蕃长”由蕃客担任，管理蕃坊内部事务。蕃坊内的穆斯林如果发生纠纷，即由蕃长在自己的管理机构“蕃长司”内部处理解决，唐朝政权官员一般不干涉。蕃长做出的一切判决，都合乎《古兰经》和圣训及其伊斯兰教法和穆斯林的习惯。每逢伊斯兰教节日，总是由蕃长带领全体穆斯林做礼拜、讲教义，为穆斯林苏丹祈福。唐朝法律也规定：“诸化外人同类自相犯者，各依本俗法；异类相犯者以法律论。”① 可见唐代穆斯林商人多聚居在一起，政权对他们的宗教生活、风俗习惯不加干涉，而且设置特定的蕃坊让他们自行管理。

据研究者考证，有关广州蕃坊的汉文记载，始见于唐人房千里的《投荒录》，但该书已佚，相关内容存载于清顾炎武《天下郡国利病书》：“顷年，在广州番坊，献食多用糖蜜、脑麝……”②

国外史料，亦对蕃坊有所反映。如唐宣宗大中五年（851），阿拉伯商人苏莱曼在其游记中写道：“中国商埠为阿拉伯人麇集者曰康府（即广州）。其处有回教掌教一人，教堂一所……各地回教商贾既多居广（康）府，中国皇帝因任命回教判官一人，依回教风俗，治理回民。判官每星期必有数日专与回民共同祈祷，朗读先圣戒训。终讲时，辄与祈祷者共为回教苏丹祝福。判官为人正直，听讼公平。一切皆依《可兰

① 《唐律疏议》卷六。

② 顾炎武：《天下郡国利病书》卷一〇四。

经》，圣训及回教习惯行事。故伊拉克（Irak）商人来此方者，皆颂声载道也。”① 这段史料说明当时广州穆斯林商人之多，且有教士与宗教活动场所。在穆斯林圈子内，由宗教法官——判官按伊斯兰教法管理。总之，给人这样一种印象，即当时的广州穆斯林商人很多，商业活动繁盛。

唐代的蕃坊，主要散处在都城长安和广州、扬州等商业城市，这是由商业经济的特点所决定的。回族先民——蕃商的广泛活动，和蕃坊、清真寺的出现，为回族的萌芽和发展打下了基础。

二、宋代的回族先民

宋代（960—1279）结束了五代十国的分裂割据局面，实现了全国绝大部分地区的统一。但整个宋代，无论是北宋（960—1127），还是南渡后的南宋（1127—1279），并未实现中国的大一统，辽、西夏和金等少数民族政权先后存在，与宋朝并立。三个多世纪中，中国社会经济不断发展，中西交通更加频繁，西亚、中亚等地穆斯林商贾纷纷来华经商，长期不归并定居下来的穆斯林商贾继续增加，成为回族的早期来源之一。

1. 蕃商

宋代，从阿拉伯及波斯一带东来中国的商人、使者有增无减，据白寿彝综合《宋会要辑稿·蕃夷》、《玉海》、《宋史·大食传》等历史文献统计，从宋太祖开宝元年（968）到宋孝宗乾道四年（1168）的200年间，大食曾遣使中国49次，差不多平均每四年总有一次朝贡②。白寿彝认为“这些朝贡的人大概都是商人”③。这49次都是有明文可考的，未见于载籍的一般商人来华贸易的理应更多。宋代来华的各处蕃商中，以大食（即阿拉伯）商人的地位最重要。宋人著作中明确记载道：“诸蕃国之富盛多宝货者，莫如大食国。其次，阇婆国。其次，三佛齐国。其次，乃诸国耳。”④“在人数上、在货物的价值上说，大食商人都超过别国的商人”⑤。大食商人中浦（蒲，后同）姓族人如浦罗辛，占城（今越南平定省一带）浦姓，浦亚里、浦霞辛

---

① 张星烺：《中西交通史料汇编》2册，中华书局1977年版（朱学勤校订本），第201页。

②③ 白寿彝：《中国伊斯兰史存稿》，宁夏人民出版社1983年版，第122—128、122页。

④ ［宋］周去非：《岭外代答》卷三。

⑤ 白寿彝：《中国回教小史》，宁夏人民出版社2000年版，第50页。

可、蒲寿庚等雄踞粤闽，执掌海外贸易大权，富甲一方。①

除了阿拉伯、波斯等地的大食穆斯林外，宋代来华的还有“南蕃”、“占城”、“昆仑”的穆斯林。由于阿拉伯、波斯与中国之间海上交通的畅通，阿拉伯、波斯海舶来华必先经南海诸国，作为中转之地，因而南海诸国和地区伊斯兰教十分盛行。如注辇国（元称马八儿国，今印度科罗曼德尔沿岸），宋时伊斯兰教已传入该国，其来华使臣中有姓蒲氏者。三佛齐（今印度尼西亚苏门答腊岛）、阇婆（今印度尼西亚爪哇岛）、占城（今越南中南部）等国家和地区，均属“南蕃”之列，其中有皮肤较黑之马来人种，又称“昆仑”人。

如果说，唐代来华之穆斯林以阿拉伯、波斯人为主，那么到两宋时，除了阿拉伯、波斯人外，南亚各国的穆斯林来华定居的人数逐渐增多。当时，蕃商主要活跃于海上丝绸之路。宋朝重视海外贸易，继续执行对外开放政策，海上丝绸之路的发展超过唐代。北宋太宗雍熙四年（987）就“遣内侍八人，赍敕书金帛，分四纲，各往南海诸番国，勾招进奉，博买香药、犀牙、真珠、龙脑”②。南宋高宗也说：“市舶之利最厚，若措置合宜，所得动以百万计，岂不胜取之于民？朕所以留意于此，庶几可少宽民力尔。”③ 市舶司制度至宋代已逐渐完备，在加强朝廷对外贸的管理方面影响深远，有利于海外贸易的开展。宋朝一系列对外贸易政策力图达到这样的目的，一是保证市舶司掌握的舶货源源不断地向京师输送；二是尽可能扩大市舶司直接掌握的海外进口商品的数量和价值，以增加市舶之利。

蕃商在中国经常居留的地方，主要为广州、泉州、杭州三大城市。广州仍然是海外贸易第一大港，蕃舶云集，商业繁盛。

泉州是宋代崛起的贸易港。早在北宋元祐二年（1087）宋政府已正式在泉州设置福建市舶司。到南宋绍兴末年，泉州、广州两市舶司岁入约200万缗，各占一半。以后渐有超过广州港的趋势，到宋末元初时泉州已成为中国第一大贸易港。宋赵汝适《诸蕃志》载，至宋时来泉州的东南亚及西亚、北非的商人、传教士、游历家，骤然间增至“数以万计”。《泉州府志》云：“胡贾航海踵至，其富者资累百万，列居城南。”泉州民间有《回半城》、《蒲半街》（指大食巨商蒲寿庚家族所居之地）等民谣，说明宋时大食、波斯商人居泉州者颇众。

---

① 杨怀忠、余振贵：《伊斯兰与中国文化》，宁夏人民出版社1995年版，第68—72页。

② 《宋会要辑稿》“职官”四四之“太宗雍熙四年”条。

③ 《宋会要辑稿》“职官”四四之“高宗绍兴七年”条。

杭州为南宋都城，繁华富庶，有不少蕃商在此居留，贩易商品。

此外，在福州、明州（今浙江宁波）、秀州（今浙江嘉兴）、温州、江阴、扬州等沿海城市以及中原、西北等地，也有蕃商活动、留居的记载。如西北的青唐城（今青海西宁）有来自西域（大食、波斯、喀喇汗朝、高昌等国）的“四统往来贾贩之人数百家”①。

宋代蕃商经营的商品，比唐代更加丰富。他们运进来的商品主要有香料、象、犀、珊瑚、琉璃、珠宝、镔铁、鼊皮、玳瑁、车渠、水晶、蕃布、苏木等，运出去的主要为丝织品、陶瓷器、漆器、酒、糖、茶、米等。其中香料种类繁多，数量甚大，价值也高，是蕃商乘海舶东来贸易的主要商品。它是热带芬芳类植物和动物分泌的香胶，主要产于东非、阿拉伯地区及东南亚。因阿拉伯商船常“并载香药、宝石，积载如山，其船深六七丈”，乃产生大宗香料进口的“香料贸易”。因香料贸易在当时东西方贸易中占有相当大的比例，故史家将这一时期自波斯湾至广州的海上丝绸之路又称为“香料之路”。由于香料贸易规模很大，宋代出现了一大批以经营香料为业、“富盛甲一时”的巨商，如侨居泉州的大食人蒲罗辛、施那帏、蒲霞辛可、佛莲等。宋代文献中记载了他们的经商情况。

唐宋时期阿拉伯、波斯等地蕃商频繁的商贸活动，对中国社会的影响是多方面的，如促进了陆上、海上丝绸之路的持续繁荣，沟通了中西文化的交往，培育、发展了丝路沿途城镇，推动了社会变革和城市化生活的发展，等等。同时，这些商贸活动还产生了很大的经济效益，为唐宋王朝带来丰厚的市舶之利，达到了唐宋的市舶制度旨在增加财政收入“以助国用”的目的，特别是宋代，由于海上丝绸之路的持续繁荣，大大增加了朝廷和港市的财政收入，在国家财政岁入中，市舶之利占有极大比重。白寿彝在其著作中，对宋代市舶之利对国家岁收的影响专门做了研究，得出了以下一些重要数据：

宋初（自960年起）国家岁收一千六百余万缗，市舶利三十万缗；天祐末（1021）岁收二千六百五十余万缗，市舶利五十万缗；皇祐（1049—1054）岁收不详，市舶利五十三万缗；嘉祐（1057—1063）岁收三千六百八十余万缗，市舶利不详；治平（1064—1067）岁收不详，市舶利六十三万缗；崇宁元年（1102）岁收六千余万缗，市舶利一百一十万一千余缗；南宋初年（1127年起）岁收一千万缗，市舶利二百万缗；绍兴末

① 李远：《青唐录》，转引自杨怀中《回族史论稿》，宁夏人民出版社1991年版，第101页。

(1162) 岁收不详，市舶利二百万缗（仅闽广二处所收）。①

从这些数据中，我们可以看出，宋代的市舶之利，确实是与年俱增的，特别是在南宋初年，市舶之利，居然占南宋政府全年收入的1/5。由此可见，以回族先民为主的蕃商对中国经济社会产生了巨大影响。

2. 蕃坊

这些阿拉伯、波斯商人到中国后，中国政府对他们在经商贸易方面给予鼓励和保护，并且照顾他们的生活习惯，规划邻近江海的地区作为他们的居留地，允许他们与汉族通婚和携带家眷定居，这些都为他们在中国长期居留提供了有利条件。于是，“蕃客”或长期居住不归，在中国娶妻，或举家侨居，世代繁衍，他们在中国所生后代称为“土生蕃客”。宋时已出现了五世土生蕃客，即已在中国繁衍生息五代，事实上已成为中国人了。《粤海关志》卷三引《宋会要》云：“政和四年（1114）五月十八日诏，诸国蕃客，到中国居住，已经五世，其财产依海行无合承分人及不经遗嘱者，并依户绝法，仍入市舶司拘管。”②

到宋代时，“土著蕃客”的比例不断增加，蕃客与当地人通婚并做官的现象比较普遍。如宋元祐间（1066—1094），“广州番坊刘姓人娶宗女，官至左班殿直，刘死，宗女无子，其家争分财产，遣人挝登闻鼓。朝廷方悟宗女嫁夷部，因禁止。三代须一代有官，乃得娶宗女”③。宋高宗绍兴年间，“大商蒲亚里，既至广州，有右武大夫曾纳利其财，以妹嫁之，亚里因留不归”④。

宋时蕃商云集之地，仍以广州为最。广州蕃商的聚居地在西城，称为蕃坊或蕃巷，有时又称蕃市。蕃坊有蕃长，是从蕃商中简选的，由中国政府任命，主要职责为管理蕃坊，招邀蕃商。史载“广州蕃坊，海外诸国人聚居，置蕃长一人，管勾蕃坊公事，专切招邀蕃商入贡，用蕃官为之，巾袍履笏如华人”⑤，“蕃人衣装与华异，饮食与华同。……至今，蕃人但不食猪肉而已。……非手刃六畜则不食。若鱼鳖则不问生

① 白寿彝：《中国伊斯兰史存稿》，宁夏人民出版社1983年版，第160页。

② 杨怀中：《回族史论稿》，宁夏人民出版社1991年版，第122页。

③ ［宋］朱彧：《萍洲可谈》卷二，转引自杨怀中《回族史论稿》，宁夏人民出版社1991年版，第107页。

④ 《宋会要辑稿》“职官”四四之“绍兴七年”条。

⑤ ［宋］朱彧：《萍洲可谈》卷二，转引自邱树森主编《中国回族史》上册，宁夏人民出版社1996年版，第103页。

死皆食”①。这里就较为详尽地介绍了广州蕃坊、蕃长的情况，基本上准确地反映了唐宋时蕃坊穆斯林的生活习惯和饮食禁忌。

广州蕃坊的穆斯林已有了公共墓地，南宋时曾在番禺为官的方信孺做过一首竹枝词《番人冢》，其引言为：“在城西十里，累累数千，皆南首西向。”②

第二节

元明时期回族的形成

一、元代回回人大量东来及回族的初步形成

元朝（1271—1368）是由蒙古族建立的封建王朝，中国又一次实现大一统，经济社会发展呈现出新的特征。随着之前蒙古汗国的三次大规模西征，大量回回人东来中国，参与全国统一征战，并在元朝建立后“随地入社”，大部分与土地密切结合，成为中国普通农民，回族开始初步形成。

1. 蒙古军西征与穆斯林东迁

13 世纪初，蒙古人崛起于漠北高原。1206 年，成吉思汗建立蒙古汗国。随后，由于一个偶然的事件，引发了蒙古军的西征。1218 年，成吉思汗向其汗国西方的中亚强国花剌子模派出了一个由穆斯林组成的庞大商队，欲与花剌子模进行商业贸易。但谁也想不到的是，这支商队在花剌子模边境城市讹答剌被扣押，继而全部被杀，货物被没收。此一恶劣事件，彻底激怒了成吉思汗，使他下决心向西征伐。从 1219 年起直至 1260 年，在长达近半个世纪的时间内，成吉思汗及其继承者先后发动了三次大规模西征，灭掉了花剌子模，攻占了中亚直至东南欧、波斯湾北部大片领土，建立了横跨亚、欧的蒙古帝国。在西征的同时，蒙古军大规模南进，连续进攻金朝，攻灭西

① ［宋］朱彧：《萍洲可谈》卷二，转引自邱树森主编《中国回族史》上册，宁夏人民出版社 1996 年版，第 109 页。

② ［宋］方信孺：《南海百咏·番人冢》，转引自杨怀中《回族史论稿》，宁夏人民出版社 1991 年版，第 108 页。

夏。窝阔台即汗位后，继续率军南下攻灭宋王朝。经过近半个世纪的征战，忽必烈于1271年建立元朝。

随着蒙古军的三次西征，大批的中亚各族人、波斯人和阿拉伯人被迁徙到中国来。正如当时的波斯穆斯林学者所言："但在今天，许多真主的信徒已朝那边迈步，抵达极遥远的东方国家，定居下来，在那里成家，以致多不胜数。"① 这些徙居中国的西域各族穆斯林，其中有被签发的军士、工匠，有被俘掠的百姓。如攻陷撒马尔罕城后，"三万有手艺的人被挑选出来，成吉思汗把他们分给他的诸子和族人，又从青壮中挑选出同样的人编为一支签军"②。攻下花剌子模都城玉龙杰赤后，"把为数超过十万的工匠艺人跟其余的人分开来，……驱掠而去"③。"把居民中的工匠瓜分，送往东方诸国。现在，那些国土内，很多地方还有花剌子模人在耕垦和居住"④。这些工匠，或随蒙古军服役，或被发送后方。元史学家洪钧也承认中亚诸国人被签从军来到中国的事实，"其东归朝廷，入兵籍"⑤。西征结束后，元世祖忽必烈为了征服南宋，继续从中亚、西亚的察合台、金帐、伊利等蒙古汗国签发回回东来充军，如至元七年（1271）"蒙古主签诸道回回军"⑥。除了这些强行征集的军士和工匠之外，还有主动归附蒙古的西域部族军队（1211年，突厥葛逻禄部酋长阿尔斯兰汗、斡匝儿相继摆脱西辽的控制，臣服了成吉思汗，参加西征后随蒙古军进入中原）、来东方经商的商人、仕元的官员、学者等，这些人在元代官方史书中称作"回回"，被列为当时所谓"色目人"中的一种。这些"回回"成为现代回族的主要来源。

2. 回回人户籍的确立

东来的回回将领、军士追随蒙古军，参加了元世祖忽必烈征服南宋、统一全中国的战争。元朝建立后，散处各地的回回将领、军士大多"随地入社，与编民等"，开始在社的编制下，进行农垦，成为普通农民。

元朝的户籍制度渊源于蒙古汗国。1235年，蒙古大汗窝阔台颁布圣旨编籍户口："不论达达（蒙古）、回回、契丹、女直、汉儿人等，如是军前虏到人口，在家住坐，做驱口；因而在外住坐，于随处附籍，便系是皇帝民户，应当随处差发，主人见，更

---

①②③④ 〔伊朗〕志费尼：《世界征服者史》上册，何高济译，翁独健校订，内蒙古人民出版社1980年版，第12、140、147、101页。

⑤ ［清］洪钧：《元史译文证补》卷二二。

⑥ 《甘宁青史略》正编卷一三。

不得识认。"① 这样，就将回回作为一种民户确定了下来。元世祖时，又进一步完善了户籍制度。世祖至元八年（1271）颁布的《户口条画》中，将户籍按职业和民族划分成许多种类，其中以民族划分的有蒙古户、回回户、畏吾儿户、河西户、契丹户、女真户、汉人户等。

由于屯田牧守的需要，回回人逐渐形成许多小的聚居点或聚居地，星罗棋布，遍及全国城乡各地，从而历史地形成了"元时回回遍天下"② 的局面，和大分散，小聚居的居住格局，这对以后中国回族的发展和区域分布产生了深远的历史影响。

元代东来的回回穆斯林数量远远超过唐宋时期，而且终元一世，蒙古统治者一直将以穆斯林为主的中亚西亚色目人视为其进行统治时可以信赖的主要助手，当时"居于统治地位、享有特殊利益的是蒙古人，色目人中的上层分子次之，他们是蒙古统治者的得力助手"③。史载，蒙元时期回回先后任平章以上宰臣职务者达二十多人④。这种优越的社会地位对吸纳西域穆斯林大量来华和其他族群的成员融入回族客观上必然会产生积极的影响。这些回回人与所在地汉、蒙古等族妇女结成婚姻、成家立业、繁衍后代，形成了回族。

3．*经济活动*

正如宋代蕃商为宋代对外贸易的发展做出重大贡献一样，元代回回商人也为元代对外贸易的发展做出了重大的贡献。

元代，中国与西亚、中亚诸国均在大蒙古帝国一体之内，陆上丝绸之路随着军事活动的需要和驿站制度的建立，通达无阻，形成"适千里者如在户庭，之万里者如出邻家"的局面，为大批回回商人东来提供了方便。

元朝政府十分重视商业，对商业活动进行了有效保护和管理。例如元朝政府规定：商旅所至，"官给饮食，遣兵防卫"。凡商旅往来要道及住宿之处，地方官设置巡防弓手保护。元朝政府还严禁诸漕运官、各处所设船行步头"刁蹬客旅，把柄船户"，"拘括水陆舟车，阻滞商旅"；严禁"牙保欺蔽"；不许大小官吏、权豪势要之家，"因缘结揽，以营私利"，这些措施对正常的商业活功是非常有利的。

元代的回回商人利用其政治地位的优势和国家对商业活动的保护政策，充分展示

---

① 《通制条格》卷二《户令·户例》，转引自邱树森主编《中国回族史》上册，宁夏人民出版社 1996 年版，第 145 页。

② 《明史·西域传》。

③ 《蒙古族通史》上卷，民族出版社 2000 年版，第 355 页。

④ 杨志玖：《回回人与元代政治》，载《回族研究》1994 年第 2—4 期。

了他们善于经商的特长，“多方贾贩”，其足迹遍及全国，对繁荣经济、促进物资交流有一定的贡献。如在地处河西走廊的肃州（今甘肃酒泉）东关，专设有回回人经商的街道，其“富庶与城内埒”。回回商人主要活动于全国大小城镇，把国外进口的包括象牙、犀角等在内的宝物，各种布匹，沉香、檀香等香货，不同种类的珍贵药物，以及木材、皮货、牛蹄角、杂物等商品贩运至大都、上都等城镇，把南方的粮食输往大都、上都及北方缺粮地区，又不辞劳苦地把中原的物资运销至漠北等边远民族地区。如亦集乃路（今内蒙古额济纳旗东南）地处边陲，是草原丝绸之路纳怜道驿路上的重要枢纽，也是通过大戈壁进入蒙古腹地之前的供给基地。元时这里有不少回回商人在此经营。他们在沟通大漠南北物资交流、维护草原丝绸之路畅通方面做出了很大贡献。

元廷规定“往来互市，各从所欲”。元朝政府还鼓励已定居中国的回回商人“下蕃货卖”，朝廷有“答失蛮（穆斯林）诸色人等”均可“下蕃博易”的诏令。政府还出船、出本钱给舶商出海贸易，以所获7/10归官府，称“官本钱”。于是，回回商人既由陆路通商，又由海道兴贩。对于由海陆两道而来的回回商人，元朝仍予以优厚待遇。东来的回回商人具有雄厚的经济实力，其商业活动直接影响元朝财政，他们来华贸易中缴纳的关税和其他“例献”之物，是元朝中央与地方政府重要的财政来源。

元代在市舶司管理、市舶条例制订等方面在宋代基础上进一步完善，外贸商品品种更多，与中国发生外贸关系的国家和地区更加扩大，海上丝绸之路进一步延伸，交通繁忙畅通，海外贸易空前繁荣。当时与中国交往的海外国家和地区，见于文献的就有220个左右，数量上是南宋《诸蕃志》的四倍多。

在对外贸易中，回回人对元代市舶司的建立与扩大，市舶制度的完善，招徕海外客商来华贸易等方面，贡献很大。至元十四年（1277），元朝在泉州、宁波、上海、澉浦等地相继设立市舶司，后又增设温州、杭州、广州三地市舶司。回回商人利用已经取得的政治、经济优势，基本控制了元朝的海外贸易。

元代海外贸易的展开，回回人蒲寿庚在其中起了很大作用。南宋末，蒲寿庚在泉州市舶司任职。宋度宗咸淳年间（1265—1274），宋廷命蒲寿庚为福建安抚沿海都制置使，仍兼提举市舶。蒲寿庚拥有大量海舶，且握有重兵。至元十三年（宋德祐二年，1276年）十二月，蒲寿庚以泉州降元。蒲寿庚降元后，元政府以为“寿庚素主市舶”，仍留他主持泉州市舶司的工作。他以其家族在蕃商中的巨大影响，积极招徕外舶商船，扩大泉州海外贸易的范围，推出优惠政策，以鼓励更多的外商来华贸易。蒲寿庚之后，其子蒲斯文继任泉州提举市舶司。在他们的积极经营下，大批回回商人云集泉州，“货物堆积如山”。据现存泉州伊斯兰教石刻，元时在泉州活动的穆斯林，分别来自也门、哈姆丹、土耳其斯坦的玛利卡、波斯的施拉夫、设拉子、贾杰鲁姆、布哈拉、花剌子模、霍拉桑、伊斯法罕、大不里士、吉兰尼等地。这些在泉州定居并葬于斯地的穆斯林，许多是从事外贸的商人及其眷属。元末来华的阿拉伯旅行家伊本·白图泰也讲：刺桐港（即泉州）“是世界大港之一，甚至是最大的港口。我看到港内停有大艟克约百艘，小船多得无数”①。蒲氏父子为元代外贸事业的发展，从市舶司的建立到具体运作，都起了很大的作用，使唐宋以来中国蓬勃开展的外贸事业发展到元代出现了鼎盛的局面。

当然，其他回回商人所起的作用也是不能低估的。继蒲氏父子之后，担任市舶司提举的还有马合谋、沙的、赡思丁、木八剌沙、哈散、倒剌沙、八都鲁丁、亦思马因、暗都剌、忽都鲁沙等十名回回人。

又如元初著名的回回巨商佛莲，“蒲氏之婿也”，财力非常雄厚，拥有海舶 80 艘以上，是名副其实的船王。至元三十年（1293）佛莲病卒后，所留财物中，仅珍珠就有 130 石。

元代另一贸易大港广州，虽因宋元战争屡经战火，使广州海外贸易一度遭受损失。但随着战争的结束，凭借其悠久的外贸传统、居住在广州的数以万计的回回商人与海外的联系，广州的外贸很快得到恢复。

回族的农业，是从元代发展起来的。元以前进入中国的回族先民，多为商人、使臣及其随从等。他们多集中于沿海城镇和部分中原都市，从事农业生产者为数极少。到了蒙元时期，回回人的职业构成和人口分布情况发生了很大变化。随着蒙古的三次西征和元朝统一中国，大量中亚、西亚人东迁中国，建设自己的新家园。这些东来的回回人以军士、工匠、商人、官吏、教士及普通农牧民为主，而以军士、工匠为多。他们打破了回回原来的居住格局，大量人分布到广大农村，与土地密切结合起来，逐渐发展起了回回的农业，为中国农业发展增添了新的内容。

元代十分重视屯田，据文献记载，元军自中原逐鹿以来，每“遇坚城大敌，则必屯田以守之。海内既一，于是内而各卫，外而各省，皆立屯田，以资军饷”②。可见

① 〔摩洛哥〕伊本·白图泰：《伊本·白图泰游记》，宁夏人民出版社 1985 年版，第 551 页。
② 《元史·兵志》（点校本），中华书局 1976 年版。

在较长时期内，屯田都是元统治者一种攻守兼备的军事手段，为镇戍各地的军队提供军事给养服务。

西北是元代的主要屯田地区，回回人在其中发挥了重要作用。蒙古人西征后，挥师东归进入西北地区，并以此作为南下灭宋的基地之一。在这一过程中，被签发东来的大量回回军士就在西北地区筹粮秣马，“军耕以食”，即所谓“上马则备战斗，下马则屯聚牧养”。这种“寓兵于农”的特点，使回回人在当时的经济生活中，一开始就具有较大的农业成分。在元朝统一后，这些回回军士大部分脱离军籍，“随地入社，与编民等”，在各地落籍屯垦，成为普通农民，从而成为恢复和发展社会生产的一支重要力量，他们因而也成为中华大地上最早以农业为生的回回人。

甘肃是当时回回人在西北的主要聚居区和屯田区之一。《明史·西域传》说：“元时回回遍天下，及是居甘肃者尚多。”明代陆深《豁山余话》中也记载：“甘肃地近西域，多回回杂处。”这是因为丝绸之路开通后，大批中亚、西亚穆斯林迁居于此，其中尤以中亚突厥各族的穆斯林居多。元代甘肃行省辖境含今甘肃大部、宁夏西部、内蒙古西部和青海西宁地区，省治甘州（今甘肃张掖）。

元代甘肃境内的屯田重心主要在河西走廊一带。这一地区战略位置重要，且久历战乱，人口锐减，田地荒芜，为了占据战略主动，并充实户籍，发展生产，元廷乃将河西作为屯田重地。元世祖至元十六年（1279），“立河西屯田，给耕具，遣官领之”①。至元十八年（1281），又命肃州、沙州、瓜洲置立屯田，“发军于甘州黑山子、满峪、泉水渠、鸭子翅等处立屯，为户二千二百九十，为田一千一百六十六顷六十四亩”②。为充实河西走廊屯田户，元廷从今新疆境内调入许多贫民或工匠，如至元二十三年（1286），“遣蒲昌赤贫民垦甘肃闲田，官给牛种农具”③。蒲昌即今新疆罗布泊地区。

至元二十五年（1288），“以忽撒马丁为管领甘肃、陕西等处屯田等户达鲁花赤，督斡端、可失合儿工匠千五十户屯田”。斡端、可失合儿分别为今新疆和田、喀什地区。忽撒马丁为回回人，他在甘、陕两地负责屯田，其属下屯户中回回人肯定不少。至元二十八年（1291）元廷又“以甘肃旷土赐昔宝赤合散等，俾耕种之”④。合散曾任甘肃行省参知政事，他既掌全省政务，又领得广阔赐田，耕种者中必定有众多的回回人。

---

①③④ 《元史·世祖纪》（点校本），中华书局1976年版。

② 《元史·兵志》（点校本），中华书局1976年版。

元廷对河西的屯田户一直给予帮助，如至元二十九年（1292），徙瓜洲、沙州民于甘（州）、肃（州）两界“画地使耕，无力者则给以牛具农器”①。至治二年（1322），英宗诏“免回回人户屯戍河西者银税”②。

元代的陕西行省约当今之陕西、宁夏东南部、内蒙古鄂尔多斯市大部和甘肃东南部，省治京兆（今陕西西安）。陕西地区于至元元年（1264）建立陕西五路西蜀四川行中书省，以回回人赛典赤·赡思丁为行省平章政事。赛典赤·赡思丁出任平章政事时，曾率一批回回军民来陕西屯垦，三年后使当地人丁兴旺，田粮骤升，“增户九千五百六十五、军一万二千二百五十五、钞六千二百二十五锭、屯田粮九万七千二十一石”③。

元代陕西地区的屯田，主要集中在凤翔、京兆、延安、六盘山等地。凤翔地区早在宪宗三年（1253），忽必烈受京兆封地后，就屯田于凤翔。京兆府屯田则始于中统四年（1263）正月，“以宋忽儿、灭黑及沙只回回鹰坊等兵戍商州、蓝田诸隘”④。其中延安路屯田是至元十四年（1277）后开始的。六盘山地区，安西王开成府（今宁夏固原北），设开成路屯田总管府。各地屯田户中，有许多是回回人。由于这些地区大力开展屯田，为当地的回回人从事农业生产、建立回回人的农业经济创造了条件。

新疆地区，元代未设行省区划，主要由察合台汗国和东察合台汗国统治。至元二十三年（1286）十月，元重置别失八里（今新疆昌吉回族自治州吉木萨尔北）元帅府，发军屯田戍守，其中包括在滕竭儿置回回屯田。至元二十七年（1290）正月，元廷有“给滕竭儿回回屯田三千户牛、种”⑤的诏令。滕竭儿，即胜纳合儿，或特纳格尔，为今新疆昌吉回族自治州阜康市。看来，滕竭儿回回屯田规模相当大，是回回人在新疆的一个大垦区。

回回人作为屯田队伍中的有力开拓者，为元初农业生产的恢复、兵饷粮运的解决及边疆开发做出了重大贡献。至元代中期，农业已成为回回主要的社会经济。

回族在西南的屯田垦荒，也是从元代开始的，且主要集中于云南。元代云南行省辖境包括今云南全境和四川、广西部分地区，省治中庆（今云南昆明）。据《元史》记载，宪宗三年（1253）忽必烈、兀良合台征大理时，部下有很多回回军士，这应该是回回人进入云南的开始。

元代云南为主要的屯田区，回回人在当时的屯垦活动中占有重要地位，无论是军

---

①④⑤ 《元史·世祖纪》（点校本），中华书局1976年版。
② 《元史·英宗纪》。
③ 《元史·赛典赤赡思丁传》。

屯还是民屯，都有很多回回人参加。元世祖时，即在云南立屯田“以供军储”。至元十一年（1274）元廷决定建立云南行省，命赛典赤·赡思丁任行省平章政事，从此回回军士、官员、工匠等大批进入云南，其中许多成为屯田人户。赛典赤·赡思丁很重视屯田，开始在中庆、大理、威楚、鹤庆、曲靖、昭通、临安及乌蒙等地建立民屯，并进一步发展军屯，云南行省所辖军民屯田达到12处之多，屯田面积“凡六万七千五百双又一百二十五顷”①（按田一双约等于四亩），民屯约15000余户，军屯2800余户及5700余人。赛典赤家族长期在云南行省主政，后裔繁衍很快，以赛、纳、速、剌、丁、忽、沙、乌、闪、米、保、哈为姓，许多赛典赤后裔担任各级官员，政府分给职田、军赡田，成为土地拥有者，也有些后裔成为平民，以农耕为业。

回族在云南各地的分布，与元代云南的屯垦活动是密切相关的。在元王朝立国之初，进入云南的回回人主要是随军征战和为宦而至，是作为有功之臣进入云南的，在选择居住地的位置和条件时有从优的便利。故而各地水系环绕、沃壤平衍的坝区以及擅水陆利的要地，即为他们理想的入籍屯垦之所。从云南的地理环境来看，在金沙江以南，澜沧江和元江、红河以东的这片腹地，正是上述条件较优的地区。据《元史·兵志》记载，从至元十二年（1275）到延祐三年（1316），云南行省所辖的12处军民屯田区，大都在此范围之内。因此，入滇的回回人在上述各地落籍之后，与当地的汉、彝、白等族人民一起从事屯垦活动，共同开发了这一地区。今天，云南回族的大多数均分布在此地带，而且大都在乡间从事农业生产，这无疑是由其长期的历史发展演变形成的。云南回族聚居区的许多村庄所保留的名称，即是由当时的屯田组织延续下来的。

元代进入云南的回回，大部分来自中亚地区，擅长水利灌溉技术。他们入居云南各地之后，与其他兄弟民族一道，开发土地，修堤筑坝，疏河引流，发展水利灌溉，为恢复和发展当地的农业生产做出重大贡献。

云南的水利兴修，尽管早在汉代即有太守文齐“修陂池”的记载，但灌溉事业受到全面重视则是从元代回回人赛典赤·赡思丁任平章政事时开始的。

大理国后期，由于滇池水利设施年久失修，经常泛滥。当时，昆明已有屯田8万亩，由于城郊地势东高西洼，雨季山洪暴发，滚滚浊流泻入滇池，而滇池只有一个“海口”，每当宣泄不畅之时，滇池水倒流，西郊顿成一片泽国，不仅良田废弃，无处播种，且水泛市垣，危害百姓。故治理滇池就成为恢复农业生产的首要问题。

---

① 《元史·兵志》。

至元十三年（1276），赛典赤·赡思丁通过实地考察，总结了历年治水经验，同当时具有丰富治水经验的汉族官吏张立道等人共同商议，制订出滇池水系的综合治理方案。这一巨大工程得到当地各族人民的大力支持，很多回回人参加了工程建设。

赛典赤·赡思丁鉴于滇池上游的盘龙江、金汁河、银汁河、宝象河、马料河、海源河六条水系失修改道，常常淹没附近的农田，泄入滇池后又引起水位猛涨的危害，决定用疏通和蓄水的方法进行根治，沿盘龙江创筑松花坝于城东北之上，截流分洪，以时启闭，缺则放水，治则蓄之。又分盘龙江水入金汁河，并沿途设闸蓄水，灌溉万顷。而对滇池下游的出水处——海口河、螳螂川，则因其狭窄迂回、壅塞不畅而备受其害，又命三子忽辛和张立道负责，用扩宽和导直的方法进行治理，以利排泄，调节滇池的水位。忽辛和张立道疏扩海口河，复修石龙坝，沿螳螂川开凿了海口到安宁一带的鸡心、螺壳、牛舌等险滩，使滇池水经安宁、武定、东川以汇入金沙江。

上述治理工程，三年乃成，形成了一整套完善的水利排灌系统，这在当时历史条件下，不能不算是一个奇迹。

滇池水系的蓄水工程，解决了夏季水患问题，有利于上游农田的灌溉和滇池水位的调节，为滇池地区农业生产的发展奠定了基础。滇池水位低落后，“得壤地万余顷”①，相继被开垦为良田。以后这一带“屯田大兴”，军民屯迅速发展，成为全省屯田的重点地区。史载，云南中路有军、民屯户4906户，田22459双②，约占元代全省屯田总数的1/3，这与滇池水系的治理有极大的关系。六七百年来，滇池环湖地区成了“四围香稻，万顷晴沙”的鱼米之乡，是与得到充分的水利灌溉分不开的。

回族在中原及东北等地的屯田垦荒，也是从元代开始的。据《元史》记载：“世祖之时，海宇混一，而河洛、山东据天下腹心，则以蒙古、探马赤军列大府以屯之。”③探马赤军中有大量回回军士，他们的屯垦活动，促进了中原农业的进一步发展。史籍中对回回人在这一地区的屯田，多有记载。

元世祖至元二年（1265），“诏孟州之东，黄河之北，南至八柳树、枯河、徐州等处，凡荒闲地土，……立屯耕种”④。至元十八年（1281），世祖命“括回回炮手散居他郡者，悉令赴南京屯田”⑤。南京，即汴梁，今河南开封。今开封西郊的回回寨就

---

① 《元史·张立道传》。
②③④ 《元史·兵志》。
⑤ 《元史·世祖纪》。

是当年回回炮手屯田处之一。成宗大德九年（1306），“复立洪泽、芍陂屯田，令河南行省平章阿散领其事”①。阿散为回回人。至元二十六年（1289），元廷“立保宁万户府军屯。二十七年，发屯军一百二十九人，从万户也速迭儿西征”②，也速迭儿亦为回回人。同年，“回回昔宝赤百八十六户居汴梁者，申命宣慰司给其田”③。此外，据《敕赐伊川书院碑》载，创办伊川书院的勖实戴为嵩州回回炮手总管兼领屯田（治所在河南伊州），“勖实戴殆为回回人而屯戍河南者欤！”在中原各屯田区，回回聚居的地方逐渐发展成为回回村镇。今河南不少地方有回回寨、回回营、回回凹等称谓，多是元代回回人屯田的地方。

元代东北地区回回人活动的记载很少，但仍可在《元史》中找到回回人从事屯田的史料。元贞元年（1295）设立“肇州屯田万户府，以辽阳行省左丞阿散领其事”④。肇州即今黑龙江南部，阿散为回回人，所属屯户中回回人想必不少。

4．元代回回著名人物

元代回回人被蒙古统治者视为重要依靠力量，在政治上享有较高地位，这使回回人在政治、经济、文化等方面发展较快，涌现出了一批很有影响的代表性人物，如赛典赤·赡思丁、札马鲁丁、亦黑迭儿丁、萨都剌、赡思等。

赛典赤·赡思丁（1211—1279），又名乌马儿，原籍中亚布哈拉，元代著名回回政治家。成吉思汗西征时，其父率数千骑归顺，受信赖和重用，赛典赤·赡思丁亦跟随征战，曾任成吉思汗的帐前侍卫。窝阔台汗、蒙哥汗和元世祖时，赛典赤·赡思丁曾任燕京路断事官、中书省平章政事和陕西五路西蜀四川行中书省平章政事等职，政绩卓著。元世祖至元十一年（1274）出任云南行省平章政事。赛典赤·赡思丁入云南后，大批回回人随同入滇，为开发云南做出了重要贡献。赛典赤·赡思丁执政云南期间，改革行政体制，设置郡县，把万户府、千户所、百户所改为路、府、州、县，路设总管，府设知府，州设知州，县设县令或县尹，加强了元王朝对云南的统治。同时，赛典赤·赡思丁通过兴屯田、修水利、置驿道、办教育等措施，繁荣地方经济，改善人民生活。在云南执政六年，颇多建树，功绩显赫，威望甚高。赛典赤·赡思丁逝世后，“百姓巷哭”，立庙祭之，每年清明之时祭礼，其俗至今犹存。元成宗大德元年（1297），朝廷追赠赛典赤·赡思丁为守仁佐运安远济美功臣、太师、开府仪同三

①③ 《元史·成祖纪》。

② 《元史·兵志》。

④ 《元史·成宗纪》。

司、上柱国，追赠雍国公，谥忠懿。后晋封咸阳王，改谥忠惠。赡思丁生有五子，长子纳速剌丁，于其父逝世后，曾任云南行省平章政事。赛典赤·赡思丁及其子孙对云南地区的开发、安定做出了杰出贡献。

札马鲁丁，又译作札马剌丁，来自西域伊利汗国，元代著名回回天文学家。元世祖继位初，札马鲁丁任职司天台，至元四年（1267）进献依回回历法编制的“万年历”，颁行全国，同年受命在大都（今北京）设观象台，并主持制造浑天仪、方位仪等七种回回天文仪器，用来观测天象，测定时历。至元八年（1271），元世祖忽必烈建立回回司天台，札马鲁丁任回回司天台提点，秩从五品，主持观象制历诸事。至元十七年（1280），置回回司天行监，秩正四品。至元二十三年（1286），元世祖命其与虞应龙主持编纂全国地理图志《元大一统志》，前后历时 18 年完成，共计 1300 卷、600 册。《元大一统志》是我国古代编纂的第一部规模巨大的全国地理总志，对元、明两代中国制图学产生了深远的影响。该志书后在战乱中散佚，近人赵万里多方搜集残存，汇集成书，名为《元一统志》。

亦黑迭儿丁，又译作也黑迭儿丁，祖籍阿拉伯，元代著名回回建筑师。忽必烈中统元年（1260），亦黑迭儿丁受命管茶迭儿（蒙语“庐帐”之意）局，领诸色人工匠造作等事。至元元年（1264），亦黑迭儿丁主持修建琼华岛（今北京北海公园）。次年，忽必烈任命亦黑迭儿丁和张柔、段天祐同行工部尚书事，负责大都的建设工程。至元十一年（1274），大都的主体工程宫城和宫殿均完工。元大都宫城和宫殿建筑雄伟壮丽，集我国古代建筑艺术之精华，为世界建筑史上的壮举，奠定了明清及现代北京都市发展的基础。亦黑迭儿丁在元大都建设中，从勘测规划到设计修建，劳心劳力，做出了重要的贡献。

萨都剌（约 1272—1355），字天锡，号直斋。其先世为西域人，元代著名回回诗人。泰定四年（1327）登进士第。后宦游南北，曾任镇江路录事司达鲁花赤、江南行御史台掾史、燕南河北道肃政廉访司照磨、闽海福建道肃政廉访司知事、燕南河北道肃政廉访司经历等低微官职，清廉有善政。萨都剌工诗词，勤于创作，一生留下了大量诗词，其中《满江红·金陵怀古》、《念奴娇·登石头城》、《登北固城楼》、《鬻女谣》等成为脍炙人口之作。著有《雁门集》8 卷，收诗 808 首，另有《西湖十景词》一集。萨都剌还善绘画书法，留有《严陵钓台图》和《梅雀》等画，现珍藏于北京故宫博物院。

赡思（1278—1351），字得之，其先祖为阿拉伯人，元代著名回回学者。曾任应奉翰林文字、陕西行台监察御史、浙西肃政廉访司事、浙东肃政廉访司事、江东肃政谦访副使等职，为官公正清廉。元至正十一年（1351）病故，至正二十五年（1365）皇太子抚军冀宁，按祖制封拜，赠赡思嘉议大夫、礼部尚书、上轻车都尉，追封恒山郡侯，谥号文孝。赡思博学多才，精于经学，对易学造诣尤深，至于天文、历算、地理、音律、水利等，皆有所研究。其著述丰富，有《四书阙疑》、《五经思问》、《老庄精诣》、《奇偶阴阳消息图》、《金哀宗记》、《正大诸臣列传》、《镇阳风土记》、《续东阳志》、《河防通议》、《审听要诀》、《西国图经》和《西域异人传》等，惜散失殆尽，流传下来的只有《河防通议》。赡思有文集30卷，后仅在清沈涛《常山贞石志》中保存五篇，即《加号大成诏书碑阴记》、《哈珊神道碑》、《善众寺创建方丈记》、《龙兴寺钞主通照大师碑》、《龙兴寺住持佛光弘教大师碑》。其中论儒教、伊斯兰教者各一篇，论佛教者三篇。史学家陈垣先生因此在其《元西域人华化考》中赞道："赡思诚九流三教无所不通者，真可谓异人矣。"

二、明代回族的进一步形成与发展

明代（1368—1644）270多年中，回回已逐渐发展成为一个成熟的民族共同体。这在回回群体的进一步壮大、聚居区域的不断扩展与分布特征的形成、经济社会的全面发展、文化特点与民族意识的形成、回族著名人物不断出现等方面都有充分的体现。

1. 回回群体的进一步壮大

元朝末年，由于长期实行的民族歧视和压迫政策，导致政治经济矛盾日益尖锐，一场席卷全国的各族人民反元大起义爆发了。居住在中原等地农村、城镇的回回人也参加了反元起义，许多回回将士在推翻元朝统治、消灭群雄割据统一全国的过程中发挥了重要作用，有些将领因战功卓著成为明朝的开国元勋。这为回族在明代的进一步发展打下了良好的政治基础。

明代各民族人口都有一定增长，回回人口更是有了明显增加。这一方面是由于原有回回人口繁衍生息所致。经过元末的大动荡，中国经济社会受到很大影响，发生战事的区域民生凋敝，人民亟待休养生息。明代元而兴后，进入了一个较长的经济社会稳定发展时期。明初，朝廷明令各地农民开垦荒地，不论有无原主，即为己业；又严令地方官吏，招徕无籍流民垦荒，官给耕牛种子，号召四方流民各归故里务农，至明太祖洪武二十六年（1393），便出现天下田几无荒弃的现象。同时，实行军屯、民屯或商屯等各类屯田，减轻民众负担，开发新的农业区域。另外，还实行大规模的移民，把地少人多之处农民，迁移至地多人少之处及边地。通过采取多种措施，使残破的农村逐渐复苏，社会经济得以迅速恢复，全国各州县荒芜的耕地，大都又变成熟地了，到明成祖永乐年间（1403—1424），“宇内富庶，赋入盈羡”①，随着农业的恢复和发展，社会财富增加，全国人口迅速恢复和增长，回回人口，特别是分布在广大农村的回回人口，亦开始明显增长。

另一方面，则是由于在元代回回群体的基础上，又不断吸收新的成分、新鲜血液所致。在回回新吸收的成分中，汉人仍继续占有一个重要地位。回回对汉族成分的吸收，主要反映在通婚上。明初，基于统治的需要，统治阶级一方面对色目人、蒙古人等多有防范，采取了一些特殊的限制政策，一度不许本类自相嫁娶。明太祖洪武五年（1372），“令蒙古色目人氏，既居中国，许与中国人家结婚姻，不许与本类自相嫁娶”②。这一诏令实际上不一定能完全执行，但在客观上引导回回人与汉族通婚，为回汉通婚增加了便利，有助于回回人口的增长。

明代回汉通婚形式，从有关记述看，大多数是回男娶汉女。汉男娶回女而被吸收入回回民族的也不少。如泉州《林李宗谱》曾说到明代当地色目人之多，而“其间有色目人者，有伪色目人者，有从妻为色目人者，有从母为色目人者”③ 所说的“色目”，实际上就是指“回回”。而所谓“伪色目人”，显然即是指信奉伊斯兰教的汉族人；“从妻为色目人者”，是指原是汉人，后随妻子成为“回回”；“从母为色目者”，亦是指原是汉人，后随母成为“回回”。这就说明不只汉女嫁回男，可以成为回回，汉男娶回女也可以成为回回了。据说明代著名思想家李贽二世祖林驽，就是因为“娶色目女”而习其俗成为回回的。

除通婚外，西北地区还有回民乏嗣抱养汉民为子，或汉民因信仰、经济等原因成为回族的。泉州《郭氏族谱》也有谈及汉族人皈依伊斯兰教而被吸收入回族之事。“迨元之时，于回免其差扰，泉之回尤盛，世人因多从回。或好两（西）国之教，或托是以避乱，故先人之适回大抵有取矣”。多种渠道的融入丰富了回族族源多元化的实质内涵，同时也为回族适应儒家文化体系下的中国社会奠定了基础。

---

① 《明史·食货志》。

② 《明会典》卷二二户部七。

③ 转引自《回族简史》，宁夏人民出版社1978年版，第15页。

“西域回回”① 则是回回人吸收另一重要成分。明代在对外交往和贸易方面，对西域诸国采取“厚往薄来”的政策，“以示朝廷怀柔之意”②。明王朝历代帝王采取较为开明的对外政策，不仅促进了东西方贸易，而且吸引了大量“西域回回”继续来华。从明太祖洪武年间（1368—1398）开始，就有“西域回回”不断内迁，或滞留营商，或入仕为宦，经年不归。如洪武二年（1369），西域撒马尔罕回回伍儒奉诏来到南京，任职钦天监漏科博士，其后裔历五世皆守其职，遂成南京回回望族；洪武三年（1370），西域回回塔西沙、亦速等内附，被授以云南左卫副千户，遂占籍云南，后来，塔西沙以塔为姓，亦速后裔以速为姓，其后裔世代袭职，发展成为云南回回大族。永乐至宣德（1403—1435）三朝，中西交往频繁，入居中国内地的回回超过洪武时期。明成祖永乐年间（1403—1424）西域回回有可察吉儿、母撒、哈的、马哈木、阿老丁等人内附，均在朝廷受到重用。明仁宗洪熙元年（1425），哈密回回母撒、瓦剌回回撒法儿等人入附中国内地，要求定居，明廷赐以草场、田地、房屋和器物等。明宣宗宣德时期（1426—1435），有瓦剌回回月鲁火者等，吐鲁番回回他里麻敏何秃、宫火因、撒都等，别失八里回回舍伯沙等，兀塔儿回回小失帖木儿等，车儿绰回回革来末台、伯兰火者等，柳城回回阿黑把失等，哈密回回哈剌虎力等内附，要求居京自效。明廷均赐以冠带、袭衣、彩币、银钞、棉布、鞍马、房屋和器皿等，他们多任职于京师，或寄居于甘州等地。

正统至正德时期（1436—1521），是西域回回内迁的高潮。明英宗正统年间（1436—1449）至明武宗正德年间（1506—1521），由于吐鲁番不断侵袭哈密，使哈密地方的回回、哈剌灰人大批迁入肃、甘等州，吐鲁番回回也大批东移。哈密回回、畏兀儿、哈剌灰人一年多至三次，人数多至1200余名，以进贡为名，常附籍于京师、南京、德州、杭州等地而不归。明廷还从甘州、凉州等地迁徙数以百千计的畏兀儿人到江南各卫。如明英宗正统元年（1436）六月，“徙甘州、凉州寄居回回于江南各卫，凡四百三十六户，千七百四十九口”。正统三年（1438）八月，“时归附回回二百二，自凉州徙至浙江”③，这些人后来也基本上成为回回。正德年间，哈密回回首领、贡使写亦虎仙及其婿火者马黑木、侄婿马黑麻皆受明武宗朱厚照宠用，并赐国姓朱，授锦衣卫指挥。嘉靖以后至明末（1522—1644），西域回回内迁转入低潮。

---

① 明代史料称西域各族穆斯林为“西域回回”。
② 《明太祖实录》卷一五四。
③ 《明英宗实录》卷四五。

至明世宗嘉靖年间（1522—1566），西域回回内迁趋势发生变化。嘉靖七年（1528）吐鲁番贵族牙木兰因与速檀（算端）满速儿有隙，与罕东卫头目帖木哥、土巴率3000人求附，被安置于肃州迤北境外散处。次年，明廷命湖广巡抚安插牙木兰及其家属于武昌。牙木兰广置田地，盛置宅业，成为当地一大商贾。但至嘉靖九年（1530），吐鲁番再据哈密，明廷终于决定放弃哈密，明廷与西域交通中断，闭关绝贡，西域回回入附籍浪潮转入低潮。自此以后，西域回回入居中国内地的活动虽然一直并未完全中断，但其入居的频次、人数大大减少。

整个明代，入附内地西域回回或自流中原内地，成为居民；或寄居甘州等西北边地，成为永久居民。新入附的回回虽然以居住甘肃为多，但定居内地的也不少，而且分布比较广泛，为回族共同体的形成注入了新鲜血液。定居中国内地的“西域回回”人数，仅见于记载的入附回回就有“十五六万之多”①，这自然进一步壮大了回回人口，有力地促进了回族的形成。

除“西域回回”外，有明一代，“南洋回回”也有少量入居中国。明代早中期，国力强盛，对外开放，南洋许多信仰伊斯兰教的国家和地区，如忽鲁谟斯、阿丹、祖法儿、剌撒、卜剌哇、木骨都束、古里、柯枝、加异勒、锡兰山、溜山、南渤利、苏门答剌、阿鲁、满剌加、甘巴里、苏禄、榜葛剌、渤泥、爪哇、古麻朗等，纷纷派遣使节前来朝贡。史称这些朝贡者为“贡使回回”。他们到中原后有的常住不返，成为“附籍回回”、“寄住回回”。明成祖永乐六年（1408）南洋渤泥国王麻那惹加那乃访华时病卒，葬京师安德门外，成祖命西南夷人隶籍中国者守墓。永乐十五年（1417），苏禄东王巴都葛叭答剌访华时病死于德州，王妃葛木宁、次子温哈剌、三子安都鲁等随从留居守陵，成为德州北营温、安二姓回民祖先。但总的来说，人数不多，规模不大。

2. 聚居区域的不断扩展与分布特征的形成

由于有明一代回回人口增加，回回商人流动迁徙、回回官员宦游定居，以及朝廷的大规模移民，回族聚居区域不断扩展，大分散、小集中的分布特征趋向定型化，在西北、西南、中原、华北和江南等地区，逐渐形成了众多重要的回族聚居地，大多延续至今。

西北地区是元代回回人的主要分布地区，至明代，经过发展、迁徙，在今甘肃、

① 林松、和龚：《回回历史与伊斯兰文化》，中国出版社1992年版，第199页。

陕西、宁夏和青海等省（区）境内，逐渐形成了众多回族聚居区。

甘肃在明代已成为回族的主要聚居区域。史称："元时回回遍天下，及是居甘肃者尚多。"① 明人文献中也记载道："甘肃地近西域，多回回杂处。"② 当时在河西肃州、陇右河州、狄道、巩昌、莲花、张家川和金城等地，陇东的平凉、庆阳等地，就相继涌现出许多拥有万户以上的居民点，并逐步将聚居区扩展至洮州和岷州等地，几及甘肃全境，正如民国时期学者吴景敖在《河湟诸役纪要》中所云："迄明末清初，西起瓜沙，东至环庆，北抵银夏，南及洮岷，所谓甘回，即东干回之足迹，盖已无地无之。"③ 许多清真寺也在这些地区修建起来了，如兰州的绣河沿寺、河州的八坊大寺、城角寺、华寺、王寺，洮州旧城上寺及徽县清真寺等，都始建于明代。另外，由于明代的军事活动，其他省份的一些回回将士也来到甘肃并定居下来，如洮州（今临潭）回族的主要来源就是明初沐英西征时所带部分回回将士，他们被留下来屯兵戍田；张家川县的世居回民，自称系明初从江南和山西大槐树庄迁徙而来；金城（今兰州）回族的部分先民，也是明初随肃王而来的江南、山东回回官吏、士卒及商贾。

明代的陕西，回族几乎遍布全省，以关中居多，陕南次之，像西安、延安、凤翔、汉中等府，都有不少回族居住。明代及清代前中期陕西回族人聚居情形，在清乾隆年间署理陕西巡抚毕沅的奏折中有具体反映："查陕属各属地方，回民居住较之他省为多；而西安府城及本属之长安、渭南、临潼、高陵、咸阳及同州府属之大荔、华州，汉中府属之南郑等州县回民，多聚堡而居，户口更为稠密。西安省城内回民不下数千家，……城中礼拜寺共有七座，其中最大者系唐时建立。"④

宁夏、青海在明代都形成了一些重要的回族聚居区域。宁夏从明初起，不断有大批回回以归附土达的身份被安插到灵州及固原各州县，形成了许多回族聚居点。青海也是从明初起，由于军事活动、移民实边和屯田等缘故，主要在西宁、大通等海东地区形成了一些回族聚居区域。

西南地区回族主要聚居于云南。明代，云南不仅原有的回族聚居地方得到很大发展，人口较之从前更加密集，而且还出现许多新的回回村屯。云南《蒙化志稿》载："回族，其先阿刺伯人。元初从世祖取云南，遂占籍。及明洪武中，傅友德、沐英平

---

① 《明史·西域传》。

② ［明］陆深：《谿山余话》。

③ 甘肃省图书馆书目参考部：《西北民族宗教史料文摘·甘肃分册》，1984 年印本，第 209 页。

④ ［清］刘智：《天方至圣实录》（附录二），1984 年中国伊斯兰教协会印本。

蒙化，随征而来者留屯田。厥后历年既久，种族蕃盛。”据《云南回族史》研究，当时以昆明为中心，主要包括迤西的楚雄、大理、巍山、保山、顺宁、腾越，迤南的玉溪、河西、华宁、开远、蒙自、曲溪、临安、石屏，迤东的嵩明、寻甸、沾益、曲靖等地，都有了回族聚居区域，少数是在城里，多数是在乡村。

中原地区回族主要聚居在以开封和洛阳为中心，包括商丘、太康、淮阳、南阳以及安徽北部地区和山东德州、莱州、登州等地区。

华北的回族聚居区，以北京为中心，主要有通州、保定、河间、沧州、包头、张家口等地。这一带的回族，有的是从元时就在这里居住的，有的相传是明成祖时从别处迁来的。

江南回族主要聚居在以南京为中心，包括扬州、镇江、嘉定、苏州、杭州、松江、泉州等地。

从明代回族聚居的具体地方看，是以农村为主，其中一些回族村庄，是由于回回官员的宦游定居而形成的。湖南、湖北、云南等省的许多回族村庄都是明初回族军官宦游到此形成的。例如哈八世在明初驻军湖南常德，后来这里形成16个回族村庄；马镇原籍安徽，宣德时官至湖广都司，遂定居湖北武昌，其后裔发展出马家庄；马坚于洪武初任云南临安卫千户，金自氓于永乐年间为临安知府，后来两姓后裔发展为回龙村。

明代回族聚居地方虽然绝大部分为农村，但在大城市也形成了一些重要的回族聚居区。如在今北京、南京、成都、西安、洛阳、开封、郑州、广州、兰州等城市的部分区域，都形成了比较大的城市回族社区。

3. 社会经济的全面发展

明代，回族的社会经济在元代的基础上，得到了长足、全面的发展，无论是农业，还是手工艺、商业都有了一定规模，呈现出新的面貌。

（1）农业

回族的农业，是从元代发展起来的。元以前进入中国的回族先民，多为商人、使臣及其随从等。他们多集中于沿海城镇和部分中原都市，从事农业生产者为数极少。到了蒙元时期，回回的职业构成和人口分布情况发生了很大变化。随着蒙古的三次西征和元朝统一中国，大量中亚、西亚人东迁中国，建设自己的新家园。这些东来的回回人以军士、工匠、商人、官吏、教士及普通农牧民为主，更以军士、工匠为多。他们打破了回族先民原来的居住格局，大量人分布到广大农村，与土地密切结合起来，逐渐发展起了回回人的农业，为中国农业发展增添了新的内容。元代十分重视屯田，回回人在其中发挥了重要作用。

明代回族的农业经济，在元代奠定的农业基础上进一步全面发展。由于国家推行军屯、民屯和商屯等屯田政策，明代仍有不少回回致力于治理荒芜、开垦贫瘠、强兵足食的西北、西南、华北和江南等地屯田。

明朝政府强调“兴国之本在于强兵足食”，对西北屯田及移民垦荒之事十分重视，这是明代西北回族农业发展的重要原因之一。西北各地聚居的回族人数众多，他们无论是从事军屯，还是从事民屯，在农业发展中都发挥了重要作用。明初，明太祖即“遣将屯田西北”①，推行军屯。大量回回参与了军屯，使西北土地不断得到开发。洪武十三年（1380），“拨河州民至西宁贵德开垦守城。帝命于河州拨民四十八户来贵德开垦守城，自耕自食，不纳丁粮”②。

此外，明代将西域归附回回多安置于甘肃河西走廊“草场田土可以旷闲之地”留屯。明孝宗弘治六年（1493），甘肃镇巡等官太监傅德等曾奏：“乞将各夷暂存肃州、甘州、山丹、永昌、凉州安住，以系其心，分散势力，以防不测。待来春斟酌夷情事势，量给种粮，发去苦峪住种。”③ 从文中“分散势力，以防不测”之语看，这时进入河西的西域回回数量颇大，以致随着回回不断入附，明廷将数以万计的回回从河西迁至江南各卫屯垦。

明世宗嘉靖六年（1527），有官员奏称：“初，哈密数为吐鲁番所破，余众走入塞，散处苦峪、赤斤、肃州诸城，前后千余人，并僦屋以居，贷田以耕，边臣因抚留之，给以牛种，间从官兵出逐虏有功，辄加赏赉，所得卤掠，辄与之，初给种米五百石，后或百石，诸夷亦颇安之。及是，其酋乩吉勃剌合哈剌灰、畏兀儿等以房产地土不足居种，奏请拨给。”④ 嘉靖七年（1528），吐鲁番大头目牙木兰率众3000余帐入关附明，其部下多数被安置在甘、肃二州，拨给田土子种牛具，从事农耕。嘉靖十三年（1534），“以肃州卫钵和寺境外闲地一十六顷有奇，给寄哈密卫都督乩吉勃剌等部耕种”⑤。嘉靖二十五年（1546），吐鲁番王沙速檀弟马黑麻率众数千入居沙州（今甘肃敦煌）一带，占地耕作牧养。

---

① 慕寿祺:《甘宁青史略》卷一三。
② 慕寿祺:《甘宁青史略》卷一四。
③ 《明孝宗实录》卷七七。
④ 《明世宗实录》卷八一。
⑤ 《明世宗实录》卷一六四。

明神宗万历二十七年（1599），“甘肃巡抚徐可畏奏降夷日众，乞查给房屋、月粮、地亩、牛种，以安其心”①。

有明一代，西北屯田垦荒取得很大成就，耕地面积大幅度增加，粮食产量显著提高，粮价稳中有降，国家税粮收益也相当可观。如庄浪、河州、洮州、凉州等地原为荒凉贫瘠的边地，到洪武二十二年（1389）时却变成粮多价贱的富裕地区。这些成绩的取得，固然以汉族的出力最多，但回族农民也做出了重大贡献。

西北回族的屯田垦荒，在历史上起过积极作用，产生了很大影响。它开发了西北边疆，使大量荒闲之地变为良田，因而扩大了耕地面积，发展了农业生产，特别是大量回回军士的屯垦，既巩固了边防，又在一定程度上减轻了国家负担和百姓运送军粮的徭役。

回族在西南的屯田垦荒，也是从元代开始的，且主要集中于云南。元代云南为主要的屯田区，回回在当时的屯垦活动中占有重要地位，无论是军屯还是民屯，都有很多回回参加。回族在云南各地的分布，与元代云南的屯垦活动是密切相关的。明继元以兴，为了政治、军事上的需要，继续实行屯田政策。明初随傅友德、兰玉、沐英入云南的军队大部分就地留戍屯田，当中回回军士也不少。此后甘陕、江南的回回军士奉命来滇屯戍者连绵不断。如洪武二十一年（1388）二月，以长兴侯耿炳文承制遣陕西都指挥同知马烨率西安等卫兵33000屯戍云南，马烨本人即是回族，其所部回民屯戍于今昭通、鲁甸一带；正统年间，为了征服麓川土酋的叛乱，曾于正统六年（1441）、七年（1442）和十三年（1448）三次出兵，麓川平定后，又屯驻12万江南回、汉士兵于滇西。明朝平定云南后，随即设置了与军屯紧密相连的卫所制，大批回回军士及其家小因此在云南留戍屯垦。现在不少回族村落冠以卫、所、营、屯、堡的称呼，即始于此。

沐英镇守云南，“百务具举，简守令，课农桑，岁较屯田增损以为赏罚，垦田至百万余亩”，其子沐春“在镇七年，大修屯政，辟田三十余万亩，凿铁池河，灌宜良涸田数万亩，民复业者五千余户”②。

明朝除实行军屯外，还在云南大力推行民屯、商屯。据《滇粹·云南世守黔宁王沐英传附后嗣十四世事略》载：沐英镇滇后，于洪武二十二年（1389）“携江南、江西人民二百五十余万入滇，给予种子、资金、区别地亩，分布于临安、曲靖……各郡

① 《明神宗实录》卷三三二。

② 《明史·沐英传》。

县”。沐英长子沐春“领滇七年，再移南京人三十余万”① 入云南，上述移民数字可能有所夸大，但从中反映出明代移民于云南屯垦确实有相当的规模。这些移民除大多数为汉族人外，陕甘及江南各省回族也很多，先后分布于滇中各地，与当地各民族一道为共同开发云南，推动经济文化的发展做出努力。

大批汉、回等族士兵、劳动群众从江南、陕甘等地迁入云南屯田戍守，对促进云南农业经济的发展起着重大作用。他们不仅输入了劳动力，而且还带来了先进的生产技术和生产经验，如先进的牛耕技术的传入及推广，就是典型事例。屯户在耕作方法上使用一牛或二牛（一架）牵引，由一人或二人驱犁耕作，改变了云南历史上“二牛三夫”的落后耕作方法。另外，朝廷还从四川购进大量耕牛，发给云南军屯户用于农耕。

由于这些变化，明代云南回族经济发展很快，出现了许多回回富户。如明后期，旅行家徐霞客经过云南时，曾得到过金、闪、马等姓回回人士的周济，他在《游滇日记》中记录了这里回回富户所在庄园的富饶壮观景象。

回族在华北、华中、华东及东北等地的屯田垦荒，也是从元代开始的。史籍中对回回在这些地区的屯田，多有记载。大量回回军士的屯垦活动，促进了这些地区农业的进一步发展。

明英宗正统十二年（1447），“沙州卫遗众矮儿丁、把剌亦等来归。先是，沙州之众有散在哈密诸处者，及喃哥来附，尽驱其家属入塞。至是随哈密使臣入朝，遂愿留自效，命还其妻子，分隶东昌、平山二卫”②。东昌、平山均为今山东聊城，留居此二地的这批回回多数务农。明代的运河两岸，从泰安、济宁、泊头、沧州、盐山直到通州形成了不少回民聚居点，这些回族村庄被命名为“回回营”，实则已是农业村落。北京的七十二联营，正定的南三营，山东阳信的六营，无棣的五营，这些回族的农庄都是由当时的回族军屯发展起来的。他们原是居住在淮河流域的回回，元朝灭亡以后，在华北从事军屯开发出新的回族农业区。

明宪宗成化九年（1473），吐鲁番攻陷哈密，约有三四万的回回、畏兀儿、哈剌灰等族百姓在首领罕慎的率领下拥入关内，明廷让这些人暂居于甘肃，后迁送陕西、河南等地，拨地给粮，“以俟发遣”。③ 但这些人后来并未发遣回去，而是留在内地各

① 杨兆钧:《云南回族史》，云南民族出版社 1989 年版，第 62—63 页。

② 《明英宗实录》卷一六〇。

③ 《明宪宗实录》卷一四一。

省务农，其中大部分人与当地回族融到一起了。

明初，在湖北沔阳等地也有回民在从事垦荒。沔阳湖泽地带甚多，是垦田拓荒、进行农业开发的理想之地。沔阳的回族农民和当地汉族农民一起开发沔城附近的七里垸、金马垸、江北、官路等地，开挖了大小莲花池。随后，又有部分回民移居到城东十里的高卡垸垦荒务农。大约在明中期以后，由山西、山东签调到武昌的王氏、定氏、马氏等回回将领后裔，因生齿日繁，多数人相继迁往沔南湖区的黄蓬、黄泥潭、月堤、马家沟、吕蒙口等地落籍务农。魏姓、李姓等回回也由沔城迁往城北从事农垦，以魏姓、王姓回回为主开发了魏王垸，以李姓等回回为主开发了百石垸。在沔南（今属洪湖县），以定姓回回为主，联合王姓、马姓回回和当地汉族农民一起，在珂里湾南部插标为界，围垦喜鹊湖、扁湖、长湖、双湖、桂明湖、大深湖、小深湖、木渣湖的湖田。明朝天启、崇祯年间，陕西西安魏姓回民因逃避战乱和灾荒，进入鄂、陕交界的郧西县湖北口内，在山高林密、土地荒芜、海拔1600米的坎子山老水泉处定居垦荒。后来，又有回回陆续迁入，垦荒范围逐步扩大到坎子山松树阳坡、湖北口、西川一带。①

明代，回族在江南等地的屯垦也有发展。由于这时进入甘肃河西地区的西域回回数量颇大，以致随着回回不断入附，明廷将数以万计的回回从河西各地迁至江南各卫屯垦。如明英宗正统元年（1436），“徙甘州、凉州寄居回回于江南各卫，凡四百三十六户，一千七百四十九口”②。正统三年（1438），“命给浙江观海诸卫新徙回回月粮。时归附回回二百二人，自凉州徙至浙江。上谕行在户部臣曰：远人不习水土，宜复其役，仍计口，月给米四斗赡之，二岁后，该卫具其生业以闻”③。

（2）手工业

明代，回族手工业生产有了一定发展，形成了一批具有特色和规模的手工行业，如屠宰、皮毛加工、制药、采矿、金属加工等。

在回族手工业中，最典型的当数回族的皮毛加工业，主要表现在从业人员多、分布地域广、工艺技术高、产品种类齐、经营方式灵活等方面。皮毛加工业中最重要的是“熟皮”和皮革制作两个步骤，有时二者是分开的，熟皮的作坊，专门加工牛羊皮，然后出售，不一定制成各类皮革成品，有时“熟皮”的皮坊和制革铺是没有专门

---

① 答振益：《湖北经济初探》，载《甘肃民族研究》1990年第1期。
② 《明英宗实录》卷一八。
③ 《明英宗实录》卷四五。

分工的。

皮毛加工业作为回族手工业中最大的一个行业，分布极广，全国各地回族聚居的城乡都有，特别是中国北方回民集中的各城乡，如陕西王阁村、羌白镇，甘肃兰州、河州，青海大通，宁夏石嘴山，河南孟县桑坡、光州（今横川）南湖，山东济宁以及京津等地都是明代回族皮毛加工业发达的地区。

云南回族的制革业历史悠久，各地工匠将牛皮、牛角和羊皮加工成牛羊皮衣、皮货、马鞍、缰绳、车具等。如昆明的回族除加工皮革外，还将其“长养之羊，岁薙其毛，以为毡、罽、毯、毲”①。昭通在明代是入黔进川要地，回族则多居住城中东南岗，以擀毡做皮货为生计，直到清代依然如此。②

制药业是和回回医药学相结合的传统行业。回族人制药始于元代。回回医生在骨伤科、外科等方面见长，并以专门治眼疾和怪病著称。元末明初刊行的《回回药方》一书，集中反映了回回医药学的成就，极大地丰富了祖国医药学宝库，对后世医家产生了巨大影响。明代回族著名医家很多，促进了回族制药业的发展。如明朝大臣孙继鲁（1498—1547）之三世孙孙光豫，精通回回医术，明末曾被授为太医院院判，后辞职在家潜心研究医药学，济世救人。他在昆明创立了“万松草堂”药铺，以秘制丸散膏丹著称，一直传到近代。万松草堂所制药剂中，以救急丹最为有名，行销西南各省及东南亚等地。负有盛名的北京王回回膏药和马思远药锭，均由明代回族名医创制。元末明初，回族著名诗人丁鹤年流落江浙期间，就靠卖药行医维持生计。

制香业也是回族的传统行业，其和唐宋以来的回回香料贸易有一定关系。福建泉州蒲家，自元以来就一直从事制香行业。明初时因受迫害，逃亡永春、德化等地。但在到达永春、德化后，仍然继续经营制香业。如蒲氏十四世孙蒲世茂在永春创置的香浦室，一直延续至新中国成立以后。北京的“香儿李家”，其祖传制香业，据说也有数百年的历史。

回族采矿业始于元代，盛于明清。全国许多地区回族采矿业都有所发展，其中云南因地处多山，矿产丰富，回族采矿业尤为发达，对明清时期我国采矿业的发展做出了很大贡献。从文献记载来看，云南采矿在明代即已繁盛，先后开采的矿业主要为：银矿 23 所，铜矿 19 所，铅矿 4 所，以及碌矿、锡矿等，其中以银矿最为重要。凡云南各地采矿业中都有回族人参与，因而有所谓“无矿不回”的说法。云南回民在各厂

① 《滇海虞衡志》。

② 《昭通县志稿》卷六。

矿中，既有家财万贯、资金雄厚的“锅头”、“炉户”，又有掌握采冶技术的“攘头”、“炉头”，也有大量靠采矿维持生计的矿工“砂丁”。

明代回族的金属加工业有较大发展，既促进了各地农业生产及工商业发展，又方便了群众生活。在全国许多城镇和农村，都有一些回族工匠从事铁、铜等金属的加工。加工铁器的叫铁匠。如云南回族铁匠就能为马帮提供其所需的马掌马钉，为保护商队安全而制造土炮、火枪等武器；也有为矿山冶炼而生产的锤、钳、钎，风箱、起锤和链条等配套设备；日常生活中的锅、瓢、勺、铲、刀具等；还有为宗教生活所需的沐浴用具如铁桶、铁罐之类。加工铜器的称铜匠，如南京有谚语称：“铜作坊，锡作坊，回回手艺代代传。”史书上还留下了马铜匠、范银碗等名号。宁夏、甘肃等地回族中，铜匠也不少，主要制作铜灯、铜勺、铜锅、铜壶等生活用品。明代宣德年间（1426—1435）所制宣德炉，非常珍贵。一些宣德炉上常以阿拉伯文为饰，显然与回族工匠有关。

明代回族制瓷业也有发展，为制瓷业的繁荣做出了一定贡献。明代回族制瓷业的主要贡献，在于引进、使用了阿拉伯国家的陶瓷色料“回青”，并在陶瓷上描绘了带有浓郁伊斯兰色彩的阿拉伯文书法和几何、植物等图案，器形上采用了汤瓶、抱月瓶、长颈方口折壶、天球瓶、八角烛台、长颈水罐、仰钟式碗等阿拉伯国家瓷器形制。

（3）商业

回族的商业，在明代有了新的发展和变化。“回回善贾”、“回人多贾”，这是历史文献中对回族商业传统的概括性描述。唐宋时期，诸多回族先民因经商而来华，并定居于各大都市与商埠；元代以来，随着回族人口的增长与广泛分布，其经济成分日趋多元化，农林牧工商均有，但无论城市回族还是乡村回族，商业仍一直是其重要经济成分。明代，由于中西社会经济的消长和中国外贸政策的收缩，丝绸之路，特别是海上丝绸之路国际贸易陷于困境，无复前代那种蕃舶云集的盛况。但是，回族继承了先民的商业传统，继续活跃于青藏高原、云贵高原等民族地区和全国大小城镇，对我国商业经济的发展做出了重要贡献。

青藏高原地域辽阔，资源丰富，水草丰美，是我国主要牧区之一。以畜牧为主的农牧经济，是青藏高原商业流通及贸易活动发展的自然经济基础。

回族在青藏高原的商贸活动历史悠久，大约自元明时期开始，回族就开始了与生活在青藏高原的藏、蒙等族的密切接触。这一时期正是回族形成“亦农亦商”经济特点的时期，他们已从唐、宋时期其先民那种以丝绸、瓷器、珠宝为主要商品与中原内地进行交易的方式中，转变到以聚居地经济地理条件为基础，以经营农牧产品为主，和生活在自己邻近地区的汉藏等族进行经济交流的方式上来，这种转变是他们与生存环境相适应的必然结果。

对于回族在青藏高原的商贸活动，著名社会学家费孝通教授曾给予很高的评价，并从改造和发展农牧区经济的高度分析了这一情况。他在三次考察甘肃省临夏回族自治州后所写的《临夏行》中谈道："我认为必须有人把提高牧民生活所需要的用品送上高原去换取牧业产品……但不应忘记藏族牧民是居住在三千米上下的高原和交通十分不便这一事实。商品自己不会走动，要有人去运输，还要有人去出售。这支流通队伍在哪里呢？藏族牧民还很少有商品意识，汉人又大多不习惯上高原去活动。我曾为此发愁。这次访问临夏，却见到了这支队伍事实上已经形成，而且正在活动，这支队伍主要就是……历史上形成的，生活在陇西走廊里的回族。"

地处云贵高原的云南，物产丰饶，植物繁茂，但丛山密箐，历史上交通极为不便，加之又是多民族聚居区域，语言各异，风俗多样，故商业经济的发展受到一定限制，一般内地商人不敢轻易涉足其中。云南回族商人不畏艰险，克服重重困难，赶马驮货深入到彝、傣、藏、纳西等族地区及邻国，再运出各地土产，乃创造出马帮贸易的形式。云南回族马帮见于载籍始于明代，而发展、兴盛于清代和民国时期。云南回族马帮终年奔波在崎岖的山路上，饮露餐霜，冒雨顶雪，敢于做别人不敢做的生意，去别人不敢去的地方。无论在彝族山寨，还是傣族乡间，只要听到马帮的铃声，人们就知道回族商队带来了他们所需的物品。

云南回族马帮是以马匹为运输工具，十几个或几十个行商组成临时性的贩运伙帮，一般是远距离、长时间的运输。马帮内有严密的组织与分工，有时，马帮商人因沿途自卫，还对其进行武装，因此与一般的回族行商不同。

云南回族马帮商队，虽然通常多以商贩联合形式出现，其规模也不是很大。但马帮生意产生的影响却是巨大的。回族深入到彝、傣、藏、纳西等民族聚居的边远山区，不仅给那里的人们带去了生产工具和必需的生活用品，也带去了文化信息，而且随着回族在这些地区的定居，先进的生产技术也随之传播到边地，从而使内地与西南边疆民族地区的联系得到了进一步加强。各地民族经济的发展极大地活跃并繁荣了当时整个社会经济，对云南资本主义经济的萌芽、兴起起到了促进作用。

城镇回族传统商业是在长期的历史发展中逐渐形成的，像珠宝玉器古玩、牛羊屠宰、皮毛贩卖、清真餐饮等传统商业，或因从业人数较多，或独具民族特色，或历史悠久的缘故，成为城镇回族商业经济中具有代表性的商业行业。在回族聚居的各大小城镇，回族传统商业的发展、活跃，有力地促进了当地商业经济的繁荣。

珠宝玉器古玩业是回族早期一直从事的主要商业行业之一，明代以前一度曾是回族最主要的商业行业，故史有“识宝回回”之说。明清以来直至近代，由于回族经商范围的不断扩大，珠宝玉器古玩业地位有所下降，无复历史上的盛况，但它仍是城镇回族中很有特色的传统商业行业之一。

回族的屠宰业，主要是指回族人按照自己特定的饮食习俗对羊、牛、驼等的屠宰及销售经营。回族有自己特殊的饮食习惯，尤其对肉食的食用范围、屠宰加工等均有严格的要求。因此，回族屠宰业历来很发达。这不仅满足了本民族的需要，也为繁荣各地商业经济做出了贡献。如明代北京宣武门外，以宰牛为业的回民就有上万人之多。

皮毛贩卖业主要指牛羊皮毛的收购、销售，和屠宰业及牲畜交易业关系十分密切。这也是城镇回族最擅长、最常见的行业之一，在回族商业经济中占有举足轻重的地位。回族皮毛贩卖业兴起于元明时期，发展于清代，至近代更趋繁盛，在甘肃、青海、内蒙古和云南等地形成了一些重要的皮毛集散地。

回族的餐饮业，又称清真餐饮业，历史悠久，从业人员多，始终是城镇回族商业的重要行业。这主要与回族自身特有的消费生活习惯和饮食结构有重要关系，首先为了满足自身消费的需要，同时又是谋生的重要手段。由于同一原因，既限制了回族饮食业的经营范围，又促使其在一个很窄的范围内发展，形成了风格独特的清真饮食业，丰富了中国的餐饮文化。清真餐饮业几乎遍及全国各地，而且主要集中在城镇。清真餐饮业店铺，都有鲜明的标志。过去，一般都在店铺前挂有绿色木雕汤瓶壶图案的招牌，上面写有“清真”、“西域回回”等汉字，或阿拉伯文的“都阿依”（祈祷词）。

4. 文化特点与民族意识的形成

(1) 广泛使用汉语、采用汉语姓名

回族由于“大分散、小聚居”的居住特点，与汉族群众交错聚居，其经济活动、文化生活、社会交往等等，无不与汉语、汉字、汉文化有关，故采用汉语、汉姓，掌握汉文化，成了回回人生存的基本手段。可以说，语言、姓名等的“华化”或“汉化”，都是回族为求得生存和发展所做出的必然选择。

到了明代，回族人已广泛使用汉语。明朝初年，明太祖朱元璋因元朝统治者过去曾歧视压迫汉族人民，欲反其道而行，下令“胡服、胡语、胡姓一切禁止”①。这种政策进一步加快了回回的汉化进程，使回回广泛使用汉语为共同语言。泉州《丁氏族谱》记嘉靖十五年（1536 年）事说，回回已不懂《古兰经》的文义。万历三十七年（1609）《重修清净寺碑记》，也说到《古兰经》“未经汉译”，“民可使由，不可使知”。明末王岱舆等以汉文阐述、宣传伊斯兰教义的著作曾在南京、北京等地流传，实际上就是适应了广大回族群众使用汉语文的客观要求。明代的丁鹤年、金大车、孙继鲁、马一龙、闪继迪等著名诗人与文学家，可视作回族已广泛使用并精熟汉语的有力佐证。

回族虽以汉语作为共同语言，但是，由于信仰伊斯兰教，在其日常用语中，仍不时夹杂着某些阿拉伯语、波斯语的词汇和习惯用语，特别是在回族宗教生活和宗教教育中，阿拉伯语和波斯语仍占有重要地位。

元朝中后期，很多回回已经采用汉姓。明初，朱元璋诏令“胡服、胡语、胡姓一切禁止”。诏令颁行后，立刻在全国各地掀起一场“更易姓氏”的风潮，持续两年，许多蒙古、色目仕人都纷纷要求更改姓名。后明太祖发觉这样做对监视蒙古人和色目人的行动不利，又下令禁“更易姓氏”，“以严夷夏之别”，并表示，“蒙古诸色人等，皆吾赤子，果有材（才）能，一体擢用”②。但这时回族采用汉语姓名已成为自然的趋势，故出现了有禁而不能止的现象。不久，朱元璋就放弃了这一不合时宜的政策，回回姓氏的汉化就更加普遍了。

明代回族姓氏的汉化，大致有皇帝赐姓和自改汉姓两种情况。皇帝赐姓主要有两种方式：一是皇帝赐以国姓，二是皇帝赐以民姓。回回自改汉姓有下列几种方式：一是直接使用汉姓、汉名，二是将回回名中的任意一字用为汉姓，三是将定居地用为姓氏，四是改信伊斯兰教的汉族将汉姓带入回族姓氏中。③

回族人口虽然少，但姓氏数量较为可观。据回族姓氏研究者估计，回族姓氏有 500 个左右。这些姓氏中，通常的汉姓，回族有，古老的汉姓，回族亦有，而一些传统的回族姓氏，汉族很少甚至没有，这使回族姓氏仍保持本民族的特点。马姓是中国回族第一大姓，在回族人口最集中的西北地区尤为突出，故民间有“十个回回九个

---

① 《明太祖实录》卷三〇。

② 《明太祖实录》卷五一。

③ 邱树森：《中国回族史》，宁夏人民出版社 1996 年版。

马，剩下还有纳和哈”之说。

同使用汉语言一样，回族因保持伊斯兰教信仰，在采用汉语姓名的同时，还有一个“经名”。“经名”又称回回名，我国西北地区也称小名、教名，是回族使用的阿拉伯文名。由于回族诵读的《古兰经》是阿拉伯文，所以回族一般把阿拉伯文称为经文，阿拉伯文的名字也就被回族人称为“经名”。回族男孩经名多为伊斯兰教历代先知、大贤之名，女孩经名则常用伊斯兰教历代知名女性之名。

（2）婚姻丧葬及饮食服饰等风俗习惯的定型

明代回回婚姻习俗的形成受伊斯兰文化和汉文化的双重影响。回回信仰伊斯兰教，伊斯兰教中有关婚姻的教义教规对其有直接影响。伊斯兰教认为，婚姻是“瓦直卜”（当然），为繁衍子孙而结婚是“逊乃提”（圣行），是一种郑重的契约性关系。穆斯林的婚姻与家庭的组合必须是以双方共同信仰伊斯兰教为前提。如果一方信仰不同，若入教便可婚配。明代回回婚姻除族内婚外，回汉之间通婚亦常见。回汉通婚形式，从有关记述看，大多数是回男娶汉女。汉男娶回女而被吸收入回回民族的也不少。如泉州《林李宗谱》曾说到明代当地色目人之多，而“其间有色目人者，有伪色目人者，有从妻为色目人者，有从母为色目人者”①，所说的“色目”，实际上就是指“回回”。而所谓“伪色目人”，显然即是指信奉伊斯兰教的汉族人；“从妻为色目人者”，是指原是汉人，后随妻子成为“回回”；“从母为色目者”，亦是指原是汉人，后随母成为“回回”。这就是伊斯兰教上述婚姻规定在回回婚俗中的反映。此外，伊斯兰教还规定了婚姻的三个必备条件和程序：即求婚，就是由男女其中的一方向另一方正式提出婚姻的请求；允婚，即被求婚的一方允许对方的求婚，正式表示允诺；证婚，要求必须有两个成年人在场听见男女双方的求婚和允婚的明确的语言表达，并由阿訇念“尼卡哈”（证婚词）做证即可。在缔结婚姻之时，规定男子必须付给女方一定的聘礼，婚姻才能生效。

明代回族婚姻习俗又受汉文化的影响。无论是唐宋时期回族先民，还是元代大量东来的回回，都曾与定居地各民族，特别是汉族通婚，汉族的婚姻习俗对其无疑产生了影响。明初在《大明律》中明文规定：“凡蒙古、色目人，听与中国人为婚姻，不许本类自相嫁娶。违者杖八十，男女入官为奴。”② 这个政策的推行，旨在控制蒙古人和色目人的人口，“恐其种类日滋也”。这一诏令，实际上不一定能完全执行，但客

---

① 转引自《回族简史》编写组《回族简史》，宁夏人民出版社 1978 年版，第 15 页。

② 《大明律》卷六。

观上促进了回汉通婚，加速了中国传统文化，特别是汉文化对回族婚姻习俗的影响，使回族婚姻习俗进一步规范和定型。这种兼具伊斯兰文化特点和汉文化特点的回族婚姻习俗，在清初刘智《天方典礼》中有着较为详尽的记载。如说明回汉婚俗相近，“清真之礼，出自天方圣教，而儒家之礼，多相符合，虽风殊俗异，细微亦有不同，而大节则总相似焉”①。还列举了回族婚姻的程序：婚姻无贫富，必择善良；使媒妁通言；问名；立主亲；纳定；纳聘；请期；书婚；铺陈婿（婚）室；亲迎；成礼；明日妇出见舅，婿往见妇之父母等。这个婚姻程序实质上近似于我国周朝就确立并沿袭下来的“六礼”②，体现了“大节则总相似焉”的明代回族婚姻习俗特点。明代基本定型的回族婚姻习俗，之后一直沿袭，至今各地虽有些差异，但大体还在上述婚姻程序范围内。

明代回族丧葬习俗也进一步规范化。回族丧葬习俗与伊斯兰教密切相关。伊斯兰教规定，一个穆斯林去世后，首先要为亡人净身（洗“埋体”）、做殡礼（站“者那则”），然后按照土葬（葬时不用棺木，经白布包裹的埋体直接放入土中埋葬）、速葬（葬期不得超过三天，一般是当天去世第二天即葬）、薄葬（葬礼俭朴，贫富一样）的要求进行埋葬。这些丧葬规定，在明代回族的丧葬习俗中有充分的体现，清初刘智《天方典礼》对回族的丧葬礼仪有过具体的记载。明代回族的主要丧葬习俗，如实行土葬、忌火葬，主张速葬、“葬不过三日”、葬必从俭、“殓不重衣”、不设灵位，为亡人施以洗礼后白布缠身，教众集体举行殡礼，最后将尸体抬往穆斯林公墓安葬，等等，至今仍为广大回族群众遵循。

明代回族的饮食习俗基本定型。同上述风俗习惯一样，回族的饮食习俗也是在伊斯兰文化和中国传统文化的影响下形成的，具有鲜明的民族特色和地域特色。伊斯兰教规定，穆斯林禁食自死之物、血液、猪肉，以及未诵安拉之名而宰杀的牛羊驼鹿等，禁止饮酒等。伊斯兰教的这些饮食禁忌，长期以来得到严格遵守。回族穆斯林，更是对禁食猪肉等饮食习俗恪守不移，他们的这些特殊饮食习俗得到了兄弟民族的理解和尊重。我国的清真餐饮业，就是因这些特殊饮食习俗而发展起来的。

明代回族的服饰习俗亦基本形成。清初刘智《天方典礼》道：“古今冠服，异代不同，异处不同，凡居属国，遵而服之可也。”③ 但“至入寺瞻礼之时，大祀朝会之

---

① ［清］刘智：《天方典礼》卷一九《婚姻篇》。

② 即纳彩、问名、纳吉、纳征、请期、亲迎等六个从议婚到完婚的婚姻礼节。

③ ［清］刘智：《天方典礼》卷一五《冠服》。

际，以及丧葬大事，仍著弁，为存古也。”① “弁”即弁冠，为回回先民曾经穿戴的“天方之服”。

（3）民族意识的形成

回回的民族意识是在长期发展中逐步形成的。唐宋时期，回回先民以“蕃客”、“胡商”的侨民身份在中国的土地上繁衍生息，并无明显民族意识。元代，大量回回人东来，参与了统一中国的军事活动，并在中国长期定居下来。许多回回将士、政治人物因战功和才能受到元朝统治者的信任和倚重，回回商人也逐渐活跃起来。东来的回回，来自不同的国度，操不同的语言，本身既有差异，又有共同性。在中国社会文化环境中，经过100多年的发展，通过分化和聚合、文化的选择和认同、心理的变异和适应过程，民族意识初步产生。

明王朝的建立，打破了原有的政治统治格局，回回失去了在蒙元时期所占据的优越政治地位，面临生存挑战，这迫使他们必须重新审视自己所处的社会环境。在争取生存和发展的斗争中，回回的民族感情不断增强，民族意识逐步走向成熟，出现了明代文献所记载的回回“党护族类”、“行赍居送，千里不持粮”的特点，这说明民族内聚力进一步增强。元代的回回人，一般指的是回回这一类人，而明代的回回人，已被完全看作一个整体了。这是民族形成的一个自然过程。这时的回回人已成为一个民族整体，湮灭了其民族成分构成的多元性。因为他们已拥有共同的语言——汉语，拥有以伊斯兰文化为核心的、能够共同认可的信仰礼仪、风俗习惯。成熟的民族意识，有着坚固的稳定性，能够大大增加回回的凝聚力，维护民族生存权益，维系民族传统和文化传承。

5. 明代回族著名人物

明代回回中也出现了一些著名的代表性人物，其中包括全国性的和国际性的人物，如郑和、李贽、马沙亦黑、丁鹤年、麻贵、达云、胡登洲和王岱舆等。

郑和（1371—1433） 云南昆阳人，本姓马，赐姓郑，是世界著名的伟大航海家。从永乐三年（1405）到宣德八年（1433）的29年当中，郑和率领庞大的船队曾经先后七次“下西洋”，访问过亚洲、非洲等三十多个国家。他的空前壮举，促进了中外交通、国际经济文化交流和中国沿海居民的海外活动，并为东南亚许多地方的居民留下了深刻的印象。与郑和同行的，还有回回人马欢、哈三等人。他们在航海中担

---

① ［清］刘智：《天方典礼》卷一五《冠服》。

任翻译等工作。马欢著有《瀛涯胜览》一书，是郑和“下西洋”的真实记录，对于研究中西交通有重要的意义。

李贽（1527—1602）　字卓吾，福建泉州人，是中国思想史上的杰出思想家。李贽出身于泉州一个回族世家，父祖以上几代人都从事航海贸易或担任翻译。他著有《李氏藏书》68卷，《续藏书》26卷，李氏《焚书》6卷，《续焚书》5卷，《李氏文集》20卷，《李氏丛书》11种，并为100回本《忠义水浒传》、120回本《忠义水浒全书》和《三国志演义》做了详细的批注。

马沙亦黑　汉名吴谅，字仲德，回回历法家，明太祖时被称为回回大师。洪武十五年（1382）曾奉命同翰林李翀、吴伯宗等编译《回回历法》和《明译天文书》，被朱元璋誉为“不朽之智人”。明代在钦天监里设有回回历专科，除马沙亦黑外，回回历法家中著名的还有回回黑的儿、阿都剌、迭里弥失及郑阿里等。

丁鹤年（1335—1424）　字永庚，号友鹤山人，湖北武昌人。丁鹤年是元末明初杰出的回族诗人，著有《海巢集》、《哀思集》、《方外集》、《方外续集》等各一卷。因以73岁高龄为母守灵达17载，直到90岁去世，被誉为孝子。《四库全书》中收录的《丁孝子传》和《丁孝子诗》即是他的事迹。除丁鹤年外，明代回族诗人中著名者还有南京金大车、金大舆，云南马继龙、闪继迪、马上捷等。

麻贵　字西泉，山西大同人，明朝著名回族将领。麻贵是将门世家，当时有“东李西麻”之称。明神宗登基之初任大同总兵，万历十年（1582）迁往宁夏任总兵。万历十九年（1591）受到指责被贬，赴边疆戍守。万历二十年（1592）被重新使用，防御鞑靼有功，万历二十五年（1597）年任备倭总兵参加万历援朝战争救援朝鲜，抵抗日本入侵，因作战有功升为右都督。从万历三十八年（1610）开始镇守辽东。后因病退职，不久去世，朝廷命赐予祭葬，并在诏书中称他为“一时良将”。

达云（1550—1609）　字腾霄，号东楼，甘肃凉州人。史称勇猛强悍而有谋略，万历中，嗣世职指挥佥事。擢守备、进肃州游击将军、西宁参将，后又因功升都督同知、指挥使，晋副总兵官、总兵官，加封特进光禄大夫、上柱国、太子少保、左都督，挂平羌将军印镇守延绥、甘肃。镇守西北边疆几十年，对青海及甘肃北部做了有效的保卫工作，名震西陲，为一时边将之冠。后病卒于军中，赠太子太保，谥英烈武侯。

胡登洲与王岱舆，都是明末回族著名宗教学者，前者倡导、兴办了回族伊斯兰教经堂教育，后者致力于用汉文介绍伊斯兰教，开“以儒解回”之先河。两人均对中国伊斯兰教的发展产生过重大影响，其具体事迹及成就，将在以下相关章节详述。

第三节

清代以来回族的发展

一、清代前中期回族政治经济的发展

清朝（1644—1911）是由满族建立的封建王朝，其前期和中期开疆拓土，励精图治，为中国封建社会的最后一个繁盛时期，其后期日益腐朽没落，积贫积弱，一步步沦为半殖民地半封建社会。有清一代，回族经济社会既有长足发展，也遇到了重大挑战。

1. 清代前中期回族政治状况

与明代相比，回族在清朝的政治处境更加复杂，政治地位明显下降。清代统治者是从东北地区积蓄力量起家的。东北地区的回族居民为数甚少，早先，建州的女真贵族与回族接触很少，帮助清廷开国的“功臣”中几乎没有回族人。这种情况，同明太祖朱元璋开国时有很多回族将领相比较，截然不同。清统治者入关之后，在北京建立了清王朝，但其统治尚不稳固。明王朝的旧部属接连推出皇族搞“反清复明”活动，福王失败了，又推出唐王、永明王、淮王等来“复明”。当时，全国各地也不断发生反清斗争。回民散居各地，不同程度地卷入了反清斗争。如清初顺治年间，在甘肃省河西地区的甘州（今张掖）和凉州（今武威）一带，回回人米喇印、丁国栋等，就举起了“反清复明”的义旗。他们拥戴原明延长王朱识鋅，很快便控制了整个河西地区，进而占领大半个甘肃，队伍迅速发展到十多万人，号称“百万之师”。但在清军的残酷镇压下，反清斗争终归失败，米喇印、丁国栋及朱识鋅等亦被杀害。这次以“反清复明”为目的的回民反清斗争共经历了将近两年时间，几乎席卷甘肃，给清军以沉重打击，引起清统治者极大震动，对各族人民反对清政府民族压迫的斗争，有着重大的影响。因此，清政府对回族开始采取防范、控制的态度。

清朝作为一个少数民族上层建立的政权，十分害怕国内各民族的联合，对各个民族实行分而治之是其民族政策的基本原则。清朝统治者为了巩固自己的统治，对不同民族采取不同的办法。一般地说，清统治者一方面利用各民族的上层作为统治各族人民的工具，一方面又以不同的政治待遇去挑拨各民族间的关系，并破坏各民族内部的团结。

对于回族，清统治者在政治上一方面对其上层人物的科举入仕，不加以任何特别的限制，鼓励回族科举入仕，为清朝统治服务。清朝既把回族归于自己直接统治，便希望回族上层与汉族地主阶级一样，加入其政治体系，扩大其统治基础。清朝统治稳固之后，回民入仕者甚多，难以枚举。清廷上谕中以赞扬的口气说，回民“中有志上进者甚多，应试服官同于士庶，而以文武科名出身洊登显秩，为国家宣力效忠者常不乏其人”。

清代前期回回名将辈出，代不乏人。仅官至总兵、提督，坐镇一方的高级将领就不在少数，副将、参将更是层出不穷。由武举跻身军界，进而入武将之列，是清初回回人为将帅的重要途径。如康熙年间武状元杨谦，官至天津总兵；乾隆年间武状元哈攀龙，以功累迁为湖广、贵州提督；雍正年间武探花马大用，立功官至福建水师提督等。清初回回将帅中，还有许多人则是以行伍身经百战，立功而得以升迁的。如有“骁勇飞将”美誉的总兵马进良，有“狮子头”之称的总兵马良柱，因功历任云南提督、贵州提督的哈元生，立功升西安提督、后移任湖广提督的马彪，以军功升任浙江提督、广西提督的许世亨等回族将领，均是其中的代表人物。这些回族将领南北转战，东征西讨，终生效命疆场，为清朝统一国家局面的形成及边疆地区的稳定做出了积极的贡献。

除从戎为将为帅外，清代还有很多回民以科举登仕。如直隶河间回民白惺涵，顺治六年（1649）进士，官至吏部郎中；浙江仁和回民丁澎，顺治十二年（1655）进士，官至礼部郎中；溧阳回民马世俊，顺治十八年（1661）一甲一名进士，官至侍读学士；山东菏泽回民马新贻，道光二十七年（1847）进士，由知县迁安徽布政使、浙江巡抚等职，同治七年（1868）任两江总督兼通商大臣，为清代著名官员。

这些事实表明，清政府在选拔官员中并不排斥和歧视回民。

但另一方面，清统治者则从法律上、政治上制造回汉间的歧视。清朝的官府文书，多以“民回”并称，以表示回与一般平民有别，更恶劣的是一些官府文书上把“回”字加以“犭”旁，以示回回“不侪于人类”。

此外，清统治者还利用西北地区伊斯兰教派的矛盾，压迫新教、支持老教，企图挑起回族内部的斗争而坐收渔翁之利。

乾隆四十六年（1781）和四十八年（1783），先后发生了青海循化撒拉族苏四十三和甘肃通渭石峰堡回民田五的两次反对地方官府的活动。陕甘总督额勒登保以这两次事件为借口，在乾隆五十四年（1789）发布告示，禁止回民信奉新教，禁止汉民信奉伊斯兰教，禁止回民抱养汉民的婴儿，并禁止添造礼拜寺。对回族人民的这种压迫在西北各地的继续和扩大，成为以后西北回民大规模反清斗争的主要原因之一。

在云南方面，从18世纪末叶开始，回汉上层分子由于争夺厂矿的矛盾，不断利用民族偏见煽动群众进行械斗。清政府的官吏则从中操纵挑拨离间，从没做过公正的处理。这使云南政治情势、民族关系都处在日趋紧张的状态中，因此不久以后形成了云南回族群众所发动的各族人民反清斗争。

2. 清代前中期回族经济社会发展

顺治元年（1644），清军进入北京后，即迅速派军向北京以外各地进攻。遭到清军主力进攻的农民军的陕西根据地和遭受战祸最烈的东南地区如扬州等地，都是回民聚居较多的地方，当地回民势必与汉族人民一起，共同投入抗清的洪流。在南明政权中，也曾有回回参加。陕甘等地在清军占领后，反清起义仍然是彼踣此起。其中规模最大的，是顺治五年（1648）以回回米剌印、丁国栋为首的甘肃河西回民起义。最终，全国各地长期的“反清复明”运动都失败了，但清朝统治者也不得不接受教训，采取“摊丁入地”、“解除匠籍”等一些缓和阶级与民族矛盾的措施。因此，中国的封建经济又逐渐呈现出一个由恢复到发展的局面，回族的社会经济也同样得到了一定程度的恢复和发展。

由于社会比较安定，回族农牧业生产发展较快，政府又采取鼓励垦荒、兴修水利的政策，同时还减少赋税，所以遭到多年战乱破坏的回族农牧业得到了恢复与发展。在甘肃的河西地区、宁夏地区、青海东部地区以及陕西的关中地区，大量垦荒种田，兴修水利设施，以农业为基础的经济体系进一步形成。在清初，西北地区已形成大片的回族聚居区。据《河湟诸役纪要》记载：“迄明末清初，西起瓜、沙，东至环、庆，北抵银、夏，南及洮、岷，所谓‘甘回’即‘东干回’之踪迹，已无处无之。”乾隆四十六年（1781），署理陕西巡抚的毕沅在奏折中陈述陕西回回情况说：“查陕省各属地方，回回居住较他省为多。而西安府城及本属之长安、渭南、临潼、高陵、咸阳及同州府属之大荔、华州、汉中所属之南郑等州县，回民多聚堡而居，人口更为稠密。西安省城内回民不下数千家，城中礼拜寺共有七座。西安回民大半耕种畜牧及贸易经营，颇多家道殷实及曾任武职、大小员弁及当兵科举者”。此后数十年间，陕西渭河两岸，到处都有回回村庄。甘肃东部，则“宁夏至平凉千里，尽系回庄”，自天水、秦安、通渭、渭源、临洮、临夏、西宁（青海省属），以至甘肃西部的张掖、酒泉也都是回回聚居的地方。在内地，虽然回族居住比较分散，但也形成了许多聚居区域。如河南省的黄河两岸，河北、山东两省的运河两岸，回族居住甚众。

在这些地区，回民主要还是从事农业生产，回族的农业生产水平和当地的汉族相差不多。据大荔县的调查材料西北反清运动爆发之前，回族农民经常向汉民购买草木灰土，沤制肥料，田间管理也较细致，因此当地回民收获量往往比当地汉民还要高。在宁夏地区，回民和汉族劳动人民一起兴修或整修了许多渠道，像大清渠、惠农渠、七星渠、昌润渠等都是清代开凿的。著名的唐徕渠、汉延渠等也在这一时期有过整修和扩建。“黄河万里富宁夏”的赞誉，是历史上回汉人民兴办黄河水利设施同“河崩沙压”等不利自然条件进行顽强斗争和辛勤劳动换来的。在甘肃、青海等地，回族人民和当地各族人民一起，或开垦荒地，或兴修水利对开发祖国的大西北，贡献了不少力量。

在从事农业生产的同时，这些地区的回族也兼营畜牧业和商业。甘肃的平凉、张家川、临夏、临潭及宁夏韦州等地回民，从邻近的牧区购来大宗皮毛，加工后运往外地出售。河南孟县桑坡村回民加工皮毛的手艺，更是闻名全国。居住在城镇的回民，则以经商为主，小城镇的回民还耕种少量土地。不过，他们经营的多是小本买卖，盈利少，生计维艰。在大城市里，一些回民的传统行业，如珠宝业、制香业等，仍多由回民所垄断。在许多城市中，回民经营的饮食业、糕点业等，颇受顾客之青睐。甘肃、青海等地的回民，通过“茶马互市”，将茶叶、布匹、百货等从内地贩来，运往藏、蒙牧区，换来马匹、皮毛等，又销往内地，为促进内地与西北少数民族地区的经济交流，发挥了重要的桥梁作用。

在云南，乾隆（18 世纪中叶）以后，回族逐渐在东部发展了昭通、会泽、巧家，在西部发展了大理、保山、剑川等回族村镇，清代的云南，显然已成为仅次于西北的第二个回民大聚居区了。云南的回族，除了主要经营农业之外，还从事矿产的开采和冶炼，经营制盐业，积极发展对外贸易。当时，云南对四川、西康等内地诸省的商业贸易和对缅甸的国外贸易，回族商人占有相当的地位。云南东部和南部的许多铜矿、银矿，也都有回族矿丁从事开采和冶炼。另外，回族也参加了制盐业，雍正二年所开的“香盐井”中，有一个井，就叫作“回子井”。在广通、剑川等回族聚居的地方，明末制盐业就很发达，其中也有大量回族参与。

在各大城市中，回族人数也有增加。如广西桂林出现了规模较大的礼拜寺和回民聚居的街道。南京、成都等地开始有了大批回族的活动。南京在道光年间已发展到 48 座礼拜寺。这些城市的回族，从事商业和手工业的活动。在东南大城市中，回族仍保持过去的传统，多从事珠宝业，苏州头面首饰业的回民，清代已有相当多的人数。皮毛业在回民手工业中的地位开始显著起来。甘肃的石嘴子（今宁夏石嘴山）、兰州，陕西的王阁村、羌白镇，河南的孟县，山东的济宁，都已发展成了回回皮毛业的集散场地。

清代前、中期，随着回族经济的发展，回族人口明显增长，居住区域更为扩大。回族居住区域在清代遍及全国，“回回遍中国”之说，在这时才获得完全的意义。其中以陕甘为主的关内回族开始大量移居新疆，在乌鲁木齐、昌吉、焉耆、伊犁等大中城镇及周围乡村建立聚居点。西南地区的云南、贵州、四川等地回族进一步向中小城镇发展。北京、天津、内蒙古、河南、河北、山东、安徽、江苏、浙江、福建、江西、湖南、广西、广东、海南等地回族则往来迁徙，巩固旧的聚居点，不断开辟新的聚居区。同时，回族开始大量迁居东北三省、台湾诸岛及西藏各地。

二、清代回族伊斯兰文化的发展及其特点

回族伊斯兰文化是回族文化的重要组成部分。在回族形成与发展的过程中，伊斯兰教一直起着非常重要的作用。回族的历史文化、伦理道德、生活方式和风情习俗等，无不受到伊斯兰教文化的深刻影响。有清一代，随着经济社会发展，回族伊斯兰文化亦有了明显发展，并呈现出鲜明的时代特色。

1. 回族伊斯兰教经堂教育的发展

明代中叶实行海禁后，来华的穆斯林学者越来越少，出现回族各教坊掌教经师后继乏人的现象。明末清初，在回族经济及人口不断发展的同时，回族穆斯林中，懂阿拉伯文和波斯文，并能直接释读经义者却日渐稀少。面对“教道久湮，人心厌弃”的严峻现实，回族穆斯林中的有识之士开始寻求伊斯兰教自立图存之道。明末清初增建的一批清真寺，也需要有一定宗教知识素养的经师掌教。于是，兴办教育，培养适合回族穆斯林社会需要的宗教人才，成为伊斯兰教发展的急切需要。在这种背景下，以经堂教育为主要形式的回族穆斯林宗教教育制度便在明末清初应运而生。

经堂教育的倡兴者，一般认为系明嘉靖年间（1522—1566）陕西咸阳渭城人胡登洲（1522—1597）。胡登洲，字明普，咸阳渭城人，家业丰裕，早年读过儒书，后习学阿拉伯语和波斯语，潜心研究伊斯兰教经籍。他目睹回族伊斯兰教“经文匮乏，学

人寥落，既传译之不明，复阐扬之无自”① 的现状，遂“慨然以发明正道为己任”，立志兴学。初时，胡登洲在家设馆办学，收徒讲经。学生有的由他供给食宿，有的则一边劳动一边求学。这种新的伊斯兰教教育形式，改变了以往回族穆斯林父传子受、师徒单传的传统宗教教育方式，吸引各地回族穆斯林“负笈载道，接踵其门而求学”。大概从其二传弟子兰州马开始，教馆从私人家中移到清真寺，开始由清真寺在寺内招徒授经。课堂一般设在大殿前北侧厢房，因讲授经籍为主而称为“经堂”。此后，经堂一直都是清真寺的一个重要组成部分。清真寺阿訇担任经师，学生的食宿费用一般由该教坊全体穆斯林担负。经堂学生的多寡，视该寺开学阿訇学识、声望以及教坊经济情况而定。经堂教育，这种中世纪伊斯兰教国家寺院教育与中国传统私塾教育相结合的教育形式，后来逐渐发展成为一种具有中国特色的回族伊斯兰教教育制度。

经堂教育在其长期的发展演变过程中，因课程内容和教学特点的不同，在不同地区形成风格各异的学派。

陕西学派 早期，西北地区以胡登洲三传弟子冯养吾、张少山为代表，形成“精而专”的陕西学派。如陕西经师专授教义学而不讲其他，多从阿拉伯文课本入手，为陕西学派奠定专攻教义学的基础。其支脉有以周老爷（周良俊）为代表的兰州学派，其学风严谨，以讲深讲透、一丝不苟见长。

山东学派 明末清初，常志美、李延龄、舍起灵等在山东、河北、河南等地设帐讲学，广招弟子，培养出一批著名经师。常志美为胡登洲第五代弟子，学识渊博，尤精波斯文，著有波斯文语法书。他兼授阿拉伯文和波斯文经典，授徒众多，后发展成“博而熟”的山东学派。

云南学派 清代中叶，由于马德新、马联元的倡导，云南的经堂教育有了较大的发展。马德新为改善经堂教育，翻译一批阿拉伯文和波斯文典籍，整理前人译著的简写本，作为通用的课本。马联元倡导中阿并授，翻译《古兰经》的选本《亥听注解》，要求学生既通晓伊斯兰教经典原文，又善于用汉语阐述教义。他还编写简易的《阿拉伯文法》、《波斯文法》，以适合中国穆斯林学习。在他以后，云南形成了中阿并授，兼有陕西、山东两学派之特点的新学派。

这些不同学派的形成，同各地经济文化发展水平、各地已形成的伊斯兰教传统以及倡始者本人的学历与专长都有一定的关系。

经堂教育的宗旨，主要是为各教坊清真寺培养阿訇，并对穆斯林进行宗教知识的

---

① 冯增烈：《〈建修胡太师祖佳城记〉碑述》，载《中国穆斯林》1982 年第 2 期。

普及教育。《经学系传谱叙》说："因东土教道久埋，必以授学、习学有人，方能继圣指迷，传经宏教，启迪后学，引导新进，必使理学自此渊源而绵延不绝，教道由斯兴盛而炫耀常明。"经堂教育出现过三种类型。

一种称为"大学"，也称经文大学，是经堂教育的主要形式，系为专门培养阿訇而设。大学正式学员称满拉或海里凡，意为学子或阿訇接班人。大学又多分为高级和初级。初级阶段主要学习阿拉伯语、语法、简明教义、《古兰经》和《圣经》的选读等。高级阶段要学习阿拉伯语高级语法、修辞学、波斯语、《古兰经》及其注释、《圣训》、教法学、教义学等。每一阶段的年限在4—6年之间，视学员的成绩，即是否学完必修的经典，掌握必需的宗教知识，并具备独立宣讲教义的能力而定。学员一旦修完功课，即由该教坊阿訇和教众为他"挂帐穿衣"，以示毕业。以后该学生即有资格应聘为清真寺的阿訇。有时为了进一步钻研某部经典，学员也可转赴外地，负笈求学。另一种名为"小学"，也称经文小学，主要对少年儿童进行宗教启蒙教育。还有一种为"中学"，是为成年穆斯林学习宗教知识而办的业余性宗教教育。

这三者并不是一种连贯的教育体制，学习期限亦无严格规定，可长可短。

经堂教育选用的课本，各地区、各学派、各教派侧重点有所不同，故不尽相同，但一般说来，主要有13种，回族穆斯林俗称之为"十三部大经"。13种课本中，有阿拉伯文的，也有波斯文的，一部分属于语言课程，如语法、词法、修辞、逻辑和文学等，一部分属于专业课程，如经注学、圣训学、教法学、教义学以及宗教哲学、伦理学等。这13种课本分别是：

（1）《连五本》原名《艾萨苏·欧鲁姆》，意为"基础知识"，是学习阿拉伯语词法、句法的基础课本，共有五卷，分别为《秦尔夫》、《穆尔则》、《咱加尼》、《米额台·阿米来》、《未素巴哈》。

（2）《遭五·米素巴哈》是对《连五本》卷五《米素巴哈》的诠释。《遭五·米素巴哈》意为"挑亮明灯"，全书通过对《米素巴哈》的进一步注解，说明构成句子的条件，句子的主格、宾格、属格及状语句、形容句的变化规律，在阿拉伯语语法、修辞学习中，起着承上启下的作用。

（3）《满俩》又称《舍拉哈·卡非耶》，是对语法理论书《卡非》的诠释，为阿拉伯语语法理论的杰出代表作。

（4）《白亚尼》又名《台洛黑素·米夫特哈》，是阿拉伯语修辞学名著之一。"白亚尼"为阿拉伯语音译，意为"阐明"、"解释"。《白亚尼》不仅是研究、学习阿拉伯语修辞学的基础课程，也是研究、学习《古兰经》、《圣训》的必修课程。

（5）《阿戛依杜·伊斯俩目》又名《阿戛依杜·奈赛斐》，是伊斯兰世界公认的一部认主学杰作。“阿戛依杜”系阿拉伯语音译意为“信仰”，通译为“认主学”。清康熙年间，刘智著作《天方典礼·采辑书目》中称《阿戛伊杜·伊斯俩目》为《教典释难》。清同治年九年（1865）由云南马复初刊印，分上下两册，称为《教典释难经解》；光绪十九年（1894）马致本刊印了《赛氏注释》的节选本，称为《天方释难要言》。

（6）《舍来哈·伟戛业》是伊斯兰教哈奈斐学派的教法学名著，编排体例新颖，内容简明扼要，深受经堂教育师生的重视。

（7）《虎托布》原著为阿拉伯文，后译为波斯文流行，是对40段阿拉伯文圣训的波斯文注解。清康熙年间刘智《天方典礼·采辑书目》中列有《胡托卜》，汉译名《圣训谕》。

（8）《艾尔白欧》波斯文本，是对40段圣训的注解，但《虎托布》偏重于道学，本书偏重于理学。

（9）《米尔萨德》波斯文本，是专讲修身养性、近主之道的哲学著作，共分5门40篇。清初伍遵契（约1598—1698）将《米尔萨德》按中国伊斯兰经堂语直译为白话本《归真要道释义》，并加扼要注释。该译本大约完成于清康熙壬子年（1672），现有康熙戊午年（1678）撰写的多篇序文，但未能刊印推广。光绪十七年（1891）由蒋春华增注刊刻，分4册，约15万字。

（10）《艾什尔吐·来麦尔台》波斯文本，是伊斯兰哲学的杰作、认主学的最高理论精华。汉译本附有经学大师舍起灵（约1630—1710）的《昭元秘诀》。

（11）《海瓦依·米诺哈吉》即《波斯文法》，是我国回族经堂教育中使用最早的一部基础波斯语语法教科书，由山东济宁著名回族经师常志美（约1610—1670）用波斯文著成。书名系阿拉伯文音译，意为“道路的方向”。

（12）《古洛斯坦》是波斯文伊斯兰哲理诗著作，传入中国已有数百年历史，流传广、影响大。在经堂教育中，《古洛斯坦》是学生必修的波斯文学课本。

（13）《古兰经》是伊斯兰教唯一的根本经典。“古兰”一词系阿拉伯语音译，意为“宣读”、“诵读”或“读物”。中国旧译为《古尔阿尼》、《可兰经》、《古兰真经》、《宝命真经》等。伊斯兰教认为《古兰经》是安拉“神圣的语言”，是一部“永久法典”，它是伊斯兰教信仰和教义的最高准则，是伊斯兰教法的渊源和立法的首要依据，是穆斯林社会生活、宗教生活和道德行为的准绳，也是伊斯兰教各学科和各派别学说赖以建立的理论基础。

伴随着经堂教育的发展，还形成了一套以汉语词汇和语法结构为主，杂以阿拉伯、波斯语词汇的经堂语。经堂语是一种独特的汉语表达形式，清代伊斯兰学者刘智将其称之为“经堂语气”，后简称为“经堂语”。在清真寺阿訇讲经中，广泛使用这种语言，因此，其中不少经堂语词汇已成为回族穆斯林世代相传的日常用语。

与此同时，一种以阿拉伯文字母拼写汉语的拼音文字“小儿锦”也在经堂教育中被使用。“小儿锦”又称“小经”、“消经”，作为一种拼音文字，不仅经堂学员用“小儿锦”来注释经文或做笔记，一些阿訇更以之翻译某些经文或进行著述。但因阿、汉两种语言音位系统不同，加之拼写者各自为主，往往造成字母对应、借代的混乱，故而有明显的时代和地域特色及其局限性。后来，“小儿锦”的使用已超出经堂的范围，流行于全国各地，特别是甘、宁、青地区的回族穆斯林民间。

经堂教育中传承、使用的许多阿拉伯语、波斯语经籍，因其数量少，印刷困难，故经堂教育中广大师生只能临摹誊抄，以满足学习和钻研经籍的实际需要。这样经堂中师生的写经、抄经也成为经堂教育中的一大特色。在中国回族穆斯林民间，流传着以“花巴巴”为名的一位老阿訇的抄经最为著名。他作为清中叶的一位经师，据说写的经最多，而且也都最好。清代宫廷里保存有30册抄本《古兰经》，封面正页均为黄绫皮面宝蓝纸，经字用堆金立粉的方法，可谓是中国抄本《古兰经》中最珍贵者。

经堂教育的倡兴及发展，对回族伊斯兰教文化的丰富和延续具有十分重要的作用，影响巨大而深远。经堂教育既培养和造就了一代教学相长、薪火相传的回族穆斯林经师、阿訇、学者，使回族伊斯兰文化在漫长的岁月里一直保持着自己的特色与活力，又在一定程度上提高了回族穆斯林的文化素养和道德水准，将伊斯兰文化的价值观、道德观，特别是家庭伦理、社会伦理等，贯穿于每个回族穆斯林的具体生活和社会实践中，从而把分散于全国各地，处于不同社会经济地位的人群凝聚为一个牢固的民族共同体。

当然，尽管经堂教育在长期的历史发展中对回族伊斯兰文化的传承、发展起过十分显著的促进作用，但它的局限性仍是客观存在的。由于经堂教育宗旨及时代的限制，其在课程设置、语言教学和使用等方面，都带有一定的局限性。最突出的表现就是培养出来的人才知识结构不够合理，重宗教知识，轻人文知识和自然科学知识。这些局限性，对经堂教育的进一步发展不能说没有影响。到了清末，随着中国社会历史的大动荡和回族穆斯林社会的大变化，回族穆斯林学者开始面对不断发展的时代，反思经堂教育中存在的一些问题，并开创了回族穆斯林新文化教育运动，使这种局限性在一定程度上得到了克服。

2. 回族伊斯兰教汉文译著活动的展开

明末清初，回族伊斯兰教中出现了汉文译著活动。汉文译著就是回族穆斯林学者用汉文翻译编著的伊斯兰教典籍，其范围十分广泛，涉及伊斯兰文明的哲学思想、历史、人物传记、典礼制度、民常习俗、语言文字、天文历法、地理等方面。

回族伊斯兰汉文译著是特定时代的产物，其产生有着深刻的历史背景，概括起来主要有以下几点：

（1）伊斯兰教从唐代开始进入中国算起，到明末已发展了900多年，从元代算起，到明末也已有了300多年，可以说，早已完成从外来宗教到中国宗教的转变。回族穆斯林在明代已普遍使用汉语、汉文，大多数人已不懂阿拉伯语或波斯语，因而无法直接阅读伊斯兰教经典，伊斯兰教在某种程度上出现了“经文匮乏，学人寥落，既传译之不明，复阐扬之无自”的衰微迹象，这引起了回族中有识之士的焦虑与关注。于是，继陕西著名经师胡登洲在西北倡兴经堂教育后，汉文译著活动也作为振兴伊斯兰教的一种努力与尝试出现了。可以说，是回族穆斯林社会的内部需求，直接催生了汉文译著活动。

（2）明清时期，儒家理学鼎盛，是当时的主流文明文化，吸引并影响着其他许多支流文明。与儒家文明文化的关系如何，直接影响着中国社会对伊斯兰教的看法，影响着伊斯兰教在中国的生存和发展。因此，和儒家文化进行主动对话，调和与儒家文化的矛盾，就成了当时回族穆斯林学者义不容辞的责任。这种文化间对话的社会需要，成为汉文译著活动出现的又一重要原因。

（3）无论是金陵（今南京），还是云南，都是经济文化发达的地区，回族人中有一些成为精通伊、儒二教，甚至博通四教（指佛、道、儒、伊四教）的大学者。这些学者大都饱读儒书，对儒家的重要理念多持肯定或赞赏态度。明代陆容的《菽园杂记》中载有一首当时回回所作绝句，就充分表现了回族穆斯林学者肯定、赞赏儒家的态度，诗云：“僧言佛子在西空，道说蓬莱住海东；唯有孔门真实事，眼前无日不春风。”① 这些既读儒书又通伊斯兰教经典的回族穆斯林学者，也是汉文译著活动的提

① ［明］陆容：《菽园杂记》卷二，元明史料笔记丛刊本，佚之点校，中华书局1985年版，第17页。

倡者和实践者。

汉文译著活动持续时间很长，从明末至清末，历时约300年。白寿彝先生在其《中国回教小史》中，按照汉文译著发表的时间，将这300年大致分为两个阶段："王岱舆至刘智，是一个阶段，马德新至马联元是另一个阶段。第一阶段，译述和发表的地域以金陵（今南京）为主，内容或专译一经或专述一理论的体系，其兴趣几乎全限于宗教哲学和宗教典制的方面。第二阶段，译述和发表的地域以云南为主，内容方面较广，已由宗教哲学、宗教典制扩及天文历法、地理和《古兰经》之汉译了。"①

伊斯兰汉文译著活动始于明末清初，一般认为，"真正能自成体系，立论正确的译述，从王岱舆开始"②。王岱舆之后，又有张中、伍遵契、马注、刘智和马德新、马联元等人。其中以明末清初的王岱舆、清初的马注和刘智、清末的马德新最负盛名，通称回族伊斯兰教四大经学家或译著家。他们著书立说，凭借自己丰厚的学养，对伊斯兰文明和儒家文明进行了卓有成效的比较研究，在保持伊斯兰教的本质和宗旨的前提下，吸收、容纳儒家传统于自身，弘扬仁义礼信。可以说，他们开创了中华文明史上伊斯兰文明与儒家文明之间全面对话的先河。他们的汉文译著，是回族伊斯兰文化在思想哲学领域内的最高成就，是中国宝贵文化遗产的一部分。

王岱舆（约1570—1660），名涯，晚年别署"真回老人"，江苏金陵（今南京）人。他因承家学，自幼熟读伊斯兰教典籍，成年后又攻读性理之学，阅史籍，博览诸子百家之书，被誉为"博通四教"。他常用伊斯兰教教理与人辩论，并长期从事著述活动，立志用汉文介绍伊斯兰教，开"以儒解回"之先河。王岱舆的主要著作有三部：《正教真诠》、《清真大学》、《希真正答》。《正教真诠》分上下两卷，共40篇，上卷讲宗教哲学，下卷基本讲教法。《清真大学》系统阐述了伊斯兰教哲学，论述真主独一、圣人之贵。《希真正答》的论述不出以上两本书的范围，用问答体写成，行文明畅。

马注（1640—1711），字文炳，号仲修，经名郁速馥，云南金齿（今保山）人。幼年生活贫寒，南明永历帝时曾任中书、锦衣侍御官职。永历帝败后避隐教读，游历他乡，后专攻伊斯兰教义，在滇向弟子讲授"心性之学"。著《清真指南》，另有若干文集。《清真指南》原八卷，后添上两卷，共十卷。全书内容广泛，"上穷造化，中尽修身，末言后世。天地之秘，神鬼之奥，性命之理，死生之说，巨细隐显，集群经而摘其粹"。《清真指南》是中国回族伊斯兰文化的又一部巨作。

---

①② 白寿彝：《中国伊斯兰史存稿》，宁夏人民出版社1983年版，第39、34页。

刘智（约1660—1730），字介廉，号一斋，江苏上元（今南京）人。幼习伊斯兰教经籍，并读儒家经史子集和佛道诸书，会通诸家，兼晓阿拉伯文、波斯文。他曾游学各地，访求遗经。晚年归金陵，僻居十年，专心治学，埋头著译。刘智的著作比前两位多，其代表作有《天方性理》、《天方典礼》、《天方至圣实录》三部。其中《天方性理》讲宗教理论，《天方典礼》讲礼法，《天方至圣实录》述穆罕默德一生事迹，是历史书。此外，他还著有《真境昭微》、《五功释义》、《天方字母解义》、《天方三字经》、《五更月》等。刘智自称“著书数百卷”，保留下来的只是其中一小部分。

马德新（1794—1874），字复初，云南太和（今大理）人。少承家学，博览经籍，通晓阿拉伯文和波斯文。成年后曾游学甘肃、新疆等地，从名师习经。曾两次赴麦加朝觐，并到埃及、叙利亚、土耳其、印度、新加坡等地游学，前后近十年。归国后在滇讲经，四方从学者众，名噪一时。咸丰六年（1856）曾参加滇东南回民起义，后随马如龙妥协降清，钦赐官爵，署理云贵总督、滇西回回总掌教，但终被巡抚岑毓英杀害，时年80岁。无论在战争中还是战争后，他都没有停止宗教著述，前后完成的著作有三十多种，重要的有《四典要会》、《醒世箴言》、《性命宗旨》、《据理质证》、《大化总归》、《道行究竟》、《寰宇述要》、《天方历源》等。《四典要会》是他的代表作，由“信源六箴”、“礼功精义”、“幽明释义”、“正异考述”四部分组成，讲伊斯兰教的信仰、礼拜、今生后世、教中异说。他还整理王岱舆、马注、刘智的著作，“繁者删之，简者就之”，成书《真诠要录》、《指南要言》、《性理注释》、《实录宝训》等多种，表明他和前三位大师的继承关系。《古兰经》最早的汉译本《宝命真经直解》（前五卷），相传出自他的手笔。他的著作有用汉文写成的，也有用阿拉伯文、波斯文写成的，充分展现了他“学贯中西”的实力。

伊斯兰汉文译著又被称作“以儒诠经”，意即回族穆斯林学者采用儒家思想、术语，对伊斯兰教世界观、人性论、伦理道德、宗教历史、典礼制度等进行阐释、叙述。汉文译著活动历时既久，参与人数又多，故译著的数量相当大，涉及面也很广，内容包罗万象。但经过众多学者的研究、分析，大致可概括出以下一些主要方面：

（1）汉文译著在世界观方面，将伊斯兰教认主独一的教义与宋明理学太极说巧妙地结合起来，并加以创新、发挥。回族穆斯林学者基本上接受了太极说中的万物统一于五行，五行统一于阴阳，阴阳统一于太极，太极本无极的说法，但他们认为这还不全面，还缺一点东西，那就是“真一”（又作“真宰”）。他们认为，无极不过是“万物之原种”，太极也只是“万性之原果”，在无极和太极之先，还有一种“造化之原主”，即造化天地万物之本体，那就是“真一”。他们提出了“真一”、“数一”、“体一”三个概念①，以阐述真主的本体和德性，真主的存在与大能，以及人类体认真主、笃信正道的途径。“数一”、“体一”都是理学中已有的东西，加上“真一”，则完全表达了伊斯兰教的认主独一、真主造化天地万物的观点。

（2）在认识论方面，回族译著家吸收了宋明理学的“格物致知”思想，并加以自己的诠释，使其为“认主独一”的伊斯兰教基本教义服务。格物致知，又作格物穷理，指的是通过接触具体事物，即格物，来启发人的内心直觉，到“一旦豁然贯通”时，就能认识天命和天理。回族译著家们认为，格物是认识事物的方法，致知、穷理是认识事物的目的，并高度强调格物致知的重要性：“夫致知格物，乃万学之先务也。不能致知格物，而曰明心见性，率性修道，皆虚语也。”② 他们指出格物致知的最终目的就是认主，“故吾教，致知格物之学，以认识主宰为先务焉。”③他们认为，格物致知的范围虽然很广，既有有形之物，又有无形之物，但人们仍可通过格具体的物而认识真主，如马注所说的：“我不见一物则已，第见一物，便认得主”。④

（3）在伦理道德方面，回族译著家基本接受了儒家的以忠孝观念为主要内容的伦理道德观，并结合伊斯兰教特点，进行了相应的改造和发挥。王岱舆在其《正教真诠》、《清真大学》、《希真正答》等充满伦理道德思想的著作中，以伊斯兰教义为轴心，把伊斯兰教与儒家二者的伦理道德思想巧妙地结合起来，提出了一系列伦理道德主张。在道德起源上他认为：“成立善恶乃前定，作用善恶乃自由。若无前定，亦无自由。非自由不显前定，然自由不碍前定，前定亦不碍自由，似并立而非并立也。”⑤在伦理纲常上，他提倡顺主、忠君、孝亲，认为“人生住世，有三大正事：乃‘顺主’也，‘顺君’也，‘顺亲’也。凡违兹三者，则为不忠、不义、不孝矣”⑥。王岱舆还认为：“事主以下莫大乎事亲。孝也者，其为人之本欤！道德所以事主，仁义所以事亲。真忠者必孝，行孝者必忠，忠孝两全，方成正教。”⑦ 也就是说，忠于君王

---

① 参见［明］王岱舆《清真大学》、［清］刘智《天方性理》等。

②③ ［清］刘智：《天方典礼》卷三《认识》。

④ ［清］马注：《清真指南》卷三《格物》。

⑤ ［明］王岱舆：《正教真诠》上卷《前定》，余振贵点校，《正教真诠·清真大学·希真正答》，宁夏人民出版社 1987 年版。

⑥ ［明］王岱舆：《正教真诠》上卷《真忠》，余振贵点校，《正教真诠·清真大学·希真正答》，宁夏人民出版社 1987 年版。

⑦ ［明］王岱舆：《正教真诠》上卷《至孝》，余振贵点校，《正教真诠·清真大学·希真正答》，宁夏人民出版社 1987 年版。

与忠于真主是统一的，既要忠于宇宙主宰真主，又要忠于一国之君，这才是“真忠正道”。如果只忠于君父，而不忠于真主，那就是本末倒置，非穆斯林行为。但是，如果只忠于真主，而不忠于君父，就是未能全面履行做人的义务，因而也就没有完成对主的功业。因此，只有忠主（宗教伦理）、忠君（社会伦理）、孝亲（宗法伦理）三者协调一致，才堪称为“至道”。这种既忠于主又忠于君的伦理道德思想，我国当代伊斯兰教学者们称之为“二元忠诚”思想，它在中国封建社会中是有一定意义的。伊斯兰教也提倡忠君，但前提是君要忠主。《古兰经》说：“你们当服从真主，应当服从使者和你们中的主事人。”① 这在穆罕默德及其后“哈里发”时代的政教合一社会里，都是顺理成章的，但是在非穆斯林为君王的国家和地区，对真主和君王的忠诚如何统一，宗教权威和国君权威如何协调，既是一个非常重要的政治问题，也是一个严肃的社会伦理道德问题，它关系到伊斯兰教和广大信徒的命运。这个问题处理得不好，就会引起灾难性的后果。中国封建社会自秦汉以来，直至清朝灭亡前，无论在国家统一还是分裂割据的状态下，都是专制主义的国家政权，皇权高于一切，“忠君”是政治道德领域中的一面旗帜。伊斯兰教在中国封建社会图生存、求发展，就必须顺服皇权，既忠于主，又忠于君的“二元忠诚”思想的提出，解决了中国穆斯林在伦理道德方面遇到的一个大问题。

中国儒家历来讲君臣、父子、兄弟、夫妇、朋友这五伦，后来又将它称为“五常”，并在其基础上提出“三纲”：君为臣纲、父为子纲、夫为妇纲。后将此二者合称为“三纲五常”。回族译著家基本上接受了“三纲五常”的伦理道德观念，而且对之做出了自己的理解，提出了所谓“五典”说。刘智在《天方典礼》中说：“五典者，乃君臣、父子、夫妇、昆弟、朋友之常经，为天理当然之则，一定不移之礼也。”②“五典”是人伦之礼的体现，而人伦之礼的“本”，则是“三纲”，认为“五不外于三，而三则约乎五之义，三不外于五，而五则统乎三之名。名义立而道尽，人伦之要，无余蕴矣”③。

（4）在宗教功修方面，由于苏非派的典籍已在中国回族穆斯林中有所流传，回族穆斯林学者在“悉本尊经，参以典籍”的过程中，不可避免地将苏非派的思想吸收在他们的著述之内，并加以阐述。如在汉文著述中，有许多内容是阐发人主合一思想的。它在劝诫教徒日常的“五功”外，十分重视个人的主观精神修炼，提出通过“三

① 《古兰经》，马坚汉译本，中国社会科学出版社 1981 年版。

②③ ［清］刘智：《天方典礼》卷一〇《五典》。

乘”（或“三程”）的修炼道路，以达到超脱尘世之纷扰，天人浑化，返本还真，尽人合天之最高境界。在修持方式上，他们汲取了苏非主义的做法，并使之与儒家伦理说教融会贯通。

总之，长达三个多世纪的回族伊斯兰汉文译著活动，是一项影响广泛而深远的文化活动，产生了大量汉文伊斯兰教典籍，取得了巨大成就，意义十分重大。首先，汉文译著活动打破了伊斯兰教与儒学长期隔绝，没有交流的状态，成功实现了两大文明之间的直接对话，促进了伊斯兰教与中国社会的互相适应。其次，汉文译著通过采用、吸收、改造以儒学为主的中国传统文化的概念、素材、术语，阐发伊斯兰教教义教理，丰富、规范了中国伊斯兰教的表述方式，形成了具有鲜明中国特点的中国伊斯兰教思想，在我国思想文化史上留下了绚丽的一章。再次，汉文译著活动达到了护教宣教的目的，这主要表现在两个方面：一方面，大量用汉文撰写，并采用儒学概念、术语的伊斯兰教典籍，为汉、满等族士人、学者及上层统治者打开了一扇“了解之窗”，增加了他们对伊斯兰教的理性认识、宽容和尊重，从而减轻了伊斯兰教面临的压力，有利于伊斯兰教在中国社会的生存和发展；另一方面，这些伊斯兰教典籍对于众多不懂阿拉伯文、波斯文，但娴熟汉文的回族穆斯林来说，无疑也打开了一扇方便的“学习之窗”，使他们能够深入学习、体会伊斯兰教义教理精髓，巩固信仰，并了解中国传统文化的内涵、特点等。

3. 回族伊斯兰教教派的产生和发展

回族伊斯兰教在清代以前没有明显的教派之分。明末清初以来，随着伊斯兰教苏非主义传入西北回族地区，回族伊斯兰教遂产生一些不同的教派，相继形成了虎夫耶、哲赫林耶、嘎的林耶、库布林耶四大苏非派，其下有四十多个支系。而对于未发生变化，始终保持着原貌的伊斯兰教教派则被称之为格底目。清末以来，西北回族地区又产生了伊赫瓦尼、西道堂、赛来费耶等教派。至此，回族伊斯兰教的教派格局基本形成。这些教派的教义教理大同小异，都属于伊斯兰教逊尼派，并遵行哈乃斐教法学派的主张。

格底目 格底目是指明末清初产生新教派以来，基本上保持着早期伊斯兰教宗教制度的一个教派。格底目系阿拉伯文意译，原意为“古老的”、“陈旧的”。故又称该派为“老派”、“老教”、“清真古教”、“遵古派”等。因主张在“昏礼”之后开斋，又有“后开派”之称。

格底目恪守伊斯兰教的基本信仰和各项宗教功课，重视因袭传统和遵行宗教习俗，反对标新立异，坚持按老规矩办事。虽对门宦崇拜教主与拱北持有异议，但并不反对任何门宦的功修。在处理与其他教派关系时，取灵活宽容态度，表现出调和持中的倾向。

格底目在教权结构上实行互不隶属的单一教坊制。教坊是在穆斯林的聚居地，以清真寺为中心，由周围穆斯林居民组成的地域性的独立的宗教社团。其规模大小因地而异，小至十数户，多至数百户。各坊之间，互不干预，各行其是，自成一体。教坊内的穆斯林称为“高目”或“哈万德”，是教众、居民之意。教坊内的组织形式是“三掌教”制，但因时代演进，其名称和内容亦不同。唐宋时期，三掌教由管理教务的长老（筛海）和管理民事的宗教法官（嘎锥）以及由政府委派处理侨务的蕃长组成；元明以来，多由领拜的伊玛目、宣教的海推布和呼唤礼拜的穆安津组成；清代后期，教务由开学阿訇、二阿訇、穆安津主持，寺务由学董、乡老管理，学董操有一坊内宗教事务的实权，开学阿訇亦受其制约，传统意义上的“三掌教制”不复存在。格底目在中国穆斯林中流传时间最长，占有优势地位，是一个多数派。但在西北，由于其他教派的产生，它的优势地位大为削弱，不再是多数派。

伊赫瓦尼 伊赫瓦尼，又称艾赫里逊奈，均系阿拉伯文音译，意为“兄弟”和“遵经”。该派产生于清末民初，晚于格底目和各门宦，被称为“新教”、“新兴教”、“新兴派”。因该派倡导“凭经行教”、“遵经革俗”，又俗称为“遵经派”、“圣行派”、“新行派”。

伊赫瓦尼的创始人马万福（1849—1934），经名奴海，又称马果园，甘肃河州（今临夏）东乡果园村人，是一位著名的东乡族阿訇。清光绪十四年（1888）马万福去麦加朝觐、游学，受瓦哈比派反对苏非主义思潮的影响，回国后联络当时河州较著名的格如、散的、黑庄、奴姆若顺以及法德明、马会山等“十大阿訇”，结合中国伊斯兰教实际，创传了伊赫瓦尼派。他们主张“凭经行教”、“遵经革俗”，强调“一切回到《古兰经》去”，要求革除一切不合《古兰经》和逊奈的礼仪。由于其主张和宗旨针对性强，直接触及其他派别的利益，遂遭到一些宗教上层的强烈反对，这使伊赫瓦尼的早期处境比较困难，发展缓慢。后来，因主张革新，教义简明，并受到青海、宁夏、甘肃等地回、东乡等族上层支持，开始迅速发展，信众日增，成为西北乃至全国最大的伊斯兰教派别之一。

伊赫瓦尼在创传初期提出十大纲领，即“果园十条”：①不聚众念《古兰经》，只能一人念，众人听；②不高声赞圣；③不多作“都哇”（求祈）；④不朝拜“拱北”

（墓庐），不崇拜教主、老人家；⑤不聚众听“讨白”（忏悔）；⑥不宰牲纪念死者的忌日；⑦不用《古兰经》为亡人转“费提叶”（赎罪）；⑧不多做“太抬卧尔”的“尔麦里”（副功的善举）；⑨主张宽用教律；⑩“尔麦里”要自己干，《古兰经》要自己念。除严守初期的“十大纲领”外，还有下列一些宗旨：在宗教功修方面，主张依次履行“主命”、“当然”、“圣行”，然后如有余力再做“副功”；认为念经是为了认主、“证主”和“畏主”，不是祷告和祈愿；反对阿訇利用念经获取报酬或从中牟利，主张阿訇为教徒念经时，不收“海的耶”，教徒也不因请阿訇念经而宰牲备饭，反对在念经时点香；主张礼拜打坐念到“作证词”时举起右手食指，以示对“真主独一”的信仰，反对念“讨白”时起指；反对只有阿訇才能给临终的人念“讨白”赎罪，主张凡懂得教义的穆斯林都能给临终的人做“提念”和启示，而由本人祈祷赎罪；反对为死者宵夜、晨念“哈提经”以及念七天、四十天、百日、周年等忌日，主张遵“圣行”，只在“主麻日”做祈祷，追悼死者；反对为死者披麻戴孝和高声号哭；要求严格按照阿拉伯语音诵读《古兰经》，等等。伊赫瓦尼最初同格底目一样，实行互不隶属的教坊制，内部没有统一的组织，也没有共同的宗教首领。后来该派推行了“海乙制”，一个海乙寺（设在城镇的中心寺）管辖数个或数十个小寺。海乙寺的掌教，管理所属小寺的阿訇，并有出“候空”和处理民事纠纷的权利，有的海乙寺，还向小寺派收学粮。

西道堂　西道堂是清末民初新兴的一个伊斯兰教派别。因以中国伊斯兰教著名学者刘智等人“以儒诠经”的汉文著述为传教依据，主张用汉文宣传伊斯兰教义，故有“汉学派”之称。西道堂的创始人马启西（1857—1941），字慈祥，号公惠，经名以海亚，世居甘肃临潭旧城。他幼入私塾，习学“四书”、“五经”，及长应科考，中秀才后除继续攻读诸子百家外，特别潜心钻研刘智等人的汉文伊斯兰教著作。光绪十七年（1891）在自己家里开设私塾“金星堂”，主要以《天方典礼》、《天方性理》、《五功释义》、《清真大学》、《清真指南》等汉文伊斯兰教著作为依据，阐发伊斯兰教义学理，并简化宗教仪式，减轻宗教负担，因而受到当地部分穆斯林群众的拥护，信众日益增多。但也因此与地方门宦产生纷争，清光绪二十七年（1901），马启西同当地门宦脱离关系，独树一帜。宣统元年（1909），马启西将其派别正式定名为“西道堂”。为了实现其思想主张，马启西号召教众合伙经商务农，从事集体生产，过集体生活。经不懈努力，“大家庭”形式的西道堂宗教公社组织初步形成。西道堂因其特殊组织形式和宗教与现实生活的密切结合而取得了一定成功，在西北地区穆斯林社会中产生了较大影响。民国三年（1914）河南白朗起义军途经临潭，当地惨遭兵燹之灾。事后，当地反对派以私通白朗的罪名控告西道堂，马启西及其弟、子侄、教民等多人被军阀派兵杀害。马启西创建的新型宗教社团组织，遭受了一次惨重的打击。西道堂早期的发展道路，可以说充满了坎坷、曲折。但也因为这些坎坷、曲折，极大地增加了西道堂的内部凝聚力，使马启西的宗教理想能够持续发展下去。虽然曲折较多，但在马启西及其后丁全功、马明仁、敏志道等教主的精心经营下，西道堂终于发展成为一个很有影响的派别。

西道堂将刘智等人的学说贯彻在宗教实践中，在宗教功修上，主张教乘、道乘兼有，但以教乘为主。在宗教礼仪方面，兼收并蓄了格底目和哲赫林耶的一些特点。如"主麻"礼十六拜，与格底目相同。对"圣纪"和教主忌日十分重视，除念《古兰经》外，还念《卯路提》、《满丹夜合》、《穆罕曼斯》等赞圣之经，又与哲赫林耶相似。

西道堂实行教主集权制，教主可终身任职但不世袭。教主既是宗教领袖，又是道堂内世俗生活中总管一切的最高权威。但该派不为历代教主修建拱北，这与各门宦大相径庭。

西道堂重视经营商业，以道堂名义集教众之家资，兴办商号。除经商外，还参与农、林等业经济活动，形成13个乡庄。道堂内很快形成了宗教大家庭的集体经济体制。西道堂的组织结构分集体户和个体户两部分，其中集体户主聚居于临潭旧城西道堂内，集体经营农、林、牧、副、商各业，全部财产归道堂所有，实行统一管理、统一分配。堂内设有总经理，统管各种经营，其下各行业设有分经理和负责人。个体户散居西北各地，经济独立，生活自主，遇有困难，道堂给予帮助。

西道堂重视教育，提倡学文化，先后出资创办了启西女校、旧城二校等小学，鼓励道堂内和当地各族男女学龄儿童上学，并选拔道堂内学习好的青年上中学和大学，以培养人才。

赛莱费耶　赛莱费耶亦为阿拉伯文音译，意为"前三辈"（圣门弟子、再传弟子、三传弟子），是从伊赫瓦尼中分离出来的一个派别。因始传者马得宝（1867—1977）是甘肃广河县白庄人，故创建初期被称为"白派"。又因主张在礼拜时抬三次手（意为追随伊斯兰教前三辈传人，其他派别抬一次手），而被称为"三抬"，但该派认为这种称谓欠妥，反对别人这样称呼他们。马得宝（又称"白庄阿訇"、"尕白庄"）原是伊赫瓦尼的著名阿訇，曾在临夏、和政、张掖等地开学讲经。1936年，马得宝与马麟（原青海省主席）、马以奴斯（马正清）阿訇等人去麦加朝觐。回国时马得宝与马以奴斯带了一些有关论述瓦哈比派新主张的经书。回到临夏后，他们边研究这些经典，边传授其宗教思想，但遭到马步芳等的反对，初期信者只是一些阿訇，人数不多，也没有形成一派。新中国成立初，马得宝从伊赫瓦尼中正式脱离出来，自树一帜，以临夏八坊新王寺为立足点，公开宣传其宗教主张，信者日增，赛莱费耶逐渐形成为一个独立的宗教派别。目前，赛莱费耶在甘肃已有一批信徒和清真寺，并仍在发展。

赛莱费耶认为，“前三辈”时代的伊斯兰教是最纯正的，因此只承认“前三辈”的教义教律；当“前三辈”对同一问题有不同解释时，就要看谁的依据充足、解释正确就遵谁的，不盲目排斥任何一个。赛莱费耶的主要教义是：认为安拉造化了世界，因此安拉是超于世界的；只承认《古兰经》原文和合理性的注解，对《古兰经》中一些隐晦微妙的节文，不妄加解释，解释了也不承认；认为圣训是《古兰经》最好的解释，应当遵行。

苏非派 苏非（亦作“菲”）派是伊斯兰教的神秘主义派别，产生于7世纪末到8世纪初。早期的苏非是一些虔诚的穆斯林，奉行以苦行禁欲为特征的个人修行方式，从8世纪后期起逐渐发展为神秘主义，以宗教理论的形式出现。苏非派一般将精神修炼的道路分为三阶段，寻道者须循级而进。中国汉文伊斯兰教译著中，将苏非三阶段的精神修炼道路分别称为教乘、道乘、真乘，亦称常道、中道、至道。苏非派的宗教活动场所，除了清真寺外，更主要的是在道堂、麻札或拱北等地。苏非派传入我国内地后，形成了虎夫耶、哲赫林耶、嘎的林耶和库布林耶等四大苏非派及各个支派，人们泛称其为门宦。

虎夫耶 虎夫耶系阿拉伯文的音译，原意为“隐藏的”、“低念的”，因主张道乘修持时低声念赞词“齐克尔”，故又称“低念派”。该派最早出现于清初，其源流可追溯至中亚纳格什班迪耶苏非教团。虎夫耶先后由陆海两路传入甘宁青回、东乡等族地区后，经过长期的传播和发展，并与中国传统文化相融合，遂形成了许多支系门宦。

各支系门宦中，有的是阿拉伯或中亚的苏非传道师来华后直接传授的；有的是我国穆斯林赴麦加朝觐和游学访师，接受了苏非思想归国后传播的；有的是在研习苏非派经典后自行布道的。各支系门宦之间在道统上无直接联系，各自传教。

虎夫耶主张“教乘”、“道乘”并重，反对过分的禁欲苦行和狂热行为，强调“闹中静”的方法，即在“现世的繁华”中进行道乘修持。其功修主要是静修参悟和默念“齐克尔”。经常诵念的齐克尔有两种，一是“记主词”，就是“安拉乎”（真主的大名）一词；一是“否定、肯定词”，就是“万物非主、唯有真主”。各支系门宦因传授者不同，念诵方式亦各有异。各支系门宦实行教主集权制。在继承方式上，一般是教主在世时，精心培养几个“海力凡”，作为继承教权的候选人，临终时选择其中一人，交给经典、著述或掌教印章或几件衣物，作为继承教权的凭证而成为下一辈教主，后来大多演变为“父传子袭”的世袭制。随着教坊的增多，将若干教坊联结为一个教区，由教主指派“海力凡”主持教区教务，同时，以教主委派各坊教长制，代替了单一教坊教长的推选聘请制。教主、老人家被认为生前能显示各种“奇迹”，是引领教徒走上正道的人，逝世后教众为其修建拱北，予以祷念。教众要给教主、老人家奉献财物，名曰送“海的也”。

虎夫耶所属教众主要分布于甘肃、宁夏、青海、陕西、新疆以及云南、四川、吉林、河北、河南的一些地区。该派在西北的支系门宦主要有：花寺门宦、穆夫提门宦、毕家场门宦、临洮门宦、鲜门门宦、北庄门宦、胡门门宦、洪门门宦、通贵门宦、丁门门宦、崖头门宦、高赵家门宦、撒拉门宦、法门门宦及文泉堂、灵明堂、明德堂、庆云堂等。其中花寺门宦在历史上影响较大。

花寺门宦是虎夫耶学派最大的支系门宦，因早期建筑的清真寺、拱北，多系雕梁画栋，彩色花卉装饰，故称“花寺门宦”。创始人马来迟（1681—1766），经名阿布都·哈里木，甘肃河州人，自幼在清真寺攻读伊斯兰教经典，18岁时完成学业，成为一位青年阿訇，先后在青海、甘肃、陕西、湖北等地清真寺任教长。清雍正六年（1728），马来迟赴麦加朝觐，并到大马士革、巴格达、开罗等地游学深造。雍正十二年（1734）马来迟返回河州，开始在河湟地区传播虎夫耶学理。经过近30年的宣教，河湟地区的不少回族、撒拉族、东乡族穆斯林遵信了他的教旨，还有青海卡力岗地区的部分藏族也在他的影响下皈依了伊斯兰教，花寺门宦逐渐发展成河湟地区人数最多的门宦之一。清同治年间的西北回民发起反清起义，花寺门宦主要领导人也率教众在河湟起义。失败后，教众惨遭杀害，教主等人被杀示众，花寺门宦势力大为削弱并发生分裂，一派以河州为中心，一派以循化为中心。光绪二十一年（1895）花寺门宦又一次发起反清起义，失败后，主要领导人及其家族绝大多数人被杀害，教众遭到残酷镇压，花寺拱北被拆除，财产被搜刮一空。花寺门宦从此一蹶不振。花寺门宦教众主要散居于甘肃河州（今临夏），青海循化、西宁，宁夏银川及新疆乌鲁木齐等地。

哲赫林耶　哲赫林耶系阿拉伯文的音译，原意为“公开的”、“响亮的”，因主张道乘修持时高声诵念赞词，故又有“高念派”之称。该门宦由甘肃阶州（今武都）

人马明心于清乾隆年间创立。马明心（1719—1781），字复性，经名伊卜拉欣，道号维尕耶・屯拉海（意为“维护真主之道的人”），逝世后被尊为束海达依（意即“为真主之道牺牲的人”）。他于清雍正年间去麦加朝觐，并在也门等地长期求学，乾隆九年（1744）回国时带来《古兰经》、《卯路提》、《穆罕曼斯》和《满丹夜合》等经典，开始在青海循化、甘肃河州等地传授哲赫林耶教旨。后因与花寺门宦发生冲突，马明心被迫离开河湟，移居定西官川，继续传播其学说，信众日益增多。乾隆四十六年（1781）循化地区马明心的学生苏四十三等与当地花寺门宦发生教派之争，导致械斗。清地方官吏偏袒花寺，压制哲派，于是以苏四十三为首的撒拉族、回族、东乡族哲派群众举旗反对清地方官吏进而演变为反清斗争，攻克河州，围困兰州。马明心被官府从官川家中逮捕并杀害于兰州城，苏四十三为首的起义者因寡不敌众，战死于兰州华林山等地，起义失败。马明心被害后，尸骨几经迁移。光绪年间，始由其四世孙马元章在兰州东稍门购置土地30余亩，为其修建了拱北，称“东川拱北”。

从苏四十三反清斗争以后，清廷就对哲派采取了残酷镇压政策，哲派也多次掀起大规模的反清斗争。这些反清斗争虽然是在宗教的旗帜下发动的，但含有深刻的争取民族生存权利的历史背景。

哲赫林耶的教义、礼仪主要是：敬主赞圣、“遵经从训”，主张先“教乘”后“道乘”，认为没有“教乘”做基础，“道乘”也失去基础，同时“道乘”修持只限于极少数有条件、有决心的继承人，不要一般信众都去进行“道乘”修持；简化了聚礼的拜数，主张只礼十拜，而其他派别主张礼16拜；反对传教人、阿訇利用施舍聚敛财富，认为接受施舍者，应该主要是贫穷的穆斯林；主张清真寺要庄严肃穆、整洁纯朴，反对大兴土木、用彩色修饰清真寺；教权实行道堂、教区和教坊三级制，形成教主、热依斯和开学阿訇的管理体系；崇敬拱北和教主，教主的“口唤”可一呼百应；教主一职最初传贤不传子，但后来发展为父传子受，并开创父传子受的教主世袭说；传教者须单独坐静干功，信徒随五时礼拜集体干功高念“齐克尔”；赞圣词调，马明心时为“也门调”，第三任教主马达天时改为“灵州调”；主张走“束海达依”的路，但并不赞成无谓的牺牲；教民以戴黑白六角帽和不留鬓须为明显特征，等等。哲赫林耶派在清同治年间回民起义失败后，形成了沙沟门宦、北山门宦、南川门宦和板桥门宦四个支系门宦，教民分布于甘肃、宁夏、青海、陕西、新疆及云南、贵州等13个省市区。

这四个支系门宦在基本教义和礼仪方面并无不同，只是各有各的直接辖区。各辖区在新中国成立前已基本固定，共有830余处教坊。其中北山门宦直接管辖的教坊有张家川108坊，天水、秦安、徽县、成县、两当、清水、礼县等地25坊，齐齐哈尔、河南汝县、南京及陕西陇县、固关等地14坊，总计不到200坊；沙沟门宦直接管辖的教坊有宁夏西海固和隆德、静宁地区的260余坊，甘肃陇东地区的130余坊，新疆各地的49余坊，云贵的十多坊，山东、北京、吉林的十多坊，总计约450坊；南川门宦直接管辖的教坊有张家川等地的55坊；板桥门宦直接管辖的教坊有宁夏金积等地的120坊，新疆的20坊，甘肃、青海、江苏等地的19坊，总计约150多坊。

嘎的林耶 嘎的林耶系阿拉伯文的音译，意为“大能者”。相传该派源自苏非派之卡迪里教团；于清康熙年间（1662—1722）由穆罕默德二十九世后裔华哲·阿布都·董拉希传入甘宁青。

嘎的林耶主张在遵行《古兰经》、《圣训》的同时，必须静修，否则不能达到认主、近主的目的，认为“道中有教”，“教”是通过穆罕默德的生平言行所形成，而“道”则是超然的、非创造的、永恒不变的。其主要的修道功课为坐静。修道时随时随地都要默诵“无字真经”，即各辈道祖的修道口诀或诗歌，如《真经歌》、《修道歌》、《无底船歌》、《三昧真火歌》、《无根树歌》等，以及刘智的《五更月歌》等。修持者默诵齐克尔的声调比虎夫耶还要低沉，以强调“暗悟显贵”。为了求“道”，其一派认为只有割断夫妻恩爱，抛弃功名利禄，漫游四方，拜访名师，进行苦修苦炼，以求悟道；并认为静修参悟是求“道”的捷径，“一时的参悟，胜过千年的功修”，还以“定性复命”、“修身养性”为修持理论；认为“性”是根，是永恒的，“命”是形，是暂时的，“修身克己，清心寡欲”，都是为了养性。另一派则认为婚配繁衍后代是天命，否则违背主命，修道也不全美，婚配者也可以出家修行，云游四方，苦修苦炼，同样可以达到“定性复命”的愿望。

嘎的林耶的各辈道祖被认为是“古土布”（轴心），是出家修行者的引路人和导师，是各种“奇迹”的呈现者，其道统继承者由前辈导师从出家修行者中指定。出家人分三等，第一等必须是童子出家，并且要经过长期的巡游行乞，以及果腹苦炼且入山修行；第二等出家人是“勤炼人”或“记教人”，他们可以是童子出家，也可以是半路出家，但只限他们住拱北修行，不再巡游行乞或入山修行；第三等出家人是管理拱北的当家人或住持，是拱北的掌权者，主持教务与修持兼而行之，但不及前两种人艰苦。各种出家人事先要有“卧里”、“穆勒师德”的认可，出家后必须遵行禁欲的三条戒律（戒色、戒“六贼”、戒慕荣华富贵）和五条节守（勤学戒规、乞讨口粮；

勤学苦炼、晨点香、勤沐浴）。阿訇和一般教徒被视为俗人，他们只是信道者，不履行修道的各种戒律和功课，只要求朝拜拱北和参加“尔麦里”。

嘎的林耶一般都要早晚敬香和默念“齐克尔”，他们的宗教活动中心是拱北、先贤静修地，纯属本派教徒的清真寺较少，均实行单一教坊制，阿訇由教徒选聘，为一坊的宗教领导人。

嘎的林耶的支系门宦主要为大拱北门宦、海门门宦（香源堂）、阿门门宦、七门门宦、韭菜坪门宦、后子河门宦等，所属教众主要分布于甘肃临夏、兰州，宁夏固原，青海西宁、化隆，陕西西乡、汉中，四川阆中、广元等地。各支系门宦中，大拱北门宦影响最大。

大拱北门宦是嘎的林耶学派在中国的主要继承者和传播者之一，初以创建人祁静一之姓泛称祁家拱北，后拱北增多，因祁家拱北的建筑宏伟壮丽，故取名大拱北。创建人祁静一（1656—1719），经名西俩里，甘肃河州人，七岁入清真寺攻读伊斯兰教经典，清康熙十三年（1674）拜前来河州传教的华哲·阿布都·董拉希为师，学习嘎的林耶学理。他遵师命绝离尘俗，不求婚配，先后在外多处静修达十年之久，受师赏识，尽传其道。后华哲·阿布都·董拉希去四川阆中传教，祁静一则受师命留在陕西西乡，因遵行虔诚，生活简朴，受到当地穆斯林的尊重。康熙二十八年（1689）华哲·阿布都·董拉希殁于阆中，祁静一赶赴阆中埋葬后，为其修建了墓庐，名曰“久照亭”。从此，祁静一往来阆中、西乡等地，足迹踏遍川甘陕三省，历尽名山大川，备尝千辛万苦，宣传嘎的林耶教理，发展了大批教民。康熙五十八年（1719）祁静一于西乡鹿麟寺去世，次年教民将其迁葬于河州，并修建了拱北，成为该门宦信众瞻仰的重地。大拱北门宦所属拱北数十处，分布在西北及四川等省区，大半在深山老林中，或傍山依水的清静之地，都是出家人的墓庐或静修地，其中以四川阆中巴巴寺、陕西西乡鹿麟寺和甘肃河州大拱北为最大。这些拱北统由大拱北选派出家人管理。

库布林耶 库布林耶系阿拉伯文的音译，原意为“至大者”。该派源于中亚的库布拉维教团。据传，第一个将库布林耶传入中国的是一位名叫穆乎引的尼的阿拉伯人，他曾三次来中国传教，第一次到两广传教，第二次到两湖传教，第三次从新疆来到甘宁青传教，最后于明末清初定居河州东乡大湾头传教，受到当地张姓群众欢迎，并送给他九亩地，穆乎引的尼遂改姓张，号玉皇（湟），字普济，成为东乡族的一员。和他先后来到大湾头的还有其子艾海买提·白贺达吉，后继任了第二辈教长。其子孙相袭至今已传到 14 辈，俗称张门或大湾头门宦。该派教众有东乡族，有回族，也有皈依的汉民，主要分布于甘肃东乡、康乐及皋兰等地。

张门的教义及礼仪主要是：除以《古兰经》、圣训为信仰之本外，主要学说是静性复命，浑化归一，认为要通过履行天命五功和静修参悟，达到“天人合一”的目的；静修参悟时要幽居山洞，不见外人，默念“齐克尔”，做礼拜，日食大枣七枚和数杯开水，持续40天、70天和120天不等；干功静修仅限于少数人，集体干“尔麦里”时，点香高念《古兰经》、《卯路提》和《穆罕曼斯》；以“传转”《古兰经》为亡者赎罪；站“者那则”时不脱鞋，但也不反对脱鞋。张门的道堂有两处：一是东乡大湾头道堂，一是康乐上湾道堂；拱北主要有东乡大湾头拱北、康乐草滩拱北、兰州五星坪拱北等三处。

三、近代回族社会经济的激荡变化及新式回民教育的兴起

清道光二十年（1840）发生的第一次鸦片战争，标志着中国历史进入了近代时期。这个时期，由于帝国主义列强的侵略和封建统治阶级的腐朽，使中国逐步沦为半殖民地半封建社会，全国社会经济日益凋敝，回族的社会经济同各兄弟民族的社会经济一样，也遭到严重的破坏，经历了时代的激荡而发生重大变化。19世纪末20世纪初，新式回民教育的兴起，则为回族的发展注入了新动力。

1. 清代后期回民反清斗争

19世纪中叶西方资本主义的入侵，首先破坏了我国东南沿海一带的农村经济和城市中的正当商业。散居在这些地方的回民，势必在社会经济上受到这种侵略的影响。回族农民日益贫困，城镇回族靠不景气的手工业、小商业勉强维持生计。在偏僻的地区或较偏僻的地区，西方资本主义的压力一时还不太显著，但垂死的封建主义却以更野蛮的方法来巩固和扩大封建占有关系。云南和西北的回民面临着帝国主义国家的侵略和清王朝统治阶级压迫、剥削的多重灾难，许多人离土流浪，成为无产者。在太平天国与捻军反清运动的影响和推动下，咸丰、同治年间，云南和西北回民相继发动了反抗民族压迫、争取民族生存的反清斗争。

（1）云南回民反清斗争

19世纪50—70年代，云南地区回族人民在太平天国起义影响下掀起了大规模反清斗争。清道光三十年（1850）到咸丰六年（1856）间，在清朝地方官挑拨下，回、汉群众为争夺他郎（今墨江）金矿、南安（今双柏）石羊厂银矿而发生激烈冲突，

官府拟进行镇压，云南各地回民遂相继展开反清斗争。这些分散各地的小股反清武装，不久就会合成两支势力强大的反清队伍，一支由马复初、马如龙率领，活动于云南东部和南部。另一支由杜文秀率领，活动于云南西部。咸丰十一年（1861），马复初、马如龙提出“和议”，率所部反清队伍投降。马复初被授予二品伯克称号，马如龙被任命为临源镇总兵。

杜文秀所部坚持反清，提出“连回汉为一体，竖立义旗，驱逐鞑虏，恢复中华，剪除贪污，出民水火”的口号，得到各族人民的支持与响应。咸丰六年（1856），杜文秀在大理建立元帅府，被推为兵马大元帅并设立文武官员。大理政权所设的官职后来发展成“回之受职者数千，汉之受职者数万”。大司寇李芳园是汉族人，大司卫姚得胜是白族人，大司藩李正学是彝族人，都是杜文秀有名的得力战友。滇西傣族、纳西族土司和彝族、傈僳族的领袖人物也都接受了大理政权委任的官职，共同反清。大理政权在军事上不断打击清军，一度控制云南大半省份，并派大军围攻昆明。后清军猛烈反攻，反清军步步失利，局势急速逆转。同治十一年（1872）十一月，清军兵临大理城下。杜文秀服毒后出城与清军议和，被清军杀害，大理陷落。前后坚持18年的云南回民反清斗争最终失败，但它沉重打击了清朝在云南的反动统治，并使各族人民在共同的斗争中增强了团结，在中国近代史上具有重要意义。

（2）西北回民反清斗争

西北回民反清斗争始于同治元年（1862），规模之大，遍及陕西、甘肃（包括宁夏、青海）各地。19世纪40年代以后，陕甘地区民生凋敝，各种社会矛盾丛生，但很难得到妥善、公正处置。同治元年（1862）春，在太平军扶王陈得才部联合捻军进入陕西的直接推动下，关中各地回民纷起响应，形成多支反清武装，其最盛时曾建立以马生彦、马振和、杨文治、白彦虎、赫明堂等为首领的十八大营，转战陕甘之间。

在陕西反清斗争的影响下，甘肃各地回民也先后发起反清斗争。在甘肃形成四支反清队伍，即以金积堡为中心的马化龙反清军，以河州为中心的马占鳌反清军，以西宁为中心的马文义、马桂源反清军，以肃州为中心的马文禄反清军。

太平天国革命被镇压下去后，清统治者于同治六年（1867）抽调更多军队来对付回民反清军，并任命左宗棠为钦差大臣，督办陕甘军务。同治八年（1869），陕西回民反清军全部转入甘肃后，左宗棠开始向甘肃进兵。同治十年（1871），金积堡回民反清军失败。同治十一年（1872）河州回民反清军首领马占鳌，利用在太子寺大胜的机会，排除众议，向左宗棠投降。同治十二年（1873）初，西宁回民反清军失败。同年九月，肃州马文禄反清军失败。入甘的陕西各支回民反清军相继投降，仅白彦虎率所部且战且退，经河西入新疆，最后到达俄属中亚地区，并留居下来，与先后来到该地区的甘肃、新疆等地回民共同繁衍生息，形成今日中亚哈萨克斯坦、吉尔吉斯斯坦等国的东干族。

虽然同治年间西北回民反清斗争最终都失败了，但沉重地打击了清朝封建统治阶级，加速了清王朝的灭亡。

2. 近代回族的反帝反封建爱国斗争

自1840年鸦片战争后，中国一步步沦为半殖民地半封建社会。面对清王朝的腐朽统治和帝国主义列强的侵略掠夺，中国各族人民为了维护国家独立和民族尊严，进行了英勇的反帝反封建爱国斗争。作为中华民族大家庭中的一员，回族人民义无反顾地发起或参与了一次次反帝反封建爱国斗争，如鸦片战争中反抗侵略，与沙俄斗争力保矿权，清末抗击日寇，抗击八国联军侵略和参加辛亥革命等。

（1）两次鸦片战争中回族官兵反抗侵略的斗争

19世纪40年代，在林则徐领导的禁烟运动和第一次鸦片战争中，回族爱国将领马辰发挥了重要作用。马辰又名马光照，安徽怀宁人。林则徐虎门销烟重创了英国的鸦片走私集团，于是他们便竭力进行武装挑衅，为发动侵略战争制造借口。为加强海防，林则徐大胆起用熟悉带兵、又有智谋的马辰等将领练兵备战。道光二十年（1840）鸦片战争爆发后，马辰、李贤等将领，奉令率带兵勇400余人，暗伏岛澳，防堵英军。五月九日夜，马辰等带十艘火船，围攻聚泊在磨刀洋外的敌船，烧毁英船一艘，击毙敌人四人。随后又烧毁大小敌艇11艘，并烧毁近岸蓬寮9座，擒获敌寇13人，而死伤的敌人更是不计其数。道光二十年六月初二（1840年6月30日），英国侵略者义律率英船北犯。林则徐闻讯后立即派遣马辰、张令熙等率领兵勇前往增援，后来又增派南韶连镇总兵马殿甲（河南邓县回族，鸦片战争中，因防堵各海口有功，辛丑擢升广西提督）带兵700名，三江协副将陈连升率兵300名前往增援，开炮迎击敌军，在青州海面夹攻，痛创英军，英船败退。马辰在禁烟运动和抗击英国武装侵略的斗争中，尽职尽责，奋力剿防，英勇杀敌，表现出色，颇获林则徐赞赏，曾经先后三次奏请朝廷起用并褒奖马辰。

在第一次鸦片战争期间，福建厦门出现了一位驻守海口英勇抗击入侵英军的回族爱国将领杨成龙。道光二十一年（1842），英国侵略军进犯厦门，在外海不断巡弋。已经奉调驻守厦门海口的杨成龙得悉英军入侵的消息，立即进行战斗部署，深挖壕沟，加固炮台，严密布防，准备倚险坚守。同年夏天，英军舰船窜犯厦门，先以猛烈炮火轰击厦门海口阵地，接着用小船载着大批手持洋枪的英国兵登陆进攻。面对英军的猖狂进犯，杨成龙沉着指挥，将主力埋伏起来，以诱敌深入。当敌人闯入我方阵地，杨成龙一声号令，埋伏在周围的中国士兵从三面包围了来犯之敌，与英军短兵相接，奋勇杀敌。英国侵略军被杨成龙率领的中国士兵打得落花流水，慌忙丢下尸体和枪支，抢着登上小船狼狈逃回大船。

第一次鸦片战争期间，中国军队英勇抗击英国侵略军最为壮烈的一次战役是道光二十一年（1841 年 9 月）的定海战役。这次战役有三位总兵与敌人浴血奋战六天六夜，同日阵亡，在中国近代史上留下了闪光的一页。三总兵之一的浙江处州镇总兵郑国鸿，系湖南凤凰县人，回族，出身将门。定海历来为海防之重镇，是镇海、宁波的天然屏障，其东、西、北三面为重山环抱，只有南面濒临大海。定海保卫战打得非常惨烈，郑国鸿和葛云飞、王锡朋三位总兵誓死坚守，连日血战，最后均壮烈捐躯。后来，郑国鸿的儿子郑鼎臣，继承父志，参加抗英战斗，立志为国雪耻，为父报仇。道光二十二年三月初三（1842 年 4 月 13 日），在乍浦以南的普陀洋海面，用战船奇袭英国侵略者，打了一个漂亮仗，朝野震动，被誉为当世的“奇男”。初四，郑鼎臣又亲自督战，派水军乘船由海山出发，分三路突击定海道头港英军，继攻五奎山，焚毁敌船四艘，小船无数。击毙烧溺死英军近 400 人，大获全胜。郑鼎臣也因此而受到朝廷的嘉奖。

在英军侵略江浙的过程中，包括回族士兵在内的陕甘 4200 名绿营兵参与了抗击侵略的战役。陕甘兵在当时被称为劲旅，其中有固原营、宁夏营、西宁营。他们主要参加了慈溪、乍浦以及松江的三次战役。由金华副将河州人朱贵率领的以固原营回汉族士兵为主力 900 名骁勇善战的甘肃劲兵，奉命保卫慈溪，驻扎在慈溪门外的大宝山。道光二十二年（1842）二月初四，英国侵略者派遣陆海军 2000 余人携带大炮四门、大小船舰八艘进逼宝山。从清晨直至黄昏，甘肃兵与武器精良、人数众多的英军浴血奋战，最后与敌人短兵相接，朱贵阵亡，所部牺牲者约 400 余人。道光二十二年四月初九（1842 年 5 月 18 日），英国侵略军进攻乍浦，数百名陕甘士兵在乍浦唐湾山北奋力战斗，伤敌无数，不久火器用尽，又缺乏援兵，全部阵亡。慈溪、乍浦两次战役，陕甘兵牺牲近 800 名。慈溪阵亡者有督标左营把总邸法德、外委马窿图、马兵单朋德、步兵马有等人；乍浦阵亡者有千总李廷贵、把总马芝荣、外委马成功等，均为有名有姓之回族将士。

第二次鸦片战争期间，回族爱国官兵也积极参加到抗击英法联军的战斗中去。咸丰八年（1858），英法联军北犯，炮轰我大沽炮台，直逼天津，威胁京师。大沽守将沙春元等率领士兵英勇还击，开始了大沽保卫战。沙春元系天津镇标右营游击，河南郑县（今郑州市），回族，武进士出身。面对侵略者的嚣张气焰，沙春元沉着指挥，亲燃巨炮，给侵略者以迎头痛击。在长达两个小时的激战中，击沉敌人舢船四只，侵略军死伤百余人。但终因孤军奋战，敌众我寡，沙春元为国英勇捐躯，大沽炮台失守。后咸丰皇帝传旨表彰，命在其战死之地和原籍入祀昭忠祠，并赏云骑尉世职。

（2）回族矿工、官员勇斗沙俄争矿权的爱国事迹

鸦片战争以来，沙俄首先以在中国西北和东北的通商贸易为幌子，积极加紧对中国领土和矿产资源的觊觎和掠夺。咸丰元年（1851），清政府迫于沙俄压力，与其签订了不平等的《中俄伊犁、塔尔巴哈台通商章程》，沙俄从此取得了在伊犁、塔城免税通商，设立领事馆，建立贸易圈等特权，为进一步侵略中国打开了缺口。新疆西北部塔尔巴哈台西南有一个雅尔噶图金矿，有大批回汉矿工在这里开采。沙俄立足塔城后，沙俄驻塔城领事通过西伯利亚总督向清政府伊犁将军奕山提出无理要求，硬说雅尔噶图金矿是属于俄国的，并要中国方面撤走挖金工人。奕山害怕得罪沙俄引起事端，在复文中一面申明雅尔噶图金矿在中国境内属于中国所有，一面又借口获矿不旺，下令封禁该矿并派兵驱散矿工。塔城回汉各族矿工不服，仍然坚持采挖金矿。咸丰四年（1854）九月，沙俄再次提出上述无理要求，清朝地方官吏再次派兵前往雅尔噶图金矿驱散矿工，矿工们毫无畏惧，仍然在金矿上坚持挖金。沙俄驻塔城领事恼羞成怒，带领侵略军在咸丰五年（1855）二月，包围雅尔噶图金矿，将中国矿工们堵入洞内，用烟火熏死六人，五月，侵略者又枪杀我矿工五人，不断制造流血事件。沙俄侵略者的暴行，激起了中国各族矿工的极大愤怒。他们自发组织起来，以回族矿工徐天尧、安玉贤为首的各族矿工，向专管塔城通商事务的章京萨碧屯示威请愿，控诉沙俄罪行，要求维护我国主权。这次正义的反抗沙俄侵略的爱国示威，被昏庸媚外的地方官员强行解散。同年八月二十六日夜间，五六百名愤怒的回汉族矿工聚集在沙俄驻守塔城贸易圈周围，安玉贤等用芦苇点燃沙俄贸易圈的草堆，不久就烧及沙俄的货物场，风大火猛，五十余间房屋以及囤积的货物几乎焚烧殆尽，沙俄驻塔城领事等狼狈逃出了塔城。

在我国东北地区的反抗沙俄侵略者的斗争中，回族官员马六舟以过人的勇气和智慧为维护祖国的主权和尊严做出了贡献。黑龙江萝北境内都鲁河的金矿，被俄国人所

侵占。侵占金矿的俄人以主人自居，向采金矿的华人收取税金。清光绪三十年（1904）回族官员马六舟到达该矿后，一面向正在开采的近百名华工晓以利害，指出为一己之私利而向俄人缴纳税金是出卖祖国资源的行为，制止他们私挖盗采；一面抓紧与占据该矿的俄人交涉收回矿权事宜。经过多次针锋相对的斗争，终于使俄国人于清光绪三十一年（1905）交回了都鲁河金矿矿权。清光绪三十二年（1906），马六舟又奉命收回被俄人占领的观音山金矿。与收回都鲁河金矿相比，收回观音山金矿矿权的经济意义和政治意义更为巨大。

（3）清末抗日爱国将领左宝贵

左宝贵，字冠廷，山东省费县地方镇（今属平邑县）人，回族。咸丰六年（1856），左宝贵入伍，隶清江南军，后累功至参将、副将、提督总兵记名简放，光绪十五年（1889）授高州镇总兵，驻守沈阳。光绪二十年（1894），朝鲜发生东林党起义，朝鲜政府请求清政府派兵援助，日本也借口出兵朝鲜，挑起侵略战争。七月一日（8月1日），中日双方正式宣战，中日甲午战争爆发。清廷于是命令卫汝贵、马玉昆、左宝贵、丰绅阿各率所部渡过鸭绿江，进驻平壤，增援在朝清军。七月十日左宝贵接令守卫平壤城防。他探知日军向平壤进攻的情报，在大同江上游截击日军，击沉战船数艘。十二日，日军集中兵力企图包围平壤。左宝贵联合马玉昆部，击退日军数次进攻，给日军以沉重打击。

八月十六日（9月15日）凌晨，日军分三路向平壤发动总攻。左宝贵率部防守城北的牡丹台、玄武门一线。日军以该处为主攻方向，集中兵力猛烈进攻。激战中，左宝贵中炮牺牲，为国捐躯。后来，清廷对左宝贵的忠勇果敢、血洒疆场的壮烈行为给予褒扬，追赠左宝贵太子少保，谥号“忠壮”，赏骑都尉兼一等云骑尉世职，入祀昭忠祠，还在左宝贵祖茔地建造了衣冠冢。冢前立起华表，上刻挽词：“孤军支柱穷边，伤哉为国捐躯，万里未能收战骨；几辈逍遥海上，恨不藁街悬首，九原何以谢忠魂。”

（4）抗击八国联军侵略的回族官兵

光绪二十六年（1900）西方列强为了镇压反帝爱国的义和团运动，维护其在华利益，组织八国（德、英、美、俄、日、法、意、奥）联军，发动了侵略中国的战争。回族爱国将领马福禄领导的回族等族官兵，守卫京畿，奋勇抗击了侵略者。马福禄，字寿山，甘肃河州（今临夏）人，光绪元年（1875）考中武举人，光绪六年（1880）参加京城殿试，被朝廷赐为武进士，后累功至总兵、统领。光绪二十六年（1900），马福禄所部简练军被编入董福祥统率的甘军，从河北正定奉调入卫京畿。

光绪二十六年（1900）六月中旬，英国海军提督西摩尔中将率领2000多名联军，携带大炮数门，分两批从天津乘火车出发前往北京，至此，拉开了中国人民抗击八国联军侵略战争的序幕。清政府命甘军开赴廊坊，阻击侵略军。甘军统帅董福祥命令其部将马福禄（回族）、姚旺、马海晏（回族）统领各部3000余人前往黄村（今北京大兴县），抵抗西摩尔所率之八国联军进京。战斗打响后，中国军队在后方步兵和炮兵的支援下，迅速逼近廊坊车站。马福禄运用步兵两翼包抄，骑兵机动而勇猛地从正面痛击敌人，使敌军死伤无数，败退下去。战斗中，马福禄所部有百余名回族官兵英勇献身。廊坊之役给侵略者以迎头痛击，史称“庚子之役第一恶战”。

后八国侵略军再次集结兵力，向北京发动进攻。此时，马福禄已奉令调防京城，主守正阳门。其他各路清军及义和团奉命进攻外国使馆。英国人在使馆外重叠设卡，所修十道栅栏，直通正阳门，企图阻止我军进攻。马福禄率部向英使馆发动进攻，先夺其二栅，又毁其七栅，仅一栅未能攻下。马福禄率敢死队猛攻敌栅，突然飞弹入口，为国捐躯，时年46岁。同时阵亡的还有族弟马富贵、马福全，从兄马福恒、马福宣，侄子马呈图、马兆图、马耀图等及回族等族战士百余人。马福禄阵亡后，清廷追封其为振威将军，谥号“愍烈”，子袭其荫，其遗体后葬于北京阜城门外三里河清真寺旁。

（5）参加辛亥革命的回族爱国反封建志士

1911年10月10日，武昌起义爆发，敲响了清王朝统治的丧钟。作为首义之区的湖北回族人民，在起义酝酿、发动支援民军等方面，做出了重要贡献。武昌起义前夕，湖北新军二十九标回族志士马骥云（1883—1952）作为共进会和二十九标的代表，参加了1911年9月24日革命党人制订起义计划的会议，被推为司勋和军事筹备员。首义之夜，他视死如归，冲锋陷阵，参加进攻都督署的战斗，旋又参加攻克善后局和电报局。武昌起义胜利后他在汉口军政分府和革命领导核心谋略处任职。湖北陆军第八镇马队第八标回族士兵沙金海（1888—1956），也是革命党人，武昌起义之夜，他率领马队进中和门，担任警戒并负责传递命令后又率部参加汉口、汉阳保卫战，并被委任为独立机关枪队队长，屡立战功。在汉口保卫战中任汉口前线炮兵总指挥的马祖全，是湖北武昌回族。湖北沔阳回族马刚侯，早年结识黄兴、宋教仁，加入同盟会，积极为革命奔走，辛亥革命前任汉口各团联合会总干事、清真自治公益会会长，武昌起义胜利后，组织汉口各界筹集军饷，协助民军维持社会治安，侦察敌情，运送军火，扑灭火灾，救护伤员，做了大量有益工作，受到各界好评。民国初年马骥云、沙金海、马祖全均被列入辛亥起义有功甲种名单之内。

武昌起义胜利后，各省纷纷响应。不少回族仁人志士在各地光复中，做出了自己的贡献。

陕西是响应武昌起义最早的省份。西安的新军下级军官回民马玉贵是陕西光复主要领导人之一。马玉贵（1884—1957），字青山，湖北谷城人。光绪末年，马玉贵因生活所迫投入湖北新军，后调防西安，在西安回民和新军中秘密从事反清宣传和组织工作。武昌起义消息传来后，西安革命者信心倍增，决定10月22日（农历九月初一），联合各界发动起义。起义开始后的当天，参加起义的回民军500多人，由西大街经南院门、木头市到东厅门，与占领军装局的革命军会合，领取到一部分枪械弹药后，于晚间整队回到回民区，维持秩序。经过半天的战斗，革命军占领了军装局以及除满城外的城内大部分官府衙门和重要军事据点。23日下午，马玉贵率新军和回民武装，率先奋勇攻进满城。西安光复后，清廷调动河南的清军猛扑潼关，又令甘肃马安良部回军攻打乾州，从东、西两方面夹击威胁西安。马玉贵作为秦陇复汉军总理粮饷兼军务都督，并兼任秦陇复汉军第二协协统，力主和衷共济，协调了军政部与六都督之间的关系，并号召人民踊跃交纳粮草支援前线，保证了军需、粮草供应。他还组织数百名回民组成的卫队参加了抗击清军反扑潼关之役，并亲自参加保卫乾州的战斗。后马玉贵又作为陕西代表与甘军谈判，在促进攻陕甘军承认共和、罢战议和方面做了大量工作。

1911年10月30日，云南革命党人在蔡锷的领导下在昆明发动了重九起义，响应武昌起义。起义中，同盟会会员、清军19镇炮队回族队官陆锦先率部炮轰都督署，云南讲武堂回族科长孙永安、王廷治等率步、炮、工各科学生，攻占省城小西门，占领西南城垣一带并担任警戒，昆明回族马聪与唐继尧受命围攻都督署，均为云南光复立下了战功。

上海回民组织的"清真商团"在辛亥革命中也发挥了重要作用。武昌起义后，清真商团与其他商团联合行动，积极筹备，于11月3日起义，参与进攻江南制造局的战斗，清官吏逃遁，上海光复。随着形势的发展，清真商团部分团员押运粮械进军南京，协同友军完成光复南京的任务。后来，又有三十余名团员随军至浦口，奋战于浦口至徐州沿线，为革命立功，获"中华民国光复奖章"。

四川重庆，驻有六营清军，其中半数为回民，受革命思想影响，回民士兵与其他士兵一起于11月22日宣布独立，脱离清军系统，促进四川军政府成立。

其他地区，如河南、甘肃、宁夏、新疆等地，也均有回民响应武昌起义，或秘密联络，传递革命信息，或发动起义，浴血奋战，为推翻封建统治、建立民国做出了贡献。

3. 近代回族社会经济状况

鸦片战争以后，中国逐步沦为半殖民地半封建社会，经济日趋衰落，回族经济也遭到严重的破坏。咸丰、同治年间云南和西北回民反清斗争失败后，回族人民陷入了更深重的灾难，回族经济受到更严重的打击。云南反清斗争失败后，大批回族死于战乱和屠回事件，部分被迁到边远地区。道光十年（1830），云南共有人口户数1181247户，人口6552658人；到战后的光绪十年（1884），户数减到742547户，人口减少到2992583人，除了部分人死于各种灾害或逃难，有不少人直接死于战乱。同治十一年（1872）杜文秀踞守的大理城失陷，据回民自述被杀人数有“十余万众”。劫后余生的大批回民流离失所不得归业，他们原有的产业主要为清朝的军官所霸占。有的产业被云南官府换掉，另行发给一些不好的土地。有时，还故意把回民加以人为地分散，三家五户地安排到各村各寨中。

西北回民起义自1862年5月在关中东部爆发，到1873年11月肃州陷落，共历时12年之久。起义被扑灭后的西北显得格外荒凉，原来陕西“汉七回三”甘肃“汉三回七”，而镇压后陕甘“汉回人民空亡大半”，陇东一带“兵燹之后，人物凋残”。陕西东部渭南一带原有回民“共三十七万余口”，后被屠洗及遣送一空。战后，左宗棠借口“图百十年之安”，强迫回民大迁徙，把在固原的陕西回民数千人移到平凉大岔沟一带，把在金积堡一带的陕西回民2万余人移到化平（今宁夏泾源）一带，把在河州的陕西回民3万余人移至平凉、静宁、会宁和定西一带，把在西宁的陕西回民3万余人移到天水的秦安、清水一带。同时，把原居金积一带的回民人口分散迁到好几个地方，把肃州、甘州、凉州仅余的回民数千人迁到兰州和榆中一带。这些迁徙人口，除少数安置在条件较好的地区外，绝大多数被安插在条件极差的边远山区，居住在破窑、烂屋之中，仅发给为数很少的籽种、耕牛和家具，从事简单的农业生产，勉强维持生计。而清政府还派兵看守，编保甲严管，没有行动的自由。陕西回民惨遭杀戮，留下老弱数万，仍不让回归家园。他们在关中的田园，或被清政府没收军屯，或被汉族地主豪绅霸占。他们被强令迁往甘宁贫瘠山区，从事低水平的农业生产，严重影响了其经济的发展。

云南、西北对回民的迁徙，损害了回民的传统经济，也造成回民更大程度地分散。统治者的目的不过是为了平日便于控制，战时便于击破。至于东南一带的回民，在太平天国失败后，和汉民一起，受到很大的迫害，损失也很惨重。以南京而论，太平天国时有礼拜寺 24 所，太平天国失败后就只剩下残破的 7 所了。

居住在内地者，虽未遭此厄运，但是处境也不好。据宣统二年（1910）统计，沈阳的回民，从事小商贩、杂业、雇佣劳动的共 1704 人，占回族有业人员的 89%，产业工人、知识分子寥寥无几。从沈阳回民从业的情况，可反映出内地城市回民经济状况之一斑。

由于迁徙、安置，西北、云南等地一些回族传统聚居区消失，一些新的回族聚居区开始形成。此后，回族在全国各地的人口数虽有所增减，但总的分布格局一直保持稳定，无太大变化。

尽管回族人民处在灾难沉重的日子里，他们并没有失去民族复兴的信心。回族人民在艰难的条件下，努力劳动生产。西北被迁移的回民，以自身特有的勤俭耐劳的精神，用自己的双手开发了荒凉偏僻的地方，使其成为可耕可食的土地。如新疆米泉的羊毛工、长山子等地，在回族来到这里之前，是一片广袤无边的沼泽地，芦苇丛生，荒无人烟，野兽出没，清末“河湟事变”反清失败后逃荒进入新疆的青海回民辗转流落此地后，即开沟排水，放火烧荒，开垦荒地，长年不断，使昔日荒芜的芦苇沼泽地，成为闻名全疆的鱼米之乡。在云南，回民以不屈不挠、艰苦卓绝的精神，开发土地，发展生产，重建了自己的家园。云南回民被安置的一些土地，如澄江的黑泥湾，原是没人过问的地方，在回族农民手里变成了肥沃的地方。

清代后期，由于农业生产面临着土地缺少、条件恶劣等诸多困难，遂使很多回民投身于商业领域。这时的回族商业经济，更多地表现在与回族群众的生活密切关联以及社会需要的一些行业上，如饮食、皮货、牛羊、屠宰、制革、贩马、贩卖山货以及油盐炭等业。在北京、上海、天津、南京以及其他一些地区的大中城市中，回族商人仍保持着从事珠宝玉石业的传统，并形成一定的规模和影响。富有伊斯兰特色的回族饮食业，在全国城乡各地相当普遍。善于多种经营和长短途贩运的小本经营，在一般回族群众的商业经济中最具代表性。西北地区的回藏贸易是这时民间主要的商业活动，回族商人以糖茶、米面、布匹、瓷器等日用商品，从藏区换取鹿茸、麝香、野牲皮、羊皮、砂金等，转而出售到中原各地，从中获利。居住在边疆地区的回族，还在不同地区面对不同国家以不同的资源和商品同邻国进行商业贸易，如云南回族马帮商人往泰国、缅甸等国的贸易，东北黑龙江回族往俄国的贸易，西藏回族商人往印度与尼泊尔的贸易，新疆回族商人往巴基斯坦、俄国的贸易等都属于这种类型。这些沟通回族内部与外部、内地与边疆、中国与邻国的商业贸易，从一定程度上对繁荣祖国经济、促进社会发展也起到了积极的作用。

4. 近代新式回民教育的兴起

19世纪末20世纪初，经过清代中晚期封建压迫与民族歧视政策摧残的回族教育出现了严重偏差，一些回族有识之士遂慨然而起，创办新式回民教育，以图教育救族、救教、救国。新式回民教育的出现，是与当时全国的教育改革密切相关的。甲午战争后，旧的科举制度遭到猛烈的抨击，光绪二十四年（1898）清廷被迫取消八股。三十一年（1905），停止科举。同年，正式成立中央最高教育行政机关——学部。而中国近代教育史上首先出现并具有学校系统的“新教育”制度则始于光绪二十八年（1902），当年颁布的《钦定学堂章程》，是比较完备的学校系统，并对各级各类学校必修课程和加修课程做了明确规定。新式回民教育就是在这样的历史背景下产生的。

清光绪三十二年（1906），江苏镇江回民童琮（1864—1923）在镇江创立“东亚穆民教育总会”（后来改称“东亚清真教育总会”），并办起了中国回族历史上的第一所新式学校——穆源学堂。

清光绪三十三年（1907），王宽在北京创办回文师范学堂。王浩然（1848—1916），名宽，字浩然，北京人，以“王五阿訇”为大家所熟知。自幼聪颖好学，接受过系统的伊斯兰教育。他不但具有伊斯兰教学识，而且国学底子也很深厚，曾先后到外地及牛街礼拜寺讲学，深受欢迎。光绪三十一年（1905）赴麦加朝觐，顺便游历埃及、土耳其等国考察教育。回国后，深感“世界大势非注重教育不足以图存”，便在牛街礼拜寺创办回文师范学堂，除宗教课以外，还开设了普通学校开设的文化课和阿语课。

光绪三十二年（1906），马邻翼在湖南邵阳创办清真偕进小学和清真女学院。马邻翼（1864—1938），字振五，湖南邵阳人。清末曾参加科举考试，中举人。光绪二十八年（1902），马邻翼东渡日本，入东京“弘文学院”学习师范教育。光绪三十一年（1905）同盟会在日本成立，马邻翼追随孙中山革命，加入同盟会。同年末回国，与黄兴等人在湖南办教育。王浩然在北京创办清真第一两等小学堂时，他任学部主事，遂被聘为该校监督。1912年辛亥革命后，被孙中山委任为教育部首席参事。民国初年的教育制度，多出自马邻翼之手。

清光绪三十三年（1907），留学日本的回族学生创立“留东清真教育会”，会员是来自14个省份的40余个回族学生，他们之中有学工科的，有学铁道商船的，有学医科的，也有学政治经济科和军事科的。“留东清真教育会”曾出版刊物《醒回篇》，其中发表论文共十篇，集中反映了回族留学生振兴民族文化教育、挽救国家危亡的思想主张。

光绪三十四年（1908），王宽在马邻翼等帮助下，在北京创立的京师清真公立第一两等小学堂可谓是回民近代小学的典范。学校实行七年一贯制，初小四年，高小三年；课程有修身、国文、历史、地理、几何、代数等，每周加授五节阿拉伯文。不久北京又先后成立了清真公立第二、第三、第四和第五初等小学堂，奠定了北京新式回民教育的基础。

1912年，王宽、侯德山等在北京发起成立了“中国回教俱进会”，以“联合国内回民，发扬回教教义，提高回民知识，增进回民福利”为宗旨，大力倡导、推广新式回民教育。此后各省凡有回民的地方都设有支部或分部。

通过回族穆斯林先进分子的奔走呼喊和上述社团的组织号召以及回族报刊的宣传、鼓动，在全国各地一些回族聚居的城镇、乡村，先后办起了一批规模不等的新式回民学校。

近代新式回民教育培养出了许多经汉两通的杰出人才，既懂宗教，又掌握现代科学文化知识，后来成为中国回族伊斯兰文化及回族现代教育的中坚力量，甚至对20世纪中国回族文化的发展都起到了奠基作用，影响深远。

HUIZU FA DE XINGCHENG JICHU

第二章

回族法的形成基础

回族法是回族穆斯林及其先民千余年间社会实践活动的结晶，它以独特的本土化伊斯兰文化特征而标新立异于中国传统法文化之林；同时，它也是中国传统法文化在回族法律实践领域的特殊表现形式，深受中国传统法文化的直接影响，并成为中国传统法文化的组成部分。因此，从成因方面看，外来的伊斯兰法文化和中国传统法文化是回族法形成的两大文化基因。回族法所具有的历史“合理性”，不仅表现在它曾为回族的形成和发展做出过重要贡献，而且还表现在它是回族法在中国古代社会环境中适应与发展的必然结果。因而，探讨回族法的成因，不能只限于支配法制实践活动的价值基础本身，而应着眼于它产生并施影响于其间的整个社会存在。这种社会存在主要从生产方式、社会组织、思想意识等方面制约着回族法的内容、性质及其发展方向，构成回族传统法的社会基础。

第一节

伊斯兰教法对回族法的影响

一、传统社会中法律与宗教的关系

人类社会的存在和发展需要有稳定和正常的社会秩序，建立这种社会秩序，就必须用各种社会规范来约束人们的行为，实现社会控制。社会控制是通过保证人们遵守社会规范的各种手段实现的，这些手段主要可归结为三种，即宗教控制、道德控制和法律控制。如果按照时间的先后顺序，宗教的起源早于法律的产生。法国社会学家埃米尔·杜尔凯姆（Emile Durkheim）认为：“可以说几乎所有重大的社会制度都起源于宗教。”① 在人类社会的发展中，宗教曾经是长期支配社会的精神力量和表征文化的外在形式，而法律的发展过程与宗教密切相关。在宗教影响较大的族群中，法律往往披上宗教的外衣，通过诉诸神灵的权威，获得了正当性的基础。正如梅因所说，古代

① 〔法〕埃米尔·杜尔凯姆：《宗教生活的基本形式》，渠东、汲喆译，上海人民出版社1999年版，第552页。

社会无论“东方和西方法典的遗迹，也都明显地证明不管它们的主要性质是如何的不同，它们中间都混杂着宗教的、民事的以及仅仅是道德的各种命令；这和我们从其他来源所知道的古代思想是完全一致的，至于把法律从道德中分离出来，把宗教从法律中分离出来，则非常明显是属于智力发展的较后阶段的事”①。有学者指出，从法律发展的历史来看，人类社会早期法律形式的发展经历了三个比较大的逻辑阶段：先是法律与宗教、道德浑然一体，此为“混沌法”；次则是法律走出宗教，但仍与道德不分，此为“伦理法”（道德法）；最后是法律进一步在形式上与道德分离而独立化，此为“独立法”。“混沌法”普遍的，也即初级而不稳定的表现形态是各民族早期的“神权法”，其极端的，抑或高级而经典的表现形态则是东方宗教法；“伦理法”的经典形态是自西周以降的中国古代法；“独立法”的经典形态则是发端于古希腊古罗马的西方法②。由此可知，人类社会的“法治”历史并不长，直到欧洲文艺复兴后，法律在西方社会里才逐渐成为社会控制的首要工具，“法治”才逐步成为近现代以来世界各国的选择③。在此之前，宗教作为社会控制的手段，在长时期的文明史中担负了重要的社会控制任务；很多早期的法律，都曾直接受到各种宗教制度和宗教戒律的影响。

在古代社会里，宗教对于人们行为的规范一般是源于宗教律例，因此，宗教既是一种崇拜和信仰，也发挥着法律规范的作用。几乎所有宗教都有其作为教规的律条，一些影响较大的宗教还形成了相对独立的宗教法体系。宗教法因其与国家政权结合的程度不同和干预世俗事务的程度不同，可分为三种类型：一是不关心世俗事务的佛教和印度教模式，其教法仅仅规范教徒的宗教事务。二是确认政教二元体制的基督教模式，教会法在理论上只规范宗教事务，但在实践中，中世纪的西方历史充斥着教权与王权的竞争，在基督教王国中，教权往往占据上风，教会法的管辖范围往往超出了宗教事务。三是采取政教合一的伊斯兰教模式，其法律适用于宗教和世俗的所有事务④。在宗教占统治地位的社会里，宗教法是具有最高权威的法律，甚至被奉为唯一的法律。在这种情况下，宗教法不仅控制人的行为，而且支配人的信仰，一切与正统信仰相悖的思想都在禁止之列。神灵被认为是万物的创造者和最高主宰，具有至高无

---

① 〔英〕梅因：《古代法》，沈景一译，商务印书馆1959年版，第10页。

② 胡旭晟：《东方宗教法概观》，载《比较法研究》1997年第3期。

③ 〔美〕罗斯科·庞德：《通过法律的社会控制——法律的任务》，沈宗灵、董世忠译，商务印书馆1984年版，第89页。

④ 高鸿钧：《法律成长的精神向度》，载《环球法律评论》2003年冬季号。

上的权威，决定着自然与人类的命运，是人类的终极立法者和司法者，法律被视为神灵对世人的命令，是神意的表达。这种神灵之法通常由神灵的代言人向世人传达。但是宗教的作用只适用于信仰该宗教社会成员，是为他们而制定的行为规范。这种规范的约束力量对其适用的每一个成员一视同仁，而每一个成员也都要严格地遵守全部宗教法律。在世俗政权制定的法律占据主导地位以前，人们就以此来维持社会秩序和调整社会成员之间的关系。宗教“法律”的内容涉及物权和债权法、婚姻法、继承法、刑法、诉讼法等很多方面，完整程度几乎和现代法律体系相差无几。

宗教法之所以行之有效，是由于“宗教是一种不以暴力而能约束人、不以论证而能说服人的权威”①。由于宗教能够满足人类心灵深处的需要，人们才去笃信，否则我们就根本无法解释笃信宗教的教徒们为什么会虔诚地保持宗教信仰。宗教是人们的一种内心确信，是人们关于社会生活的终极意义和目的的直觉知识，以及对此终极意义的个人信仰。宗教的宗旨在于使人通过对超自然力的信仰，来获得精神上的慰藉。同时，宗教常常通过一套信条和仪式，使人们确立人生的一些基本价值和信念，这些价值和信念都体现为人们所追求的一些善德品质，如施善、仁爱、怜悯、诚实、公平、正义、平等、献身等等。正如人类学家格尔兹所说：“在特定的仪式形式中，宗教象征符号所引发的情绪和动机，与象征符号为人们系统表述的有关存在秩序的一般观念相遇，互相强化，从而使人们的现实感产生了独特转变。”② 所以，宗教以仪式和信仰的方式，将其价值观念渗透到人们的心灵深处，通过控制人的良心来制约、调节人的行为，培养人的善德品质，对人们能自觉地近善远恶具有重要促进作用。

上述表明，在宗教及法律的形成和发展过程中，二者的联系是非常紧密的。作为社会规范，在很长的历史时期里，我们很难区分何为法律规范、何为宗教规范。宗教与法律在发展过程中相互伴生、互为促进，二者往往表现为：法律大多是宗教的表现形式，内容仍然是宗教性的；或宗教是法律的表现形式，而内容是法律的。可以说，早期的宗教和法律在一定程度上长期保持一种互为表里的关系。

随着社会的发展与分化，宗教与法律的区别与对立日趋明显。从实现的方式上看，法律规范主要由国家强制力作为后盾来保障实施，而宗教规范在主要依靠教徒的自愿或自我强制，同时，宗教机构的权力也可以发挥一定的辅助作用。一般说来，宗

① 〔法〕卢梭：《社会契约论》，何兆武译，商务印书馆 1980 年版，第 57 页。

② 〔美〕克利福德·格尔兹：《文化的解释》，纳日碧力戈等译，上海人民出版社 1999 年版，第 129 页。

教规范的实现并不是以国家权力来保障的，这一点只有在宗教规范上升为国家意志后才成为可能。从制裁的程序上看，法的规范体系的存在、法律责任的认定与司法机构的存在是分不开的。在宗教规范体系中，一般的违规行为是由当事人自己根据对神意的理解来判断，并自行决定以忏悔、施舍或苦修的方式来赎罪，只有那些特别严重的行为才由宗教机构来处理。从作用的范围来看，法的规范只调整那些对社会生活秩序的稳定具有较高价值的社会关系，而宗教规范则覆盖了全部社会关系；法一般只规范人的外部行为，而宗教不但规范人的外部行为，而且更侧重于规范人的内心活动，即使行为上无过错而心存恶念也仍然是不允许的；法的规范无条件地约束全体社会成员，而宗教规范对于没有选择该信仰的人毫无约束力。从规范的形式上看，法的规范通过规定出明确的权利和义务来给人们的行动指明方向，它有权利性规范和义务性规范两种基本形式；宗教规范则强调人对神的服从义务，因为人在神面前是没有权利可言的，故宗教规范大多数是义务性规范。①

法律与宗教的联系与区别贯穿于它们各自发展的历史中，并形成一定的相互作用、相互影响和相互依赖关系。首先，宗教对法律具有多方面的影响。从观念上讲，宗教对法律的最大影响莫过于人人平等的思想。基督教的上帝面前人人平等、伊斯兰教的真主面前人人平等、佛教的众生平等思想，都通过各自的信仰者而深入人心，从而为确立法律面前人人平等的法治理念奠定了基础。从司法上讲，法律制度中对程序的重视与完善也受到宗教的影响。表现有二：其一是受宗教仪式的影响。“法律中的各项仪式（包括立法、执法、协商以及裁判的各项仪式），也像宗教的各项仪式一样，乃是被深刻体验到价值庄严的戏剧化。”② 其二是受宗教权威的影响。以中国西周时期为例，一般认为，中国法律在西周时已摆脱了神权的主宰，西周的司法程序具有很强的、理性的、非宗教的色彩，但根据郭锦的研究，西周的法律铭文显示，当时的法庭程序在相当程度上受到宗教的影响。具体说，正是宗教象征性的符号如“告”（指原告的控告，其本身是向代表祖先神的仲裁人提出祈求的宗教象征性行为）、仪礼（影响情绪、决定人们精神意识的宗教象征符号）、铸青铜礼器（将审理记录供奉给祖先）等所具有的数百年来形成的权威、势力，增强了仲裁人所做的判决的分量，以及诉讼双方所同意的条件之履行意愿。“至少对于诉讼双方来说，法律之所以能有约束

---

① 张文显主编：《法理学》，法律出版社 1997 年版，第 457—458 页。

② 〔美〕伯尔曼：《法律与宗教》，梁治平译，中国政法大学出版社 2003 年版，第 22 页。

力，在某种程度上必须依赖宗教的权威性及约束性。"① 从守法上看，宗教信徒信仰的虔诚性和遵守教规的自觉性，有助于培养其遵守世俗法律的自觉性。此外，宗教还在法律的汇编方式、法律术语概念的界定完善等方面影响着法律。当然，宗教对法律的影响除了有积极方面外，也有消极方面，在观念上、制度等方面都有所反映。

其次，法律对宗教也产了重要影响。例如，在观念上，权利被引进了宗教教规，并大量运用，使之与宗教义务形成一个整体。在构成体系上，法律对宗教的影响表现在宗教法典的系统化、规范化，形成一套严格、完整的部门法体系。在观念和术语上，法律也对宗教产生了巨大影响。当然，法律对宗教的影响在不同的社会很不相同。在政教合一的国家里，法律对宗教的影响是双向的。一方面，法律可以作为国教的工具和卫护者；另一方面，法律又可以作为对异教的破坏力量。在宗教势力不大的国家里，法律对宗教也有相当大的影响。在宗教信仰自由不受保护的前提下，宗教的法律地位取决于统治阶级的态度，对其统治秩序有利的宗教受到法律的保护，对其统治不利的宗教则以法禁之。现代法律对宗教的影响，主要表现为法律对本国宗教政策的规定。最突出的表现是，宗教信仰自由已成为当今世界各国宗教政策的主流，绝大多数国家把宗教信仰自由作为公民的一项基本人权来看待，以法律手段予以保护。

再次，法律与宗教的相互影响也使二者间形成一定的相互依赖关系。美国法学家伯尔曼指出，无论是古代还是现代，法律与宗教代表了人类生活中的两个基本方面：法律意味着秩序，宗教意味着信仰。没有法律，人类便无法维系当下的社会；失去信仰，人类则无以面对未来的世界。但是，随着近代法律与宗教的分离，在西方国家表现出将法律与宗教相对立的趋向，整个社会对于法律与宗教的信仰正在严重地丧失。通常认为，现代法律纯粹是世俗的、合理的，而与人的感情、生活终极意义之类的观念无涉；另一方面，现代许多宗教思想派别把宗教（基督教）仅仅看作是以爱来约束教徒的"爱之神学"，或看作应当依靠信仰而非法律来生活的"信仰神学"，从而将爱、信仰和神恩对立起来，认为二者互相排斥。上述情形实际是同一种谬误的两个方面。因为事实上，法律并不只是一套规则，它还是一种程序，一种活生生的社会过程。宗教也不仅仅是一套信条与仪式，它首先是对各种超验价值的共同直觉与信奉。活动于法律与宗教之中的，是既有理智和意志，又有情感与信仰的活生生的人，法律与宗教，实是人类经验或者说人性的两个基本方面。人类生活的这两个方面是彼此制

---

① 郭锦：《法律与宗教：略论中国早期法律之性质及其法律观念》，载高道蕴等编《美国学者论中国法律传统》，中国政法大学出版社 1994 年版。

约，又互相渗透的。在所有的文明里面，法律与宗教都共享四种要素，即仪式、传统、权威和普遍性。宗教因法律而具有社会性，“没有法律的宗教将失去其社会性和历史性，变成为纯粹个人的神秘的体验”；法律因宗教而获得神圣性，“没有宗教的法律会丧失它的神圣性和原动力”，“没有这种神圣性，法律便失却力量。没有神圣性，任何强制都将无效，因为强制者本身会腐败。这种神圣性就是法律的宗教向度”。在做了全面、深入分析论述的基础上，伯尔曼提出了自己预言式的结论：“正在出现的社会终将转变为世界共同体的时代，逐渐创造一个世界法传统，将会是这一转变的重要部分。”这里所说的“世界法”，绝非孤立无助、干枯烦琐的法条的代称，而是“对多元性予以充分尊重的、将西方法律传统和其他文化的法律传统结合起来的一个世界法”。① 在伯尔曼先生的上述论述中，虽然关于世界法的预言尚有待观察和进一步分析，而且他关于法律与宗教关系的一些结论显然也有具体的针对性，不一定完全适合分析有关法律与宗教的所有情况，但是书中所包含的许多丰富思想和深刻洞见，以及作者多元共存的学术视角，都对本书的研究具有借鉴意义。

二、伊斯兰教法与穆斯林的社会生活

伊斯兰教自兴起以来，逐渐由阿拉伯人信仰的民族宗教演变为多民族信仰的世界性宗教，其传播地域也由阿拉伯半岛扩及世界各个地区。伊斯兰教的内涵及其发展历史表明，它不单纯是一种宗教体系，还是一种生活哲学、一种社会制度、一种总体生活方式。在伊斯兰教的构成体系中，伊斯兰教法占有重要地位，正如德国著名学者约瑟夫·夏赫所说：“伊斯兰法是伊斯兰教的缩影，是伊斯兰生活方式的最典型体现，是伊斯兰教本身的精髓和核心。”② 伊斯兰教法也称“穆斯林法”，在中国曾被称作“回教法”。在伊斯兰国家里，伊斯兰教法是以宗教教义为基础、集诸法于一体的法律学说和法律制度的统称，是政教合一的伊斯兰国家与穆斯林社会规范的基本法则和基石。

对伊斯兰教法的认识必须以伊斯兰教的基本教义和阿拉伯早期社会历史背景为基础。传统的伊斯兰教法形成于公元 7—9 世纪，从开始形成到逐步完备，大致经历了

① 〔美〕伯尔曼：《法律与宗教》，梁治平译，中国政法大学出版社 2003 年版，第 13、69、75、82 页。

② 王云霞：《东方法律改革比较研究》，中国人民大学出版社 2002 年版，第 154 页。

穆罕默德时期、四大哈里发时期、倭马亚王朝时期、阿巴斯王朝时期四个阶段。穆罕默德时期的法律以穆罕默德所受真主的启示为主，穆罕默德以传达真主启示的方式进行的回答就是法律；在四大哈里发时期，哈里发们不可能像穆罕默德那样接受和传达真主的启示，而以《古兰经》和《圣训》的相关规定为法律依据，其司法活动主要是在民事、刑事领域解释、扩展和补充《古兰经》律例，而立法活动只限于颁布国家政令和法规；在倭马亚王朝时期，由于帝国幅员进一步扩大，法律制度逐渐由国家分权管理，行政上出现了“卡迪”制度（我国元代文献中译为“哈的”），“卡迪”意为“教法执行官”，由哈里发或行政长官任命，分配到各地执行地方司法长官的职责；在阿巴斯王朝时期，国家的职能进一步加强，随着法学思想的不断发展，除什叶派外，在逊尼派内部，教法学派也出现了各种分支，各地的教法学家们皆可自由地提出律例、解释法理，呈现出诸派蜂起、百家争鸣的气象，最后形成了具有代表性的四大学派，即马立克学派（也称圣训派）、哈乃斐学派（中国穆斯林大多崇尚这一学派）、沙斐仪学派、罕百里学派。与此同时，什叶派之教法学派主要有宰德派和十二伊玛目派。

在伊斯兰教中，教法的专称为“沙里亚”，原指“通向水源地之路”，泛指“行为”、“道路”；进入法律成文期以后，又称“沙里亚法典”，意为“安拉”降示的神圣命令的总和，即一个虔诚的穆斯林在宗教上、道德上和法律上应当遵行的一整套义务制度。因此，伊斯兰教法又称“神圣法律”或“启示法律”。这种法律自天而降的神化，赋予教法至高无上的地位，排除了人为立法和修改法律权力的问题。从内容的构成来看，伊斯兰教法实际上是由早期和中世纪法学家们根据社会生活的需要，在继承、修改习惯法的基础上，以神启的名义加以规定和编纂的。传统上，伊斯兰法典只包括宗教礼仪制度、民事法律规定和刑事法律三大类。法典编排次序通常前五章为宗教礼仪规定，以下按次序是契约、遗产、婚姻、家庭、刑法、对非信徒的基本态度、可食之物、宰牲、明誓、审判和证据、释放奴隶等问题的规定。① 从对后世的影响看，由宗教学者制定和解释的传统伊斯兰教法以婚姻家庭、财产继承、宗教刑罚三个方面的规定最为重要，同穆斯林个人日常生活关系也更为密切，构成伊斯兰教法的主体部分。其他方面的内容，在传统派宗教学者们看来，也同样是无所不包的穆斯林“生活法典”的组成部分。

伊斯兰教法是一个严格而又多彩的宗教法律体系，具有宗教、道德、法律三方面

---

① 吴云贵：《伊斯兰教法概略》，中国社会科学出版社1993年版，第315—321页。

的意义。作为一种宗教法，伊斯兰教法具有许多独特之处。

其一，是法律渊源的神圣性。根据传统伊斯兰教法学理论，真主安拉是世间唯一的立法者，伊斯兰教法的整个体系与结构皆为安拉所“降示”，是安拉意志的体现。因此，人们只有学习遵循伊斯兰教法的义务，而不容怀疑、修改或废弃。了解安拉意志的唯一途径，就是以安拉的使者、先知穆罕默德为中介。穆罕默德以安拉的名义降示的《古兰经》、其个人的言行《圣训》及对某事的默示，是伊斯兰教的最高经典，同时构成伊斯兰教法的基本渊源。可见，教法的法律渊源并没有自己独立的形式。穆罕默德去世后，教法学家们成为神启的法律与社会发展需求之间的纽带。伊斯兰法学家们对教法的发展做出了巨大贡献，他们在《古兰经》和《圣训》之外，又创造了两大法律渊源，即“类比”（格亚斯）和“公议”（伊制玛尔），前者指以经训和流行的习惯为基础进行分析、归纳和比较，从而得出结论；后者指某一时代权威教法学家就教法问题达成一致意见。显然，公议和类比必须紧扣真主的旨意，也就是围绕经训来进行，只能在经训的基本原则中间进行，如果得出的结论与经训大相径庭，则有被斥责为异端的危险。在阿拉伯帝国的鼎盛时期，教法学家们不断利用类比和公议来解决经训未加明文规定而现实中又广为存在的疑难问题。通过教法学家们的学术研究活动，伊斯兰法在变化了的社会环境中得以不断修正和补充，逐渐形成庞大的教法体系。然而，随着阿巴斯王朝从极盛走向衰落，伊斯兰教法学家因循守旧、对前世权威法学家亦步亦趋的做法日益严重。自 13 世纪下半叶起，法学家们甚至认为，创制法律的任务已经完成，沙里阿已经完美无缺，所有疑难问题都已得到圆满解决，后世法学家只需遵循前辈法学家的意见而无须创制法律。这终于导致“伊智提哈德之门”（创制法律之门）的关闭，伊斯兰教法从此步入停滞阶段。

其二，强调义务规范的独特地位。任何一种法律都对人的行为加以规范。伊斯兰教法将穆斯林的行为划分为五大类：一是必须履行的行为，不履行者受罚；二是可嘉奖的行为，行为者受奖，不为者不受罚；三是准许的行为，行为者既不受奖也不受罚；四是应谴责的行为，行为者受谴责，但不受罚；五是禁止的行为，行为者受罚。这种分类表明，伊斯兰教法的关注重点是告诉穆斯林，哪些应该做或者必须做，哪些不该做或者禁止做；并没有强调穆斯林拥有什么，如何才能拥有。

伊斯兰教法把人际关系首先转化为信仰者个体与真主之间的关系，进而据此“主仆关系”做出相应的原则规定，使他们有遵循的依据。真主启示的神圣性增强了教法规定的严肃性和约束力，因为“违法”意味着对真主启示的抗命不遵，是不可宽恕的

“重罪”。伊斯兰教法要求作为一名合格的穆斯林，必须有坚定的信仰，并通过内悟、表白和善行来表达。其中善行是关键，因为“行动在宗教生活中占有主导地位，只因为社会是宗教的起源”①。善行是信仰的内悟和表白的具体化，伊斯兰法也主要是针对善行而规定的。穆斯林的善行体现在方方面面，其中最基本的莫过于念、礼、斋、课、朝五功。五功是遵法守礼的基本要求，分别阐释五功的书籍被列为伊斯兰教法律课本开宗明义的前五书。从行为分类来看，五功属于第一类，即必须履行的行为。“在伊斯兰教的概念里，法律先于社会并铸造了社会”②，义务性规范在教法体系中占有独特地位，这是由伊斯兰教本身的功能决定的。因为伊斯兰教不仅建立在信仰的基础上，而且还建立在行为的基础上，在穆斯林的灵魂服从真主的至高无上的权威的同时，必须在尘世间服从真主的行为准则。伊斯兰教不仅告诉信徒们要相信真主、天使和来世，而且还告诉他们应当如何在尘世间生活以求得真主的喜悦。世俗生活的终极目标就是求得真主的喜悦，而义务规范——服从真主的命令则正是实现这个目标的唯一途径。

其三，宗教、道德与法律规范的界限不清。伊斯兰教的根本宗旨是试图规范穆斯林个人与真主之间的理想关系，因而，《古兰经》的首要目的并非制定律例，而是确立宗教的基础和道德的原则，这使其所有的法律规定都具有宗教的含义和道德的意蕴。因此，《古兰经》和《圣训》既是伊斯兰教的经典，又是伊斯兰法的渊源；伊斯兰教的基本教义不仅表现为一系列宗教规范即宗教信仰、宗教义务、戒律以及宗教礼仪、伦理道德规范，同时也表现为法律规范。由于《古兰经》是伊斯兰法的根本依据，法律的宗旨并不是一般的规定世俗社会关系及其权利和义务，而是以宗教的、伦理的和法律的义务作为尺度来衡量、规范人的行为，以实现修身律己、虔敬真主、弘扬主道和制恶扬善的目的。另一方面，界限的不清使伊斯兰教法自产生起便成为一种典型的“混沌法”。就其表现形式而言，《古兰经》是一部宗教经典，而非独立的法律文本，有关法律规范的内容在其中只占很小一部分，并且分散在各个章节之中，具体的制度和规则没有明确的分类，体例的编排缺乏应有的系统性和逻辑性，大多数规范由于缺乏明确的责任条款而尚未发展为真正的法律，刑罚的运用具有很大的不确定

① 〔法〕埃米尔·杜尔凯姆：《宗教生活的基本形式》，渠东、汲喆译，上海人民出版社 1999 年版，第 552 页。

② 〔英〕诺·库尔森：《伊斯兰教法律史》，吴云贵译，中国社会科学出版社 1986 年版，第 67 页。

性。就其实体规范来看，法律、宗教、道德三者之间的界限通常模糊不清。例如，《古兰经》将人的行为划分强制命令的、嘉许的、允许的、不提倡的和禁止的五类，似乎其中强制的与禁止的行为当属“法律”范畴，但伊斯兰教中显然是将法律与道德、宗教糅合为一来加以考虑的。从刑罚制度来看，《古兰经》中的许多禁止性规定均无具体的处罚措施；有的规定了罚则，但却以来世之刑居多，而许多现世的刑罚也常可以忏悔、斋戒、施舍等等来执行。这种惩罚的效力和意义却只有基于宗教和道德的范畴才能得到充分理解，而其非形式化属性也由此彰然于世。

其四，具有追求公平、正义的理想主义特征。伊斯兰教法值得我们重视的是它对“公平”、“正义”价值的强调和追求。尽管由于历史时代的局限，伊斯兰法对“公平”的追求尚不彻底，也常常缺乏具体制度的保障，但对“公平”、“公正”、“公道”、“正义”的倡导，不仅在《古兰经》和《圣训》中随处可见，而且体现在许多重要的制度之中。例如，《古兰经》废除了伊斯兰教创立以前按财富、宗谱、门第、年龄、性别等等划分的社会等级，确立了穆斯林平等的基本原则，主张以宗教虔诚和道德品质来判定人们的优劣；在婚姻家庭和继承制度中贯穿着善待妇女原则；为反对剥削、防止贫富分化和维护公平交易而禁止利息、禁止买卖不确定物品和牟取暴利等等。伊斯兰法还极力倡导社会的和谐，强调重视集体的利益，注重人们的内在道德、信仰和外在规则的内化，高度重视依靠法律来建立完美的社会。伊斯兰法学家们还将独立于政府之外探讨法律的行为视为美德。凡此种种，都是支撑着伊斯兰法得以长期延续和发展的重要因素。

其五，伊斯兰法始终是伊斯兰国家政治生活的基本准则。在伊斯兰教的发展初期，穆罕默德首先以伊斯兰教作为统一和团结的思想旗帜，号召穆斯林“顺从安拉和使者”，在麦地那统一后，以伊斯兰教共同信仰代替部落血缘关系，建立了以“乌玛”（本义为“民族”、穆斯林共同体）为形式的政教合一的政权，穆罕默德成为麦地那宗教、政治、军事和司法的最高领袖。在以后的四大哈里发时期以及倭马亚王朝、阿巴斯王朝时期，乃至近现代西亚、北非、南亚、中亚和东南亚等地区伊斯兰国家，无论在规定国家制度、政府首脑哈里发的选举、卡迪法庭及其审判制度，还是穆斯林的宗教生活和世俗事务，乃至商事活动等，都一律以伊斯兰法为最高渊源，有的国家甚至奉《古兰经》为国家宪法，具有最高的法律地位，可见其影响的深远性和广泛性。

在漫长的中世纪，伊斯兰教曾经对世界不同地域的许多民族产生过广泛的影响。随着封建制度的建立，伊斯兰教转变为幅员广阔的阿拉伯帝国的上层建筑，成为一种具有广泛的整合协调功能的宗教——政治文化，统摄着社会舆论，指导着国家政治与社会生活，协调、维系着不同社会群体间的人际关系，成为法律、秩序、良心的象征，价值取向的主要源泉。

宗教人类学的研究揭示，大凡体系完备、影响广泛的世界性宗教，一般都经历过由简到繁、由低级形态到高级形态的演进过程。各种宗教在走向世界大舞台过程中之所以仍保持着宗教信仰的本质属性，是由于它们在与异质性世俗文化的交往中，既保存了宗教精神价值的超越性，又吸纳了包括对外来非宗教文化成分在内的各种文化因素。因此，通常可以把宗教精神价值普遍适用的超越性视为一种宗教文化的共性，而把宗教文化受外来宗教与非宗教文化影响而形成的多样性、差异性视为宗教文化的个性。① 对伊斯兰文化的分析就是要既要看到其明确的共性，又要看到其鲜明的个性，只有以此为出发点，才能较为准确地认识和把握伊斯兰教法对伊斯兰国家和非伊斯兰国家穆斯林社会不同程度的影响。

就伊斯兰文化的共性来看，伊斯兰教之所以成为世界性宗教，是因为它在创立和传播过程中，不断克服了部落、种族、血缘、肤色、语言、地域、民俗等限制性因素，使自身成为一个具有超越性、开放性、普世性的伊斯兰信仰体系，为不同文化背景的世界各族所接受。这是一个长期而复杂的历史过程，涉及政治征服、宗教信仰与生活方式认同、文化与民族融合等种种复杂的情况。伊斯兰文化的共性，从认主独一的宇宙观、主体宗教文化的综合性、神圣律法的整合作用等方面体现出来。在伊斯兰文化的各种共性因素中，神圣律法的社会整合作用是其共性的重要表现。作为一部宗教律法，伊斯兰教法的显著特色是集宗教教义、道德规范、法律制度于一体，它以信仰真主为根本出发点，把人类社会各种错综复杂的关系简化为个人与真主的关系，做出相应的规定，以便有所遵循。由于这种传统的法制观念是以共同的宗教信仰为基础，伊斯兰教法实质上是宗教信仰的外化和延伸，因而具有精神价值超越性，即相对独立性。在阶级社会中，一种法律制度往往随着政治制度的解体而被废止，而伊斯兰教法却能跨越时代，正是宗教价值超越性的一种体现。在政治与社会观念上，伊斯兰教法的突出影响是使人们更加重视政治制度的合法性、社会制度的合理性。这同样是宗教信仰的一种外化和延伸。合法，是指一种国家政权必须以真主之大法为基础，必须符合真主的命令。合理，是指一种社会制度必须符合伊斯兰教的社会理想，必须有先例可循。历史上伊斯兰教法以两方面的影响最为突出：一是在政治理念上确立了

① 吴云贵：《伊斯兰文化的共性与个性》，载《世界宗教文化》1996 年第 1 期。

“真主主权论”，其理论价值在于对不合主命的“非法政权”可以拒绝服从；二是在宗教行为上确立了宗教律法的指导地位，判定一个穆斯林是否虔诚，在很大程度上取决于他对作为主命之体现的伊斯兰教法是否坚信不疑、身体力行。

历史上，伊斯兰教法展现出广泛的社会整合协调作用，这种作用靠的不是法律的强制力，而主要是宗教信仰、宗教道德的感召力。伊斯兰教作为一种宗教，无论就其经典文本而言，还是就其功能而言，都相异于其他任何宗教。这主要是它不仅具有一种深植于个体化人格中的内在意义，而且具有广阔的社会性。正如德国法学家科殷所说：“如果一个时代的法与那个时期的实际的状况处于最密切的相互关联中，那么，这同样也适用于文化的精神因素。在这里，宗教尤其显得突出。认为神明保护着法的信念，也许是一切较高发展的文化所共有的。”① 在传统伊斯兰国家，伊斯兰教法是最有影响的一部成文法，作为统治阶级意志的体现，它构成伊斯兰国家政治生活的绝对准则，统治着伊斯兰国家和政府。从这个意义上讲，伊斯兰国家及其政府只能服务于作为安拉代治者的全体穆斯林成员，在《古兰经》和《圣训》的指导下，实现伊斯兰的法制精神。因此，在伊斯兰国家，真主安拉具有至高无上的排他性主权，具有唯一的立法权，任何阶级、集团或个人都没有真正意义上的立法权，而只有遵循伊斯兰教法的义务和责任，国家的首要职责是保持对真主的专一崇拜，根除其他一切与此违背的思想学说；其次是依伊斯兰教法维护自由、正义、秩序与和平②。

在伊斯兰国家之外，虽然伊斯兰教不是一种政治制度，不可能以政教合一的形式全面推行伊斯兰教法，但凡是穆斯林居住的地方，同样都有以伊斯兰教法为基础的基本一致的社会公德与行为规范，并且已成为穆斯林民众约定俗成的习惯和制度。因为他们共同的依据是《古兰经》和《圣训》，以之作为对人类最高理智的召唤，很容易为普通的人所理解、接受和执行。所以，千百年来能够形成很自然的生活方式，成为亿万穆斯林的需要。因此，伊斯兰教法“不只是一种高远的道德目标、宗教理想，它对社会生活的影响是全面的、具体的和直接的。它在很大程度上决定了一个穆斯林之所以是穆斯林，也就是说，穆斯林实际上是根据教法教规来体认伊斯兰教信仰的”③。在穆斯林社会里，以“沙里亚”法为核心的有关调整人与真主安拉间关系的宗教规范和人与社会间关系的社会规范的法律，成为伊斯兰教的重要内容和伊斯兰国家政教合

① 〔德〕H. 科殷：《法哲学》，林荣远译，华夏出版社2002年版，第131页。
② 穆罕默德·尤努思：《伊斯兰政治学》，香港天马图书有限公司2004年版，第298页。
③ 吴云贵：《当代伊斯兰教法》，中国社会科学出版社2003年版，第26页。

一体制的主要模式。穆斯林大众日常生活中的问题，在教法中几乎都有相应的规定，如宗教义务、商事契约、遗产继承、婚姻家庭、刑事伤害、宗教公产（瓦克夫）、可食之物、宰牲、善待奴隶、证据、证人资格、审判程序等。它在各个领域中无不制约和影响着广大的穆斯林社会和政治国家，从而构成了博大精深、绚丽多彩的伊斯兰法文化体系。

三、伊斯兰教法在回族法形成中的作用

法作为人类社会发展进程中的一种制度性文明成果，它享有文化的一般属性，具有非生物遗传性。任何一种外来法文化只要它能找到适合其生存的土壤，也会像人类社会中的其他文化现象一样发生本土化现象，其发生根据就是法所具有的一般文化属性。在法本土化的过程中，两个接触的群体间总是互相有选择地采纳对方法律中的"文化特质"来进行适应，并最终找到适合自己生存的土壤和空间，进而完成本土化的过程。回族传统法文化源于外来的伊斯兰法文化，二者是源与流的关系。伊斯兰法文化是回族传统法文化之源，回族传统法文化则是伊斯兰法文化之流。可以说，没有伊斯兰教在中国的传播和伊斯兰教法的影响和作用，回族法文化便无从形成和发展。因此，探讨回族法文化，就不能不从伊斯兰法文化的影响和作用着手。

任何一种文化类型都表现为共性与个性的辩证统一。如前所述，伊斯兰文化的共性因素表明，伊斯兰的宇宙观是面向全人类的，这一普遍适用的特征，决定了伊斯兰文化精神必须具有价值超越性和相对独立性。所谓超越，实际上是指高于人类自我、高于物质世界的一种宗教理想和精神目标，它在实践过程中必然会因为时空和人类自我的局限而产生一定的偏差，难以完全符合其目标，这就形成了伊斯兰文化的共性与个性的辩证统一关系。在价值层面，共性是从真主"绝对精神"的投射中构建而成的一种完美的精神境界，而个性在实践中则表现为因受主客观环境影响而形成的差别性。所以，从理想与现实的距离即从超越价值实现的程度和水平看，不论是伊斯兰文化的共性还是个性，都与最高精神境界存在相当大的差距。如果回归到宗教信仰本身，则似乎可以说，这种矛盾现象是不可避免的，因为按照传统宗教哲学，在完美的、绝对的真主面前，人类自我永远是不完善的和相对的。只是承认人类的局限性，意在提倡自强不息的奋斗精神，以尽力缩短理想与现实的距离，这似乎可以解释伊斯兰教两世吉庆观念对穆斯林所产生的巨大鼓舞作用。在伊斯兰文化的共性与个性之间

也有一定的张力。二者间的张力集中体现在如何对待具有民族特色的外来文化问题上。因此，伊斯兰教历史上经常发生的教派斗争、学派之争、统治集团内部的派系之争，甚至演化为各派别之间的武装冲突等等，往往与赞同还是抵制外域文化这一广阔的背景密切相关。从伊斯兰世界范围看，一般正统观念较强的穆斯林往往强调伊斯兰文化的共性，强调正本清源、返璞归真，以弘扬伊斯兰信仰的本来精神。他们在净化信仰、回归传统口号下发动的伊斯兰复兴运动，不仅要消除一切非伊斯兰的外来文化影响，而且要破除某些已被当地穆斯林接受的民族文化传统习尚。而一些较为宽容的穆斯林，则更加重视伊斯兰文化的开放性、民族性和灵活性，避免走向极端。

共性与个性的辩证关系清楚地说明，伊斯兰文化的共性只有寓于民族文化的个性之中，才能在世界各地生根、开花、结果。中世纪伊斯兰文化的世界性魅力，主要是因为它在走向世界的进程中，以其包容性、开放性和宽容精神，较好地解决了与各地区民族文化的关系问题，从而消解了宗教文化与民族文化间的张力。尽管如此，不同文化方式之间的冲突仍不时发生，并不断地对伊斯兰文化的形态和内容施加影响，从而形成多元一体或多元多体的文化。伊斯兰文化对民族文化的影响是以统一化（共同信仰真主及其使者）和规范化（共同遵守宗教法规）为特色的；民族文化对伊斯兰文化的影响则主要表现为本地化、民族化、多样化。总之，一方面，居主导地位的伊斯兰文化对异质民族文化采取改造、融合、利用的态度；另一方面，民族文化则对伊斯兰文化有所认同、有所保留。所以，从民族个性层面看，即使在中世纪大伊斯兰文化氛围下，在伊斯兰帝国内部也同样存在着民族意识、民族特性、民族文化认同。当然，在研究角度方面，我们完全可以把伊斯兰文化分解为不同地区的伊斯兰文化板块，它们相互区别的根本标志正是民族性的体现。

伊斯兰教创立后，便以神奇的速度从阿拉伯半岛向外传播，很快成为世界性宗教。从共性与个性关系的原理可知，世界各地的伊斯兰教是共性与个性的统一。一般的伊斯兰教并不存在，只是概念性的。实际存在的形态是本土化、民族化了的伊斯兰教。伊斯兰教在世界各地的传播与发展，因地区、民族、文化等因素的影响而各具特点。从政治层面看，大体上可以分为这样两种方式：或者有权力杠杆，或者没有权力杠杆。在前者，伊斯兰教首先夺取政权或者成为统治阶层的信仰，然后利用权力杠杆，由统治者自上而下地予以推行，最终成为它赖以扩展开来的那种政治权力覆盖范围以内的唯一宗教。在后者，它只能在并且始终在民间传播。一般地说，在后者的情况下，它只是一种信仰，在政治上作为不大。在整体的文化构成中，它只能是多元中的一元，而不是唯一的；在多元文化的架构中，它的地位只能是并且始终是亚系文化。在这种境遇中，它必须解读客观环境即大的文化氛围向它提出的问题，确定自己安身立命的根基，找到与之相应的位置。中国伊斯兰教就是在后一种情况下传播与发展的。因此，秦惠彬先生指出，认识和分析中国伊斯兰教必须把握这样三项基本前提：其一，中国伊斯兰教的地域性较强，它的覆盖面从未遍及全国，而且多为远离政治、经济中心的边远地区；其二，在历史上它从未取得过中央政权，不可能依靠中央权力杠杆强制推行伊斯兰教；其三，它从未主宰过大多数或多数中国人的精神生活，因而始终未能成为主流的或主导地位的意识形态。① 结论式地说，中国伊斯兰教是在传统文化包围中发展自己的，因此，它必然具备一些本土化的特色。

伊斯兰教传入中国后，经过回族、维吾尔等十个少数民族长期的信仰和生产生活实践，已成为这些民族世世代代传承和确认的一种大众文化。伊斯兰文化作为外来的一种宗教信仰与文化，在我国以这些民族为载体，逐渐演变成为具有民族特色的文化形式。与其他文化一样，中国伊斯兰文化同样是共性与个性的统一，既有相同的“质”的规定性，又有以具体表现不同而形成的类别划分。回族伊斯兰文化是中国伊斯兰文化的重要组成部分。认识回族文化丰富多彩的个性，首先必须明确其中的共性，才能准确把握好回族文化的本质特质。因为回族自形成之日起，伊斯兰文化就已成为回族文化中的核心部分，而且这种核心地位自始至终没有改变。那些基于伊斯兰文化在中国的地域化而不断吸纳中国传统文化的因素，虽然也构成回族文化的重要组成部分，但都居于次要地位。在历史上，回族之所以形成一个民族共同体，主要是伊斯兰教在我国广大汉族地区和各民族杂居地区传播、发展的结果，是以来自阿拉伯、波斯、中亚的具有各种职业、身份的穆斯林，在城乡定居、经营、开发中与当地居民融合的结果。东来的各个不同国籍的、不同民族的人们之间，或他们与汉族和其他民族杂居相处，首先是以是否信仰伊斯兰教、保持伊斯兰文化传统为前提的。这表明，伊斯兰教作为一种共同的心理状态，在回族的形成过程中起了重要的凝聚与融合作用。可以说，没有伊斯兰教的传播，没有广大穆斯林的聚居及其社会活动，便不可能产生回族。因此，从回族文化的核心因素看，伊斯兰教的信仰、教义、宗教功课、宗教伦理、教法律例等，对回族的世界观、人生观、善恶观以及心理素质、行为规范的形成，都起着潜移默化的作用，并经过世代相传而形成回族的民族传统文化。

就伊斯兰教法对回族法文化的影响来看，伊斯兰教法作用于世界各民族的穆斯

---

① 秦惠彬：《中国伊斯兰教与传统文化》，中国社会科学出版社 1995 年版，第 10 页。

林，回族也不例外。伊斯兰教法被认为是源于真主“天启”的神圣法律，它被人们视为一种典型的“属人法”。所谓“属人法”，是指伊斯兰教法超越时空，对所有的伊斯兰教信仰者——“穆斯林”具有“法”的效力。因此，从理论上讲，伊斯兰教法是专属于穆斯林的法律，任何一个穆斯林，无论身居何地、身处何方，也无论其隶属于哪个民族或群体，他们都必须毫无例外地遵循以《古兰经》和《圣训》为基本内容的传统伊斯兰教法。当然，由于伊斯兰教法有广义和狭义之分，不同国家、不同民族或不同地域内的穆斯林对伊斯兰法的遵守和执行往往有不同表现：其一，在政教合一的伊斯兰国家，穆斯林遵守和执行的往往是广义的伊斯兰法。由于在政教合一的伊斯兰国家中，伊斯兰法被奉为国家意志，它以国家的强制力量作为后盾，所以它既是人们遵守伊斯兰信仰的宗教规范，又是人们从事社会活动的基本行为准则。其二，在伊斯兰国家之外的其他社会形态下的穆斯林聚居群体中，人们遵循狭义的伊斯兰法，即伊斯兰教法，它主要成为穆斯林遵守伊斯兰教信仰的宗教规范和穆斯林从事社会活动的一种内控性的生活秩序。① 在这种社会背景之下，宗教主要是私人生活的需要，而不具有政治企图。与政教合一的伊斯兰国家内形成的国家法相对而言，这种狭义的伊斯兰法主要以民间法的形式存在，其最大特点是，教法的强制力是依靠民间宗教权威来保障和执行，而且凭着人们对宗教信仰的虔诚来实现，一旦穆斯林的行为突破国家法对这种内控性规则的认可时，便要受到国家法律的约束和调控。

由于伊斯兰教在回族形成中具有决定性作用，所以对回族来讲，伊斯兰教不仅是一种宗教，而且是一种生活方式和一种独特的文化传统。当然，由于中国不是伊斯兰国家，伊斯兰教的社会制度和法律制度层面的内容不可能在中国的社会制度和社会法律实践中更多地体现。因此，在回族社会中，除了在政治、行政、法律、经济等方面受到历代国家的重要影响外，其民间性的社会组织、经济、文化等方面，以及家庭生活，包括个人的出生、财产继承、婚姻关系、丧葬习俗、处世之道、饮食禁忌、生活习惯等等，均受到伊斯兰教法的多方面影响。《古兰经》和《圣训》对于回族的日常生活具有支配性作用。在回族的社会生活中，其社会规范、社会心理、社会行为、社会组织等等，无不受其影响。从价值评判上讲，伊斯兰教“认主独一”的信仰原则，决定了回族对于主体价值的评判总是以真主安拉的天启为标准，人们的言行凡是契合天启的，均是有价值的，凡是背离天启的，则都是悖于价值的。从行为方式上讲，伊

① 杨经德：《伊斯兰法中国本土化与回族伊斯兰习惯法的形成》，载《思想战线》2003 年第 6 期。

斯兰教义对回族而言绝不仅仅是心的领会，它广泛地作用于回族穆斯林的行动中，凡符合伊斯兰教义者为合规，否则为不合规。伊斯兰教义对回族穆斯林行为的规范功能和深刻影响，使其成为历史上回族穆斯林自觉的行为准则。从做礼拜到物质消费、精神娱乐、婚丧嫁娶、经济生活、日常行为习惯，处处都有伊斯兰教义的浸润渗透，伊斯兰教义教法对于回族穆斯林而言，具有明显的法的功能。从决纷解疑上看，在我国回族传统社会里，回族内部的民事纠纷通常由阿訇采取教义教法的决纷方法，这一功能使伊斯兰教法在回族中有了更为现实且实用的法价值和权威基础。

总之，伊斯兰教的本质精神决定了作为回族文化基本精神的世界观、人生观和价值观，它构成了回族文化的内核。包括回族法在内的种种外在的具体文化现象都是以此为基础的。可以这样说，回族穆斯林一直在从其宗教教义的规范里汲取着伊斯兰教法律规范的“营养”。在回族伊斯兰教信仰中，渗透着法律规范的要求，又衍化到回族经济交往、婚姻家庭、继承关系、婚丧嫁娶、饮食起居等日常生活的行为规范中，成为回族传统法制的组成部分。

第二节

中国传统法文化对回族法的影响

一、中国传统法文化的一般特征

中国传统法文化发端于具有良好农耕条件的黄河流域，在漫长的历史进程中形成具有浓郁农业文明色彩的法文化体系。它作为古代中国人把握世界的一种独特方式，有其特有的规范制度和价值取向，体现着独特的民族法律心理和经验。中国传统法文化是中国传统文化大系统中的一个重要组成部分，是在中国传统物质文化和精神文化条件的作用下，由独特的法律制度与法律观念所构成的法文化系统。从价值取向看，中国传统法文化是以儒家思想为主导，并融合、吸收了先秦各家法律思想以及后来的佛教、道教思想和广大少数民族法文化等在内的一个综合体。

中国传统法文化的体系博大，内涵十分丰富。在这里所进行的分析显然难以面面俱到，因而拟就其一般性特征做几点概括，并结合回族伊斯兰文化进行分析。

一是礼法结合，综合为治。礼是中国传统法文化的核心和灵魂。在传统的儒家社会中，礼与法是紧密结合在一起的。儒家治理社会的理想是达到贵贱、尊卑、长幼、亲疏各有分寸的社会，实现这种理想的途径是修身、齐家、治国、平天下，而礼正是修齐治平的根本保障。“礼者，所以定亲疏，决嫌疑，别同异，明是非也”①。“上下有义，贵贱有分，长幼有等，贫富有度，凡此八者，礼之经也”②。可见，要使尊卑、贵贱、长幼、亲疏各有其序，就必须严格遵循各自的礼。在儒家社会中，礼不仅是理想社会秩序的目标，而且是具有强制力的社会行为规范。每个人依其社会地位、家庭身份的不同而严格遵循相应的礼，其行为就会受社会的赞许，而未按自己的身份地位履行礼或有违于礼，其行为不但受到社会的谴责，还将受到法律的制裁，所谓“礼之所去，刑之所取，失礼则入刑，相为表里也”③。这表明，礼并非单纯的道德规范，也是一种法律规范。礼的功能的发挥，常常与各种统治手段互相联系，综合为治。正如《礼记·乐记》中所说：“礼以道其志，乐以和其声，政以一其行，刑以防其奸，礼、乐、刑、政，其极一也，所以同民心而出治道也。”这是西周礼制的体系与内涵，后世的礼主刑辅、明礼隆礼，都导源于此。自西汉中期汉武帝独尊儒术以后，儒家经师越来越多地参与法典编纂、以经注律、引经决狱，礼逐渐被直接引入法律，使法律的儒家化日趋明显，经过数百年的发展，到唐代实现了礼与法的完全融合，形成“德礼为政教之本，刑罚为政教之用”④ 的局面，法律以礼为灵魂，礼以法律为保障。刑与教、制度与道德的结合，形成礼治主导下的中国传统法文化的基本特色。在礼治体系下，法律成为礼的一部分，并与风俗、习惯、伦理、道德及其他制度融为一体，以求社会的和谐与安定。

从形式上看，儒家的礼与伊斯兰教义很相近，他们都是各自法文化的思想根基。但从根本上看，它们的差异也是明显的。伊斯兰教法作为宗教法，其中法律是宗教的组成部分，是用以阐释教义的一种手段。因此，无论法律的制定与实施，都被看作神意的体现，世俗统治者是没有资格代行神意的。而礼的意义则不同，无论其来源或内涵都缺乏真正的宗教色彩，在统治者心目中，它只不过是一种有益于治国安邦的学说

① 《礼记·曲礼》。
② 《管子》五辅第十。
③ 《后汉书·陈宠传》。
④ 《唐律疏议·名例》。

体系①。一般认为，中国法律自西周以来，即摆脱神权的束缚，朝着理性化方面发展。法律史家陈顾远说："中国法制之表现，除殷世以前，受宗教影响以外，自西周以来，则无宗教之特殊色彩，中华法系之异于回回法系、印度法系者，此亦一端。"②因此，礼虽为立法的依据，但统治者完全有权力决定在何种程度上采纳这种依据以及用何种方式采取这种依据。

二是家族本位，轻视个人。中国传统法文化是建立在自然经济基础上的，与自然经济相联系、以家族为本位的宗法思想始终笼罩着整个社会，并指导着立法和司法活动。在宗法思想影响下，中国古代法律蕴含了浓厚的宗法伦理色彩。父子相隐，存留养亲，禁止子孙别籍异财等原则由此而出；不孝、不义、内乱等重罪由此而设。家族本位的法律注重家族伦常关系，注重对家长特权和尊严的维护，个人的意志必须受家族的制约，无独立的财产权、诉讼权以及婚姻自主权。在家国相通、"齐家而后治国"的思想统治下，在国家法之外，社会上广泛流传家法族规。至明清时，家法族规已得到国家确认，形成独立的体系，族长或家长就是执掌家法族规的法官，具有惩罚族人或家属的权力。同时，家法、情理、习俗，乡约等构成明清民事诉讼制度中的法源和民事法秩序③。家法族规思想指导下的中国传统法文化呈现国家法与家族法并存的二元性特征。

国法精神与家法伦理亲情既有一致的一面，也有冲突的一面。一致性主要表现在国法常以符合天理的纲常为指导原则而制定，并将纲常具体化为法律典制，以致使中国古代法律传统体现出明显的亲伦精神。但亲情伦理与国法又各有侧重。人情所反映的是亲情义务，侧重于人的自然属性，法律所反映的国家义务侧重于人的社会属性，这就构成了国法与亲情伦理的冲突基础。例如，法律严禁伤人害命，但亲属复仇又为礼所默许。为了解决法与情的冲突，使法情允协，历代统治者一方面在立法上使亲情义务进一步法律化；另一方面在司法上采取变通办法，强调执法原情，准情定谳。经过长期探索，沟通了天理与人情，将天理、国法、人情三者联系起来，形成了三者的和谐一致，互补为用，从而构成了中国传统法文化的特征之一。

与中国传统法文化中轻视个人的情况相近似的是，伊斯兰法文化也具有反对个人主义的倾向。由于特定的历史条件，伊斯兰教在产生之初为了实现半岛统一，将分散

---

① 王云霞：《东方法律改革比较研究》，中国人民大学出版社 2002 年版，第 15 页。
② 陈顾远：《中国法制史》，中国书店 1988 年影印本，第 53 页。
③ 〔日〕滋贺秀三等：《明清时期的民事审判与民间契约》，法律出版社 1998 年版。

的部落整合为一个有序的整体，突出强调集体的凝聚力与群体和谐，强调集体的权利而不是个体的权利。就个体而言，伊斯兰教更多强调世人对真主的义务以及对他人的义务，认为如果所有个体都能够对他人履行义务，那么每个人的权利就能够得到实现，体现了义务本位的导向。于是，宗教信仰成为联系群体的精神纽带，伊斯兰教法成为规范群体的基本准则。

三是等级森严，权利等差。法律是有阶级性的，尤其是在中国封建时代，礼治制度决定了社会关系由不同的等级构成，反映在立法上，不同的等级在法律面前也是公开不平等的，所谓良贱异质、同罪异罚。由此形成中国传统法律的特权法特征，人们因尊卑贵贱各种等级，各按其不同地位享受权利、承担义务。在特权法的规定下，居于最高等级的皇帝“上祇宝命，下临率土”，他可以根据需要随时制定或更改法律，或“以制敕断罪”。为了维护君权独尊，法律严格防范超越君臣名分的行为。臣下的衣食住行必须按照礼典政令的规定，不得非分逾制。皇帝以下，贵族、官僚组成另一个统治等级，他们享有完全的民事权利，以及免纳赋税、免除徭役、传袭官爵、荫及亲属的法定特权。在封建法律中，广大的平民称为良人、常人、百姓、白丁，他们是社会生产的基本承担者，其主体是自耕农民。农民以外，还有相当数量的手工业工人、小商人、游民，他们对国家负有纳税、赋役、征防的义务，但没有任何特权，是封建法律实施的对象。

在漫长的封建社会中，尽管权利等差是全社会的基本格局，但并未对公平的追求完全予以排除。许多古代思想家都对法律公平问题进行了研究与研讨，提出了诸如“一断于法”、“立公弃私”、“罪刑相称”、“司法必平”等主张，并在封建法律原则、规范和执法实践中得到一定体现，只是由于中国古代社会是严格等级制的社会，所有有关公平的规定都是建立在等级制度基础上的，因而法律实质上是不公平的。但是，对于形式上的公平也应做具体分析。例如，对某些犯罪，如十恶重罪，法律予以平等调整，而无社会个体的差异。在司法方面，司法维护法定的权利，限制习惯的权利，是对统治者的约束，而使平民获得某种生存和发展的机会，因而在不公平的司法当中又含有某种公平的因素。① 这也正是封建国家长治久安所需要的，对于维护封建的法制具有重要意义。

与中国传统法律相对照，伊斯兰传统中的“权利”、“公平”观念具有典型的宗教性特征。伊斯兰传统中的权利概念主要包括两个方面：一是真主安拉对世人享有的

---

① 张晋藩：《中国法律的传统与近代转型》，法律出版社 1997 年版，第 83 页。

绝对权利，例如他要求世人履行五功的权利，有对犯罪予以惩罚的权利等等，这种"权利"实际与"权力"没有什么区别；二是人的权利，强调权利是安拉授予的，人只有服从安拉的命令，才能最大限度地享有和实现权利，从而获得最大限度的自由。在强调权利的同时，伊斯兰教也主张公平，强调所有穆斯林一律平等，倡导互助和维护人的尊严，反对利己主义和冒犯他人尊严的行为。当然，在中世纪特权身份制社会中，社会各等级之间很难改变身份，加之不同种族和性别的差异，因而伊斯兰的权利、平等方面的主张和规定实际上受到限制，往往停留在道德说教层面，缺乏有效的运行和保障机制。

四是法典体例上的诸法合体，以刑为主。中国自进入阶级社会，揭开法制文明的历史起，法律就以刑法为基本表现形式。例如，见于典籍的三代法典，主要是刑法典；中国法制史上第一部初具体系的封建法典《法经》，在编纂体例上也以刑法为主，同时包含了诉讼法、行政法的内容，可以说开后世法典"诸法合体"体例的先河；经过秦汉魏晋，直至唐代制定《永徽律》，使"诸法合体，民刑不分"的体例臻于定型，内涵也更为充实，除以刑法为主体外，尚杂有诉讼法、行政法、民法、经济法、军事法、监狱法等部门法规，融诸法为一部法典之中。此后，各朝代都沿袭了这一法典编纂体例。直到 19 世纪下半叶资产阶级法文化输入后，在认识上和思想上才发生了前所未有的变化，特别是 20 世纪初清廷变法修律，仿大陆法系分别制定各部门法，最终打破了传统法典体例。

在世界法制发展史上，早期的法典大都是诸法合体的。著名的罗马《十二铜表法》、日耳曼的《蛮族法典》、古巴比伦的《汉穆拉比法典》、古代印度的《摩奴法典》都分别包含了刑法、民法、行政法、诉讼法等多方面的内容。伊斯兰教法虽不是以法典化的形式体现的，但是《古兰经》、《圣训》中的法律内容同样是诸法合体的，并且是宗教戒条、伦理道德、法律规范合于一体的。可见，诸法合体、民刑不分是世界法制发展初期带有共性的特征。所不同的是民、刑事法律规范所占的比重以及诸法分野的时间有所不同。例如，在罗马《十二铜表法》中，民法便占有主导地位，而且逐渐摆脱了用刑法手段调整民事法律关系的状况。伊斯兰教法尽管以宗教生活的规定为主，但涉及世俗生活的内容中则以婚姻家庭、财产继承等私法居于主要地位，这与以刑为主的中国传统法典形成了明显对照。当然，中国传统法典诸法合体、以刑为主的形式，并不能完全代表整个法律体系上的"诸法并存，民刑有分"和中国古代社会民刑并用的事实。法律史学家张晋藩先生指出，"诸法合体、民刑不分"的法典体例，虽然基于中国的国情辗转相承，历久不变，充满了保守性，但是“诸法并存、民刑有分”的法律体系，却随着社会的发展而不断地充实，作为它的构成部分的部门法，也日趋独立化。即使没有近代西方法文化的影响，中国的法制也会冲破祖宗的成法，走上现代化的道路。①

中国古代民法虽然经历了由附庸于刑法典到趋于单一化法典的发展过程，但是，构成中国国情的诸因素，如：自然经济长期占统治地位、专制制度的不断强化、家族主义的深远影响、儒家思想的广泛渗透等等，制约着古代民法的深入发展，国家制定法中的民事法律部分对于广泛的社会生活仍无法进行全面、具体的调节。因此，家法族规、民间私约等民间法便在民事法律关系中发挥了重要的补充作用。封建国家在很大范围内承认民间法的地位，有所谓“民间私约如律令”的规定，对于少数民族地区则实行“因俗而治”。对于回族来说，以私法为显著特征的伊斯兰教法则发挥着这种民间法的作用。

五是强调和谐，追求无讼。作为中国传统法律指导思想的儒家思想，主张“礼之用，和为贵”，强调法律不因盛世而废，但也不能为盛世所尚，“以德去刑”才是理想的社会秩序。作为礼治根本精神实质的德治，几乎就是社会治理的化身。孔子说“道之以政，齐之以刑，民免而无耻；道之以德，齐之以礼，有耻且格”②，即强调法律、政令是约束人们行为的外在强制手段，而道德才是深入人心，约束、管制人的灵魂的有效方式，从人的根本上解决问题，并且一切外在的他律规范都要通过道德的自律才能发挥作用。因此，以德治为核心的儒家法文化构成了中国传统法文化的主流。而现实中道德也就成了无法被取代的调控社会的根本途径，成了衡量和评判包括法律在内的其他社会关系调控方式的价值尺度，追求“无讼”成为执政者施政的目标，正如孔子所说：“听讼，吾犹人也，必也使无讼乎。”③ 这表明了儒家所追求的是一个没有纷争的和谐社会。儒家经典强调为讼之害，《周易·讼卦》说：“讼，终凶”、“讼不可忘兴”、“讼不可长”。由于崇尚无讼，随之而来的必然是厌讼、贱讼，以致讼师一类的职业在中国古代为人们所鄙弃。唐代以后，历代法典都严惩滋讼行为。《大清律例》律文规定：“凡教唆词讼，及为人作词状增减情罪诬告者，与犯人同罪。”附例如下：“讼师教唆词讼为害扰民，该地方官不能查拿禁缉者，如止系失于觉察，照例严处。

① 张晋藩：《中国法律的传统与近代转型》，法律出版社 1997 年版，第 335 页。
② 《论语·为政》。
③ 《论语·颜渊》。

若明知不报，经上司访拿，将该地方官照奸棍不行查拿例，交部议处。”可见，清代不仅打击讼师的唆讼行为，也将频繁的诉讼看作是官吏德化不足和缺乏政绩的表现。与此相应，地方官注重以德化民则被视为有才干的“循吏”。在历史上，曾出现了这类以德化民的贤吏，更有些循吏还以教化不行为耻，当辖区内出现母子相争、兄弟争田、亲属争财的案件时，他们会以教化不力、无才无德、有辱父母官的身份而引咎自责，甚至欲解印去官。①

无讼思想除了受儒家的影响外，还与家法族规的存在有直接关系。中国的家法族规内容广泛，包括个人行为、家庭事务、宗族事务及其他一切与此相关的事务，涉及孝悌、职业、修身、门户、上下、婚姻、继承、丧葬、宗祠、族产等多方面的内容②。家法族规既有维护家族内部秩序的规定，又有维护国家法制方面的规定，尤其注重伦常关系，对国家法较少关注的民事所有关系有很多规定。因此，许多家族内部纠纷无须诉讼，家法族规已将其平息，即便诉诸官府，也常有可能由官府批转回家族处理。厌讼与贱讼所带来的严重后果，就是人们不明法律、畏惧法律、漠视法学；强调和谐追求无讼的价值取向反映到司法领域，便是调解息争。这在中国是由来已久的，并内化为人们的法律观念，并从人们的行为选择上表现出来。因此，中国古代的法律“就其本质而言，并非是正常社会生活必需的一部分，而像其他制度一样，服从文化的根本追求，乃是实现社会中‘绝对和谐’的手段”③。

除了上述基本特征外，中国传统法文化还有一个重要特征，就是它在结构上的一体多元性。长期以来，在中国法律史的研究成果中，大多数论著都侧重于汉族及其先民在中华法律文明的开启和发展中的作用，而对其他各民族的缔造和建设的基本历史事实缺乏足够的认识。不只是法律史的研究，即使是对中国传统文化的研究中，许多论著都往往把中国传统文化的内涵简化为儒释道的文化，并进一步简化为儒家文化，从而忽略了中国文化多元性的基本事实，这不利于全面、准确地认识和把握中国传统文化的内涵。民族学的研究成果表明，中华各民族数千年来能聚集一堂，形成多民族国家，绝非偶然。这是中国各民族之间长期的、密不可分的内在联系的当然体现，各民族通过自己的政治、经济、文化等各方面的活动，形成了族体上的相互吸纳、祖国

---

① 瞿同祖：《中国法律与中国社会》，中华书局1981年版，第291页。

② 费成康主编：《中国的家法族规》，上海社会科学院出版社1998年版。

③ 梁治平：《寻求自然秩序中的和谐——中国传统法律文化研究》，中国政法大学出版社1997年版，第212页。

疆域的共同开拓、经济上的开发和相互促进、对中国政治历史文化的维系、对中华民族精神的铸造等等一系列历史事实，从而构成了中国的悠久历史。因此，各民族共同创造了中华①。上述论述，对我们认识中国传统法文化的特征具有重要意义。在中华法制文明的演进过程中，汉族固然起着主导性作用，但其他各民族同样做出了自己的贡献。从法文化的起源看，中华法系在文化上来源于多源头，儒墨道法释等都对中华法系的形成和发展，有着不同程度的影响；从法律制度的层面看，无论是习惯、习惯法，还是国家制定法和具体的法律制度，都是历史上各民族共同智慧的结晶、共同创造的结果；从法制的历史演变过程看，无论是建立过政权的民族，还是没有建立自己政权的民族，无论是建立了局部政权的民族，还是建立了统一的全国性政权的民族，他们的法文化都是中华法律文明的有机组成部分。因此，中国传统法文化就是各民族法文化长期交流和融合的产物，各民族的法文化丰富和发展了中华法系，同时成为中国法律文化总体覆盖下的一部分。

就回族法而言，作为伊斯兰法文化与中国传统法文化交互影响的产物，无疑是中国传统法文化的有机组成部分。但我们也看到，以往学术界在谈及中国传统文化时，一般只涉及儒、释、道与中国传统文化，而对于中国伊斯兰教在中国文化中的地位和作用，论述和研究都相对较少。在关于中国传统法文化的著作中，更是很少论及伊斯兰法文化的影响。因此，从各民族共创中华的视角来看，回族法同中国传统文化密切相关，它体现着中世纪世界两大文化——伊斯兰法文化同中国传统法文化的结合状况，是整个伊斯兰文化同中国传统文化联系最密切的一部分。二者之间的密切相关表现为结合度深、成就突出、性质命运基本一致等特点；二者之间当然具有矛盾对立的一面，主要表现在敬主与忠君、教法与国法、政教合一与君主专制等方面，这些对立与矛盾，通过外部的压力和内部的回应而逐步得到调适，其结果是回族法文化在适应中国传统法文化的过程中，不是被同化，而是在保持伊斯兰文化宗教特质的前提下，使之成为中国传统法文化中一个有特色、有个性的部分。

① 杨建新：《论各民族共创中华》（序二），韩效文、杨建新：《各民族共创中华丛书》，甘肃文化出版社 1999 年版。

二、中国传统法文化对回族法的影响

回族法以伊斯兰教法为内核，但回族同时又处于汉文化圈内的客观现实，使回族法不可避免地受到中国正统法文化的深刻影响，从而体现着中世纪世界两大文化——伊斯兰法文化同中国传统法文化的特殊方式的结合。自从伊斯兰教传入中国后，伊斯兰教的教义教法在中国穆斯林社会的漫长历史发展过程中，儒家化的正统法文化因素也不同程度地渗透其中，并逐步为回族穆斯林所接受，体现出具有鲜明民族特色的回族法文化。

一般说来，回族穆斯林在穆斯林聚居区或在家中时，保持着世代相沿、“守教不替”的伊斯兰文化，受教法教规的约束，他们在聚居的地方建立清真寺，从事宗教活动，在穆斯林群体内部传承伊斯兰文化；当他们与汉族进行经济、政治、文化交往时，在保持伊斯兰教信仰的基本前提下，又受到儒家伦理纲常和国家法律的影响和约束。在唐宋元时期，由于穆斯林在政治、经济上尚具有较为主动或自由的地位，因而他们在聚居区内不仅自由地保持着伊斯兰式的生活方式，而且封建王朝和地方官员一般也不加干预。加之散居各地的穆斯林还没有形成作为民族根本要素的共同心理素质，因而他们保持伊斯兰教信仰及其教法规范，完全是为了满足自身精神生活和穆斯林聚居区秩序的需要，与儒家思想及其法文化也没有发生深层次的交锋，因此在穆斯林群体内部的社会生活中受儒家思想的影响还十分有限。

到了明代，回族失去了原先回回人在元朝时期优越的地位，也难以享有与汉人相同的待遇。明代法律规定：包括回回人在内的色目人不得自相婚配，并禁止胡语、胡姓、胡服，从婚姻、姓名、语言、服饰上剥夺回族群体的原有特质，这表明明代回族的政治地位日渐降低，也影响到了回族文化的发展趋向。明初统治者对伊斯兰教的态度尚比较宽容，明中叶以后则主要表现为逐步限制与排斥。统治者极力用程朱理学禁锢人们的思想，于是，伊斯兰教面临孤立境地。这种状况迫使回族穆斯林必须重新审视变化着的社会环境，伊斯兰教及其教法学说要想在中国这块土地上图生存，求发展，就只能同儒家思想及其伦理纲常学说接近，使伊斯兰教法文化与儒家伦理法思想相结合。因此，儒家思想及其法律主张对回族伊斯兰教法文化发挥影响便成为历史的必然。这主要通过明清之际的“以儒诠经”活动，使伊斯兰教中国本土化，形成具有中国特色的伊斯兰教，进而使儒家的法律思想与主张逐渐渗透到回族穆斯林的法律意识之中，并表现在其法律行为之中。

从中国传统文化对回族伊斯兰教影响的程度来看，回族伊斯兰教在基本信仰、宗教制度、礼仪功课等许多方面无疑是伊斯兰的，与其他国家和地区的伊斯兰教并无差异，但它又有其自身的一些特点。明清时期的回族穆斯林学者在著述中吸纳中国传统文化的诸多因素，试图用儒释道等中国传统思想理论解经释教，使外来的异质宗教文化便于为中国穆斯林所接受。在此过程中逐步吸收了众多中国传统的儒、佛、道思想，尤其是在明末清初时期，以王岱舆、马注、张中、伍遵契、刘智等为代表的伊斯兰学者，将二者有机地结合起来，使之更加系统化和理论化，形成了具有中国特色的伊斯兰教学说，此即所谓“以儒诠经”。他们站在“守伊通儒”的立场上，或如王岱舆借用理学语言“以彼达此”，阐述伊斯兰教与儒家思想在修齐治平上的相同点，以及与佛、道二教在基本信仰上的互异；或如马注“晰诸教异同之理，阐幽明生死之说，上穷造化，中尽修身，末言后世”，告诫回族穆斯林“敬慎修身”；或如伍遵契直接阐述伊斯兰教修身养性、性命义理及复命归真的出世思想与方法；或如刘智择伊斯兰教与中国传统文化“理同而义合者”为一经，以向人们表明“天方之经，大同孔孟之旨”；或如马复初对伊斯兰教经典“考证其异，明其是非，以正天下向往之路”①。总之，明清时期回族学者用儒家的“三纲”解释伊斯兰教义，用儒家的五常来诠释伊斯兰教的“五功”，将“认主独一”的教义与儒家学说有机结合起来，接受儒家思想中的“天命论”，提倡儒家伦理中的“忠恕”思想，赞同儒家的修养方法“克己复礼”等等。他们用汉文撰述的伊斯兰教经典，被回族群众称为“汉克塔布”，这些著作不仅在中国传统文化氛围浓厚的东南沿海和内地穆斯林中流传，也在西北地区的回族穆斯林中流传。例如，在西北伊斯兰教派“西道堂”的传教及组织形式上，典型地体现出中国传统文化形式的影响。西道堂被称为中国伊斯兰教的“汉学派”，其创建人马启西于1891年开始在其家乡甘肃省临潭县旧城镇西凤山开设名为“金星堂”的私塾，讲授“四书”、“五经”，并以明清回族穆斯林学者的伊斯兰教汉文著作为教材，向回族子弟教授《古兰经》等伊斯兰文化知识，究其目的，正如西道堂的组织简则中所说，是“根据清真教义，并祖述清真教正统，以宣扬金陵介廉氏学说，而以本国文化发扬清真教学理”②。

上述中国传统文化对回族伊斯兰教文化的深刻影响，也直接体现于对回族法的影

① 王永亮：《西北回族社会发展机制》，宁夏人民出版社1998年版，第75页。
② 马通：《中国伊斯兰教派门宦溯源》，宁夏人民出版社2000年版，第118页。

响之中。中国传统法文化中的德主刑辅、礼刑并用等基本观念对回族法的影响尤其深远。历代王朝的治国方略往往是德治主义的王道政治，德高于法，情大于法。统治者不重视制度的建设，而是全身心地投入储君的培养。中国历代封建王朝都制定过大量法律法规，但都不可能完全实行。因为以自然经济为基础的乡土社会是“礼治”的社会，社会的整体氛围始终是情礼居于主导地位。人们在儒家思想熏陶下，重视传统、重视礼治秩序，礼的作用不仅与法律不同，而且也“有甚于道德：如果失礼，不但不好，而且不对、不合、不成”①。在这种情势下，中国传统的道德礼俗对回族穆斯林的影响要比制度的影响大得多。当然，前者要以后者为保证。因为制度文化对在其覆盖内的一切东西都有方向性的约束力。制度文化的约束，礼仪习俗的熏染，使在中国传播的伊斯兰教渐次本土化，具有中国风格、中国气派。中国伊斯兰教义学为此构建了“忠君、顺主、孝亲”的“二元忠诚”理论。这样，“忠君”意识和行为在教义学和教法学上取得了合法性存在的根据。儒家的法文化对回族法进行了多方面的渗透，具体表现为：首先，对回族法观念的影响。儒家法文化使回族普遍有了“合德者合法，悖德者不法”的观念。从而“德”成了回族评判主体思想、行为是否得当的价值标准。这使得回族的法观念脱离不开儒家法文化的因子。其次，对回族法行为的影响。法观念的外化，必然是对主体法行为的支配。回族的法行为在伊斯兰教义教法和儒家伦理规范之间寻求到了契合点。如敬老爱幼、笃信真诚、表里如一、刚直不阿等成了回族社会大多数尊重的行为规范，这使得中国传统法文化对回族法文化有了行动上的加固剂。再次，对决疑罚劣的影响。传统伦理法文化对回族裁决纷争、处罚劣行等具有重要的影响。

在西北地区，许多门宦除吸收儒家思想外，还吸收了中国佛、道的思想，如门宦制度中的道主、道乘、参禅悟道修炼等，从形式到内容都渗透了明显的佛、道色彩。在宣教布道实践中，舍弃或淡化了某些不合中国国情的内容，诸如政教合一的政治制度、宗教司法制度，并严格实行一夫一妻的婚姻制度，等等。此外，还确立了护教与爱国相统一、忠君与敬主相结合的思想，尤其是政治意识受到儒家思想的深刻影响，认同和奉行中国传统的政治理念，崇尚国家政权的统一性和“修身、齐家、治国、平天下”的人生价值追求。

---

① 费孝通：《乡土中国　生育制度》，北京大学出版社1998年版，第52页。

第三节

回族法的社会成因

法的形成、发展与变化是一个有规律的动态过程。法社会学家指出，法是知识和经验的集合体。作为人类社会的重要社会现象，法与其他社会现象之间有着复杂的关系，因而人们不能离开社会生活而孤立地分析法。法国思想家孟德斯鸠认为，不同民族、不同国家的法律应有自己不同的体系及其法的精神，应注意影响法律产生、运行的环境因素、存在条件，不能把法律看成是孤立的社会现象，而要在广阔的社会背景下分析法律。在孟德斯鸠看来，法律同政体、地理、气候、土壤、自由、财经、宗教、风俗礼仪等都有关系，这些关系相互作用的结果构成“法的精神”①。我们虽然不能完全赞同孟德斯鸠关于肥沃的土地上容易建立专制制度、贫瘠的土地上适宜建立民主共和制等带有“地理环境决定论”倾向的观点，但他关于法的形成取决于各种因素综合作用的论述，对我们探讨回族法的形成仍具有借鉴意义。从回族法的形成文化基因来看，伊斯兰法文化和中国传统法文化构成回族法的知识来源和价值基础，但还不足以成为它形成和存在的全部条件，因为回族法是回族在中国古代社会环境中适应与发展的必然结果。因此，它的形成条件还包括它所以产生并施加影响于其间的整个社会存在，回族的生产方式、社会组织、思想意识等社会条件都制约着回族传统法文化的内容、性质及其发展方向，是其形成的社会基础。

一、以农牧业为主、保持经商传统的生产方式

谋求生存是人类的基本需求之一，而经济生活是维持生存最基本的条件。历史上，回族的经济生活体现出广泛适应和灵活多样的特点。我国地域辽阔，广大回族穆斯林散居在全国各地，所处环境存在很大差异，他们怀着对伊斯兰教的虔诚信仰，走到哪里便把宗教文化带到哪里，他们为了自身生存的需要，还得不断协调和周围环境

---

① 〔法〕孟德斯鸠：《论法的精神》，商务印书馆 1963 年版。

的关系，无论在社会、自然、人际、习俗、经济文化等方面，必须随时调整，这种调整是一种在进取意识作用下的主动适应性措施，回族穆斯林的经济行为就从一个侧面反映了这种主动适应的特点。回族经济活动形式十分灵活多样，伊斯兰教鼓励穆斯林在虔信真主的同时，也要积极地去发展经济。受伊斯兰经济思想的影响，回族经济在历史上属于价值意义和社会效益明显且具有活力的状态。在回族穆斯林群体形成后，经济状态经历了由小到大、由单一到多样的继承、发展和提高过程，具备向多元化、多层次方向灵活发展，为全社会服务的雄厚潜力。它的范围几乎涉及人类生活的各个领域，其行业种类并不拘泥于某种固定形式，而是在广采博纳、因地制宜中构成了琳琅满目、异彩纷呈的民族经济文化大舞台，显示了回族特有的创造能力和经营智慧。

回族先民在经历了唐宋时期蕃客的朝贡贸易、经商，到元代回回人的从军征战、流动迁徙，直至明代正式形成民族共同体，逐渐形成具有本民族特色的经济体系，并成为中国传统经济结构体系的组成部分。在回族社会里，既有农业、畜牧业经济，又有手工业和商业经济。自元明以来，农牧业构成整个回族经济的支柱和基础，回族成为一个以农牧业经济为主的民族，延至清代，回族以农牧业经济为主的特征更加明显，更加完善。与元明两代相比，农业经济已十分成熟，不仅农业人口占大数，而且在农业经营活动的分布地区、经营方式、耕作技术、农产品种类和产量、生产关系等方面也都有着突破性的进展。尽管如此，回族仍继续保持着善于经商的传统。因此，以农牧业为主而兼营商业、家庭手工业与畜牧业，这一直是传统回族经济的重要特色。

经济生活作为人类社会行动中的一种经济状态的表现，其基本特征是尽可能有效地利用资源，以最小的代价去获取最大的收益，这与信用、公平、社会保障等价值观之间存在着潜在矛盾。因此，它需要法律等秩序规则来规范行为者的实际行动，协调人们的利害关系，消除和解决潜在的和已经出现的社会冲突，创造一种对大家都有利的秩序。对于规范经济活动状态的法律规则，马克斯·韦伯用“经济秩序”的术语予以分析，认为它产生于以下两种因素的结合：第一种因素是实际上有权分配实际物品和服务的方式，这种方式是从各种互相冲突的利益均衡过程中产生的；第二种是行使这种权力来利用物品和服务的方法，及其背后的意图。也就是说，具有实在效力的法律秩序来自于经济生活的实际当中。因为“法律理论中的理想‘法律秩序’对于真正的经济行为世界等于零”，而“以符合法律规范的方式行动的人，不是出于履行守法的义务，而是取决于社会环境对这种行为的认同与否”①。在回族发展历史上，以农牧业为主且诸业并存的生产方式对回族法文化具有重要影响。一方面，由于回族在农业生产方式上与汉族十分接近，加之历代中央王朝通过对回族实施直接管辖，推行国家法律，因而在回族社会的法律秩序中，符合自然经济秩序的正统伦理性法律居于主要地位，回族社会在冲突与调适中对国法及其相应的法律观念予以选择与认同。小农经济的生产方式具有稳定性、内向性、封闭性，它是造成宗法社会结构、专制王权和封建性意识形态的基本原因，体现在中国传统法律文化上则是以礼为主、德法并用的伦理性特征。在回族法中，敬主与忠君相统一的主张，门宦制度中教权与世俗封建特权的结合，婚姻家庭中夫权、父权的显著表现等等，虽然表面上是受中国传统法文化影响所致，但其现实基础则来自回族赖以生存的自然经济生活。

另一方面，回族法之中的伊斯兰因素也是在适应回族经济生活的基础上得以延续和传承的。以商业活动为例，回族素来以善于经商著称，保持着经商的传统，人们一般都强调这种传统受到伊斯兰教的影响作用，而对二者之间的相辅相成作用则认识不足。从历史上看，商业活动的发展并不完全取决于自身的需求，在漫长的中国封建社会，自给自足的小农经济始终占据着主导地位，处于超稳定状态，儒家农本主义的经济学说极力维护这种状态。尽管历史上也有一些思想家认识到“用贫求富，农不如工，工不如商”，甚至提出了农商并重的主张，但影响非常微弱。因此，在重农抑商的一贯政策下，中国古代社会长期处于自然经济占主导地位的固化状态之中，而曾以经商为主的回族先民在元明时代也逐渐形成了以农业为主的生产方式。但是，与汉族不同的是，回族并没有放弃自己的经商传统，工商业经济在回族经济中一直占据着重要地位。应该说，回族的重商传统与伊斯兰教鼓励经商、崇尚商业的价值观念有直接关系，这属于伊斯兰教文化影响回族的观念与行为的一面；但是，从相反的角度看，回族的重商传统，也来自于自身历史以及社会生活的客观需求。唐宋时期，回族先民作为“住唐”的番商胡贾，在中国的主要活动就是进行商业贸易，这种商业行为成为回族形成的前奏。元明时期是回族逐步形成阶段，也是早期回回人商业贸易活动的兴盛时期，直到明初回族形成，从商事贾已成为回族约定俗成的历史传统，加之工商业自古代社会大分工以来，一直是人类社会生活的客观需要，回族的经商活动正好在重农抑商的社会环境中填补着社会分工需求的薄弱环节。在回族商业活动的发展历程

① 〔德〕马克斯·韦伯：《论经济与社会中的法律》，中国大百科全书出版社 1998 年版，第 13—14 页。

中，除了受中国传统经济法规的制约外，伊斯兰教法中的诸多商事原则和律例规范，也成为回族商业活动中的基本秩序规则。公正原则、合法劳动、禁止重利等教法规定，正是由于适应了回族商业活动的需求，才成为回族法的组成部分。

二、宗教性与世俗宗法制并存的社会组织结构

法作为社会控制的一种手段，其形成、运行及其实践活动与特定社会组织有密切关系，它依托一定的社会组织而产生，并成为该组织进行社会控制的必要手段。在多民族构成的中国古代社会里，社会组织结构因民族的不同而具有不同的表现形式。回族的社会组织结构因受伊斯兰教的影响而具有宗教与世俗相结合的特征。其中伊斯兰教主要代表一种外来的结构因素，其影响力体现在回族的清真寺、寺坊、门宦的组织形式；世俗方面指回族社会中的官方行政组织、宗族组织等所有非宗教性的组织形式。由于以伊斯兰为特质的回族社会文化在中国已经历了长期的本土化过程，在回族民间社会结构内部，宗教与世俗宗法制已熔铸成有机的统一体，呈现出一种相当稳定的状态，得到回族穆斯林的广泛认同，并以一种鲜明的个性被有效地纳入到国家的社会组织统一体中。在这里，关于回族社会组织中的宗教性，学界已有深刻的认识，无须赘言。但对其中的宗法性因素，还需要予以强调。宗法制是古代社会带有普遍性的社会结构形式，共同的血缘关系构成宗族形成的核心和宗族内部的联系纽带，共同的地域则成为宗族生活的地理空间及其与外界联系的基地。正如恩格斯所说："两种自然发生的事实支配着一切或者差不多一切民族太古的历史：一是民族按亲缘关系来编制，二是土地的共有。"① 在传统回族社会，封建宗法制的存在有其现实基础。从生产方式上看，回族文化根植于已有数百年历史的自然经济。农业生产水平低下，农作物产量低而不稳，存在于这种封闭环境之中的小农经济，为宗法思想的产生、积淀及其延续奠定了物质基础；从社会组织结构上看，回族自形成起就受中央政权的直接行政管理，从未建立过单独的政权，元代就将回回人编入户籍，明清时期逐渐普遍实行里甲制度、乡约制度，从而有利于中国传统宗法伦理制度渗透到回族社会。回族宗法制的形式与内容受到伊斯兰教的深刻影响，表现为一种以清真寺为中心的宗教、宗法结合的社会组织结构。在伊斯兰教文化的影响下，回族穆斯林在居住格局上的一个显著特点，常常是具有血缘关系的宗族姓氏围绕清真寺而居。人们称聚居于清真寺周围

① 〔德〕恩格斯：《德国古代的历史和语言》，人民出版社1957年版，第135页。

的群落为“寺坊”（又称“者麻提”或“哲玛其”），其范围和人数不一，大的数百户，包括好几个，乃至十几个村庄；小的数十户，只含一个村庄。这种具有共同血缘与地缘关系的宗族聚居形式，构成了回族宗法文化的一个基本载体。这种族、教合一的社会结构形式在西北回族门宦制度中得到典型体现。例如，门宦制度中的父传子受，长子继承；向教主施行跪拜礼，对教主“口唤”的坚决遵从；教主、热依斯、阿訇的等级划分等，都是将封建宗法制与伊斯兰教的教坊管理制结合起来的表现。还有，回族穆斯林妇女受封建文化的影响，除要温顺地伺候丈夫、生儿育女、操持家务和做农活外，在新中国成立前有的还像汉族妇女那样缠足。至于读书上学和参加社会活动，更是回族妇女连想都不敢想的①。因此，回族传统法就在这种以教权和族权为纽带的社会组织结构中，作为社会控制手段发挥着作用。

在回族的宗教性与宗法性结合的民间社会组织结构中，清真寺或门宦道堂构成回族宗法性社会组织的核心部分，对回族法的传播与运行起着重要的作用。清真寺作为回族伊斯兰文化的传播实体，它主要通过两种方式进行法文化的传播。一是通过举行日常礼拜、讲卧尔兹（劝诫词）和兴办经堂教育，对回族穆斯林进行教法知识和礼仪规范教育；二是通过寺职人员到周围穆斯林家中举行宗教活动，进行规范教育。通过这种日常的、不间断的传播活动，促使寺坊穆斯林群众强化宗教信仰，履行教法教规，在社会交往中自觉遵循宗法伦理规范和教法律例。除了传播功能外，清真寺还通过传播伊斯兰教义教法和宗法规范，用宗教的名义及社区穆斯林公众的舆论来调整家庭关系、邻里关系乃至社区内部的阶层、阶级关系，从而达到社区内部的平衡与相对稳定。

当然，以清真寺为中心的回族宗教性社会组织结构并不是回族社会控制系统的全部，更不是独立的政治实体，教坊组织系统尽管是回族穆斯林自发形成的宗教组织和社会组织，但它并不妨碍穆斯林遵守国家法律，接受中央和地方政府的管辖。回族是在中国封建社会的大地上形成的民族，回族社会的存在是以它作为中国社会的组成部分为前提条件的。中央政权的实体性控制系统仍然具有不可替代的功能。同时，回族大分散、小聚居的分布格局也不可能使寺坊社区只是回族穆斯林进行内部交往的世外桃源，回族在与外部兄弟民族社会进行广泛的交往接触中，无不受到外部文化的影响。在这种条件下，回族法在回族社会灵活的自我适应中形成了丰富的内容。回族社会自我适应的特点之一，是在政治上服从中央政权的行政管理。于是，回族穆斯林在

① 马通：《中国西北伊斯兰教基本特征》，宁夏人民出版社2000年版，第9页。

正常的社会秩序下，在国家法律或行政的限度内从事政治、经济、文化活动，开展正当的宗教活动。除户婚钱粮等民事纠纷外，大多数违法犯罪行为多由官府裁处决断。在教派矛盾激化而难以自我调解时，往往请求政府官员前往调解处理。在这种情况下，回族社会成员无论从法律认知、法律态度、法律行为的各方面，都保持了与国家法的基本一致。回族社会自我适应的特点之二，是在吸收、服从中国传统文化的同时，力求保持伊斯兰文化的基本原则，并尽可能实现二者之间的协调与互补。因此，在回族社会的法律秩序中，国家法主要在刑事领域发挥作用，伊斯兰法文化在户婚、钱债、田粮等民事领域发挥作用，二者之间的相辅相成便形成回族法文化的基本内容。

三、宗教性与宗法伦理性相融合的观念形态

在传统社会，法与宗教和伦理道德往往交织在一起。一般说来，自从法律发展的原始阶段结束以后，宗教在法律史中只具有较小的作用。但法社会学家强调在解释法律规则、法律学说、法律制度的形成过程时，仍不应忽视从宗教、伦理方面的解释。庞德指出，宗教因素在近现代西方法律的历史中起着重大的作用，“宗教观念在美国法律形成时期的作用常常是决定性的；如果不考虑宗教，我们就无从全面地认识美国法律史”①。关于法律的伦理解释，庞德指出，法律与道德有着同一个起源，它们在各自的发展中逐渐分道扬镳了，以至于有些人认为道德以及应然问题不属于法学家关注的问题。但是，要想切断道德与法律之间所存在的确立已久的联系并非易事。对法律的伦理解释仍含有一些合理因素，这是由于“伦理解释的背后隐含着一种合理的本能，因为它力图提供一幅有关法律目的的图景，而且这类图景也为法学家努力通过使法律律令、法律学说和法律制度适应某种新的变化了的要求而使法律尽量满足社会需求提供了某种指导”②。韦伯也就宗教对法的影响做过具体分析，他指出：“神法及其制定以极其不相同的方式，和在不同的地区以及在不同的法律领域产生，但是，它们的持续性却是相同的。……我们只分析一般所说的‘私法’问题。在这一领域，有关婚姻、家庭及继承的基本原则构成了中国、印度和罗马的神法，以及伊斯兰酋长国和中世纪的宗教法的主要部门。古代神法中对乱伦的禁止可能是最早对婚姻关系的调

---

①② 〔美〕罗斯科·庞德：《法律史解释》，邓正来译，中国法制出版社 2002 年版，第 36、62 页。

整。此外，对祖先的祭祀是十分重要的。它使得神法进入了家庭和继承法，并且在继承领域里，教堂的财政收入和遗嘱的有效性均在神法的控制之下。……在契约制度里，神法对宗教形式的许诺，尤其是宣誓，进行干预。……在实体法方面，神法规定了一些具有宗教伦理性的重要规范，比如，禁止放高利贷、了解情况等”①。在中国，宗教和道德对传统法律的影响具有不同表现。人们一般认为自西周开始，法律就摆脱宗教的影响而朝着理性化方向发展，② 而宗法伦理道德则始终深刻影响着中国传统法律，以至于人们将中国传统法律称为“伦理法”。但是，从法律多元的观点看，在中国这样一个多民族多文化国家里，至少许多少数民族法文化一直深受宗教的影响。宗教对各民族法的产生和发展所起的引导和示范作用，宗教律条对法的直接介入，几乎无处不见。“打开中国南方少数民族法律文化承续与变迁的历史，各种各样的宗教都先先后后、多多少少地对他们的传统法律的形成和发展产生过影响”③。对我国的回族等信仰伊斯兰教的少数民族而言，莫不如此。

在传统回族社会，伊斯兰教通过它的教义、仪式活动、宗教组织等诸多方面来影响回族，同时，封建世俗宗法制度对回族社会有着相当大的影响。因此，宗教性与宗法性相结合的观念形态，成为主导回族穆斯林精神世界和行为方式的意识形态，它对回族法文化具有决定性影响。伊斯兰教通过其教义提供了一种统一的社会规范，以调解穆斯林之间的各种关系。伊斯兰教的经典《古兰经》和《圣训》是人们的行为指南，是穆斯林社会必须遵循的法典。伊斯兰教的教义把一些社会规范如保护家庭的稳定、保护私有财产的不受侵犯、维护社会秩序的基本道德等社会规范神圣化，以宗教的形式强化世俗的社会道德法律规范，从而引导穆斯林群众尊重社会规范，进而维护社会秩序。伊斯兰教还通过相关的政治、经济、文化和教育等方面的思想观念来影响回族社会成员的行为。例如，从政治观念看，《古兰经》中强调当顺从真主、顺从使者以及真主在大地上的代理人，这成为回族穆斯林对当政者态度的依据，并影响着世俗政治。穆斯林依据伊斯兰原则，或者与当政者联盟，成为现存政权的捍卫者；或者

---

① 〔德〕马克斯·韦伯：《论经济与社会中的法律》，中国大百科全书出版社 1998 年版，第 230—231 页。

② 事实上，在西周以后的中国社会的各个时期，宗教对法律仍然有着不同程度的影响。由于人们对中国传统宗教的特殊表现形式缺乏足够认识，以至于忽略了自西周以来中国的宗法性宗教对传统法律的影响。参见李光昱《浅谈中国古代法律的宗教性》，载《中外法学》1999 年第 2 期；马克林《汉代法制转型中的宗教因素》，载《西北师大学报》2003 年第 2 期。

③ 张冠梓：《论法的成长——来自中国南方山地法律民族志的诠释》，社会科学文献出版社 2000 年版，第 396 页。

以社会批判者的姿态出现，成为政治反对派，试图以其宗教理想重建合理的社会秩序。当统治者施政平和宽容时，伊斯兰教便得到和平发展，并成为维护统治政权的工具，伊斯兰教法成为广大穆斯林民事领域的重要法规，与国家法律形成互补关系。伊斯兰教还通过对文化教育的影响而制约回族的思想观念。经堂教育以及聚礼、会礼和节日的讲经布道，不仅传授、介绍伊斯兰的教义知识，而且宣传伊斯兰教的伦理观念，结合伊斯兰教的教义和精神，劝诫回族穆斯林承担社会义务和家庭责任，行善助人、远离秽行，从事正当的职业以避免违法犯罪行为。这些思想无疑对整个社会的安定和穆斯林社会的协调有序发展具有重要影响。

TANGSONG SHIQI HUIZU XIANMIN FAZHI

第三章

唐宋时期回族先民法制

第一节

唐宋时期的开放政策与伊斯兰教的传入

公元7世纪前期，随着唐帝国和阿拉伯帝国的建立和强盛，两个相距遥远的大国距离缩短了，唐朝与世界各国政治、经济、文化等方面频繁交往，中外关系的发展进入了新的历史时期。当时，来华的各国朝贡使者、商旅或暂住，或长期留居，逐渐在中国的西北、云贵及东南沿海等地扎下根来。到了宋代，东来中国的阿拉伯人、波斯人及其他各国人更是络绎不绝，此时的蕃客、蕃商已在中国落籍数代，在发展海外贸易方面发挥了重要作用，并且逐步形成独特的社会生活习俗。

面对源源而来的“蕃客”、“蕃商”、“胡贾”①，唐宋政府不仅采取开放的对外政策，还在一定程度上改变传统的“抑末”理念，鼓励发展商业和对外贸易，以推动对外开放。据史书记载，唐朝统治者主动“遣使下海，以招蕃夷”，开辟岭南、福建、扬州等东南沿海城市和唐都长安、洛阳等地为通商集散地，并规定“委节度观察使常加存问。除舶脚、外市、进奉外，任其来往流通，自为交易，不得重加率税”②，从而为各国商人创造有利的经商环境。两宋政府也采取许多措施吸引蕃商来华贸易，例如，987年，宋太宗“遣内侍八人，赍敕书金帛，分四纲，各往南海诸蕃国，勾招进奉，博买香药、犀牙、真珠、龙脑。每纲赍空名诏书三道，于所至处分赐之”③。这些举措体现出宋代统治者在对外开放和招徕远人方面的决心和作为。南宋时期，统治者更是认识到“市舶之利最厚，颇助国用”，下诏“宜循旧法，以招徕远人，阜通货贿”④，并采取放宽对蕃舶的限制、减轻关税等优抚政策吸引蕃商来华贸易。

---

① 唐宋时期的“蕃客”、“胡贾”并不全是信仰伊斯兰教的阿拉伯人、波斯人。实际上，当时人们把来自西亚、中亚、南亚，甚至欧洲、非洲的商人、工匠、传教士都称为“蕃客”，其中有一些人信奉景教、祆教、摩尼教、犹太教和佛教。因此，所谓“回回先民”，应指唐宋时期在华定居的、信奉伊斯兰教的各国穆斯林及其后裔。参见邱树森主编《中国回族史》（上），宁夏人民出版社1996年版，第19—20页。

② ［宋］《唐大诏令集》卷一〇，中华书局2008年。

③ 《宋史》卷一八六。

④ 《粤海关志》引《宋会要》。

唐宋政府的一系列开放和优惠政策，大大激发了外国商人，特别是具有经商传统的阿拉伯等地穆斯林商人来华贸易的热情。他们从“古丝绸之路”和“海上丝绸之路”抵达中国，积极从事珠宝、药材、香料等行业的经营和贸易活动，以致巨商大贾不断涌现。巨额利润的诱惑吸引了更多的穆斯林商人来华经商，他们乐而忘返，安居不归，加之一些留华不归的阿拉伯贡使、大食兵、避难归附者以及被掠到中国的穆斯林，使来华定居者与日俱增。到宋代，来华穆斯林已达几万至十几万，而且定居的规模、范围不断扩大。① 唐宋时期入华的阿拉伯、波斯商人在所有外国商人中占有的比重最大，因此当时的“蕃商”主要是指阿拉伯、波斯商人。人们除称其为“蕃商”外，往往又统称为“蕃客”。随着蕃客在华贸易活动及范围的扩大，其寓居地点逐渐在内陆重要的商埠城市中出现，其后又不断向内地延伸。由此构成了唐宋时期蕃客在华定居的一大特点，这一特点与元代回回人“小聚居，大分散”的分布特点有直接的渊源关系。

伴随蕃客入华，伊斯兰教随之传入中国。关于伊斯兰教传入中国的具体时间，大致有隋开皇中说、唐武德中说、唐贞观初说和8世纪说等观点，虽尚无定论，但可以肯定的是唐初确实已有信仰伊斯兰教的阿拉伯穆斯林在中国活动②，尤其是阿拉伯帝国建立后，拓地日广，伊斯兰教开始广泛传播。伊斯兰教传入中国之初，并没有较好的发展机遇。当时佛教在中国已发展了四五个世纪，唐代正是佛教开宗立派、兴盛发展时期，道教亦占据重要地位，并与佛教和儒家学说相互争锋。这种情况下，伊斯兰教传入中国只在外来的穆斯林侨民中自生自长，世代相传。在唐宋几百年间，它没有采取主动措施与儒释道争取社会地位，也没有对社会发生较大影响。尽管到了宋代世居中国的“土生蕃客”自己也视为中国人，但大多数穆斯林与中国文化仍然保持一定距离。

伊斯兰教的传入，也意味着伊斯兰教法开始在中国传播。伊斯兰教具有宗教、道德和法律三位一体的基本特征，其中伊斯兰教法（沙里亚）的内容，从礼拜仪式、宗教功课到道德标准、法律规定，几乎包含了人类的全部行为。虽然伊斯兰教法属于宗教性法律，不同于现代法治意义上的法律，也从来不是一部专门的法典，但在阿拉伯国家里，由于实行政教合一制度，教法不仅约束穆斯林的宗教生活，也深刻影响着穆斯林的世俗生活。唐宋时期伊斯兰教法的表现与伊斯兰教在当时的境遇是一致的，也

① 余振贵：《中国历代政权与伊斯兰教》，宁夏人民出版社1996年版，第51页。

② 李兴华等：《中国伊斯兰教史》，中国社会科学出版社1998年版，第24—36页。

就是说，它既无系统的理论阐述，也没有表现出主动争取社会地位的姿态，而是仅仅在为数有限的穆斯林蕃客中，以自我封闭的方式世代相传，主要对在华穆斯林个体的行为具有约束力，并在蕃坊穆斯林社区发挥着调节和规范作用。

第二节

唐宋政府对“蕃坊”的管理及其法律规定

唐宋时期是我国封建社会中法制建设比较完备的朝代。对于来华定居的“蕃客”及聚居的“蕃坊”，唐宋王朝均有相关的管理措施及其法律规定，这些规定不仅在唐宋时期得到有效实施，而且也成为后世各朝处理侨民和侨民聚居区的参照依据。

蕃商入华之初，由于经商的需要，主要活动于沿海港口城市，也有一些蕃商随着经营范围的扩大，逐渐深入内地并留居中国。为了管理逐渐增多的穆斯林及其相应事务，调整国家政权和这部分社会新成员的关系，唐朝沿用既定的民族政策，依据“四夷可使如一家”① 的民族观治理穆斯林事务，以“恩惠抚和”为主的态度对待穆斯林蕃客和他们的信仰习俗，于是，唐代初期寓居中国的相当一部分蕃商与华人居住在一起，处于散居的状态，所谓“蕃獠与华人错居，相婚嫁，多占田，营地舍”②。蕃商与华人的杂居相处，使他们在保留本国、本民族文化习俗、宗教信仰的同时，逐步吸收汉族的文化习俗与传统，特别是与华人的通婚，促进了蕃商与华人之间的相互了解与交往，为外来文化、习俗、信仰的扩大与传播提供了必要条件。

随着蕃商来华人数的逐渐增加和影响的扩大，唐朝开始对蕃商娶妻室、置田产、营房宅的做法采取相应的管理与限制措施。据《资治通鉴》所记，唐朝曾禁止蕃商与华人婚嫁为亲，不得与华人杂居，甚至不允许他们拥有田宅，发布有关“华蛮异处”、“不得立田宅”等方面的禁令达数次之多。因此，蕃商后来只好“多流寓海滨湾泊之地，筑石联城，以长子孙”，从而形成蕃商外侨相对集中居住的蕃坊社区。当然，蕃坊的产生还有一个重要因素，就是穆斯林蕃客共同的伊斯兰教宗教信仰及其与汉文化

① 《资治通鉴》卷一九七。
② 《新唐书》卷一八二。

的冲突。伊斯兰教是主张“两世吉庆”的宗教，其重要特点之一，在于将宗教信仰与人的社会活动、日常生活融为一体，形成一种神圣与世俗、信仰与实践一体化的生活方式。这就决定了伊斯兰教总是伴随着穆斯林的迁徙而传播，而且不论穆斯林移居到哪里，都必须按教法、教规规定的信念去履行自己的天命和义务。来华留居的阿拉伯、波斯等地穆斯林蕃客，主观上也需要一个能够满足信仰、保存习俗、方便其宗教生活和现实生活的居住区。另一方面，穆斯林蕃客来华后，面对陌生的汉文化环境，彼此间源于共同的宗教信仰，自然会产生一种强烈的文化认同和归属感。这在很大程度上促使穆斯林积极谋求以同族聚居的方式生活在一起①。“蕃客”、“胡商”经过唐宋时期的繁衍、发展，直到蒙元时正式被确认为“回回户”之前，他们在法律上只是侨民，唐宋政府对蕃客的态度通过其“恩惠和抚”、“怀柔羁縻”的政策体现出来。在诸“蕃客”中，唐王朝对于入唐朝贡的使臣往往给予很高礼遇，这些人不仅受到皇帝的接见，更得到丰厚的赏赐或回赐，有的还被授予唐朝官职，有的被劝留于京城。这些使臣多利用出使唐朝的机会进行贩货贸易活动，兼有商人身份，拥有较雄厚的资金，其中不少人在朝贡之余，购买田宅，娶妻生子，经商度日，形成了相对集中的小群体。据史书记载，唐德宗贞元三年（787），曾检括留居长安的外国使臣，其数量竟多达4000人，② 他们从长期留居到入仕、定居，无疑对阿拉伯和波斯文化传入中国起到重要的作用。在入唐的阿拉伯、波斯人中，除去使臣外，以商贾居多，在广州、扬州、泉州等城市中都有数量相当可观的阿拉伯和波斯商人。

蕃商在华的经营方式主要是与中国商贾进行直接大宗商品交易，同时也自己开设店铺，买卖交易。鉴于交易繁盛，蕃商众多，唐朝设立了互市监和市舶司等专门机构，并制定了一系列管理措施：首先，规定蕃商入华要履行验货、定价、缴税等程序，所谓“蕃舶之至泊步，有下碇之税，始至有阅货之燕”③。《关市令》规定：“诸外蕃与缘边互市，皆令互官司检校，其市四面穿堑及立篱院，遣人守门；市易之日，卯后，各将货物畜产，俱赴市所，官司先与蕃人对定物价，然后交易”④。其次，专门安排和设置一些官员和相关机构进行管理。如唐代在岭南等地设节度观察使，在泉州设置参军事，其职掌主要是接待使臣，迎来送往，其中也包括随使臣来华的蕃商。

① 刘莉：《试论唐宋时期的蕃坊》，载《中央民族大学学报》1999年第6期。
② 邱树森主编：《中国回族史》（上），宁夏人民出版社1996年版，第16页。
③ 《全唐文》卷五六三。
④ 《唐令拾遗·关市令》。

再次，注重对外商财产权益的保护。例如，唐文宗大和八年（834）敕令：凡来华经商的波斯等国蕃客死后，其资财货物“有父母、嫡妻、男女、亲女、亲兄弟之相随，并请给还”①。为节制广州等地官员对蕃商的盘剥，唐朝规定：“岭南、福建及扬州蕃客，宜委节度观察使常加存问，除舶脚收市进奉外，任其来往通流，自为交易，不得重加率税。”②

两宋时期，中国周边国家和地区伊斯兰教的传播速度很快，当时中国处于北宋、辽、西夏和南宋、西夏、金分割状态，由于陆上丝绸之路几被阻隔，而自印度至中国的海道几乎被阿拉伯人所控制。于是，从海道进入中国的穆斯林，其人种和数量都超过了唐代，这些穆斯林主要从事以“朝贡”、“回赐”为名的官方贸易和民间贸易往来。为了加强海外贸易管理，宋朝政府在重要港口如广州、明州（今浙江宁波）、泉州、温州等地均设置市舶司管理舶商，并继承了《唐律疏议》中关于“交易方式”、“市场管理”、“禁行私商”等规定，以及由来已久的市舶立法。在《宋刑统》中还特别增设“死高钱物、诸蕃人及波斯附”门，以保护外商及其亲属的财产私有权，而且不断发布敕令作为对外贸易法的补充形式，例如宋孝宗时规定“南海四郡既无通商条令，仰遵守敕条约束”③。随着经商事业的发展，宋代蕃客的社会地位也大有提高。例如，穆斯林巨商蒲寿庚提举泉州市舶司长达30年，拥有很大的政治权势，宋朝末期阿拉伯商人佛莲一人就拥有海船80艘，经济实力相当可观。④ 总体来看，两宋时期穆斯林蕃客的社会生活出现一些新的特点。其一是穆斯林的聚居地较以前有了新变化，随着海上交通的变化和政治中心的迁徙，除原来的广州、扬州外，泉州、杭州、宁波等沿海地区和燕京（今北京）、开封等城市成为新的穆斯林聚居地，北方和西北地区穆斯林活动也逐步频繁。其二是在华穆斯林的宗教活动相当活跃，礼拜寺遍设于全国各地。其三是中国人对伊斯兰教的认识已比较清晰，有关伊斯兰教的一些基本概念和穆斯林的宗教活动的记载时常见诸史籍。

宋代也对蕃坊的区域进行限制，不允许蕃商入城与市民杂居相处，因而相当一段时期蕃客只好在城外寻找及建造居所，逐步形成蕃客与市民分居的格局。相对集中的居住方式，既为来华的穆斯林商旅在生活上提供了方便条件，也为宋朝地方官府的管

① 《唐令拾遗·关市令》。
② 《唐大诏令集》卷一〇。
③ 《宋大诏令集》。
④ 金宜久：《伊斯兰教》，宗教文化出版社1997年版，第445页。

理提供了便利。为了加强管理，两宋政府在蕃坊选任有一定威望和经济实力的人充任蕃长，“专切招邀蕃商入贡”，以不断增加朝廷的市舶收入。蕃客虽然在法律上属于侨民，所谓“非吾国人”，但在实际生活中，不少人久而久之享受了与中国公民一样的权利，有的当上了宋朝的官吏，甚至关系到政局的变化，不少人成了“富盛甲一时”的大富家，为当地城池的修建提供捐赠。宋代蕃客在中国的定居就其范围、规模及其影响等方面已远远超过了唐朝，这表明进入宋代以后，中西方的交往愈发密切与频繁，以阿拉伯、波斯诸国为主的外来商旅已逐渐适应在中国经商的环境和居住生活条件，逐步吸收和适应了汉文化，与此同时，他们在中国的影响和作用也日渐重要，特别是大分散、小聚居的分布格局和特点，使他们与中国人有了更为广泛、密切的接触，更为伊斯兰教的传播和穆斯林蕃客法律文化的形成奠定了必要基础和有利条件。

第三节

蕃坊的基本结构与蕃长制

“蕃坊”作为唐宋时期出现的一种特殊社会组织，是在特定的历史背景和社会条件下萌芽、产生的。蕃坊既是唐宋政府对蕃客实行管理的行政单位，也是穆斯林蕃客的宗教生活组织，通常以一座清真寺为核心，聚合周围村庄、街巷的穆斯林而结成一定的地缘组织，是穆斯林行教和传教的基本组织。唐朝政府根据客观形势的需要，为穆斯林蕃客及其他国外商人制定了一套有特色的司法制度：“诸化外人，同类自相犯者，各依本俗法；异类相犯者，以法律论。”① 该律条疏议专门做了解释：“化外人，谓蕃夷之国，别立君长者，各有风俗，制法不同。其有同类自相犯者，须问本国之制，依其俗法断之。异类相犯者，若高丽之与百济相犯之类，皆以国家法律论定刑名。”可见，“化外人”即“蕃夷之国别立君长者”，显然指与唐朝接界或不接界的、自有君长统领的国家，也包括虽承认唐朝为宗主国而自有君长统治的中国周边少数民族。唐律对于各类“化外人”犯罪的处理原则，是在不损害国家主权的前提下，尽可

① 《唐律疏议·名例》。

能给予蕃坊较多的自治权，表明唐朝政府允许蕃坊依本俗法处理民事诉讼等“同类自相犯者”的各项法律事务。唐律规定对“化外人”的处理原则，表明唐朝政府根据各国风俗法律不一，允许各国人根据本国法律来解决诉讼事务，显示了唐朝政府的开放性与务实性，是唐代刑法的创举。

唐代蕃坊内设有养育院、市场、学校、公共墓地，有自己的教长、法官等，初步构成一个相对独立的穆斯林社区。蕃坊的居民被视为“化外之人”，“蕃坊”的管理机构称“蕃长司”。“蕃长”由唐朝政府任命蕃客中有威望者担任，其职责是招徕海外蕃客在华通商贸易，管理蕃坊社会生活事务，按照伊斯兰教法裁决蕃客之间的一般民事诉讼，享有一定的自治权。阿拉伯旅行家苏莱曼在其游记中提到广州的蕃坊时说：“各地回教商贾既多居广府，中国皇帝因任命回教判官一人，依回教风俗，治理回民。判官每星期必有数日专与回民同祈祷，朗诵先圣诫训，终讲时，辄与祈祷者共为回教苏丹祈福。判官为人正直，听讼公平，一切皆能依《古兰经》、《圣训》及回教习惯行事。”① 上述说明，广州蕃坊由唐政府任命蕃长（判官）一人，蕃长依《古兰经》、《圣训》行事，反映出蕃坊在当时所体现的阿拉伯式的社会制度，蕃坊穆斯林主要是住唐贸易的侨民，蕃长既是商务官员，又是蕃坊的行政长官，还是蕃坊穆斯林的宗教首领，中国政府允许他们以本国法度习俗处理内部事务。总体来看，唐代穆斯林的生活圈子只是局限在长安和东南沿海的广州、扬州等几个港口，尚未形成较有影响的穆斯林社会，而只是一个个孤立的居住点。从当时文献对蕃坊记载简略的状况来看，蕃坊伊斯兰文化对蕃坊以外的唐代社会生活和人们精神世界的影响是微弱的。

进入两宋后，来自世界各地的蕃商、蕃客进一步增加，同时，原先居住在中国的蕃客不断繁衍发展，逐渐增多，以致出现了“土生蕃客”和“四世、五世蕃客”等，在各沿海城市形成许多蕃客聚居区。宋人朱彧在《萍洲可谈》中记载了广州蕃坊的建制、职权等情况：“广州蕃坊，海外诸国人聚居。置蕃长一人，管勾蕃坊公事，专切招邀蕃商入贡，用蕃官为之，巾袍履笏如华人。蕃人有罪，诣广州鞫实，送蕃坊行遣，缚之木梯上，以藤杖挞之，自踵至顶，每藤杖三下，折大杖一下。盖蕃人不衣裈袴，喜地坐，以杖臀为苦，反不畏杖脊。徒以上罪广州决断。”道光时编订的《广州通志》卷三三〇所载亦详：“宋时商户巨富，服饰皆金珠罗绮，器用皆金银器皿，有凌虐土著者，经略史辄严惩之，土人有投充蕃户者，必诛无赦。”上述资料基本勾画了宋代蕃坊及其运作情况。按宋律规定，蕃坊内部居民犯罪，不再一概以“其本国俗

① 《苏莱曼游记》，转引自张星烺编《中西交通史料汇编》第2册，第201页。

法断之”，而是按其所犯罪行的轻重来作为处罚标准，即以“徒”刑为界线，“徒”以下罪由蕃长裁决，“徒”以上罪则不分国别，统由“广州决断”。实际上，宋朝政府还专门制定了“蕃商犯罪决罚条”，规定“应大舶主及因进奉曾受朝命者，有罪责保奏裁，自余悉论如律”①。泉州的地方官甚至拒绝以蕃俗治蕃人，例如宋孝宗时，泉州“蕃商杂处民间，而旧法：与郡人争斗，非至折伤，皆用其国俗，以牛赎罪”。但争斗案件“浸以难制”，当时的知府汪大猷于是“号于众曰：‘安有中国而用夷俗者？苟至吾前，当依法治之。’蕃客始有所惮，无敢斗者”②。

总体来看，宋代蕃坊与唐代蕃坊的体制、职能基本相似，即开展宗教活动、保持同类习俗、解决同类民事纠纷、维护同类利益等，是政教合一的组织。蕃坊由蕃长负责治理，蕃长由政府任命蕃客中德高望重、有雄厚财力者担任，有一定的官阶。蕃长负责管理蕃坊公共事务，除行使教权、招引海外商旅外，规定必须依据宋代刑法，并参照伊斯兰教法的规定处理“徒”内刑，至于“徒以上罪，则广州决断”，一律按中国法律处置，表明蕃坊并不具有所谓“治外法权”。唐宋时期蕃坊的形成及其管理体制，是由唐宋时期的内外政策和蕃坊的特殊性决定的。因为穆斯林蕃客是一个特殊的群体，来自不同的国家和地区，有不同的习俗，他们在短时期内难以完全适应中国的法律制度，因而唐宋政府根据实际情况，为蕃客制定了特殊的法规。这样，既维护了国家的主权和利益，又使得蕃客穆斯林自身的秩序规则得以延续，从而有效地保持了蕃坊内部的治安和外侨个人的权益。

唐宋时期中亚、西亚来华留居的穆斯林蕃客，是我国回族形成的重要一脉，而蕃坊则是以后回族社会组织化的起点，它不仅有效地凝聚、组合了当时的回族先民，而且也蕴含了后来回族发展的某些独特因素。唐宋蕃坊时期可视作回族社会形成过程中的萌芽阶段，也是回族先民法制文化的最初形成时期。当时的穆斯林蕃客在中国政府的特殊优待政策礼遇下，聚居在蕃坊中，而蕃坊作为唐宋政府处理民族性问题而设置的一种组织机构，被纳入到国家政权之中，它与中央政府的关系具有明显的特殊性，这种特殊性恰恰决定了其法制文化的发展道路：来华穆斯林蕃客从一开始便表现出某种内聚趋向，伊斯兰教法是穆斯林内部重要的约束力量。但是，穆斯林蕃客移居中国之后，其原有的伊斯兰法文化面对的是悠久精深和具有很强吸纳、同化能力的中国传统法律文化，加之其中绝大多数人是主动来华经商赚钱的，所以，他们深刻懂得要生

---

① 《续资治通鉴长编》卷七二。
② ［宋］楼钥：《汪公行状》卷八八。

存发展，就必须主动地了解、适应中国的法律制度和习俗，主动地“自我华化”，这实际上也是蕃客与中国政府双向选择的结果。同时，由于蕃坊一般处在中国经济、文化较发达地区，蕃客与华人之间进行着广泛而直接的接触与往来，他们多“殖地产，营地舍”，与“华人婚娶相通”，以致在宋代出现了“五世蕃客”、“土生蕃客”。这些唐宋时期的蕃客及其后裔，虽然与中国政府控制管辖下的“编户齐民”还有一定差距，但作为侨民，他们从一开始便自觉、不自觉地在华化的动态中逐渐失却其原始状态，即他们那种外国人的身份和主体意识正在渐趋淡化。例如，在宋代的泉州阿拉伯文石刻中，记载了一些《古兰经》和《圣训》的节录，以及关于出世教训的格言等，在这些经训格言中，除了宣扬安拉独一至尊外，还有不少慨叹人生虚幻、短暂和鼓励人向往后世的内容，可以看出其中出世的味道很浓，而缺乏伊斯兰教初期那种昂扬向上的世俗进取精神。这种现象不仅与伊斯兰教的精神不大一致，也与儒家精神不协调，而与中国文化中的道家和中国佛教的思想类似。① 但另一方面，由于穆斯林蕃客保持着共同的伊斯兰教信仰，沿袭着特别的风俗习惯，传承着伊斯兰教，从而不至于被完全同化，而是在保持其自身特殊性的同时，逐步融汇到多民族、多文化的中国社会。

① 刘成有：《伊斯兰教与西北商业经济》，兰州大学出版社 1997 年版，第 87 页。

第四章

元代回回人法制

第一节

“回回”群体的形成及元代对回回人的政策

一、元代“回回”群体的形成及其社会影响

公元13世纪初，成吉思汗统一蒙古各部后，在世界政治舞台上异军突起，他和他的继承者多次发动西征，历经半个多世纪，所跨地域遍及欧亚两洲，“灭国四十”①，打通了东西交往的通道。蒙古人西征的重要影响之一，在于其重创了中亚、西亚各伊斯兰国家，为伊斯兰教在更大范围的传播创造了条件。有元一代，伊斯兰教在我国广泛传播逐步深入内地，与唐宋时期主要分布在东南海港城市的蕃坊相比，已不可同日而语。由于大批阿拉伯、波斯人和伊斯兰化的中亚突厥人被蒙古军队作为工匠、军士带入中国，从而在中国出现了“回回人”② 这个特殊的群体，并在后来形成伊斯兰化的各民族，使中国的民族格局和文化类型格局发生了重大变化。

元朝来华的穆斯林远远不止通过陆路丝道东来的中亚、西亚人，由于海上交通的发达，除阿拉伯和波斯商人、传教士外，来自东南亚乃至非洲的穆斯林也源源不断地进入中国。因此，元代回回人种族繁多，语言不一，其政治地位、经济力量、人口总数远远超过唐宋时期来华的“蕃客”、“胡商”。这时，唐宋时期“蕃客”、“胡商”的后裔大多已经“华化”，也加入回回人的队伍之中。于是，所有回回人在“回回”的称号下，以伊斯兰教为纽带，把各种信仰伊斯兰教的松散人群组合在一起，足迹遍及全国大多数地区，形成“元时回回遍天下”③ 的局面。

---

① 《元史》卷一。

② “回回”一词始见于沈括的《梦溪笔谈》，据考证，“回回”一词系“回纥”、“回鹘”之转音，后来含义屡变。蒙古国时期把来自中亚的穆斯林音译为木速蛮或木速鲁蛮，汉文史籍经常称为“回回人”；元代实行四等人制和户籍制度，于是从元初开始增加了种族的含义；元中期以后回回的范围逐渐扩大，“回回”正式成为信仰伊斯兰教的各色人种的总称。参见杨志玖《回回一词的起源和演变》，载《元代回族史稿》，南开大学出版社2003年版，第59—76页。

③ 《明史》卷三三二。

元代回回人被正式编入国家户籍。元世祖至元八年（1271）颁布的《户口条画》将全国户籍按职业和民族划分为许多类别，其中以民族划分的有蒙古户、回回户、畏吾儿户、契丹户、女真户、汉人户等；以职业划分的户籍中，斡脱户是专事发放斡脱钱的专业户，答失蛮户是伊斯兰教教职人员，迭里威失户是伊斯兰教中的苦修者。这三类人大部分应是回回人，不过各自从事不同的职业。① 元代的回回人被编入户籍，标志着回族先民蕃客地位的结束，回回人从此成为中华民族大家庭中的新成员，他们在中土聚合后，为了在这块儒家文化根深蒂固的异乡生存下去，在努力维护自身宗教信仰、文化习俗的基础上，不断吸取汉文化，使伊斯兰教的中国化初现端倪，并在经济生活、文化习俗等各方面为回族共同体的形成奠定了基础。

元代的回回人具有广泛的社会影响。在政治方面，成吉思汗建国前后已有一些有才能的回回人得到信任和使用。元世祖忽必烈即位后任用汉人，采行汉法，但仍然任用一些回回人以牵制汉人，加之回回人善于理财，管理能力强，无论中央和地方，都有回回人参与行政，有些还担任重要的职务，发挥着重大作用。在经济方面，回回人继承了阿拉伯和波斯人善于经商的传统，在元代涌现出不少富商大贾。一般回回商人除从事贩运生意外，多半替王公贵族放债取息，还有一些回回人经营珠宝行业，以珠宝、珍禽异兽献于朝廷以求厚赏。此外，元代大批回回工匠的东来，促进了手工业的发展；回回军队、工匠在各处的屯田，使因战争而荒芜的土地得到开垦，恢复了农业生产。可见，回回人在社会经济上的作用绝不应忽视。在文化方面，元代回回人在天文历法、建筑、医学、文献编纂以及文学、艺术等各个领域均有突出的成就。总之，回回人在元代的政治、经济和文化等方面上具有较大的实力和影响，在物质文明和精神文明上都做出了重要的贡献。

二、元代对回回人的政策

元朝建立后，蒙古贵族以中原封建王朝的继承者自居，并极力加强专制统治，维护民族特权，推行具有民族歧视与民族压迫色彩的民族等级制度。其主要表现形式之一，就是在吸收前朝推行民族分化政策经验的基础上，根据不同民族被征服的先后次序，将全国民众按种族、地域分为蒙古人、色目人（蒙、汉、南之外诸色人等）、汉人（原全国区域、含契丹人）、南人（原南宋区域）四个等级，对汉人，尤其是南人

① 邱树森主编：《中国回族史》（上），宁夏人民出版社1996年版，第146页。

进行各种防范压抑，实行法定的民族等级制度。在任用官吏、科举名额以及其他权利义务等方面都有种种不平等规定，从而达到保证蒙古贵族特权地位的目的。由于元朝统治者实行的民族等级制度，要笼络和利用色目人来牵制汉人和南人，因此，元代回回人的社会地位仅次于蒙古人，这就使回回人在政治、经济、文化方面获得了较好的发展条件。例如，在政治方面，回回上层人士在元代统治机构中扮演了重要角色。元朝统治者面对实际，需要汉族官吏参与行政事务，但又怀有戒心，于是在中央各衙门及地方政府部门中委派一名蒙古正职长官来监督，另外又配置一名权位相当的色目官员来进行防范与牵制，其中回回人占多数。据《元史·宰相表》和《新元史·宰相年表》记载，在元代历朝中央最高行政机关中书省担任右丞相、左丞相、平章政事、右丞、左丞、参知政事的回回人，计世祖朝11人，成宗朝9人，仁宗朝4人，泰定帝朝3人，顺帝朝3人。① 又据《元史·行省丞相平章政事年表》及《新元史·行省宰相年表》记载，回回人还在地方政府中担任要职者多人。总体来看，回回官吏参与元朝政治，一方面帮助蒙古贵族对汉族及各族人民进行专制统治，另一方面对各地的经济、文化事业都做出了贡献。

第二节

元代法制体系中关于回回人的规定

元朝是中国历史上第一个由少数民族建立的全国性封建中央政权，为了能在汉族人口占大多数的区域里巩固自己的统治，统治者给予包括回回在内的色目人以较高的政治地位和法律特权，并以制度或民族立法的形式固定下来，相关立法内容涉及行政、刑法、经济、民事等诸方面。

首先，元代的行政法律制度及其司法实践中对回回人的规定。元朝仿效金朝在用人方面先女真、次渤海、次契丹、次汉人的做法，将全国居民分为蒙古人、色目人、汉人、南人四个等级。回回人是色目人中的主要组成部分，元朝统治者倚重回回人的原因主要在于其归附蒙古较早，加之蒙古统治者文化水平低、人数少，需要网罗人

① 杨志玖：《元史三论》，人民出版社1985年版，第245页。

才，而回回人文化素质较高，正好能为其所用。因此，元朝政府在职官制度中规定，一些官职必须由回回人或回回人所属的色目人担任，或者给予从政回回人一些优待和特权。元世祖至元五年（1268），“罢诸路女直、契丹、汉人为达鲁花赤者，回回、畏兀、唐兀人仍旧”，不久又下诏：“以蒙古人充各路达鲁花赤，汉人充总管，回回人充同知，永为定制。”① 至元二十一年（1285），元朝“定拟军官格例，以河西、回回、畏吾儿等各依官品充万户府达鲁花赤，同蒙古人”②。回回人还在科举入仕、文武官员的荫叙等级等方面享有特权。元朝科举考试以蒙古、色目人为右榜，汉人、南人为左榜，两榜考试程式、科目不尽相同，右榜易，左榜难。“蒙古人、色目人愿试汉人、南人科目，中选者加一等注授”③。包括回回人在内的色目人享有的待遇几乎与蒙古人相同。在文武官员的荫叙方面，回回人也享有比汉人优越的权利。例如，大德四年（1300），中书省奉旨规定：“诸色目人比汉人优一等荫叙。……诸职官子孙承荫，须试一经一史，能通大义者免僳使，不通者发还习学。蒙古、色目愿试者听，仍量进一阶。”④

其次，元代刑事法规中针对回回人的规定。蒙古贵族推行的按民族标准分而治之的政策，也反映在刑法思想和具体规范当中，主要内容有两类：一类是给予并保护回回人的一些特权，另一类是对回回人所做的一些限制性规定，即无特别规定的情况下，回回人须遵守通行的法律规章。《多桑蒙古史》卷二中曾引元太宗所言：“成吉思汗法令，杀一回教徒者罚黄金四十巴里失，而杀一汉人者，其偿价仅与一驴相等。”蒙古统治者还在刑罚方面给予回回人一定的特权。按元律规定，凡犯盗窃罪者均要刺字，而色目人则同蒙古人一样，“犯盗者免刺”⑤，色目人居官者如犯奸盗诈伪等罪，由大宗正府受理处置，表明包括回回人在内的色目人享有同蒙古人一样的权利。除民族不平等外，元代刑法也公开实行主奴、良贱不平等原则，确认蓄养奴婢的合法性，蒙古人和色目人可以随便占有战俘为奴婢，《元史》中就有“诸蒙古、回回、契丹、女直、汉人军前所俘人口，留家者为奴婢”⑥ 的记载。由于蓄养奴隶合法，回回人上层与蒙、汉贵族官僚之家役使奴隶“动辄百千家，有多至万家者”，但一般汉人与南

① 《元史》卷六。
② 《元史》卷一三。
③ 《元史》卷八一。
④ 《元史》卷八三。
⑤ 《元史》卷三八。
⑥ 《元史》卷一〇三。

人则不允许占有蒙古人或色目人为奴婢。元代法律中有些法规是针对回回人的违法行为而加以限制的，例如《大元圣政国朝典章·刑部》中“典雇男女”条记载，北方诸色目人或因仕宦，或做商贾，或军人应役，久居江淮以南地面，将南人男女以转房乞养为名，或照典雇之例，将收养典雇之人带到北方转卖为驱口者，有关机构应呈请禁绝；在“禁典买蒙古子女”条中，禁止回回人、汉人、南人典买蒙古子女为驱口。

再次，元代关涉回回人的经济法规。元代回回人在经商活动中显示出特殊的才能，得到蒙古统治者的青睐。早在蒙古国时期，活跃于漠北的回回商人就受到蒙古贵族的重视。成吉思汗发动西征前，曾在大道上设置守卫并颁布一条札撒：凡进入蒙古国土内的商人，应一律发给凭照，对于值得汗受纳的财物，应连同物主一起送给汗。① 但实际上，由于商贸活动对蒙古人的重要作用，成吉思汗对商人往往给予优待。同时，拥有巨额财富的蒙古王公贵族们委托回回商人代放高利贷，从中收取高额息银。当时将此种发放高利贷的活动称之为“斡脱”，从业者称“斡脱户”。元朝建立后，斡脱活动合法化、官营化。元政府设立了管理斡脱活动的专门机构，如斡脱总管府、斡脱所等，同时制定条例保护斡脱活动，政府还出面帮助追索所贷钱银。元成宗元贞元年（1295）下诏：“贷斡脱钱而逃隐者罪之，仍以其钱赏首告者。”② 当然，由于斡脱活动毕竟是私人得利的行为，特别是由于斡脱户享有特权，为所欲为，盘剥百姓，往往牟取厚利而又逃避税差，因而引起元朝政府的警觉，并出台了一系列针对斡脱活动进行的法规。《元典章·户部卷》中有“斡脱钱”条例，“行运斡脱钱”一条中明令收回斡脱户手中持有的旧有圣旨；“为追斡脱钱事”条规定，对那些失散了本金又无保人者，免于赔偿；“斡脱钱为民者倚阁”条中，反对斡脱户将欠债却又无力偿还者的妻子儿女抵债，违者治罪；“斡脱每休约当”条中，禁止在斡脱活动中夹带其他不在名册的人参与活动；“追斡脱钱扰民”条中，制定了追索斡脱钱的正当手续，禁止斡脱户随意指点。尽管有上述限制性规定，但由于斡脱高利贷是元代皇室及王妃公主剥削收入的重要来源，因而有元一代，回回商人总体上一直受到优厚的待遇。他们往往不承担国家的杂泛差役，许多人还能得到“持玺书，佩虎符，乘驿马”③ 的特权，成为有元一代颇有实力的一个群体，在当时的社会经济生活中占有突

---

① 〔伊朗〕志费尼：《世界征服者史》，何高济译，内蒙古人民出版社 1980 年版，第 90 页。

② 《元史》卷一八。

③ 《元史》卷二二。

出地位。

最后，元代有关伊斯兰教方面的规定。在宗教方面，与元代民族大融合、回回人口大量增加及实施民族等级制度相适应，元朝政权在处理民族宗教问题和对待伊斯兰教方面采取宽容优待的态度。针对统治不同民族的需要，元朝政权对各种民族的文化均采取兼容并蓄政策。据志费尼《世界征服者史》记述，成吉思汗“对宗教没有偏见，不舍一种而取另一种，也不尊此抑彼”；“他一面优礼相待穆斯林，一面极尊重基督教徒与偶像教徒”。他对宗教的态度被以蒙古“大札撒”法律形式固定下来，其子孙也“不违背成吉思汗的札撒，对各教一视同仁”①。其目的是力图通过宗教控制手段向被征服的各族群众宣扬蒙古统治者的威德，从精神上控制被统治者。当然，这在客观上无疑促进了包括伊斯兰教在内的各种宗教文化的迅速发展。元朝还对回回传教士等人在赋税和差役方面给予较多优惠，例如，元代文献中将伊斯兰教宗教人员称为“答失蛮”，此系波斯语音译，意为“有知识的人”，其职责为掌管礼拜寺和伊斯兰学校，主持诵经、祈祷及教育等宗教事务。据《多桑蒙古史》记载，从成吉思汗起，蒙古统治者对宗教上层采取了保护措施，和尚（佛教）、先生（道教）、也里可温（基督教）与答失蛮同被视为“告天祝祷的人”，享受免除赋税的特权。同时还有免除差役的规定，例如泰定元年（1324），“诏免也里可温、答失蛮差役”。但按规定，这些人必须是“在寺住坐，并无寺产”，亦别无“营运事产”者，反之则按一般回回民户办法征收差税。

第三节

回回人社会的哈的制

为了有效治理空前辽阔、文化多样的大帝国，元朝政府采取“教诸色人户各依本俗行者”② 的方针，允许诸色人户各依本俗管理本族事务，实际上在法律上认定各民族内部习惯法对调解民事纠纷的合法性。随着回回人社会影响的扩大，元朝政府采取

---

① 余振贵：《中国历代政权与伊斯兰教》，宁夏人民出版社 1996 年版，第 86 页。

② 《元典章新集·刑部》。

唐宋时期管理蕃坊的基本方式，设立“回回哈的司”，掌管穆斯林的宗教事务及刑名、词讼诸事，使自治其徒。“哈的”一词由阿拉伯语“qadi”音译而来，是对伊斯兰教法官的称呼①。在伊斯兰教早期的发展史上，作为穆斯林之间纠纷的仲裁者，“哈的”一职在穆罕默德时期就已存在，倭马亚王朝和阿拔斯王朝时期，它是一种由政府任命掌管司法的行政官员，除执法、办案外，也协助地方官员处理行政事务。在我国，“哈的”一词虽然最早出现于元代的汉文文献中，但其实际职能在有关唐宋来华穆斯林的文献记载中已有所反映。例如《宋会要辑稿》载，宋真宗咸平二年（999）六月，大食“遣其判官文茂来贡”。其中所说的“判官”就是在大食国内担任教法法官的人②。据《元史》的记载可知，元代的回回哈的司出现在元世祖忽必烈时期，具体设置时间无明文记载。元朝政府设置“回回哈的司”的同时，在回回人较多的地方设立“回回掌教哈的所”，但《元史》中对于“回回哈的司属”是否是朝廷设置的官署、“回回掌教哈的所”是否是地方所设置的机构等问题，也无明确记载。

据元代关于回回哈的司和哈的所的相关记载，哈的制度主要是以哈的作为宗教领袖教法裁判官，依照伊斯兰教法的规定，受理穆斯林之间的诉讼、裁决案件、掌教念经，管理伊斯兰教内部事务，并为朝廷和皇帝祈祷祝福。与唐宋时期蕃坊中的蕃长率众“为回教素丹祈福”有所不同，元代哈的增添了为元朝皇帝祈祷的内容，规定清真寺“乃教众朝夕拜天，祝延圣寿之所”③。这种变化的重要意义，在于体现了回回人在中国这样的非伊斯兰国家如何适应与发展的问题。事实表明，回回人通过既忠于真主又忠于君主的“二元忠诚”的调和态度解决了这一问题。随着元廷内部斗争的变化，回回哈的司也时有变动。在元代中叶以前，哈的是伊斯兰教中的高级教职人员，他既是穆斯林宗教领袖，又是穆斯林的司法和执法官员，朝廷也尊称其为大师。元朝中后期，因被重用的回回人赛典赤·伯颜参与夺位而事败被杀，元仁宗即位不久即下令罢回回哈的司属，实行政教分家，规定“哈的大师每只叫他每掌念经者。回回人应有的刑名、户婚、钱粮、词讼、大小公事，哈的每休问者，教有司依体例问者”④，削弱了哈的原有的权力。但不久元泰定帝即位后，又重用回回人倒喇沙为中书左丞

① 该词在元代又被译作“卡迪”、“加的”等，明清时期的译名有“嘎最”、“嘎锥”、“嘎尊”、“哈子”、“哈孜”等。

② 王东平：《元代回回人的宗教制度和伊斯兰教法》，载《回族研究》2002年第4期。

③ 《元代定州重建礼拜寺记》，载吴建伟主编《回回旧事类记》，宁夏人民出版社2002年版，第390页。

④ 《通制条格》卷二九。

相，回回哈的所重新恢复权力。但后来又发生回回哈的司被罢旋即恢复之事。总体来看，回回哈的司属虽时废时兴，但哈的往往继续行使司法职权，回回人之间的诉讼实际仍由各地哈的依伊斯兰教法解决，至于杀人、抢劫重大案件才向官府控告。这从伊本·白图泰的游记中得到一些印证。伊本·白图泰游记虽未提及回回哈的司属，但他所到各地城市中，却会晤了当地穆斯林法官："中国每一城市都设有谢赫·伊斯兰，总管穆斯林的事务。另有法官一人，处理他们之间的诉讼案件。"① 他分别见到大都、泉州、广州、杭州等地的总教长和法官，这些法官，很可能就是各地方原"回回掌教哈的所"的"哈的"，他们在回回哈的司属被撤销后，仍然在分散于各地的回回人中执行原来的职责，直到元亡。

关于元代回回哈的司的司法状况，在《元典章》、《通制条格》等典籍中屡载有按"回回体例"断处的案例，主要体现在婚姻、钱粮、习俗禁例等穆斯林之间的民事纠纷方面。婚丧制度一直是回回人所遵奉的伊斯兰教法中的核心内容，虽然元时对回回人的婚俗无详细记载，但《西湖游览志》卷一八中提到"（回回）婚姻丧葬，不与中国相通"，反映出人们对回汉婚俗的不同有明确认识。元朝婚姻法规的基本原则是"诸色人同类自相婚姻者，各从本俗法，递相婚姻者，以男为主"②。体现出元朝对回回人的婚姻制度予以尊重，这一原则与伊斯兰教法中男子可以婚娶教外女子，但她必须皈依伊斯兰，女子不可嫁给非穆斯林的规定相吻合。《元典章》载有关于解决婚姻方面的财产纠纷案例，其中讲道："娶妻财毕未成者，男女丧不追财，欲便照依回回体例，不曾断过如此事理，诚恐违错，乞明降事。省部得此，仰更为审问无差，依理回付一半钱财施行。"③伊斯兰教法中将聘礼视为男方对女方的一项义务。《古兰经》中说："你们应当把妇女的聘仪，当作一份赠品，交给她们。"（4：4）④ 伊斯兰教法中确有聘礼减免的规定，如果婚姻双方尚未圆房即解除婚约，所定聘礼减半，这种情况被称作法定减免。⑤ 上述案例表明回回哈的大师正是依据伊斯兰教法中的有关规定来处理回回人的婚姻财产纠纷的。丧葬制度是伊斯兰教法在穆斯林生活中的另一个重要体现。《元典章》中规定，在葬礼中，"禁治居丧饮宴"，敢有违犯治罪，但"蒙古、色目人，各从本俗"；汉族居丧须"依乡俗，以麻布为之"，而"蒙古、色目人

---

① 《伊本·白图泰游记》（校订本），马金鹏译，宁夏人民出版社 2000 年版，第 547 页。

②③ 《元典章》卷一八。

④ 《古兰经》第 4 章第 4 节，马坚译，中国社会科学出版社 1981 年版。以下《古兰经》引文只标注章节号。

⑤ 《中国伊斯兰百科全书》，四川辞书出版社 1994 年版，第 436 页。

各从本俗”，不在此列；汉族“居父母之丧葬事未毕，弟兄不得分财异居”，但注明“蒙古、色目人，例从本俗”。由此可见，对回回而言，伊斯兰教法中的民事法规得到一定承认。

由上述可见，元代回回哈的司制度所反映的回回人伊斯兰教法文化，也深受元朝法律文化的影响，对元朝法制体系具有补充作用。蒙古族统治者建立统一多民族的元王朝后，将“祖述”和“变通”结合起来，“以国朝之成法，援唐宋之故典，参辽金之遗制，设官分职，立政安民，成一代王法”①。元朝的法制既受中原传统法制的影响，又保留具有浓郁草原游牧文化气息的蒙古习惯法痕迹，并吸收回回法某些内容，形成了富有时代特色的法律文化。元代哈的制度的作用，正如《至元新格》所规定：“诸论诉婚姻、家财、田宅、债务，若不系违法重事，并听社长以理论解，免使妨废农务，烦紊官司。”② 对回回人而言，哈的就是“社长”，负有合法的司法权力，哈的制度具有政教合一和自治的性质，对元代司法制度具有完善和补充作用。

第四节

掌教制的形成

关于元代穆斯林社会管理系统的发展变化，可从当时的民间资料中看到一些相关情况。例如，元朝至正八年（1348）所立定州《重建礼拜寺记》中，碑刻记载该寺的管理者是“掌教满喇金洪、副教杨美、副教秃朱”。两年后吴鉴所撰《重修清净寺碑记》中，提到当时泉州穆斯林中的主事者有五种：“摄思廉，犹华言主教也；益绵，犹言住持也；哈悌卜领众分诉；没塔完里，犹言都寺也；谟阿津，犹言唱拜也。”关于“满喇”一词，在《西湖游览志》中有“诵经持斋，归于清净，推其酋长统之，号曰满喇”之句，该词又译作“满拉”、“毛拉”、“曼拉”等，在伊斯兰国家中为知识分子、学者的尊称，在这一含义上与来自波斯语的“答失蛮”同义。自该词成为一种教职称谓后，因地区不同而有学者、教长、经堂学员等多种含义。定州碑中的“满

① ［元］郝经：《陵川集》卷三二。
② 《元典章》卷五三。

喇”显然是清真寺中的教长、掌教之称谓。“摄思廉”一词，在阿拉伯语中意为“伊斯兰教长老”，今译“谢赫·伊斯兰”。据《伊本·白图泰游记》中所说“中国每一城市都设有谢赫·伊斯兰，总管穆斯林的事务”可知，它是管理区域性伊斯兰事务的总教长，要经过官府的任命审批。“益绵”今译伊玛目，阿拉伯语中原指带领穆斯林集体礼拜的人，后来演变为一种教职，主要职责是在寺内率众礼拜并掌管教规，定州碑中“满喇”身份与“益绵相同”。“哈悌卜”今译“海推布”，也称作“二掌教”，主要职责是宣讲教义、教法，聚礼日专司念“呼图白”（演讲词）。“没塔完里”是波斯语中的阿拉伯词汇的音译，其含义为寺院的财产监管人，宗教或慈善基金的管理人。“谟阿津”作为一种职务在穆罕默德时代就已出现，其任务是召唤信徒们按时礼拜，与今译“宣礼员”含义相同。上述资料大致反映了元代穆斯林社会管理系统的构成情况：各城市有总管教务者称摄思廉，负责管理若干寺院，每个寺院里负责教务者为益绵、哈悌卜、没塔完里、谟阿津等，这种格局到后来逐渐演变为伊玛目、海推布、穆安津三掌教制，作为教坊制度中的组织制度在华绵延数百年之久。①

针对碑刻文献中没有提及“哈的”一职的现象，王东平在《元代回回人的宗教制度与伊斯兰教法》一文中指出，对元代穆斯林的管理系统仅用“执法”和“教务”的概念来区分似有不妥。因为伊斯兰教具有宗教、法律、伦理三位一体的特点，中世纪伊斯兰国家都是政教合一，司法机制和宗教密不可分，哈的的宗教色彩是不言而喻的。因而在元代，哈的大师兼有世俗与宗教的双重身份，它既是穆斯林社会中最主要的司法仲裁者，调解穆斯林之间的各种纠纷，代表官方行使刑罚、征粮等项权力，但同时也掌教念经，参与宗教事务。从这个意义上讲，哈的也可算入教务系统。元代官方文献和民间文献展现的差异表明，前者指的是官方认可的某一区域内整个穆斯林群体管理系统，包括摄思廉、哈的（答失蛮），管理的事务有宗教的和非宗教的。后者是民间自己的寺院管理系统，包括寺院中的益绵、没塔完里、谟阿津等。二者的关系是前者统领后者。自唐宋至元朝，入居中国的穆斯林群体都具有相当强的封闭性，享有自治，中央王朝最简单的办法就是通过其首领来实行间接管理。但是，随着在华穆斯林中国化之后，中央王朝和穆斯林首领间司法权限的争夺就突显出来，由于元朝取消了哈的手中所掌握的司法权限，令其只“掌教念经”，哈的一职于是在后来的回族宗教制度中才不见了。以谢赫、伊玛目等为首的纯教务系统则延续下来，成为穆斯林

① 李兴华等：《中国伊斯兰教史》，中国社会科学出版社 1998 年版，第 253—255 页。

社会最重要的管理者。①

上述表明，大概自元代中后期回回哈的司属被取消以后，随着东来的回回人定居下来，生活趋于稳定，便在回回人居住较多的各地城乡渐渐形成了教坊组织。在城市的教坊中，主要居住着来华贸易的商人、工匠、宣教师、学者等，他们的信仰一致，生活习俗也基本相同，多数人也能互通语言。共同的宗教感情，自然凝聚在一起，集居于城市中的某些街坊或关厢，在这些聚居区建立起清真寺，从而形成教坊。《伊本·白图泰游记》中说："中国各城市都有专供穆斯林居住的地区，区内有供聚礼等用的清真大寺。"② 表明到了元末，我国许多大城镇中，有了回回人居住的这种聚居区。除城市教坊外，还有为数众多的回回军士和军匠分布在广大乡村教坊中。在元代，从中亚、西亚各地被签发东来的大批回回军士和回回军匠组成的西域亲军，被编入探马赤军，随着蒙元的军事活动，进入中国各地南征北战，流徙无常，他们在蒙元"寓兵于农"的政策下，多施行屯垦，以解决军饷和减轻财政支出。在战事结束后，这些回回军士就被解除军籍，随地入社，获得了土地，从事农耕，形成了以农业为主的社会群体。生活稳定后，他们便在入社定居的地方建立清真寺，并仿效城市回回人的教坊，设立掌教人员，成立管理组织，于是在广大农村便形成了回回人的教坊。元代教坊的管理者，应该是吴鉴《重修清净寺碑记》说提到的"益绵"、"没塔完里"、"谟阿津"等，教坊往往以一个清真寺为中心，范围相当有限，其职能基本限于宗教活动和民俗、教育等方面。进入明代，教坊才建立健全了各种组织机构、规章制度，完备了组织设施，终于成为回族穆斯林普遍的和稳固的社会组织。

---

① 王东平：《元代回回人的宗教制度和伊斯兰教法》，载《回族研究》2002 年第 4 期。

② 《伊本·白图泰游记》（校订本），马金鹏译，宁夏人民出版社 2000 年版，第 541 页。

第五章

明代回族法制

明代是中国封建社会后期尚能保持繁盛的朝代，也是回族共同体的形成时期。有明一代，随着回族族体的壮大与稳定，加之明王朝对回族和伊斯兰教采取较为宽容优待的政策，使回族在政治、经济、文化诸方面获得进一步发展。其中，回族社会的法制文化也日益表现出鲜明特色，尤其明朝中后期，随着经堂教育的开展和汉文著译的兴起，伊斯兰教法在回族社会得到广泛传播并向本土化深入发展，这对丰富回族法制的内容产生了深刻的影响。

第一节

明代对回族的“转相化导”政策

回回穆斯林人口在元朝基础上不断增加，族体进一步壮大。明朝历代帝王采取较为开明的对外政策，不仅使东西方往来十分频繁，而且也吸引了大量的“西域回回”内迁，使整个明代入居中国内地的西域回回人数已非常可观，仅见于记载的归附回回就有十五六万人之多①。除“西域回回”继续内迁之外，明初统治者为了防止蒙古人、色目人（包括回回人）的反抗，曾禁止其“本类自相嫁娶”。这一民族同化政策，客观上促进了回回群体的繁衍发展。与外族通婚的结果，不论男娶女嫁都使对方自然改宗伊斯兰教，使穆斯林人口大量增加，这势必进一步使回回群体得到壮大，促使回族共同体的形成。

一个民族正式形成的主要标志是共同的民族心理素质的形成，这种心理素质又称民族性格，是指一个民族形成中的一种心理状态，这种心理状态的主要内容包括与其他民族不同的独特的性格、情操、爱好等心理特征。回回人所以能形成一个民族，有一个因素所起作用尤其明显，这就是回回人共同的伊斯兰教信仰、严格的教规以及与之而来的共同的社会习俗和心理状态，这就如同一条强有力的纽带，在回回形成一个统一民族的过程中，发挥了极其重要的维系与凝聚的作用。这种共同的心理因素促使回回民族的聚合过程在明代最终完成。明王朝建立后，统治阶级实行民族同化政策，

---

① 和龚：《明代西域入附回回人口及其分布》，载《回回历史与伊斯兰文化》，今日中国出版社 1992 年版。

下令禁止胡语、胡姓、胡服、胡饰，并不允许各族人自相嫁娶，强迫移居内地的各族人改变自己的风俗习惯。于是，回回人失去了原先优越的地位，迫使他们重新审视社会环境，面临生存挑战，“这种社会的压力是在民族如林的社会中，形成一个新民族共同体的必不可少的条件”①。尤其是元末以来出现在东南沿海一带的“排回”浪潮，使回回人深深感到自身处于受歧视的地位，因而对其他民族存在隔阂和不信任心理，对于伤害本族尊严的行为极为反感。因此，原先由各民族聚合而成的回回人不得不为了适应新的社会环境而团结起来，通过对伊斯兰教的虔诚信仰来增强民族凝聚力，“这种穆斯林之间的亲情，淡化了他们之间原来国家的、民族的或种族成分方面的差别，从而在思想意识上产生一种无形的靠拢”②，使整个民族群体更加紧密地形成共同体。随着共同的民族心理素质的形成，加之共同的经济活动、风俗习惯、居住特点基本定型，“可以认为，在明代中后期，回回民族共同体最终形成了，回回人作为一个真正意义上的民族从此正式登上了中国的历史舞台”③。这样，在明代回族共同体身上，自唐宋以来那种以蕃客身份活动的痕迹已经消除，与元代仍处于聚合阶段的回回人也有明显区别，明代的回族政治家以“中夏之人”的身份参加治理国家，广大回族群众与华夏民族“同生天地之间”，成为中国各民族中的新成员，在已经定居的土地上劳动、繁衍，回回民族在政治、经济、文化诸方面获得进一步发展。

明朝政权是在起兵倒元、驱蒙兴汉的基础上建立起来的，作为汉族统治阶级的代表，其民族观必然受历代中原封建王朝“夏夷之辨”的影响，把汉族和少数民族对立起来。在解决民族宗教问题时，明朝政权对蒙古人、色目人等多有防范，以民族同化的方式进行管理。与此同时，因朱元璋起家于当时回回较为繁盛的淮上，左右近臣和开国功臣中有不少回回人，对明朝的政治、军事、经济、文化都有较大贡献，因而明朝不得不以怀柔安抚的姿态对待回族穆斯林及伊斯兰教等宗教事务，以适应回回等少数民族普遍信教的现实。加之元代的民族压迫政策对大汉族主义造成了猛烈冲击，以及明朝统治者注重吸取元朝暴政覆亡的教训等因素，这就使明朝政权在民族宗教问题上往往表现出互相矛盾的两重性：明太祖虽然在内地禁止“胡服、胡语、胡姓”，但又晓谕天下：“朕既为天下，华夷无间，姓氏虽异，抚字如一。”④ 明成祖也声言：

① 杨建新：《中国西北少数民族史》，民族出版社 2003 年版，第 584 页。

② 余振贵：《中国历代政权与伊斯兰教》，宁夏人民出版社 1996 年版，第 137 页。

③ 邱树森主编：《中国回族史》（上），宁夏人民出版社 1996 年版，第 393 页。

④ 《明太祖实录》卷五三。

“华夷本一家，朕奉命为天子，天之所覆，地之所载，皆朕赤子，岂有彼此?”① 从这种两重性民族观出发，明朝政权形成了统治少数民族的根本思想和策略，这就是“刚柔并济”、“以夷制夷”。这一思想体现在对伊斯兰教方面，就是实行“转相化导”②政策。“所谓‘转相’，就是把伊斯兰教对穆斯林的巨大精神影响，借用到说服穆斯林对明朝政权的归附服从上来；所谓‘化导’，就是用褒扬伊斯兰教的办法，把它抬高到和封建理学同样‘仁覆天下，道冠古今’，‘深原于正理’的地步，从而引导穆斯林接受中国传统思想文化，逐渐淡化原先的民族宗教意识，融合到汉族社会中去”③。由于实行上述政策，有明一代总体上对穆斯林能够实行怀柔政策，诸帝王对伊斯兰教也多持宽容保护的态度。朱元璋曾在讨元檄文中称：“如蒙古、色目，虽非华夏族类，然同生天地之间，有能知礼仪愿为臣民者，与中夏之人抚养无异。”④ 明朝建立后不久，朱元璋发布敕谕明确规定：“蒙古、诸色目人等，皆我赤子，果有才能，一体擢用。”⑤ 同时敕令由政府出资在南京三山巷及西安子午巷建立两座清真寺，并亲撰《百字赞》赐清真寺。后来诸帝王也屡降敕令重申保护伊斯兰教和清真寺，至少从未有禁止伊斯兰教之事。

在明朝政府“转相化导”的伊斯兰教政策影响下，伊斯兰教在中国得到稳定发展，并开始从自戒封闭状态进入与中国传统文化交流结合的新阶段。于是，在回族伊斯兰教中形成世袭伊玛目掌教这种独特的创制，尤其是自明朝后期起，一批伊斯兰教学者开始用汉文著译经籍，介绍伊斯兰教的教义教法，兴起了一场具有深远意义的宗教著述的学术活动，这对伊斯兰教的中国本土化和回族法制文化特色的形成产生了深刻影响。

---

① 《明太宗实录》卷二六四。

② 《明史》作者对明代的宗教政策评论说：“迨成祖，益封法王及大国师、西天佛子等，俾转相化导，以共尊中国。”载《明史》卷三三一。

③ 余振贵：《中国历代政权与伊斯兰教》，宁夏人民出版社 1996 年版，第 115 页。

④ 《明太祖实录》卷一一。

⑤ 《明太祖实录》卷五一。

第二节

明代法制体系中关于回族的规定

明朝的开创者朱元璋为了巩固新生的政权，整顿社会秩序，发展经济，十分注重政权建设和法制建设，尤其是注意总结唐宋以来法制建设的历史经验，强调只有立法建制才能“人志定、上下安”，因此“建国之初，此为先务”。① 在统治者的大力倡导下，有明一代在经济繁荣、文教进步等基础上，造就了发达丰富的法律文化。明代关涉回族的立法主要表现有：

首先，明王朝的政令体现了对回族穆斯林的某种宽容优待。朱元璋在位时发布敕谕：“回回人户，与中夏之人抚养无异。”② 同时，朝廷对回族穆斯林的宗教信仰表示尊重，这从朱元璋御书《百字赞》褒扬伊斯兰教的事例中得以体现。据王岱舆《正教真诠·群书集考》载：明太祖于“洪武元年敕建礼拜寺于金陵，御书百字赞，褒美清真，以示优异。赞曰：‘乾坤初始，天籍注名。传教大圣，降生西域。授受天经，三十部册，普化众生。亿兆君师，万圣领袖。协助天运，保庇国民，五时祈祐，默祝太平。存心真主，加志穷民。拯救患难，洞彻幽冥。超拔灵魂，脱离罪业。仁覆天下，道冠古今。降邪归一，教名清真。穆罕默德，至贵圣人。’”于是，回族穆斯林多以此作为护教、护寺的法宝，往往将《百字赞》书写或镌刻于清真寺大门显要之处。明成祖时，又申令保护伊斯兰教和清真寺，下发敕谕赞扬伊斯兰教徒米里哈支“笃志好善，导引善类，又能敬天事上，益效忠诚，眷兹（善）行，良可嘉尚”③。明武宗更是对伊斯兰教怀有敬意，据传他曾对侍臣评说各教：“儒者之学，虽可以开物成务，而不足以穷神知化；佛老之学，类似穷神知化，而不能复命皈真。然诸教之道，皆各执一偏。唯清真认主之教，深原于正理。此所以垂教万世，与天壤久也。”④武宗十分宠幸回回人，在宫中所建寺院以及身旁多回回人，在出巡途中屡令地方遵循回回习

---

① 《皇祖四大法》卷三。

②④ ［明］王岱舆：《正教真诠·群书集考》。

③ 见《泉州伊斯兰教石刻》，转引自邱树森主编《中国回族史》（上），宁夏人民出版社 1996 年版，第 522 页。

俗。武宗以后，虽然再没有一位明朝皇帝如此关照伊斯兰教，但也没有发生对伊斯兰教限制、压迫之事。

其次，明代法律以约束化导的思路来规约回族穆斯林的行为。虽然明代对回族穆斯林等少数民族采取宽待政策和开明态度，但明政权作为汉族地主统治集团的代表，其民族观必然受其民族属性、阶级属性的制约，因而继承了自周秦以来历代王朝所奉行的“内中华外四夷”的民族观。于是，在认同并尊重回族穆斯林及其伊斯兰教信仰的同时，也采取了相应的防范措施。这些措施体现在法制方面，就是推崇唐宋以来礼法结合的治国方略，认为“礼乐者治平之膏粱，刑政者救弊之药石”①。在以礼导民、礼法结合的思想指导下，明代对回族穆斯林规定了一些约束办法，以引导其在意识形态方面与儒家思想融合。这些办法是：其一，禁止穆斯林自相嫁娶，用行政手段推行同化政策。蒙古人和色目人在内地人口增殖，是明朝初期政治社会方面的大问题，为了防范蒙古人、色目人力量的壮大，《明律》规定：“凡蒙古、色目人，听与中国人为婚姻，不许本类自相嫁娶，违者杖八十，男女入官为奴。”② 由于色目人本来以回回人占多数，这条限制色目人的法律，实际就是限制穆斯林的法律。该规定虽然为回汉通婚和回族人口繁衍提供了合法依据，但它对穆斯林的防范和猜忌意图是明显的。其二，禁止在内地采用胡服、胡语、胡姓。朱元璋统一天下后，厉行华夷之别，于洪武元年下诏：“初元世祖起自朔漠，以有天下，悉以胡俗，变中国之制……俗化既久，恬不知怪。上久厌之，至是悉命复衣冠如唐制，……胡服、胡语、胡姓一切禁止。”③鉴于朝廷用行政命令手段调整扭转社会习俗，因此除了对汉人有约束作用，对蒙古人、色目人无疑有巨大压力，结果使回族穆斯林变胡姓为汉姓，并改变服饰、语言等方面的习俗。可见，统治者试图在文化上模糊穆斯林的种族意识，以达到促其汉化的目的。其三，朝廷加强对清真寺的控制与管理。明朝建立后，担心穆斯林政治势力的膨胀，加强了对清真寺的管理，对回族社区只允许设教长而不设教法官，规定教长只有传教布道的权力，不能掌理民间诉讼。同时，朝廷要求清真寺掌教要向礼部申请并履行注册登记手续。据王岱舆《正教真诠》载：“以故真教流行于天下，各省教人钦遵外，随方建寺，各赴京比例，请给劄副，住持寺院。”④ 可见，明代清真寺的教长

① 《明太祖实录》卷一六二。

② 《大明律》卷六。

③ 《明太祖实录》卷三〇。

④ ［明］王岱舆：《正教真诠·群书集考》。

一般都要由朝廷正式批准授职，在正式下发“劄副”（许可公文）后，始可正式履任。

第三，明初奉行“重农抑商”政策，使回族穆斯林传统的商业经济遭受挫折。明代为适应加强专制主义中央集权的需要以及因倭寇之患，屡次实行海禁政策，使穆斯林的商业经济遭到沉重打击。从明初起，朱元璋便下令“禁濒海民不得私出海”①，“敢有私下诸番互市者，必置之重法”②。至《大明律》修成，又进一步规定：“凡将马牛、军需、铁货、铜钱、缎匹、绌（绸）绢、丝绵私出外境货卖及下海者，杖一百。”③ 经过永乐、宣德两朝，至嘉靖初期，海禁稍驰，海上贸易迅速发展。但在封建时代，海上贸易的发展是对封建自然经济与闭关锁国政策的巨大冲击，不利于专制制度的巩固，因此从嘉靖三年（1524）起，便屡颁海禁律例，封闭了广州、宁波和泉州三个市舶司，并规定：“沿海军民私与贼市，其邻舍不举者连坐。”④ 明代的海禁律例阻碍了私人海外贸易的发展势头，海外贸易较之元代大大衰落，穆斯林商人只好转向内地，转向农村，以内贸为主。即使是在国内工商业政策上，明朝政府继续秉承历代王朝重农抑商的传统政策，在工商业立法方面，制定《盐法》、《茶法》等一系列法规，加强了国家对盐、铁等重要物资的官营专卖，致使工商业者动辄犯禁。这样，广大回族穆斯林从事的商品经济被禁锢在狭小的领域，缺乏广泛发展的空间。

第三节

明代回族法制的基本内容

历史上，回族自形成起，即被中央王朝纳入国家法制体系和地方行政体制的管辖之内，回族并不存在国家政权层面的“立法”。但是，从法社会学和法人类学的立场加以考察，“法律并不只是写在国家制定和施行的律例里面，它们也存在于那些普通

① 《明太祖实录》卷七〇。
② 《明太祖实录》卷二三一。
③ 《大明律·兵律·关津》。
④ 《明世宗实录》卷一五四。

的社会组织和生活场景之中”①，“已有的功能主义和法律多元的研究强调，法律作为社会共同体中的规则，实际发挥社会控制和排解纠纷等作用。因此，不仅中央制定法，而且发挥这一效能的规则体例都被作为法律纳入研究视野。在这一视角下的现有研究特别关注社会控制和纠纷解决过程中实际被运用的规则、方式和过程，‘习惯法’、‘民间法’和‘情理’等概念因此得以牢固确立，国家从法律的概念中所占据的显著地位上不断后撤，民间法的意义得到强调，其内涵和各种类型被细致地描述。”② 理论的丰富与视角的转换向人们展示出新的内容，亦即调整传统回族社会秩序的法律规范，除国家法之外，还存在着以伊斯兰教法为主体、受中国传统法文化等多种因素影响下的教法律例、禁忌习俗、乡规民约等具有约束力的行为规范。这些行为规范维系着回族社会秩序的安定，具有“准法律”的作用，我们在这里姑且把它称为回族的民间法或简称回族法。回族法规定了穆斯林社区的组织及组织成员的权利和义务；规定社区的社会公德，调解社区成员的纠纷；规定社区和家庭的财产继承、分配、交换、借贷等有关内容；规定社区的宗教、婚姻、家庭、丧葬、禁忌等，其中既有与国家法重合的地方，也有许多是国家法未曾涉及的领域。上述法规是回族在思想上理解、行动中实践的规范体系，构成回族社会的内控性生活秩序。概括地讲，回族法的基本内容主要包括以下诸方面：

第一，关于宗教信仰活动和社会伦理秩序方面的规定。

宗教文明的精髓在于借助超验的权威而统合分散、疏离乃至冲突的人群，所有宗教都隐含着使人类达致有序化的潜在动机，旨在维护秩序的稳定和社群的合作。因此，在传统社会中，人类往往依赖宗教维系秩序，其政治、文化和法律中常常浸含着宗教的意蕴，弥漫着宗教的氛围③。回族几乎全民族信仰伊斯兰教，传统上，一个回族穆斯林的日常生活主要受教义和教法的约束。作为穆斯林，其主要义务之一就是信仰伊斯兰教，具体表现就是按照伊斯兰教经典《古兰经》和《圣训》的规定，从事日常宗教活动。宗教活动的内容可分为内心诚信、诵念表白、身体力行三部分，伊斯兰教法把念、礼、斋、课、朝“五功”作为伊斯兰教的基本信仰和基本宗教义务。

伊斯兰教把念功定为首功，规定穆斯林对自身信仰公开表白。伊斯兰教认定真主

---

① 梁治平：《中国法律史上的民间法——兼论中国古代的法律多元格局》，载《中国文化研究》第15、16期。

② 王志强：《法律多元视角下的清代国家法》，北京大学出版社2003年版，第12页。

③ 高鸿钧：《伊斯兰法：传统与现代化》（修订版前言），清华大学出版社2004年版。

安拉是唯一的神灵，《古兰经》要求人们反复念诵“万物非主，唯有真主；穆罕默德是真主的使者”这一清真言，要求穆斯林遵循信安拉、信天使、信经典、信使者、信后世、信前定的律例。念功在培育穆斯林的宗教感情上起着很大的号召作用，同时在穆斯林社会中起着认同与亲和作用。这种号召与亲和作用体现了伊斯兰教的基本信仰和真主安拉的权威。显然，在伊斯兰教看来，信仰绝不是口头上念清真言就表明已成为穆斯林了，信仰的真正意义是积极深入地投入生活的各个层面，人们按《古兰经》的教导确定行为准则，在人世间做到坚定信仰、坚守公正诚信、恪守拜功、完纳天课等规定，把念主与信教结合起来，才能逐步达到一个合格穆斯林的标准。

礼拜是每个成年的穆斯林必须遵守的一项功修。《古兰经》中规定：“拜功对于信士，确是定时的义务。”（4：103）“拜功的确能防止丑事和罪恶，记念真主确是一件更大的事。”（29：45）又说：“有教养的人确已成功，他记念真主的尊名，他谨守拜功。”（87：14—15）教法学家认为，拜功是伊斯兰教中最后消失的一件工作，一旦废除礼拜就等于废除了整个伊斯兰教。因此，“拜功是伊斯兰的支柱”①。所谓“礼拜”，亦即向真主行拜和祈祷。伊斯兰教认为最敬之礼在于礼拜，凡理智健全的穆斯林都有礼拜的权利，跪拜真主人人有份，在真主面前人人平等，没有贵贱高低之分。礼拜可使人养成清洁、整齐、守时、有恒、合群等良好行为习惯。《古兰经》指出：“你当在白昼的两端和初更的时候谨守拜功，善行必能消除恶行，这是对于觉悟者的教诲。”（11：114）教法规定礼拜前要身清服洁；礼拜有法定的时间，必须按时完成。完整的拜功有一日五次礼拜（晨、晌、晡、昏、宵）、七日一次聚礼（每周星期五）和一年两次会礼（开斋节和宰牲节）。由于四大教法学家的具体主张有所不同，各地穆斯林往往根据所处环境和时间的不同择优执行。清真寺是穆斯林做礼拜和祈祷的主要公共场所，回族穆斯林在每星期五主麻日的聚礼和一年两度的节日会礼都要在清真寺进行，在入拜之前往往由掌教阿訇宣讲教义，宣传先知嘉言懿行，对穆斯林进行内容丰富、形式多样的劝勉，其中包括遵纪守法、遵从伦理道德规范方面的内容。伊斯兰教鼓励穆斯林随时随地祈祷，尤其是在礼拜的时候祈祷。穆罕默德说：“安拉为我把大地变成可礼拜和洁净的地方，我的任何信徒不论在哪里，礼拜时间一到，就可就地礼拜。”② 总之，在礼拜中，统一的动作、统一的经文、统一的时间和一系列规定的程序，使每个人充分感受到自己是集体中的一员，穆斯林是一个整体，没有贵贱之分，

① 散伊德·萨比格：《伊斯兰教法》（中），穆斯林青年翻译组译，民间刊印，第59页。

② 《布哈里圣训实录全集》（第二部），康有玺译，经济日报出版社1999年版，第137页。

长幼之别，这种在表面上看来是形式化的程序，在集体的凝聚力和个体之间的亲和力方面起着重要的作用。同时，聚礼中阿訇所作的“卧尔兹”宣讲，依据经训典籍，针对社会中的现实问题，从伊斯兰教的角度进行阐释和评价，对不符合伊斯兰教法的行为进行辨析规劝，这对塑造和约束穆斯林的思想意识和日常行为无疑具有重要作用。

封斋是男女穆斯林应当力行的又一项功课。《古兰经》中有守斋的规定，要求穆斯林每年回历九月斋戒一月。斋戒可使人养成诚实、忍耐、知足、克己、刚毅、刻苦等美德，又具有促进新陈代谢功能，达到锻炼身体的目的。伊斯兰教的斋功真正的重要性，在于培养对于真主的绝对服从，同时也起到教导穆斯林要控制各种欲望，不要贪得无厌，不要做出损人利己的事情，要怜悯穷人，富有同情心等方面。可见，斋戒就是要求人们按照真主对穆斯林的行为规范和生活方式，培养人们敬畏真主的意识和约束自己的功夫，并锤炼自己的意志，加强德行修养。

课功是伊斯兰教所规定的一项培养穆斯林慷慨精神和手足之情的宗教功课，又称天课。《古兰经》中说：“你要从他们的财产中征收赈款，你借赈款使他们干净，并使他们纯洁。”（9：103）又说：“行善者，谨守拜功，完纳天课，且确信后世。”（31：4）简单讲，课功就是奉主命完纳一定的赋税，穆斯林只要资财达到一定数量，就必须在每年提取一部分分给贫困者。在伊斯兰教看来，天课是服从真主的命令，向富人征收赈款，施散给穷人，其目的是希望通过这种善举，得到吉庆、净化心灵、搞好社会福利。因此，人们应积极捐赠和交纳课税，每一个穆斯林都应自愿履行这一义务，从而才具有按真主教导行事的精神上的崇高价值。天课不等同于平时的施舍，在我国各族穆斯林中，也没有征收天课的专门机构。回族穆斯林往往根据自己的经济情况履行完纳天课的义务。他们大多以散“乜贴”的形式，作为宗教施舍，赠予阿訇、满拉和贫困的穆斯林。在一年一度的开斋节中，穆斯林普遍自愿向清真寺交“菲吐尔”钱，以用于公益事业。天课是教人以割爱来养成为真主安拉牺牲的精神，促进人与人之间的互助精神，消除贫富间的敌视心理，达到人类祥和、社会安乐的境界。

朝觐是指每一位有经济和有体力的成年穆斯林都负有朝拜麦加的宗教义务。伊斯兰教规定，每个身体健康、有经济能力的成年穆斯林，在旅途安全的情况下，一生中要争取到麦加朝觐一次。朝觐所蕴含的基本意义，正如《圣训》说：“在禁寺礼一拜，强过在别处礼十万拜。”① 清代回族学者指出，朝觐是为了履行与真主的“后天之

---

① 〔埃及〕纳·阿·曼苏尔：《圣训经》1998年合订本（内部出版发行），陈克礼译，第137页。

约”，目的是为了“不忘历来之根本，相承正教之遗踪，更遵真主之明命”①。在伊斯兰教的发展史上，朝觐历来是穆斯林的重大活动，来自世界各地的不同肤色的穆斯林，纷纷云集麦加。由于距离遥远，中国穆斯林在历史上参加朝觐的人数较少，元、明时只有个别人，清朝时日渐增多。伊斯兰教的朝觐所具有的首要意义，在于它是超民族超地域的世界大同观念的体现。其次，朝觐使人们报着恭敬虔诚和自我反省、自我克制、自我约束的态度，破除种族、民族界限，相互了解，增进友谊，从世界各地走到一起，加强了伊斯兰世界的团结，体现了伊斯兰教作为世界性宗教的共同信仰。

在遵行五功的具体实践活动中，我国的回族因所处地域和文化环境的不同而逐渐形成共同信仰制度下的差异性。明末清初的回族伊斯兰学者认为不仅要尽天道“五功”，而且要尽人道，二者结合到一起才能圆满完成穆斯林承担的义务。因此，回族伊斯兰学者提出了“五典”说，认为穆斯林在完成念、礼、斋、课、朝这“五功”的同时，也要维护君臣、父子、夫妇、朋友这“五典”，从而得到历代统治者的一定程度的支持，使伊斯兰教的宗教活动在中国的社会文化环境中得以保持和发展。从具体内容看，“五典”实际上体现着儒家关于君臣、父子、夫妇、朋友之间关系的概括，是中国回族伊斯兰学者融汇儒家“三纲五常”伦理道德观念的产物，这是中国伊斯兰学者在伊斯兰教中国化过程中的重要创造。五典的具体内容有：

君臣关系及其准则。在中国伊斯兰教学者看来，君王是真主在人间的代表，忠君才能忠真主。王岱舆认为“夫忠于真主，更忠于君父，方为正道”②，要人们既忠于真主，又忠于君王。马注又进行了发挥，认为“人极之贵，莫尊于君。君者，所以代主宣化，摄理乾坤万物，各得其所”③。实质是从“敬主”的前提出发，进一步指出君王是真主在人间的代表，被赋予统治天下臣民、管理万物的至高无上的地位。“代主宣化”在强调了臣民忠于君，正是忠于主的表现，这就将忠君与忠主结合起来。在中国漫长的封建社会里，皇帝具有至高无上的权力，各级政府官吏和百姓都被置于封建帝王的绝对统治之下，在与中国各族穆斯林的关系上，封建帝王也要处处表现出其统治地位的不可动摇性。例如，在清代，很多清真寺就被迫设有万岁龙牌，穆斯林要在万岁龙牌下集体诵经。

父子关系。在封建社会里，儒家强调家长制、父权制，而伊斯兰教倡导尊老爱幼

---

① ［明］王岱舆：《正教真诠·五常》。
② ［明］王岱舆：《正教真诠·真忠》。
③ ［清］马注：《清真指南·忠孝》。

的美德，做到子女孝敬父母，父母对子女精心培育。刘智认为“子奉父母，犹奴隶之事主人，不缓命，不改委”①，力图在中国穆斯林的历史与社会中，将儒家文化中的孝悌思想与伊斯兰的孝敬教规实现连接。刘智认为父亲应该从胎教、礼教、学校教育三方面关心子女的教育，“失于胎教，则气质不纯；失于礼教，在言动无节；失于学教，则德行无成。教而不善，子之过也。不教而不善，父之过也”②。子女除了以孝敬作为首要的职责外，还要达到“执守良业，勤于学而敏于善”③等一系列要求，只有这样，才能真正做到孝敬，感到内心无愧。

夫妇关系。夫妇是构成回族穆斯林家庭的核心和纽带。伊斯兰教认为爱妻子是先知们的美德之一，要求丈夫爱妻子，和气对待妻子，做一个热爱家庭和生活节俭的丈夫，保持夫妻间感情的融洽。穆罕默德说：“女人同弯曲的肋骨一样，你若想校正它则会弄断它，你若享用其天生的弯曲则会得益于它。”④ 实际是强调对妇女要体贴温存，对她们在品德和智慧方面的不足之处要容忍。在回族穆斯林家庭中，男子长期在经济和社会上处于主导地位，以自己的劳动所得和合法经营所得供给妻子的生活，妇女一般与汉族的情况类似，不能摆脱依附男子的局面，但根据伊斯兰教的规定，妇女毕竟享有一定的地位和诸多权利。《古兰经》说：“她们是你们的衣服，你们是他们的衣服。”（2：187）认为男人和女人是一个相互依存的整体。

兄弟关系。伊斯兰教提倡兄弟姊妹平等，相互之间如同本之枝、并蒂之果，要互相谦让，不能互相伤害，在家庭中承担共同的责任。刘智尤其强调：“兄之道在宽容，而不嫌弟之不足；在仁爱，而不忌弟之有余；在体恤，不以繁重累之，而伤其筋骨；在涵养，不以小忿与争，而破其情怀。”⑤ 同时指出，作为弟弟，也应该对哥哥恭谨敬重，温顺安分，遇事勉力去做，这样，就没有不和睦的兄弟了。兄弟和睦，父母就安心了，父母安心，亲亲之道就体现出来了。

朋友关系。朋友关系是人与人关系的一个重要方面。伊斯兰教提倡在朋友之间要宽容善待，互相帮助，重视友情，情同手足，反对损人利己，尔虞我诈，钩心斗角，巧取豪夺。

第二，婚姻、家庭方面的规定。

---

①②③ ［清］刘智：《天方典礼》卷一一。

④ 《布哈里圣训实录精华》，宝文安、买买提·赛来译，中国社会科学出版社 1981 年版，第 144 页。

⑤ ［清］刘智：《天方典礼》卷一三。

婚姻与家庭是社会生活的两个基本方面，在伊斯兰教法和回族的禁忌、习俗中，涉及婚姻家庭的法规范相当细致。在伊斯兰教法中，家庭法是教法的核心领域，是充分体现伊斯兰精神的一个分支，其相关规定在世界各地穆斯林社会的日常生活中具有广泛的影响力。回族的婚姻规范既保持了伊斯兰教婚姻制度的严肃性、完整性，同时某些规定和仪式带有中原汉族文化的痕迹。这种婚姻制度不是伊斯兰婚姻制度的翻版，也不完全是对中国传统婚姻文化习俗的继承，它是中国化了的伊斯兰婚姻制度，具有鲜明的民族特色。

（1）婚姻的基本原则。回族传统的婚姻制度深受伊斯兰教义和教法的影响，同时也不可避免地体现出中国传统婚姻文化的某些特征。因婚姻关系建立家庭是穆斯林社会存在和发展的基础，因此，伊斯兰教从早期开始就把婚姻制度通过严格的法律给予确认和规制。成年男女必须经正当程序结婚而成为合法夫妻，且对婚姻关系施以人生目的的教育和指导，设立了许多道德和法律的条件和限制，如准备成婚男子的经济条件、健康状况和感情基础、婚后夫妻双方的权利义务等等。

在伊斯兰看来，婚姻对人类而言是十分重要的，婚姻不仅实现生儿育女的功能，满足人们的生理需要，而且在心理上、情感上、精神上也能给人以快慰，促进人类的发展与进步。伊斯兰教法中对婚姻问题论述得比较集中和明确。《古兰经》喻示："真主的一种迹象是：他从你们的同类中为你们创造配偶，以便你们依恋他们，并且使你们互相爱悦，互相怜恤。"（30：21）《圣训》里强调：结婚是信仰的一半；男人应当有妻子，女人必须有丈夫，这才是正常的人类生活，建立信仰和文明的基础。上述表明，伊斯兰教强调结婚是真主对穆斯林的命令，是必须向真主履行的一项义务。伊斯兰教主张有独立财产和民事行为能力的人，应该自行择娶配偶，通过正当的途径结婚。《圣训》中说："结婚是我的道路，不力行圣行者，不是我的教民。你们应当婚嫁，不要学基督徒那样出家修行。"① 回族受伊斯兰教法的影响，认为婚姻是构成家族、产生亲族的基础，成年男女因需要而结婚是"瓦直卜"（当然），为繁衍子孙而结婚是符合"逊奈"（圣行）的。因此，回族主张适龄青年男女都要结婚，反对独身主义。清代回族学者刘智说："婚姻为人道之大端。古今圣凡，皆不能越其礼而废其事也。废此，则近异端矣。"② 王岱舆也将奉行独身绝欲者斥之为"孤阴寡阳之辈"，

① 〔埃及〕纳·阿·曼苏尔：《圣训经》1998 年合订本（内部发行），陈克礼译，第 330 页。
② ［清］刘智：《天方典礼》卷一九。

认为这是“上违主命，下背人伦”的愚不可及的行为①。

回族还主张男女双方有一定的婚姻自主权。择偶的自主权是人们为之奋斗的一个目标，但在传统社会，很少有人能如愿以偿，人们总是受着身份、地位、民族、地域、家族的制约。伊斯兰教形成后，明确规定了婚姻当事人的择偶自主权，认为“强迫成年的女子与人结婚，是非法举动；凡是成年而理智健全的女子，无论是否处女，任何人不经她的同意，不能依法为其订婚，即便是父母或元首，也不能干涉其自由”②。由于伊斯兰教确认了婚姻当事人的自主权利，从而为婚姻自由提供了理论上的支持。但在实际生活中，由于回族穆斯林受中国传统儒家伦理道德观念的影响，使这一制度在实践中难以真正落实，包办婚姻的现象仍然存在，许多青年男女的终身大事基本服从“父母之命、媒妁之言”，婚仪也大致与汉族的婚姻“六礼”相同，其中明显的不同之处是，婚礼的举行一定要经清真寺掌教证婚，由阿訇念“尼卡哈”（证婚词）并依据教典征询男女双方的意愿。名义上给予一定的权利，实际多流于形式。在婚姻和家庭问题上，伊斯兰的原则要求儿女与父母共同协商，互相支持与合作，保护家庭的价值观，维护社会的稳定和发展，因为结婚的目的不仅是为了两人的小家庭，还牵涉一个家族与社会的许多关系，必须要考虑其社会影响。

（2）缔结婚姻的条件。伊斯兰教认为，婚姻建立在男女双方感情基础之上，缔结婚姻必须保持彼此宗教信仰的一致，否则没有共同的理想和精神寄托，终无幸福可言。《古兰经》规定：“你们不要娶以物配主的妇女，直到她们信道……你们不要把自己的女儿嫁给以物配主的男人，直到他们信道。”（2：221）受伊斯兰教的影响，回族穆斯林一直坚持内婚制原则。在特定的历史时期和环境中，回族也经常与其他民族通婚，但必须有一个先决条件，即非穆斯林一方要皈依伊斯兰教，在生活方式上必须随从穆斯林。在实行内婚制的前提下，回族穆斯林同汉族等民族建立了长期的姻亲关系。远在唐宋时期，大食贡使、蕃客、胡贾与汉族通婚的情况就已不在少数。《唐会要》记载：“贞观二年六月十八日，敕诸蕃使人，所取得汉女为妾者，并不得将还蕃。”宋朝统治时期，大食、波斯、喀拉汗朝的穆斯林商人定居中国的更多，与当地民族通婚的情况更加普遍。蒙元时期，大批“回回军”、“回回工匠”东来并定居，娶当地女子为妻，成家立业，生儿育女，扩大了回回人的数量。明朝建立后，实行民族同化政策，宣布蒙古人、色目人“听与中国人为婚姻，不许同类自相嫁娶”，客观

① ［明］王岱舆：《正教真诠·夫妇》。

② 《布哈里圣训实录精华》，宝文安、买买提·赛来译，中国社会科学出版社1981年版。

上加速了回族共同体的扩大，由于坚持内婚制的原则，回回民族并没有被同化，也没有被消灭，反而有更多的异族人充实到回族共同体之中。从实际来看，回族对婚姻条件看得很重，即是在穆斯林内部婚配，也有许多传统的条件：一是看教门，即是否真正信奉伊斯兰教，是否言行一致；二是看根基，主要看所选择配偶的家庭的家风，是否是正派人家；三是看贫富是否过于悬殊。①

伊斯兰教规定婚姻缔结中男方应向女方馈赠聘礼，这也是世界许多民族中都存在的婚俗。中国古代就有"男女非有行媒不相知名，非受币不交不亲"的礼制。《古兰经》中说："你们应当把妇女的聘议，当作一部分赠品交给她们。"（4：4）聘金交付后所有权便属于女方，男方不得追回。根据伊斯兰教精神，聘金的作用在于巩固男女双方的结合，也是保护妇女权益的一项措施。

关于结婚的年龄。伊斯兰教法并无明确规定婚龄，认为凡理智健全的成年穆斯林均可结婚。回族穆斯林学者曾提倡："男长以二十岁为限，女长以十六岁为限。""不及期而妇，伤子；过期而不婚，父母有过。"但实际来看，传统回族穆斯林地区早婚现象较为普遍，一般以承担"天命"规定年龄为依据。

除了结婚的必要条件外，回族规定了禁止血亲、近亲之间结婚等有悖于婚姻道德的禁律。依据《古兰经》的规定，严格禁止同母亲、女儿、伯母、婶母、岳母、乳母等亲属结婚，也不允许同亲姊妹、侄女、甥女、儿媳和有夫之妇结婚。（4：23）《古兰经》强调："你们不要接近私通，因为私通确是下流的事，这行径真恶劣！"（17：32）并规定：对于"淫妇和奸夫，你们应各打一百鞭"（24：2）。伊斯兰教要求男女保持贞洁，斥责那些裸露肉体、卖弄风骚的女子，"叫她们降低视线，遮蔽下身"（24：31），要严格要求个人的衣着、首饰，以免对异性产生诱惑力。伊斯兰教还反对试婚及同性恋，认为这些都是伤风败俗和构成社会不安定的因素。

（3）关于缔结婚姻的程序和仪式。回族缔结婚姻的程序和仪式明显受到汉族及其他各民族婚姻习俗的影响，同时又不失伊斯兰教法的精神特色，且在地域上表现出异彩纷呈的特点，具有特殊性和多重性。回族结婚大致可分为三个步骤：一是求婚和验家，二是定亲，三是成亲。这与汉族及其他民族的婚姻程序相近。其中的区别是结婚仪式通常由阿訇主持，阿訇依次问新郎、新娘的经名，然后问双方是否愿意，之后即念证婚词（尼卡哈）。证婚仪式完成后标志着婚姻关系确立。从中可见，伊斯兰教法和中国传统文化中有关结婚仪式均在回族社会得到一定体现。

---

① 王正伟：《回族民俗学概论》，宁夏人民出版社1999年版，第133页。

（4）夫妻双方的权利与义务。伊斯兰要求夫妻之间互敬、互爱、互助，和睦相处，共享幸福。《古兰经》指出："有信仰的男人与女人，彼此都是朋友。"（9：70）并将夫妻关系形象地比喻为"她们是你们的衣服，你们是她们的衣服。"（2：187）强调彼此应该互相体贴，互相温暖，互相慰藉。还有一处经文强调夫妻应该"互相爱悦，互相怜恤"（30：21）。由于回族择偶以虔诚为主要标准，因此结婚后的夫妻一般都能相敬如宾，和睦相处；但为了使婚姻更加和谐美满，伊斯兰对夫妻双方的权利与义务提出了一些相应的要求。

在回族家庭中，妻子拥有从丈夫那儿获得衣、食、住、行、用等物质生活资料的权利，丈夫须根据自己的条件尽最大努力来满足妻子需要。妻子从丈夫手中得到的聘礼可自由支配，丈夫不能索回。在精神与情感方面，伊斯兰教为了夫妻和睦与家庭稳定，要求丈夫体贴、善待和爱护妻子，妻子要服从丈夫。《圣训》认为最优秀的人就是那些善待自己妻室的人。《古兰经》还说，即使夫妻不和甚至感情破裂时，丈夫也不能虐待妻子，可以善意地挽留，特别禁止在夫妻发生不和后，丈夫以不留不放的手段伤害妻子的行为。《古兰经》还要求穆斯林仔细倾听并尊重妻子的意见，与妻子相处时，尽量保持一定的幽默感与风度，创造一种轻松、和谐的家庭氛围。妻子也相应地具备坚定的信仰和良好的品质，远离不良的行为，如嫉妒、诽谤、造谣、拨弄是非等等。

总之，夫妻双方应该互相维护，互相支撑，互相容忍，和睦相处。男女各有优点，也各有不足，夫妻相处时应做到刚柔相济，优势互补。承认缺点，发挥优点。

（5）关于离婚、复婚和再婚的规定。伊斯兰教法虽无禁止离婚的规定，但反对轻率离弃。穆罕默德曾劝导穆斯林："妇有过，善言以教之，勿轻去。"强调劝妇善自改过，是丈夫不可推卸的责任。清代回族学者刘智说："妇无轻出之礼，必犯悍恶、淫贼、不尽公姑、不勤夫事，而后可以出。若非此例，但徐言善道，以归于好。"① 这显然是以儒家《仪礼》的"七出"为依据的。受伊斯兰教的影响，当回族夫妻之间出现不和睦现象，有关亲属就必须进行劝导或由阿訇或有威望的老人劝说。《古兰经》说："如果你们怕夫妻不睦，那么，你们当从他们俩的亲戚中各推一个公正人，如果两个公正人欲加以和解，那么，真主必使夫妻和睦。"（4：35）如果经过调解，已经没有挽回的余地，表明夫妻关系确实紧张到不能共处，则允许离婚。按照教法规定，男女双方都有要求离异的权利。如果男方提出离婚，最初付给女方的财物全归女方

---

① ［清］刘智：《天方典礼》卷一〇。

所有。

伊斯兰教对复婚持赞成态度。《古兰经》说：“你们暂离的妻子，你想召回她，对于你们是毫无罪过的，那是她们感到安慰而无悲哀的，并且满意你所给予她们的。”（33：51）但伊斯兰教不允许被弃的妻子与丈夫直接复婚。《古兰经》规定：“如果他休了她，那么，她以后不可以做他的妻子，直到她嫁给其他的男人。如果后夫休了她，那么，她再嫁前夫，对他们俩是毫无罪过的。”（2：230）之所以有如此的规定，在于要求穆斯林对离婚持审慎态度。因为对妻子呼来喝去，是对妇女人格的轻视。因此，历史上有些地区对于暂离的妻子实行复婚时，采取了一种变通的态度，即被暂离的妻子，先行改嫁给一个未成年的少男，只作为一度名义上的夫妻，然后离婚，再与原夫复婚。①

关于再婚方面，伊斯兰教允许寡妇改嫁，并允许丧偶的男子重新组合家庭。寡妇改嫁前，应坚持一定时间的待婚期。《古兰经》规定：“你们中弃世而遗留妻子的人，他们的妻子当待期四个月零十日；待婚期满的时候，她们关于自身的合礼行为，对于你们是毫无罪过的。”（2：235）为了避免丈夫死后，遗孀受丈夫家庭成员的责难，《古兰经》又规定：“你们中弃世而留妻子的人，当为妻室而遗嘱，当供她们一年的衣食，不可将她们驱逐出去。”（2：240）有关寡妇再婚的规定方面，回族与中国儒家的主张有明显差异。儒家思想主张从一而终，反对妇女再嫁，视妇女再嫁为不道行为。回族穆斯林在长期的封建社会中，坚持遵行伊斯兰教婚姻原则，尊重妇女再婚与再嫁的权益，认为“明正改节”是有益无害的事情。因为“饮食男女，人之大欲存焉”，不可人为抑制，所以，“正教之理，虽鳏寡不宜独守”②。

（6）关于家庭关系的规范。家庭是人类文明的摇篮，是社会的基础细胞。稳定、和睦的婚姻家庭生活是社会稳定的基础之一。伊斯兰教的家庭法在穆斯林实际生活中具有重要影响。《古兰经》涉及婚姻家庭关系方面的启示内容在数量上要超过其他主题，对婚姻家庭生活的许多方面做出具体规定，从而为家庭和社会的发展奠定了坚实基础。

从家庭结构看，伊斯兰教提倡实行一夫一妻制，回族的家庭也以一夫一妻制为主要构成形式。除了一夫一妻之外，伊斯兰法制允许在特殊情况下可以实行有限的多妻制。《古兰经》规定：“如果你们恐怕不能公平对待孤儿，那么，你们可以择娶你们爱

① 勉维霖：《中国回族伊斯兰宗教制度概论》，宁夏人民出版社1997年版，第95页。
② ［明］王岱舆：《正教真诠·夫妇》。

悦的女人，各娶两妻、三妻、四妻；如果你们害怕不能公平地待遇她们，那么，你们只可以各娶一妻。”（4：3）从历史背景看，这种规定在于改变阿拉伯半岛蒙昧时期氏族部落头人妻妾成群，而一般贫民无力娶妻的不合理现象，实质上是对少数具有权势的上层人物多妻制的限制。伊斯兰的教义教法鼓励一夫一妻的家庭生活，只有因为特殊的理由男子允许多妻，这些特殊的情况，例如战争和灾难之后男子死亡太多，孤女和寡妇人数超过男性，或第一位妻子因疾病、性无能、不孕等原因。《古兰经》的规定表明，多位妻子，不分先后，没有等级差别，她们本人以及其子女都应受到一视同仁的待遇。而且，法律允许有限制的多妻，这是宽容的一面；同时法律绝对禁止卖淫、通奸和姘居，这是伊斯兰法制严厉的一面。

伊斯兰婚姻制度的目的是要建立一个公正、稳定、和平的社会。在中国封建社会里，只是部分穆斯林富人和显贵人物拥有一夫多妻制家庭的特权，广大穆斯林群众基本都奉行一夫一妻制。回族的婚姻及家庭关系虽然受到汉族的某些影响，但更多的还是受伊斯兰教法的约束。回族家庭以伊斯兰教为纽带，始终保持着穆斯林的生活习俗和宗教信仰，家庭成员的行为方式和日常生活受到教规、教法的规约，家庭成员的关系严格按照伊斯兰教的规范和要求来处理。一般回族穆斯林家庭，婚姻关系以信仰伊斯兰教为前提，以爱悦为基础，以夫权为中心，以尊重和睦为道德标准，由此构成夫妇以及父母、子女等各家庭成员之间的权利、义务关系。家庭中最基本的成员是丈夫、妻子和儿女，他们之间不但有恩爱的联系，而且有明确的责任分工。丈夫是一家之主，其责任是为全家谋生、养家、从事户外劳动。妻子是家庭主妇，责任是养育儿女，管理家务，分担主要的家庭事务。当然，教育、照料和保护子女是夫妇双方共同的责任，虽然在家庭之中以妻子为主，实际上夫妇应当互相配合，共同对子女尽责。子女对父母的责任是尊敬、顺从和侍奉，母亲在家庭中受到特别的尊重。《圣训》中说：在家庭中母亲受到的孝敬应当是父亲的三倍。穆斯林的家庭有完善的分工管理，有良好的秩序和纪律，使每个成员都能从中得到甜蜜的报偿。总之，伊斯兰教法对家庭的构成不仅给予保护，而且给予指导，确定了家庭的组织原则，以求使每个家庭充满恩爱、和睦、稳定和幸福。

第三，遗产继承与丧葬律例。

伊斯兰教法中，遗产继承的第一原则是遗产分配要公平，第二原则是尽可能广泛地扩大遗产分配面。回族社会的遗产继承制度深受《古兰经》的有关规定的影响。回族家庭的法定继承人，一般依次为配偶、子女、父母、胞兄弟姐妹、前配的子女、配偶的父母、同父异母的兄弟姐妹。按照教法的规定，父母死后，子女的继承办法是：一子可得相当于二女之财产，若有两个以上女儿，则可由遗产的2/3分之。子女死后，若死者有子女，死者的父母可各得其遗产的1/6，若无子女，其父母均可得之，但其母只能得1/3。妻亡故后，其夫可得遗产的1/2，但若有子女，则在交付遗赠还清债务后，丈夫可得遗产的1/4。丈夫死后，若无子女，妻可得遗产的1/4，若有子女，妻可得遗产的1/8（4：11、12）。从上述规定可以看出，回族虽承认女子有继承权，但由于受汉族财产继承中主要承认男子继承权的习惯规定，因而实际上既未严格按《古兰经》的规定保留女子1/2的继承权，也没有明确反对女子的继承权。当父母亡故后，女儿可以按照遗嘱继承一些衣物之类的东西。如果继承人之间为继承遗产发生纠纷时，双方或多方认为没有必要诉诸法庭裁定的时候，可由阿訇或本家族的长者，根据教法的精神和原则，对当事人予以调解，达成协议以后，各方必须遵守；必要时各方以遵循“盟誓”的方式，凭《古兰经》立誓，保证执行约定，否则必遭诅咒和惩罚。

丧葬仪式是一个民族最有民族特点的风俗习惯之一。伊斯兰教规定的丧葬基本原则是土葬、薄葬和速葬。伊斯兰教认为，人生在世只是生命阶段的一个过程。《古兰经》中说：“人人都要尝尝死的滋味，我以祸福考验你们，你们将被召归我。”（21：35）又说：“我从大地上创造你们，我使你们复返于大地，我再一次使你们从大地上复活。”（20：55）这种关于生死的“前定”论是伊斯兰教丧葬从简的基本依据。伊斯兰教认为人间的财富，尘世的繁华对死者已没有任何作用，唯有廉洁的品德，济世的善行才能得到真主的嘉赏。因此，无论是万乘之君还是平头布衣，只要是穆斯林，入葬时都一视同仁地用同样的白布殓衣，埋在同样大小、深浅的墓地里，所谓“葬法无分贫富贵贱”①。由于伊斯兰教对死亡和丧葬有如上主张，所以对与此相悖的观念、习俗、仪式加以反对并禁止。相关的规定有：禁止在待葬和葬礼期间喧哗、宴客、送花圈帐联、放鞭炮、击打鼓乐；禁止在日出、日落和正午时间举行殡礼；禁止号啕大哭；禁止妇女参加殡礼；禁止妇女为亡人超期守制；禁止无故迁坟等等。

第四，日常生活行为方面的禁忌与规定。

伊斯兰教将人的行为和人所接触的事物划分为善与恶两类，善的包括一切合法的事物，属于该嘉许的；恶的包括一切不合法的事物，属于教法所禁止的。由于伊斯兰教法的主要任务是判断事物的合法与非法，具有因时因事因地制宜，简单易行的特

① 金天柱：《清真释疑·丧葬》。

点，其根本准则是为了治理社会，解决人类的各种事务，从而能够适应和满足不同时代、不同社会各个民族现实生活的需要。教法对穆斯林日常生活行为，诸如衣食住行、人际交往等方面都做出了具体规定与要求。

饮食律例。饮食问题在人们的生活中占据着不可或缺的地位，伊斯兰教关于饮食方面的规定，其宗教意义在于保持心灵上的淳朴洁净和思想上的理智健康，滋养一种虔诚的精神。《古兰经》和《圣训》中对饮食问题做了原则和纲领性说明，而各教法学派的著作则做了具体阐述。从伊斯兰教法的角度来看，所有食物原则上都是合法的、洁净的，而非法的、污秽的食物则是有限的、例外的。伊斯兰教将各种各样的陆地动物和海洋动物及其乳汁均作为穆斯林的合法食物，同时也将各种各样的植物均作为合法食物，而非法食物则限定在一定的范围内。《古兰经》说："他只禁止你们吃自死物、血液、猪肉，以及诵非真主之名而屠宰者。但为势所迫，非出自愿，且不过分者（虽吃禁物，毫无罪过），因为真主确是至赦的，确是至慈的。"（16：115、6：145）表明《古兰经》所列禁食的动物基本有四种。此外，还有一些动物也在禁食之列。刘智在《天方典礼》中说："性善之物，食之能助人志奋，以勇于行道；不善之物食之，在耗蚀性良，以致事理乖张。"为此列举出性恶或形怪之鸟兽应为穆斯林所禁食，有属于暴恶类的虎、狼、狮、豹，顽猾类的猴、狐、熊、鼠，侵夺类雕、鹰、鸦、鹊，乱群类和欲窒类的驴、骡、象、猫，介虫类龟、鳖、蟹、蛤、蚁、蛇、蜂、蚕等①。另外，《古兰经》还提出禁酒问题。教法学家一致认为酒是遮盖理智的饮料，会使人麻醉，消磨人的金钱和意志，醉酒误事，故将酒以及能致醉的植物和由其加工成的饮料食品均列为禁物，规定严禁饮酒，禁止一切与酒有关的致醉物品，禁止从事与酒有关的营生，严禁吸食服用一切麻醉品和毒品。

伊斯兰教规定的穆斯林的食物禁戒，但又准许人们吃一切合法而又佳美的食物，并不需要人们为了修行或表示对教义的虔诚而故意素食或节食。哈乃斐教法学派创始人艾布·哈尼法认为：经文未提到合法的或非法的食物，原则上属于允许，因为《古兰经》说："真主为他的臣民而创造的服饰和佳美的食物，谁能禁止他们去享受呢?"（7：32）《古兰经》还说："安拉不喜欢过分者，你们应当吃，应当喝，但不要过分。"其用意在于叫人们在食用可食之物时，不能过分和毫无节制。

服饰方面的规定。伊斯兰教在服饰方面的基本原则是顺乎自然，不追求豪华，讲究简朴、洁净、美观。伊斯兰教认为服饰的功能主要是蔽体、御寒和装饰。蔽体是首

---

① ［清］刘智：《天方典礼》卷一六。

要目的，是人类讲究文明区别于其他动物的一种标志。“对于许多虔诚的穆斯林来说，衣着举止问题已不再是无足轻重的生活琐事，而是直接关系到其身份认同、价值取向的重大问题”①。《古兰经》嘱告人类：“阿丹的子孙啊！绝不要让恶魔考验你们，犹如他把你们的始祖父母的衣服脱下，而揭示他俩自己的阴部，然后将他俩诱出乐园。”（7：27）可见，衣不蔽体尤其是故意暴露羞体是一种魔鬼般的丑行，所以要求穆斯林在任何场所也不能无故赤身裸体，要养成一种文明的习惯。御寒和防晒是保护人体的必要措施，穿衣是这种措施的基本手段。所以应从当地气候和衣料的实际出发，量体选制蔽体御寒的衣服。装饰也是服饰的一项功能，伊斯兰教认为既然真主安拉为人们创造了大地上的一切，所以允许而且要求所有的穆斯林尽可能利用地上的物质把自己装饰得美观一些，衣着讲究一些，以体现人们对安拉赐予的接纳。那种有条件而不注意服饰，蓬头垢面、衣衫褴褛的做法，是为伊斯兰教所反对的。《圣训》中曾记载，穆罕默德对一个有财产但穿戴褴褛的求见者郑重地说：“既然安拉已经把财产赏赐给你了，你应该在你的身上体现安拉的恩惠。”言下之意是在有条件的情况下穿戴应大方、体面。伊斯兰教强调服饰应整洁、大方得体和实用，同时反对追求名贵奢华，为此做了一系列具体规定，诸如禁止男性穿戴高贵服饰，严禁妇女显露美姿和装饰，禁止穆斯林穿戴外教服装，禁止男女在服饰上互相模仿等等，其目的都是为了体现伊斯兰教简洁、实用、美观的服饰原则。回族穆斯林的服饰都遵守着伊斯兰教的规定。其中妇女戴各式各样的盖头、男子戴各种各样的礼拜帽，成为回族服饰文化的一个标志。

个人日常生活和人际交往行为规范。伊斯兰教法对穆斯林的个人日常生活和人际交往方面提出了细致的要求与规定，这些规定实质涵盖了宗教的、道德的、法律的等多方面要求。在总体原则上，伊斯兰教要求每个穆斯林应坚持顺从、忠诚与孝敬。《古兰经》中说：“你们当顺从真主，应当服从使者和你们当中的主事人。”（4：59）顺从就是要服从真主和真主的意志，服从先知的教导，服从现实社会中的领导者。在顺从、忠诚的同时还要做到孝顺。《古兰经》指出：“你的主曾下令说：你们应当只崇拜他，应当孝敬父母。”（17：23）中国穆斯林学者将伊斯兰教义与儒家思想相结合，提出“敬主忠君孝亲”的主张。王岱舆在《正教真诠·真忠》篇中强调：“夫忠于真主，更忠于君父，方为正道出。”并认为：“人生住世，有三大正事：乃顺主也，顺君也，顺亲也。凡违兹三者，则为不忠不义不孝矣。”同时，在《至孝》篇中又大谈孝

① 吴云贵：《当代伊斯兰教法》，中国社会科学出版社2003年版，第16页。

道："事主以下莫大乎事亲。孝也者，其为人之本欤。道德所以事主，仁义所以事亲。真忠者必孝，行孝者必忠，忠孝两成，方成正教。"教法还要求穆斯林应做到公道与宽容。关于公道，《古兰经》指出："信士们皆为教胞，故你们应当排解教胞间的纷争，你们应当敬畏真主，以便你们蒙主的怜恤。"（49：10）又说："你们应当秉公调停，主持公道；真主确是喜爱公道者的。"（49：9）关于宽容，《古兰经》说："恶行应得同样的恶报。谁愿饶恕而且和解，真主必报酬谁。"（42：40）教法也强调厉行节约，严禁浪费。伊斯兰教认为，财产是真主赐予穆斯林的恩惠，理应珍惜。如果挥霍浪费，那便是对真主恩惠的亵渎，应受到谴责和制裁。为此，《古兰经》规定："你们在使用的时候，既不浪费，也不吝啬，而是坚守中道。"（25：67）"你不要挥霍，挥霍的人，确是恶魔的朋友，恶魔原是辜负主恩的。"（17：26—27）教法要求每个穆斯林追求伊斯兰教提倡的精神生活方式，禁止赌博、求签、占卜看相、玩弄妖术等行为。伊斯兰教认为赌博是一种社会恶习，它依靠非法手段攫取钱财，素来为正直人所不齿。至于求签、占卜、看相和迷信妖术之类都是一种不相信真主安拉的恶劣行为。

伊斯兰教是一个重视交往、强调人情的宗教，提倡高尚的道德和规范化的人际关系，并对穆斯林日常生活行为做了具体细致的规定。《古兰经》倡导人际交往的原则是诚实守信、克己忍耐、宽恕待人、互相合作、谦让利他、语言优美、重视礼节等，与这些原则相反的行为则被认为违犯伊斯兰教法而加以禁止，如作伪证、说谎、侮蔑、谗言、诽谤、恶意猜测、妄言嬉行等等。除了《古兰经》的规定外，在《圣训》中，穆罕默德在大力提倡忍让、容让、诚实、践约、谦逊、公道、正义等美德和善行的同时，将以下行为视为罪恶劣性与野蛮行为予以禁止：诸如不义亏人、忘恩负义、堕落自渎、挑唆是非、背谈攻击、怀恨嫉妒、乘间抵隙、狂妄自大、奉迎吹拍、辱骂舌伤、诅咒秽语、吝啬尖薄、编谎造谣、阳奉阴违等等①。西北回族嘎得林耶门宦下的大拱北明列15项禁止性清规：朋比结党，欺凌家长；颠倒黑白，拨唆是非；交朋结友，出入茶馆；囤积居奇，揣摩街头；放债吃利，计收锱铢；饮酒聚赌，寻花问柳；认拜干亲，往来俗家；诊脉看病，不避女姓；游手好闲，不习经典；送徒陪地，扶持家长；不惜公物，争多论少；不求同意，任收门徒；不事静修，好吃懒做；不遵天命，轻视五典；私养牲畜，行同贩侩。② 除了成文禁戒，还有不成文的规矩。据

① 〔埃及〕纳·阿·曼苏尔：《圣训经》1998年合订本（内部发行），陈克礼译，第262—269页。

② 马通：《中国伊斯兰教派与门宦制度史略》，宁夏人民出版社2000年版，第236页。

《后子河拱北的历史及近况》一文的介绍，该门宦要求教徒要遵行天经圣训，力行五大天命，要顺群孝亲、和睦家庭、敬老慈幼、团结乡邻、安分守己、各务其业，不许偷盗、抢劫、说谎、骗人、酗酒、吸烟、奸淫、赌博等等。①

第五，经济活动方面的规定。

伊斯兰教是两世并重的宗教，它不反对人在世间享受。《古兰经》中说："你应当借助真主赏赐你的财富而营谋后世的住宅，你不要忘却你在今世的定分。"（28：77）所以，《古兰经》要求人们："你们应当尽力而工作，我必定也要工作。你们将知道谁获后世的善果。"（6：135）伊斯兰教关于劳动与生活的观点，为穆斯林改善生活环境和提高生活质量提供了理论依据和追求的动力。但因能力的差别、机遇的不同、环境的优劣等因素的制约，同样的工作，也会出现贫富的差别。另外，这种差别可能是由于人们的非法行为所致，因此，伊斯兰教对人们的经济活动做出了相应规范，禁止人们在经济活动中的非法行为，内容涉及商业修养、交易条例、利贷、典押、租借、雇佣、合营、担保、工资、土地法等多方面。

关于商事活动的规范。严格遵守经商道德是伊斯兰商法的基本特点，伊斯兰商业观认为，一切财富属于真主，人类掌握财富只是真主委托其代管，人们必须要合法地加以利用，这也是伊斯兰经济观的根本原则。伊斯兰教主张精神与物质合一的经济观，在鼓励穆斯林具有经济头脑的同时，要时刻接受伊斯兰道德约束，正如《古兰经》所说："聚礼日召人礼拜的时候，你们应该赶快去记念真主，放下买卖，那对你们是更好的，如果你们知道。"（62：9）商事法在伊斯兰教法中占有重要地位。传统教法经典《伟戛业》第三卷以专章叙述商法，其主要内容涉及贸易成交法规、商业道德规范、债务债权、抵押担保、租赁雇佣等领域。伊斯兰教认为，穆斯林的商业活动应有三个目的：寻求个人利益，供养家庭生活的需要；促进社会繁荣，加强各地人们之间的互相了解和团结；尤为重要的是，穆斯林的商贾应以自己的行为把伊斯兰的主张传向社会大众。商业市场的规则必须有法纪的保障，唯有严明的法制才能保证市场中的公平交易使社会得以稳定。伊斯兰教对商业和市场管理有着完整的命令法规和道德规范，伊斯兰教法的根本依据《古兰经》和《圣训》确立了原则性的戒律，对穆斯林的商业活动予以法令约束。

伊斯兰教法规定从事商业的穆斯林应当合理分配和使用从商业中获得的盈利，不能由个人全部占有，反对贪婪和守财奴的自私行为。凡是有收入的穆斯林首先要履行

---

① 李兴华等：《中国伊斯兰教史》，中国社会科学出版社1998年版，第700页。

交纳“天课”的主命，奉献社会公益事业。此外，按照伊斯兰的教法和规定，必须孝敬父母，供养家人，照顾亲友，赈济贫寒、孤儿、残、疾、旅客等有困难的人。从严格的意义上讲，一个人在经营中获取的真主恩典，不完全属于个人，其中有真主对许多人的恩赐的汇集，因此一个人的收入包含着其他人应得的份额。在利益的分配上，遵从经训教导而实践的人是高贵的人，确实能获得真主的喜悦和两世的赏赐，这就是穆斯林所追求的真正幸福。

为了保证正常交易，教法特别规定了商业活动中合法与非法的原则界限。伊斯兰教规定人们在买卖中坚持某项尺度，以使财富的生产、交换、分配都符合平等公正的要求，谴责任何伤害他人或社会团体利益的谋生方式，并将这种行为视为非法。无论是思想道德的，还是经商活动本身，据《古兰经》训示：“你们应当用足量的升斗，不要克扣。你们应当以公平的秤称货物，你们不要克扣他人所应得的财物。你们不要在地方上为非作歹，摆弄是非。”（26：181—183）“你们应当秉公地谨守衡度，你们不要使所称之物分量不足。”（55：9）伊斯兰教禁止买卖中的欺骗行为，视经商过程中的诈骗、贿赌和贪污为非法。“你们不要借诈术而侵蚀别人的财产，不要以别人的财产贿赂官吏，以便你们明知故犯地借罪恶而侵蚀别人的一部分财产。”（2：188）穆罕默德说：“后世之日，招摇撞骗的奸商，同暴君恶霸复活在一起；忠实利人的义商，同圣贤烈士复活在一起。”①

伊斯兰教极力反对囤积居奇。一些教法学家认为构成囤积居奇行为有三方面的表现：所积存之物并非必需品；等待时机抬高价格牟取暴利；趁人们急需时大量囤积日用品、衣物等生活用品。穆罕默德曾说：“不得随便抬市价。”②可见，凡妨害公众利益者，均为伊斯兰教商法所不容。

伊斯兰教严禁制造、使用、倒卖假币。教法认为，使用一个假银币，比偷窃100文银币更严重，因为盗窃作为一种犯罪，是一次性完成的，而制造假币则是异端行为，影响到他的信仰，应予以严惩，谨防伪币扰乱正常的货币流通。伊斯兰教权威学者伊玛目·安扎里指出，推销、使用假币是一种犯罪行为，若不被识破，就会破坏正常的流通秩序，引起社会混乱。因此，这些犯罪分子应该遭受惩罚，遭受痛苦。关于对待假币问题，安扎里指出，如果发现假币，应该将其抛入井中，以免别人再得到它，若将其毁掉，不能在市场上流通也可；经营者应当具备辨别货币的知识，不应当

①② 〔埃及〕纳·阿·曼苏尔编：《圣训经》1998年合订本（内部发行），陈克礼译，第425页。

由于自己不具备正反面的知识而将假币付给穆斯林兄弟。①

在借贷方面，伊斯兰教禁止高利贷，认为收取利息尤其是放高利贷是一种不劳而获的行为，它既不利于经济的健康发展，也违反道德准则，不遵守是要被罚，施以宗教式的制裁。《古兰经》规定："真主准许买卖，而禁止重利。奉到主的教训后，就遵守禁令的，得已往不究，他的事归真主判决。再犯的人，是火狱的居民，他们将永居其中。"（2：275）当然，借贷是对债权人和债务人的权利和义务具有双向约束的经济行为，伊斯兰教禁止高利贷，并不是对债权人的单方要求。对有困难的人延长还款期限，甚至进行施舍，是受鼓励的行为。但经营毕竟应该是双方的合法权益都受到保护，唯此正常的经贸活动才能正常开展。因此，欠债是应该归还的，即使是死后，债务也应当迅速偿还。

回族是一个农商结合型的民族，尤其以善于经商而形成回族的民族特性。历史上，封建王朝的重农抑商政策及其相关法令对回族工商业的发展有较大抑制作用，同时，回族在历代政权州县体制管理下，在土地、赋役、关市等方面均受国家相关法律的制约。但是，受伊斯兰教的影响，回族并没有放弃经商的传统，与国内许多少数民族相比，农商并重是回族经济的重要特征。因此，在经济活动方面，伊斯兰的经济法制观念及其相关规范在回族经济活动中具有明显的体现。回族穆斯林选择经济目标和活动方式，是在对周围环境的社会及自然地理条件、资源状况、与之相接触的其他民族的传统礼俗、生活习惯和文化心理状态等因素全面考虑的基础上才得以确定的。伊斯兰教崇尚实业的精神支撑和心灵感召，使回族穆斯林不但能够顽强地立足于所处的环境之中，而且在其处境艰难的情况下，能够在不断克服困难、抵御逆境挫折、增强适应能力的过程中，使自身的经济文化生活仍然能够在有限的空间里继续进行下去。因此，回族的经济活动虽然总体上受到历代政府经济政策和法制的制约，但同时，经济生活内容和形式的复杂多样性，决定了回族在许多具体的经济活动领域仍能够适用伊斯兰教关于经济生活的一系列准则和规范，以维护经济秩序，促进经济发展。

第六，违法犯罪方面的规定。

伊斯兰教法有关刑事法律的内容相对较少，主要是关于杀人、盗窃、通奸等方面的规定。由于世界各地的穆斯林各民族伊斯兰化的程度明显不同，尤其在非伊斯兰国家，伊斯兰刑事法并未被完全接受，这些规定多与世俗性的封建王权的法规作为相互参照。事实上，即使在传统伊斯兰国家，刑事法律方面的司法权也主要属于警察，由

---

① 参阅王正伟《伊斯兰经济制度论纲》，民族出版社2004年版，第262页。

负责刑事犯罪的官员（瓦利加拉伊姆）代行。这是因为伊斯兰法——沙里亚表现出经院式的、唯理想的特征，强调一种刻板的、拘泥于形式的法律程序，从而在实践中难于贯彻执行。①

伊斯兰教严禁滥杀和严惩故意杀人。《古兰经》说："你们不要违背真主的禁令而杀人，除非因为正义。无辜而被杀者，我已把权柄授予他的亲属，但他们不可滥杀，他们确是受援助的。"（17：33）对于故意杀人，伊斯兰教的制裁态度明确。《古兰经》规定："谁故意杀害一个信士，谁要受火狱的报酬，而永居其中，且受真主的遣怒和弃绝，真主已为他预备重大的刑罚。"（4：93）这一结论是宗教的判决，是不可更改的。同一行为，在世俗的判决中，则有相对的灵活性，其主要依据是看被害人亲属的态度。《古兰经》中说："今以杀人者抵命为你们的定制……如果尸亲有所宽赦，那么，一方应依例提出要求，一方应依礼给予赔偿。"（2：178）对于杀人的处罚，同样适用于一般伤害行为。《古兰经》规定："以命偿命，以眼偿眼，以鼻偿鼻，以耳偿耳，以牙偿牙；一切创伤，都要抵偿。自愿不究的人，得以抵偿权自赎其罪愆。"（5：45）由上可见，伊斯兰教对不同性质的杀人采取不同的处理结果，对故意杀人的情况，把世俗处理权交给亡者家属决断，不把抵命作为定律，则是具有很强的伦理意义。②

关于通奸的规定。伊斯兰教法对通奸加以严禁，是稳定家庭秩序和社会秩序的需要。《古兰经》指出："你们不要接近私通，因为私通确是下流的事，这行径真恶劣！"（17：32）对于通奸者的处罚也是严厉的。《古兰经》规定："淫妇和奸夫，你们应各打一百鞭。你们不要为怜悯他俩而减免真主的刑罚，如果你们确信真主和末日。叫一伙信士，监视他俩的受刑。"（24：2）但是对于通奸的认定是非常严格的，《古兰经》中说："凡告发贞节的妇女，而不能举出四个男子为见证者，你们应当把每个人各打八十鞭，并且永远不可接受他们的见证。"（24：4）《古兰经》还明确强调毁人清白的严重性，"你们道听而途说，无知而妄言，你们以为这是一件小事，在真主看来，确是一件大事。"（24：15）有人认为认定的严格，造成规定实际难以执行，但《古兰经》对通奸举证的严格要求，也反映出伊斯兰教对人的名誉的重视，是更多地从伦理的角度考虑问题。

---

① 〔英〕诺·库尔森：《伊斯兰教法律史》，吴云贵译，中国社会科学出版社 1986 年版，第 103 页。

② 杨捷生：《伊斯兰伦理研究》，宗教文化出版社 2002 年版，第 193 页。

伊斯兰教对盗窃的处理是坚决的。《古兰经》规定："偷盗的男女，你们当割去他俩的手，以报他们俩的罪行，以示真主的惩戒。"（5：38）这一规定，是由伊斯兰伦理中两大规则所决定的。一是从宏观讲，伊斯兰教已从义务的角度规定了信士对贫穷、乞丐的救援措施。二是伊斯兰教历来反对一味追求物质享受，它要求的是追求精神上的完善。因此，不是为了生存的盗窃行为，明显地违背了这一原则，因而加以严厉处罚。

刑事法律是封建国家对臣民实施行政管辖的重要保障。回族在适用中央政权制定的刑事法律方面经历了一定的变化过程。据《唐律疏议》关于"诸化外人，同类自相犯者，各依本俗法"的规定，表明在回族先民生活的唐宋时期，政府给予蕃坊一定的自治权，允许蕃长在蕃坊范围内依教法自治其民。从有关记载看，蕃坊内主要适用教法中的民事法规来处理蕃客之间的民事诉讼，至于刑事方面则限于轻微的案件。例如，在宋代，法律规定蕃坊内部居民犯罪，不再一概以"其本国俗法断之"，而是按其所犯罪行的轻重来作为处罚标准，即以"徒"刑为界线，"徒"以下罪由蕃长裁决，"徒"以上罪则不分国别，全部由当地州府决断。在元代，也曾仿行唐宋而设立回回哈的司以掌管穆斯林的宗教事务及刑名、词讼诸事，但到了元末，随着回回哈的司的裁撤，哈的大师的司法权随之被收回。大小命盗案件均归官府决断。明清时期的掌教、阿訇的职责被限制在宗教事务及一些民事纠纷的裁决方面，刑事案件则尽归官府。由清人鲍书芸等编《刑案汇览》一书辑入各省呈报刑部的涉及回民的几件案例中，内容仅为一般性的伙窃致伤事主、行窃未得财等轻微犯罪行为，都是由官府经办的。总体看来，伊斯兰教的刑事法律对回族的影响十分有限，大多反映在回族的对教法的认知层面。

总括以上，回族的法制规范涉及社会生活的诸多方面，具有一定的完整性，是历代回族穆斯林不断总结、积累、继承、创新的历史写照，对回族的生存、发展起到了重要作用。这些规范在一定程度上得到历代政权的认可，对国家法在民事等领域的不足起着补充、完善的作用。由于深受伊斯兰教的影响，制约回族社会的民间法制度虽然也有来自教法方面的具体条文，但许多内容是由宗教教义引申出来的，是作为宗教默示的逻辑结果发展起来的，因而在许多场合表现为一种法的原则，缺乏严格意义上的法律文本，具有非形式化的特征。同时，回族的法制规范还受到儒家思想的影响，并且还有许多内容是回族穆斯林在长期的社会实践中形成的风俗习惯的基础上发展起来的。

第四节

教坊组织和清真寺的法制功能

一、教坊组织及其法制功能

明初统治者吸取元朝速亡的教训，从中央到地方基层建立了完整的政权机器。随着回族共同体的逐步形成，明朝政府对回族与境外来华贸易的穆斯林商人采取严格区分的政策，对境外商人限制其入城，对境内回族则纳入地方基层行政管理体制中。洪武十四年（1381），明太祖“诏天下编赋役黄册，以一百十户为一里，推丁粮多者十户为长，余百户为十甲，甲凡十人。岁役里长一人，甲首一人，董一里一甲之事。先后以丁粮多寡为序，凡十年一周，曰排年。在城曰坊，近城曰厢，乡都曰里”①。从此正式建立里甲制度，完善了地方基层行政组织制度。其中坊长、厢长和里长的职责大致相同，主要是管理地方行政、维持治安、追征钱粮、调解纠纷等事宜，“凡其一里之中，一年之内，所有追征钱粮、勾摄公事，与夫祭祀鬼神，接应宾旅，官府有所征求，民间有所争斗，皆在见役者所司”②。可见，明代的乡里制度与以往各朝代一样具有明显的官治性质。尽管明朝将回族纳入其坊、厢、里甲管辖之中，但由于回族穆斯林有特殊的宗教生活，因而在回族穆斯林的社会组织形式中，除了坊、厢、里、甲等基层行政单位之外，教坊组织也具有重要地位。

教坊是回族穆斯林以地缘为基础、以共同的宗教信仰为纽带而形成的社会组织。如前所述，教坊出现于元代中后期，是在唐宋以来蕃坊的基础上形成的。进入明代，教坊的组织机构、规章制度和建筑设施等逐步健全和完备，成为回族穆斯林独特的社会组织。在农村，教坊大多以一个清真寺为核心，结合周围穆斯林村落组成，大的教坊由数十个村落组成，小的教坊由一个或数个村落结成。城市的教坊则以穆斯林聚居

① 《明史》卷七七。

② 丘浚:《大学衍义补》卷三一。

的街巷为主，集合散居附近的穆斯林居民而组成，居民户数多寡不一，大的教坊穆斯林多达千百户，小的教坊甚至只有三五十户。教坊一般没有明确的坊界，穆斯林与教坊的隶属关系基本固定而很少变动，每一户穆斯林都隶属于相应的教坊。每个教坊自成一个行教单位，相互之间互不隶属。同时，由于教坊不是地方政府的一级行政单位，故与地方各级政府也没有隶属关系。

随着明代教坊制度的形成，教坊的管理机构逐渐完备，其组织形式南北各地大致一致，只是各地称谓略有不同。教坊管理组织的主要职责有：决定选聘或解聘本寺掌教和其他教职人员；举办集体性的宗教活动；举办经堂教育和其他公益福利事业；保护维修清真寺和管理教坊公墓，筹集和管理教坊经费和财产，调节穆斯林之间的纠纷等。

明代教坊内的穆斯林，除当地基层行政机关在行政、司法、赋役方面对其进行管理之外，其他诸如婚丧嫁娶、礼庆斋节等民俗、宗教活动，以及不触犯刑律的民事案件，均由教坊主持调解。因此，教坊组织对穆斯林居民具有较强的制约作用和约束力，主要表现有：

首先，教坊组织与穆斯林之间互有权利义务关系。凡家宅居于所在教坊，就属于该教坊的高玛尼（教民），拥有一定的权利和义务。一方面，教坊赋予穆斯林以各种权利，如赴本教坊清真寺沐浴礼拜，参加各种集体性宗教活动，丧葬得到教坊的支援，送子女入寺受宗教教育，邀请清真寺的教职人员为自己举行各种宗教仪式等。另一方面，教坊穆斯林必须坚持信仰，力行宗教功课，遵守教法教规，维护教坊的公共利益，参加清真寺的义务劳动等。

其次，各教坊一般都有成文或不成文的坊规，作为一种乡规民约，要求教坊内全体穆斯林遵守执行。例如，明万历年间《河北大厂县北坞清真寺碑》碑文中就有寺内坟地“不许削伐树株”的禁约①。各教坊坊规的共同内容一般有：虔诚信主、尊经尊圣、遵守教法教规、禁酒、禁毒、禁烟、禁谣邪等。上述规定，使吸毒、纵赌、酗酒、淫词俚曲等现象很难在教坊内流行。体现出教坊在维护社会风气、挽救“世道人心”方面的积极作用。

再次，对违犯教法坊规者，要给予相应制裁。大致有以下几种：一是跪经。违反教规者头顶《古兰经》或手捧《古兰经》下跪忏悔自己的过失。二是罚金。视所犯情节轻重，罚以一定数额的现金，由受罚人购置灯油、拜毡、汤瓶壶、吊罐等宗教用

---

① 余振贵、雷晓静主编：《中国回族金石录》，宁夏人民出版社2001年版，第366页。

品和用具，交清真寺，充作公用。三是鞭笞。一般用缠头巾拧成鞭子，代替刑鞭，这只是一种象征性的刑罚，其意义在于劝善止过，表示警戒而已。四是扎坊。就是对违反教规教法者由清真寺教坊和乡老会做出决定，停止其参加一切宗教仪式，与他断绝关系，这在坊规中历来被视为最严厉的处罚①。关于教法的实际执行情况，则与上述规定有一定差异。这是由于明代采取的“约束化导”政策使伊斯兰教法的异化较为明显，所以，有明一代穆斯林执行伊斯兰教法的力度不大。

总之，教坊通过伊斯兰教信仰的一致性，把穆斯林自然地凝聚起来，形成了比较稳固的群体。教坊虽是一般的宗教社团组织，然而一般民事纠纷，往往由掌教和教坊中公众人士按经、训指示进行调解，其他重大刑事案件之类才诉诸当地官府，这体现了宗教律法在回族社会中的影响。当然，由于回族散居全国各地，与兄弟民族交叉居住，他们的风俗习惯和行为方式又受其他民族尤其是汉族的多方面影响，尤其是汉族中普遍遵循的儒家伦理道德也为回族所接受，因而在回族伊斯兰法制的形成过程中，中央王朝的儒家法律文化的某些观念也渗入其中，形成与“儒家之理多相符合”的情况，加之明王朝实行民族同化政策，加强对回族社会的政治、法律、文化等方面的控制，更促使了回族法制文化在多方面体现出伊斯兰法律文化与中国传统法律文化的结合。

在教坊的组织里，清真寺是其核心构成部分。清真寺不仅是穆斯林行教、宣教的宗教中心，也是穆斯林各项社会活动的中心。此外，在中国封建王朝体制的长期历史中，回族穆斯林为维护伊斯兰教的传衍和发展，常常也把清真寺作为“为国祈福”、“祝延圣寿”之所。明代回族沿袭元代回回人之举，在清真寺做礼拜时，要为至高无上的当朝皇上祈祷，“祝延圣寿”成为明清时期内地清真寺碑刻的常用套语。例如明代万历年间甘肃徽县礼拜寺所立《重修礼拜碑记》中所说：“夫教门之设，其来远矣，盛于胜国，明兴因之。虽不事法象天，只以敬天祝君□拜主修心养性为事也。”②碑文明确指出明代回族穆斯林要奉命为万年天子祈祷。另外，明清时期一些有名的清真寺中，还曾摆设过皇帝牌位。

“清真寺”，阿拉伯语音译“买斯吉德”（Masjid），意为叩拜“安拉”之处，也称“白易屯拉黑”（安拉的宅第）。清真寺是伊斯兰教最核心的一个建筑体和标志物，是穆斯林进行礼拜、宗教功课、宗教教育、宣教活动、重大节日庆典等活动的中心场

①② 勉维霖：《中国回族伊斯兰宗教制度概论》，宁夏人民出版社 1997 年版，第 213、203—204 页。

所。作为伊斯兰文化的载体，清真寺在所有穆斯林心目中具有崇高与神圣的地位，它是伊斯兰教的信仰和精神渗入穆斯林心灵中的媒体，是穆斯林社会政治、文化、教育的中心。对于回族来说，清真寺是自己的信仰支柱和有形归宿点，同时又是现实生活中的灯塔。清真寺文化作为一种生活方式，是传播伊斯兰宗教思想的讲坛和广大穆斯林进行宗教活动的场所，清真寺不但在回族等穆斯林的形成和发展中起到不可或缺的作用，而且和回族的宗教信仰、行为规范、生活习俗等方面结成紧密的、难以分割的联系，也是回族穆斯林法制文化的传播和实践的组织机构。

首先，清真寺是回族穆斯林履行宗教仪式和接受教法规范的场所。宗教活动是信仰者基于精神世界的信仰而产生的社会行为活动，是连接物质和精神的一种特殊活动。从外部特征看，宗教活动是信教者通过一系列外在的语言、身体动作及象征媒介，从物质的与精神的两方面表达其内在的宗教观念及宗教体验活动，其表现形式多种多样，各种形式在各个宗教的发展中都经历了从自发、分散到制度化、社会化的过程。① 伊斯兰教是高度制度化的宗教，教法为穆斯林规定了具体明确的宗教活动的规范，依教法的要求履行宗教仪式成为穆斯林的社会行为活动之一。礼拜是伊斯兰教的“五功”之一，除每日的五时拜可以在任何清洁处所完成外，每周五的主麻聚礼、每年开斋节会礼和宰牲节会礼必须在清真寺由阿訇带领集体完成。清真寺是穆斯林叩拜真主、举行会礼的重要场所，同时也是阿訇诵经、宣讲伊斯兰教教义和宗教常识的讲坛。各个清真寺的阿訇在主麻日、开斋节、宰牲节、斋月和圣忌纪念日都要向穆斯林宣讲“卧尔兹”（劝诫）和伊斯兰教教义、教律等。

其次，清真寺是回族穆斯林日常生活习惯和行为规范的实践场所。清真寺是保留穆斯林社会规范文化最多的地方，回族穆斯林围寺而居的习惯、饮食禁忌、服饰规范、人际交往规范等，都是通过清真寺的规范来进行的，清真寺的阿訇常常应邀为穆斯林主持婚丧嫁娶仪式。从某种程度看，清真寺就是穆斯林之家，穆斯林的婚丧嫁娶、庆祝节日、宰牲、纪念亡人等日常生活都与清真寺密不可分。清真寺的上述功能是回族穆斯林具有独特个性和行为方式的重要表现，也是伊斯兰教得以在信众中长期起支配作用的根本原因。

再次，清真寺发挥着回族法制规范执行组织的功能。唐宋时期的清真寺曾是穆斯林聚居区的行政机构，元朝初期设置的“回回哈的司”通过管理各个清真寺的哈的来掌管穆斯林的刑名、钱粮、户婚、词讼等事务，元代后期虽然收回了清真寺的司法

① 戴康生、彭耀：《宗教社会学》，社会科学文献出版社 2000 年版，第 88 页。

权，清真寺作为穆斯林基层社会组织的功能逐步消失淡化，但明代的各清真寺仍然具有一定的解决穆斯林内部纠纷和日常诉讼的行政职能。因为清真寺的掌教有着掌握宗教法规、管理寺产和接受教民的宗教捐赠等职责，从而构成封建宗教特权的基础，教民之间发生了纠纷和矛盾仍然愿意找清真寺里的阿訇去解决。因此，清真寺通过教法教规和礼制礼俗的贯彻执行，为穆斯林调解纠纷、判断是非曲直和维护社会秩序发挥着重要作用。

最后，清真寺是回族传承法制文化知识的重要场所。在伊斯兰历史上，教育从一开始就与清真寺结下了不解之缘。穆罕默德在麦地那建造的第一座清真寺里，不但带领穆斯林礼拜，还给他们教授《古兰经》和其他知识。后来哈里发们继承了这一传统，清真寺便成为穆斯林教育的中心。回族的清真寺继承了这一传统，在明清之际开展了经堂教育活动，其教育内容从小学阶段的初级伊斯兰教知识到中学、大学期间的伊斯兰教教义、教法、伦理学、修辞学、逻辑学和教法学等，具有完整的宗教教育体系。经堂教育通过经堂教育中普及伊斯兰教常识，使回族青少年能够适应并接受以信仰为核心的伊斯兰文化，遵从伊斯兰教的社会规范，获得一个穆斯林立身处世所需的宗教与俗世方面的知识，成为回族社会的一名合格成员。

二、掌教制的发展变化

在教坊制度中，掌教是一个地区或一个教坊的最高精神领袖，具有特殊的地位。历史上，伊斯兰国家实行政教合一的政体，教法教律不仅体现宗教礼仪方面的规章制度，而且是国家法律制度，教法就是国法，掌理宗教事务也是国家和各级政权机构本身的职能和任务。阿拉伯帝国的哈里发既是国家首脑，又是最高的宗教领袖，帝国境内某个地方的长官也是如此。但是，中国的回族穆斯林所处的环境却有着根本不同。因为中国历来实行政教分离的政体，不容许教权僭越皇权。因此，回族穆斯林必须有自己的一套宗教组织和社会运作体制，才能使伊斯兰教绵延不断地传衍和发展，掌教制度便是适应这种形势需要的产物。如前所述，元朝“回回哈的司”任用的“哈的”就是回回人的掌教官员，掌理回回人的宗教事务，决断回回人之间的诉讼纠纷。随着元代撤销回回哈的司，哈的随之消失。到了明代，原来清真寺的伊玛目逐渐取代了哈的的职能和作用，成为教坊穆斯林的掌教，具有行教和传教的全权，而且掌教的伊玛目实行世袭制。伊玛目世袭掌教制的形成，应该说是受中国封建宗法制的影响，同时也与朝廷和各级官府的怀柔政策有关系。有明一代，一些较大的教坊掌教都必须经过当地官府的批准认可，发给劄副，使掌教冠带荣身，名利尽收。官方对掌教的特殊待遇，为掌教的世袭相传创造了良好条件。明代形成的世袭掌教制对回族伊斯兰教的传衍和发展起过重要推动作用。但这种制度本身潜藏着许多弊端。随着时间的推移，长期的家传世袭养成掌教子弟的依赖性，自恃世袭掌教乃法定传统，即使缺乏宗教知识和宗教修持也可以继承父业。这种现象的存在，使掌教者的素质越来越低，丧失了在教坊穆斯林中的权威，世袭制失去了群众基础，这就导致后来由阿訇担任穆斯林教坊的掌教，以取代世袭伊玛目掌教制。

第五节

明末经堂教育及穆斯林学者对伊斯兰法的研究与传播

一、经堂教育的兴起及其对回族法制的影响

伊斯兰教自唐朝传入直到明朝中叶，穆斯林主要以家传口授的方式和清真寺的宗教活动中进行宗教知识的传承与教育。这一时期，“在中国，特别是内地传播的伊斯兰教，教义不明，教名未定，少见经籍及著作，亦无汉文译著”①。在当时一般民众和学者眼中，伊斯兰教更多地被看作一种风俗习惯，而不是教理学说；就穆斯林社会内部而言，元代以前的回族先民也主要把伊斯兰教当作一种信仰、习俗和生活方式，并注重在日常社会生活中恪守教规。家庭教育的作用和社会效果毕竟是有限的，它没有组织性和系统性，而且一般穆斯林家庭在中国居住的时间越长，对阿拉伯语及伊斯兰经典的内容与诵读方式、宗教仪式也就逐渐陌生，特别是随着回回穆斯林汉语化的进程，家庭教育形式显然已不适应这种发展的历史局面了。同时，由于回族穆斯林散

① 李兴华：《经堂教育与伊斯兰教在中国的学说化》，载《伊斯兰文化研究》，宁夏人民出版社 1998 年版。

居在中国各地，处于儒、释、道文化的汪洋大海中，坚持按伊斯兰教风俗习惯行事的穆斯林往往受到舆论冷落而趋于边缘化。这种社会环境很容易改变原有的伊斯兰教信仰而接受中国传统的思想意识，上述转变从宋元时期东南沿海穆斯林中就已屡见不鲜，到明朝中期，这种变化已使伊斯兰教的存在和传衍发展面临着深刻危机。

在上述情况下，兴办教育，培养适合穆斯林社会需要的宗教人才，成为中国伊斯兰教发展的迫切需要。加之明末回族历经元代与明朝前期不断发展，经济自给自足，生活趋于稳定，具备实施宗教教育的物质条件。因此，回族穆斯林中有志之士奋起而发展教育，积极开展宣教事业，以求复兴伊斯兰教，维护伊斯兰教在回族中的地位，经堂教育开始兴起。经堂教育的首创者为陕西咸阳人胡登洲。最初，他在家中招收弟子，传习经典，培养新一代伊斯兰教学人，教学形式大体如“私塾”。不久，这一做法逐渐为回族同胞所认可，各地清真寺开始兴办经学，教学费用由教坊内穆斯林分摊。到了明末清初，经堂教育不仅普及于陕甘宁青，也推行于内地其他部分回族穆斯林地区。同时，在其不断发展过程中，逐渐形成了小学、中学、大学三级教学体制和系统化的教学方式，并因地区、教派的不同而形成教学风格各异的经堂教育派别。

经堂教育作为中国回族伊斯兰教发展到一定历史阶段的产物，对伊斯兰教中国化的进一步发展具有举足轻重的影响。经堂教育兴起后，伊斯兰教的系统化教育活动几乎深入到每个穆斯林家庭，使穆斯林自幼就受到较为正规、系统的宗教教育，树立了虔诚信仰，培养了宗教感情，从而振兴了伊斯兰教的传教宣教事业，巩固了伊斯兰教在中国的社会地位，尤其重要的是经堂教育培养出大量高层次宗教职业人才，成为宗教发展的柱石和中坚力量，为传播和振兴伊斯兰教起到了关键性作用。

经堂教育对明代回族等穆斯林社会的影响是多方面的，它对回族法制文化的发展同样产生了重要影响。

第一，经堂教育促进了伊斯兰教法在回族社会的广泛传播。伊斯兰教法内容丰富，包罗万象，主要以伊斯兰教义为基础，以《古兰经》、《圣训》为基本依据。伊斯兰教法是对穆斯林的宗教生活的规范和约束，虽然它并非一般意义上的“法”，但它是针对信众活动的外部表现，对穆斯林日常行为同样具有约束和规范作用。在经堂教育中，《古兰经》是最基本的教学内容。回族穆斯林儿童一般在五六岁时，便送到教坊的小学学习，首先学习阿拉伯字母拼读，进而教习“清真言”、日常宗教生活使用的“都阿”、沐浴礼拜、斋戒等常识；然后便进一步学习诵读《亥听》（《古兰经》选读）。在经堂教育体系中，小学最为普及，遍设于各大、小清真寺，实际成为陕甘宁青各地穆斯林社会中的一种义务教育。经堂小学的普及性，对伊斯兰教及其法律思想意识在回族穆斯林社会中的传衍和发展具有重要意义。经过中学的过渡环节，便进入大学教育阶段。经堂大学一般设在大、中清真寺，学生多者数十人，少则三五人，主要目标是培养伊斯兰教的宗教学者、经师。在大学里，经生们系统地学习阿拉伯或波斯文语法、文词、修辞、教法、教义、《古兰经》经注、《圣训》及文学等科目。大学阶段的教法课程主要是《伟戛业》（阿拉伯语音译）。《伟戛业》是阿拉伯教法学第五代学者麦哈穆德的著作，经后世注解始成四卷本《伟戛业注解》。第一卷讲解五功，第二卷讲解婚姻家庭律例，第三卷讲解贸易与宰牲方面的教法，第四卷讲解社交原则。

第二，经堂教育对培养回族穆斯林的道德品质、行为规范和生活作风具有重要作用。伊斯兰教把宗教、道德和法律视为一个完整的统一体，缺一不可。《古兰经》所倡导的道德标准是伊斯兰教法的唯一依据，而伊斯兰教法的建构则是这些道德标准的体现和保障。因此，在这个意义上说，穆斯林受到道德和法律的双重约束，道德观念和教法通过对个体、群体乃至整个社会组织的双重调节，使穆斯林社会的物质文明和精神文明的建构得以有序进行。经堂教育的宗旨不仅是要传授给经生以宗教学问，更重要的是要培养他们的道德修养、日常行为规范。所以经堂学校校规十分严格，要求每日按时沐浴礼拜，刻苦学习，不得嬉戏玩耍，举止严肃文明，穿着俭朴。观灯、听戏、饮酒、赌博、吸烟诸事，都要避而远之，每个穆斯林都要模范遵守教规，自觉加强道德修养。这就使经堂教育不仅能培养出献身伊斯兰教事业的宗教专门人才，而且能培养出具备较高的道德品质和严谨的日常行为规范的穆斯林群体。

二、回族穆斯林学者“以儒诠经”活动对教法的阐述

在经堂教育蓬勃开展的同时，自明朝后期起，在我国东南地区的回族穆斯林中兼通阿文、中文的学者纷纷著书立说，翻译经文典籍蔚然成风，出现了大量汉文著译，宣扬伊斯兰教。本来，经堂教育以培养能够阅读宗教原文经典的经师为目的，如果不强调汉文学习，就难以满足一般穆斯林大众学习和了解宗教精神的需求。因此，对于那些身处汉文化发达的江南地区兼通回、儒的学者而言，逾越传统上宗教经典不汉译的障碍，“以中土之汉文，展天方之奥义”成为必然。汉文著译活动的首倡者王岱舆针对一些人的质问，在《希真正答》中论证了汉文译经的合法性。他指出：“文字比

如土木，可以建礼拜寺，可以造供佛堂，正道异端互相取用，其功过不在材料，唯论人之所用何耳"，"由是言之，明命圣谕，何尝拘于一方，无非便于世人，本为阐扬正教，岂区区执着于文字哉"①。汉文著译活动的重要意义在于通过"以儒诠经"，探讨伊斯兰教思想与儒家思想的结合，促进伊斯兰教在中国的发展。从法学的视角看，这一活动也促进了伊斯兰法律文化与中国传统法律文化精神的结合。伊斯兰教是一种律法型宗教，伊斯兰教法被视为真主的法度，对穆斯林的内心信仰和外部行为均具有较强的约束力。对于回族穆斯林来说，要坚守信仰，遵守教法，就必须注重协调伊斯兰教规教律与中国传统法律规范的关系，面对伊斯兰教法律文化与中国传统法律文化之间存在的一些冲突。因此，如何做到既要保证伊斯兰教义教法在回族穆斯林社会延续发展，维系民族的存在，又要协调伊斯兰教法与中国传统法律的冲突，为教民遵守国法和教法提供指南，就成为摆在汉文著译者面前的任务。而且，儒家思想重视伦理道德，注意人际关系的处理，这与注重现世的伊斯兰教有某种相通之处，提供了两者互相结合、补充，甚至相互附和的可能性。

一般认为，汉文著译始于明末王岱舆、张中、伍遵契等人，穆斯林对他们的著作称为"汉克塔布"，即汉文经典，简称"汉经"。汉文著译的作品涵盖面比较广泛，举凡伊斯兰教的哲学思想、教义教法、历史、人物传记、典礼制度、民常习俗、语言文字等方面的内容皆有涉及。宗教法律的阐发是汉文著译活动的重要内容。王岱舆所著《正教真诠》一书共40篇，其中上卷20篇论述宗教哲学，下卷20篇主要讲穆斯林应如何掌握修持之道，有几篇介绍了伊斯兰教的教法和礼制。王岱舆在《正教真诠》中区分了伊斯兰教、伊斯兰教法、世俗法三个概念，用"清真正教"指伊斯兰教本身；用"世法"指代世俗法律；用"明命"、"教律"、"经律"、"圣修"、"圣法"等词分别指称源于《古兰经》和《圣训》的伊斯兰教法。同时，依据伊斯兰教法的规定提出了许多主张。例如，在《利谷》篇里依据伊斯兰教禁止放高利贷的规定，提出"月利生财，积谷待价二事，清真切禁"。在《博饮》篇中，强调"博戏饮酒，正教所禁"，在《风水》、《宰牲》等篇中也介绍了伊斯兰教的规定。总体来看，《正教真诠》虽然以维护伊斯兰教为立足点，批驳了儒、佛、道与伊斯兰相违背的地方，但书中处处充满了儒学与伊斯兰教互相倚重的事例，作者充分运用儒学观点来解释伊斯兰教教义教法，突出用儒家的"三纲"来宣传忠孝，强调顺主、忠君、孝亲的统一

① ［明］王岱舆：《正教真诠·清真大学·希真正答》，余振贵、铁大钧译注，宁夏人民出版社1999年版，第491页。

性；用封建礼教的“五常”来诠释伊斯兰教的“五功”，其目的之一，也就是力图协调伊斯兰法律文化与中国传统法律文化之间的分歧，以消除民族隔阂，促进汉族对回族的了解，从而建立起一套合乎中国穆斯林环境的伊斯兰教教义教法学体系。

王岱舆、张中、伍遵契等人都生活于明清之际，他们的学术影响更多地在清代体现出来。自王岱舆之后，在汉文著译方面具有深远影响的学者还有清初的马注、刘智以及晚清的马德新，他们被后人赠予伊斯兰教汉文著述“四大著作者”的称号。明清时期的汉文著译活动形成当时全国经堂教育中的汉学派，最初以南京为中心，后来为云南回族穆斯林所承继，并在西北的西道堂、哲合忍耶等伊斯兰教派、门宦中产生较大影响。回族思想文化领域里发生的这些变化，表明中国伊斯兰教出现了新的特点，即穆斯林注重加强与中国传统主流文化的调适，把伊斯兰教纳入中国封建伦理道德规范中加以注解。这一倾向对回族法制文化内容的进一步发展产生了积极的影响。

第六章

清代回族法制

第一节

清朝前期对回族的政策及其影响

清王朝建立后，清朝贵族为了巩固其统治地位，比较重视协调与其他民族的关系，加强周边少数民族对中央政权的向心力。清代前期对回族的统治政策是整个清朝民族宗教政策的组成部分。清初的统治者对“华夷之别”一类的观念相当敏感。在处理民族宗教事务时，对大汉族主义保持着一定的戒心，因而较为重视周边少数民族的宗教信仰和传统习俗，采取历代王朝一以贯之的“齐其政而不易其俗”的策略，以求达到对各少数民族的怀柔羁縻。清朝前期对待回族和伊斯兰教，虽然不及给予藏族和喇嘛教一样的政治礼遇和经济特权，但据其民族宗教政策的基本原则和穆斯林在清代社会经济生活中的影响和地位，在要求穆斯林在服从其统治及遵守其律令制度的前提下，采取了适当尊重和宽容的政策，允许其存在和发展。许多史实表明，清朝前期基本做到了维护统治阶级利益与照顾穆斯林习俗二者之间的平衡。不过，与明代相比，回族在清朝的政治地位还是明显下降。清军入关前，与回族几乎没有什么联系；清军入关后，散居各地的回民不同程度地卷入反清斗争，引起清统治者的震动。这表明回族与国内各民族在共同的社会历史环境中形成了密不可分的联系。清朝建立后，为防止国内各民族的联合，对各个民族实行分而治之的策略，因此，清政府对回族采取防范的措施，认为除宗教与生活习俗外，回族在政治上并没有什么特殊性，因而采取统治汉族的方式，将各地回族都纳入清政权的直接统治之中，分别归于各州县管辖。在回族集中的西北地区，甚至强化统治措施，大力推行乡约制度以排斥阿訇对回族社会的影响。但总体来看，由于清朝前期尚能较好地处理好“齐其政”与“不易其俗”的内在统一，使伊斯兰教在中国的发展能够正常进行，回族社会也处于迅速发展的过程之中。

在清代前期民族政策的作用下，内地回族等穆斯林人口进一步增加，分布广泛，真正达到了“回回遍天下”的完全意义。例如，甘宁青一带，回民“户口之蕃，亦臻极盛”，“宁夏至平凉千余里，尽系回庄”；西南地区的云贵川等地回族进一步向中小城市扩散；华北、东南、中南各省区回民在不断开辟新的聚居点，巩固旧的聚居点。

此外，回族还纷纷迁居新疆、东北三省、西藏、台湾岛等地区。与之相应，回族的经济、社会和文化的发展进入一个新阶段，基本形成了以农业为主，兼营商业、畜牧业的封建经济形态，其经济发展水平已与汉族接近。稳定的经济方式构成了回族社会内聚力的现实基础，与此相对应，回族成员在文化和心理诸思想形态方面由积累而趋于一致，民族成员的自我确认与相互认同取得了一致的标志，共同的宗教信仰凝聚为共同的民族意识。

回族民族意识的增强突出地表现在民族文化的自觉建设上。清朝前期，回族社会的经堂教育和“以儒诠经”潮流持续发展，二者的主旨均为弘扬民族文化，构建起民族文化的独特体系。前者不仅对提高回族伊斯兰教的理论水平有直接作用，而且使回族宗教活动和社会活动也有了规范化的原则指导；后者把阿拉伯文字传述的伊斯兰教经典译为汉文，并借用中国传统文化的某些范畴概念去解释伊斯兰教义。上述活动加快了唐宋以来伊斯兰教在中国的民族化进程，加强了回族的文化认同。以儒诠经和经堂教育还促使伊斯兰思想与回族的具体社会实践的进一步结合，统一了回族思想，创造了回族伊斯兰文化的独立体系，使回族民族心理有了文化依托。广大回族通过这一文化体系保持了本民族思想和心理的特殊性与独立性。

随着回族文化建设的发展对回族民族意识自觉程度的提高，回族成员越来越注重维护本民族的利益，争取本民族发展的基本权利，形成愈益明显的社会影响。清政府对回族社会的变化与要求初则漠视，继则采取压制政策，发生了清政府与回族之间矛盾与冲突，导致清代中后期对回族和伊斯兰教政策的转变。

第二节

清代法制体系中关于回族的规定

清朝作为专制主义高度强化的、统一的多民族国家，十分注重在全国范围的法律调控，在法制方面呈现了封建时代最为完备的形态。清代对于少数民族聚居地区采取因地制宜、因俗制宜的原则，制定了一系列专门性的法规，使中国封建时代的民族立法达到了前所未有的高度，对各民族的法制文化产生了巨大影响。

清代法律中涉及回族的内容较多，大致可分为常规性和特别时期两种情况的规定。前者主要是指和平时期清政府对回回的有关规定；后者则是指回民起义时期，清政府针对回民起义而制定的较为苛刻的法律规定。就后者来看，例如，雍正十一年（1733），制定了《西宁番子治罪条例》，作为五年以内适用于青海、宁夏、甘肃等少数民族（包括回族）聚居地区的法律，而乾隆年间，朝廷便决定将此作为今后处理"蕃民"命盗案的永久性法律，其目的主要是为了防止回族等少数民族的反抗。乾隆晚年制颁的有关回族的特别法令数量多，涉及面广，包括结伙行窃、抢夺、斗殴伤人的禁令、严禁倡立"邪教"和传习"新教"的法令，有关回民贸易的禁令，严禁回民私造，私藏兵器的法令，严禁回民高利放贷的法令，严加管束为奴回犯的法令，禁止回民女子远嫁安集延的法令，回汉斗殴伤人的禁令等多方面内容①，主要是为了配合镇压回族起义以及朝廷"扶旧除新"、"赦一剿一"的极端政策。这些法令针对性强，灵活性大，又多触及清朝统治根本，故往往为统治者所重视，并在实践中得到较彻底的贯彻执行。

清朝政府对回族的常规性法律规定分别以律例、则例、上谕等形式出现，涉及刑事、民事、经济、宗教信仰等方面。

刑事法律规定。清代法律中涉及回族的刑事内容很多，总体来看，无论是诉讼程序、审判机构、采证、判决、量刑，以至监狱待遇等，对回族都比较严苛。在《大清律例》中，对回民治罪列有专条，分别在犯罪存留养亲、徒流人又犯罪、徒流迁徙地方、白昼抢夺、窃盗、斗殴等条文中专门针对回民案件做了规定，其具体执行情况从一些案例可得到反映。从盗窃案例来看，《刑案汇览》中涉及回族几起行窃案件，其判决皆较他族严厉。例如，"回子与民人伙窃应各按本例"一案载，乾隆二十七年（1762）山东按察使闵鹗元奏称："回民犷野成习，凶狠异于常人，结伙成群，携带绳鞭腰刀等物，四出为匪，非寻常窃贼可比，奏请严惩。"经刑部照议奏准，纂辑为例："回民行窃，结伙三人以上，执持绳鞭器械，不分首从，不计赃数次数，改发云贵两广极边烟瘴充军。"此案还反映了同为行窃，对回民与汉人的判罚不一："民人与回民伙同行窃，自不能概照回民论罪，自应依名例，共犯罪而首从本罪个别之律，各依本罪，分别科断。"又据"回民伙窃均系徒手方准拟徒"一案载，道光五年（1825）陕西司咨刑部"回民马五六儿听从回民丁熟夫儿等首伙四人，用木杆一根拴成云梯，交伙犯携带，余俱徒手盗窃刘泳松家衣物"一案，认为"顺杆、软梯向来亦作贼具，又可以为拒捕之用，然究非绳鞭等项凶器可比，若一律拟军，未免情轻法重"，而刑部

① 李丕祺：《试析乾隆朝关涉回族的特别法令》，载《回族研究》1999年第2期。

则认为，“凡非徒手，即以执持器械论。民间所用器械甚多，例内不能该载，特以器械二字包括一切，顺杆、软梯、铁凿、铁锨、小刀等物，既可为行窃之具，又可为拘捕之用”，而且“回民犷悍性成，结党成群，携械剽窃，与寻常宵小不同，故凡非徒手行窃，即照例拟军”，“必俱系徒手方得拟徒”①。可见，刑部所谓“凡非徒手，即以执持器械论”实际是专门就回民行窃所持器械所作的严格规定，这里的器械所含甚广，包括一切顺杆、软梯、铁凿、铁锨、小刀等物。关于斗殴的判罚方面，清廷认为回民“犷悍性成，其强横好斗甚于常人”，故“惩创不得不严”。于是，乾隆年间定例于回民之斗殴案：“凡回民结伙三人以上，执持凶器殴人之案，除致毙人命罪应拟抵之犯，仍照民人定拟外，其余纠伙共殴之犯，发云贵两广极边烟瘴充军。如结伙虽在三人以上，而俱徒手争殴，并无执持凶器者，于军罪上减一等，杖一百，徒三年。结伙在十人以上，虽无执持凶器而但殴伤人者，仍照三人以上执持凶器之例定拟。”②《刑案汇览》中收录的几起回民斗殴案中，其判决加等科罪等都较他族严厉。在“回民纠众持械殴伤回民”一案里，反映了清律关于回民斗殴、相殴的定例：回民“一经结伙三人以上执持凶器伤人被殴者，无论民人回民应均将行凶之犯按例严惩”③。至于回汉之间械斗，官府亦多偏袒倾向于汉民，“凡争讼斗殴，无论曲直，皆压抑回民”④。

民事法律方面。清朝法律中关于回族民事方面的一些法律规范较为分散，这些法条并没有经过整体的汇编，立法时也无完整的构想，是由一些单个事例发展而来的条文，缺乏统一性。其中较详明的主要表现在婚姻方面。例如清初对于回回婚姻的定例沿用《明律》“不许本类自相嫁娶”的规定，但到了雍正三年，因原文殊划不一，清律例中删此律。至于在财产所有权、契约关系、财产继承等其他民事方面，清律中没有做专门的规定，与汉民同。于是回族能够在以清律为前提下，参照教内法则而处理财产、钱债诸事。

在经济法规方面，相关规定史料反映较少，只能从散见于条例、成案、奏折、上谕等之中略见概况。其一，是关于移民的规定。清廷的移民规定主要是针对回民起义而制定的。其原则是“回民近城非所宜，近汉庄非所宜，并聚一处非所宜”，其目的

---

① ［清］祝庆祺等编：《刑案汇览三编》（一）卷一六，北京古籍出版社 2004 年版。
② 《大清律例通考》卷二七，《刑律·斗殴》第七条。
③ ［清］祝庆祺等编：《刑案汇览三编》（二）卷三七，北京古籍出版社 2004 年版。
④ 《临潼纪事》，见白寿彝等《回民起义》（3），上海人民出版社 2000 年版，第 17 页。

使回汉隔离，就“令觅水草不乏，川原相间，荒绝无主，各地自成片段者，以使安置”①。清律是限制回民移民新疆的，因为清朝官员认为“内地无业汉回，溷迹回疆。藉称同教，聘娶回妇为妻，煽惑愚回，多方教诱，并有充当阿浑之人，系属汉奸”。故应“严定科条，应严行示禁”，为此，对回民出入新疆制定了具体的管理规定：“嗣后内地汉回赴回疆贸易、佣工者，均令在原籍请票出关，注明年龄、貌、执业、照验。行抵各城，缴票注册，回日请票进关，使流寓汉回有所稽考。”② 其二，在对外贸易方面，清代实行的闭关自守政策对回族而言，主要表现在对回族对外贸易上的限制。《清实录》中反映了许多这方面的内容。如乾隆五十五年（1790）规定：“如有前来伊犁、阿克苏二处贸易回人，俱给以乌鲁木齐、吐鲁番、喀喇沙尔、库车等路引，于各处验照搜查”；同年九月，毓奇奏称：“阿克苏游击阿玉锡搜出回民马天龙等，在辕内玉石四块，将马天龙等分别治罪。”乾隆五十四年（1789）“敕谕新疆地方，将大黄严行禁止”③。表明清律对贸易物品进行限制，不允许回民私贩玉石、大黄等物。乾隆五十九年（1794），喀什噶尔参赞大臣永保等奏请定回民出卡贸易章程：“一、喀什噶尔贸易回人等，如往充巴噶什、额德格纳、萨尔巴噶什、布库、齐里克等处贸易者，给予出卡执照，如往各处远近部落，俱不得给予。违制拿获发遣。二、出卡回人，自十人至二十人为一起者，始给予执照，每起派阿哈拉克齐一员，往则约束，回则稽查，毋令羁留。如有不遵约束，枷号三月，仍重责示众。隐匿者并究。三、出卡回民等如贪利擅往布噜特远方，被人抢夺物件，查获后仍给原主，不足示惩。地隔写远者，应置不问，仍将违禁回民，枷号半年，不准出关……”④ 上述规定，对回民的边境贸易活动在经营区域、营业资格、经营品种、出入关卡等诸多方面都做了限制。

在宗教信仰和习俗方面。清朝前期，统治者在要求穆斯林服从其政治统治的基础上，对各族穆斯林的宗教信仰予以一定的尊重和保护，并对取缔伊斯兰教的极端主张予以驳斥。例如，康熙三十三年（1695）六月，为处理京师官员李某诬告回民谋反而颁发谕旨：“朕评汉回古今之大典，自始之宏道也，七十二门，修仙成佛，诱真归邪，不法之异端，种种生焉。已往不咎，再违犯者斩。汉诸臣官分职时享君禄，按日朝

① 《左文襄公全集》卷四一。

② 《那文毅公奏议》卷七七。

③ 《清实录》卷一三六一、一三六三、一三二〇。

④ 《清实录》卷一四六一。

参；而回逐日五时朝主拜圣，并无食朕俸，亦知报本，而汉不及于回也。通晓各省，如官民因小不忿借端虚报回教谋反者，职司官先斩后奏，天下回民，各守清真，不可违命，勿负朕恩有爱道之意也。钦此钦遵。”① 此谕旨木牌一直保存在北京牛街清真寺，并被镌刻于国内一些清真寺的碑石上。另外，据康熙年间马注所作《清真指南》中的《进经疏》所载，康熙帝曾召能讲解《古兰经》的人来，当时虽无人应召，却也体现了对伊斯兰教的关注。清政府还注重对穆斯林上层人士进行网罗，清朝的科举考试对内地穆斯林人士同样开放，有不少回民借此成为清政府的要员。雍正八年（1730）颁发上谕称：回民之中“有志上进者甚多。应试服官同于士庶。而以文武科名出身洊登显秩、为国家宣力效忠者，常不乏其人。”②当然，清政府在选拔官员中不排斥不歧视回民，并不能说明清政府与回族在政治上形成了联盟关系。因为回族人士科举入仕主要是他们作为个人而非民族代表进入清朝统治行列的，难以反映回族社会的总体要求。

实际上，回族社会内部成长起来的影响力并未引起足够重视，并未纳入清朝政治体系。所以，尽管许多回族人士在朝为官，而回族社会的民族要求却不能转化为当政的政治目标。③ 清政府对伊斯兰教的宽待是有条件的，从根本上看，要求穆斯林顺从统治阶级；从实际执行过程来看，还伴随着一系列管制措施，同时，统治者还不时透露出对伊斯兰教及穆斯林的褊狭看法。清朝统治者为稳定统治秩序、安抚民心而自称对穆斯林“一视同仁”，但最高统治者在内心仍然认为中国穆斯林“率皆鄙薄之徒”，“甘为异类”。不少朝臣和地方官员对伊斯兰教和穆斯林更抱着歧视态度，就连一代学人顾炎武也认为：“唯回回自守其国俗，终不肯变，结为党伙，为暴闾阎，以累朝之德化，而不能驯其顽犷之习”④。在这种氛围之中，清代法律中具有明显的压抑和限制回族宗教活动和习俗的规定，尤其是清朝后期回民起义后，对回族态度甚为苛刻，通过律令制度对穆斯林严加管束。其一，对清真寺掌教人员进行严格控制。清朝仿行明代的制度，规定由礼部清吏司掌握对各清真寺教职人员的考核事宜，并负责颁发劄副。其二，对回民的交往流动予以控制。规定清真寺严禁收留外地回民居住，认为“回众散处各省，良莠不一，无籍之徒，恃有礼拜寺收留居住，遂至四出游荡，安保

①② 余振贵、雷晓静主编：《中国回族金石录》，宁夏人民出版社 2001 年版，第 203、204 页。
③ 邱树森主编：《中国回族史》（下），宁夏人民出版社 1996 年版，第 540 页。
④ 顾炎武：《日知录》卷二九。

无潜结为匪之事”①，故乾隆下谕各省：“不许留外来回民学经、教经及居住，每年乡约头人具无新教及前项情节甘结一次，地方官加结，年终汇齐送部。”② 其三，严禁新教传播。自乾隆四十六年镇压了苏四十三领导的哲合忍耶穆斯林起义后，清政府规定回民不得从新教，“凡已习新教者，俱仍改从旧教”，“严饬各属将新教礼拜寺，概行拆毁，如查有私行传习，阳奉阴违者，照邪教从重办理”③。但事实上，统治者的高压政策并没有禁绝新教。在同治年间，左宗棠在镇压了陕甘回民起义后又发出布告称，“新教本是回教异端”，要新教信徒自首悔改，以免治罪，并谓“如敢仍行新教等，审讯得实，定即立正刑诛”④。并上书清廷，奏请在全国范围内也像陕甘一样禁绝新教。其四，在回民聚居区推行乡约制度。自雍正年间，首先在河州所属各地实行乡约制度，具体办法是：“回民居住之处，嗣后请令地方官备造册籍，印给门牌，以十户为一牌，十牌为一甲，十甲为一保。除设立牌头、甲长、保正外，选本地殷实老成者充为掌教。如人户多者，再选一人为副，不时稽查，所管回民一年之内并无匪盗等事者，令地方官酌给花红，以示鼓励。”⑤ 这样，以每个乡的乡约向清政府具结担保不发生违法犯禁的事情，而换取清政府允许掌教在本乡中的政治和宗教特权。乾隆四十六年后，乡约制度更有所发展，并逐步推行到各个信仰伊斯兰教的地区。据《甘宁青史略》所载，乡约分寺约和回约两种，寺约就是在有清真寺的地方由地方官择定该教公正之人充当，责令其约束教坊教民；回约就是在无清真寺的回民居住地方按乡里人数择举老成者担任之，责令其约束本乡回民。

从清代回族的历史发展中可知，清政府对回族的法律规定及其变化，深刻影响和推动着回族的法律认知和法律行为的变化，从而影响整个回族的社会行为。清代前期的法律对于回族相对宽容，只是对回民在斗殴、盗窃等方面较为严重，封建王朝与回族、伊斯兰教基本相安无事，回族社会因而基本认同国家的法律秩序，自身也得到正常发展。到清代中后期，随着统治者用严苛的法律来禁止、限制伊斯兰教和压制回族作为维持其统治的手段，其结果不仅没有动摇穆斯林的信仰，反而促使了回族内部的团结，使清政府与回族之间的对抗日趋尖锐，直至回族在伊斯兰教的旗帜下，形成反清战线，发动反清斗争，清朝法律对回族而言则处于失效状态。

---

① 《清高宗实录》卷一一三七。
② 《循化志》卷八，《国变》。
③ 《兰州纪略》卷一七。
④ 《左宗棠布告》，载白寿彝等《回民起义》（4），上海人民出版社 2000 年版。
⑤ 《清世宗实录》卷一一二。

第三节

汉文著译的活跃及对伊斯兰教律法典籍的本土化探讨

清朝前期，中国伊斯兰教的发展除了以经堂教育为主要形式的宗教教育制度日趋完善之外，以汉文著译伊斯兰教典籍并阐扬教义教法的活动也出现高潮。这是中国穆斯林在伊斯兰教文化方面的建设和创造，从而把清代伊斯兰教的发展推进到一个新阶段，同时也加深了伊斯兰教法在回族社会中的影响。清初回族穆斯林的汉文著译活动是当时回族社会迅速发展的直接反映，也是明末兴起的汉文著译活动的自然延续，这一活动贯穿于整个清代。从著译发表的时间来看，大致可分为两个阶段。第一阶段以南京、苏州等地为中心，形式为专译一经或专门阐述一种理论体系，内容多系宗教哲学和典制方面，代表人物为王岱舆、刘智等；第二阶段以云南为中心，形式以译述的发表为主，内容已扩大到天文历法、地理和《古兰经》的汉译，代表人物有马复初、马联元等。

经过几代学者的努力，清代的汉文著译活动取得了显著成就。王岱舆的著作《正教真诠》虽然完成于明崇祯年间，但它与《清真大学》、《希真正答》等在进入清代后才广为流传并受到推崇。此外，张中的《归真总义》，马铨的《醒己醒悟》、《四篇要道》，伍遵契的《修真梦引》、《归真要道》，马注的《清真指南》，刘汉英的《清真教说》，刘智的《天方性理》、《天方典礼》、《天方至圣实录》、《五功释义》，金天柱的《清真存疑》，马复初的《四典会要》、《大化总归》，马联元的《辨理明证》等等，都是清代汉文著译的重要著作。汉文著译的许多作品虽然大多是对国外伊斯兰教经籍的翻译和注释，但不少地方是根据中国特点，吸收中国传统文化因素后的一种重新创作，汉文著译者以儒家传统思想来阐述伊斯兰教义，是中国穆斯林在伊斯兰文化方面的创造性活动。

在汉译著作者的著述中，对宗教律法典籍的译介和阐发占有很大比例。伊斯兰教法是包罗万象的宗教特色浓郁的法规体系，是穆斯林生活方式系统化、规范化的体现。它以安拉意志的形式规定了一个虔诚的穆斯林在宗教上、法律上、道德上必须恪守的一整套义务制度。由于伊斯兰教是一个更加注重实际的宗教，教法是根据穆斯林在日常生活中遇到的各种实际问题而以宗教名义规定的一整套适用于穆斯林的行为规范，因而它对社会生活的影响是全面而具体的，成为伊斯兰教的精神和伊斯兰文化传统、生活方式的重要体现。马注在《清真指南》一书中论及伊斯兰教法时，使用“教规”、“清真禁律”、“经律”等概念来表达。从刘智至马复初，多用“礼法”一词指代伊斯兰教法，这也符合伊斯兰教法律与道德结合的特点。刘智编撰、编译的《天方性理》和《天方典礼》共收录、参考阿拉伯、波斯文文献有几十种之多，书目涉及《古兰经》及经注学、圣训学、教法学、伊斯兰哲学、伦理学、逻辑学、伊斯兰历史、天文、历算、地理学、阿拉伯文字学、语法学多种学科，其中不少经籍与宗教法律有关。在《天方典礼·采辑经书目》中所列多部教法著作被冠以“礼法”的汉文译名。马复初著有《礼法启爱》，他认为“礼法实教道之权衡，若稍有损益，即流弊百世，赫赫大法不可道也”，“凡我同仁，当以礼法为先务”。另外，伊斯兰教法的专用术语“Shari’a”一词的音译也见于汉文著译中。伍遵契在《归真要道》中译将其为“设理而忒”，刘智则译作“舍礼二”（今译“沙里亚”），认为“舍礼二”、“总裁天道人道，一切事功之条例，此勤德敬业者所取法也”①。刘智编译的《天方至圣实录》一书介绍了有关伊斯兰教法起源和发展的情况。该书以波斯语文献《忒尔准墨》为蓝本，参考并依据阿拉伯、波斯、中国的有关史料、传记，用中国史书实录、年谱体编撰，是一部编年体的穆罕默德传记，也是一部关于早期伊斯兰教法历史的著作。据王东平的研究，这本译著记载了穆罕默德领命立法及处决案件二十余件，立法内容涉及宗教五功、婚姻丧仪、民事、刑事、圣战等方面。该书采用纲目体例编写，在“纲”中概括立法事件，在“目”中详细叙述此法规出现的背景、立法目的、立法内容等②。《天方至圣实录》注重探究教法源流，大大丰富了中国穆斯林的宗教法律史知识。

伊斯兰教法的重要特点之一是将道德与法律视为一个完整的统一体。按照伊斯兰教法，既然“认主独一”，就必须服从安拉，将其有关道德和法律的定制准确地内化为一种自我意识和社会意识，来控制和指导个人和群体生活的各个领域。人们的一切行为规范必须先以《古兰经》所规定的道德标准来衡量，这些标准又通过教律及法律

① ［清］刘智：《天方典礼》。

② 王东平：《明清时代汉文译著与回族穆斯林宗教法律文化的传布》，载《世界宗教研究》2002 年第 2 期。

上的立法而得到强化，从而达到德法并举、标本兼治的作用。这一特征在明清汉文译著者关于教法的论述中得到突出体现。许多著述从伊斯兰教精神出发，网织起信徒从精神生活到物质生活的一系列规范，而将顺命与违逆的赏罚推向了道德法庭。王岱舆在《正教真诠》中指出，真主握有“治世之权”，为人类设置了天国与地禁，“为善者自有善酬，为恶者自有恶报。善恶循环，丝毫不错，非同世法，或有幸免。唯真主精明至公，做善做恶，今世任从；或赏或罚，后来不易”①。马注在《清真指南》中对天国、地禁和末日审判做了细致描述，用天经所云告诫人们：“的实一切顺命好人俱属天堂，一切逆恩违命主上吩咐是地狱。”② 一些汉文著译还在末日审判中明确给出了对人们在现实生活里善恶之行的明确奖励。王岱舆针对不礼拜者说：“后世公判之日，罚之甚重，不生不灭，无了无休，较之禽兽犹不如也。”③ 马注指出，对于“不取债于艰难之人”及“为仇人取和”的好人，真主在天堂用明珠筑亭，回赐给他们；对“吞食利钱，遇孤寡而不能周济，酷挤无告，叠算贫难”者，真主命天仙以铜汁倾入腹中予以惩罚；对于“行奸男子，贪爱他妇，厌弃己妻”者，天仙将用火棍笞挞。④

伊斯兰教法作为一种外来法律文化，它与中国传统法律文化之间存在许多差异。因此，明清回族学者的汉文译述活动在介绍伊斯兰教法的同时，也面临着如何处理好伊斯兰教法文化与中国传统法律文化关系的问题。于是，“以儒诠经”成为汉文著译的学者们解决文化差异的重要方法。从术语的借用到理论体系，回族学者们竭力将教法附会于儒家学说。刘智说，伊斯兰教“虽载在天方之书，而不异于儒者之典；遵习天方之礼，即犹习先圣先王之教也。圣人之教，东西同，今古一”⑤。马注也认为：“回之与儒，教异而理同也。”⑥ “儒者之学犹衣，清真之学犹食。无衣则寒，无食则饥，寒则关于身，饥则切于命。”⑦ 明清汉文译著中着意使用儒家术语译介教法，刘智在《天方典礼》“婚姻篇”译介伊斯兰婚姻制度时说：“婚姻为人道之大端，古今圣凡，皆不能越其礼而废其事也，废此则近异端矣。清真之礼，出自天方圣教，而儒家之礼，多相符合，虽风殊俗异，细微亦有不同，而大节则总相似也。故予于序礼解

---

① ［明］王岱舆：《正教真诠》预备篇。
②④ ［清］马注：《清真指南》卷八。
③ ［明］王岱舆：《正教真诠》五功篇。
⑤ ［清］刘智：《天方性理》卷首，自序。
⑥ ［清］马注：《清真指南》卷三。
⑦ ［清］马注：《清真指南》卷四。

事处，多原儒语，以明其义。盖欲此地人知所解耳。”所以刘智在下文中使用了“问名”、“纳定”、“纳聘”、“请期”等中国传统婚姻制度中的名称。在教法体系中，刘智将念、礼、斋、课、朝归为“五功”，把属于社会伦理关系的内容归为“五典”，将伊斯兰教伦理同儒家伦理联系在一起。刘智所说的“五典”，“乃君臣、父子、夫妇、昆弟、朋友之常经，为天理当然之则，一定不移之礼也”①，其具体内容与中国传统伦理道德中的三纲五常基本相同。当然，刘智的人伦典制思想并没有偏离其伊斯兰特性。他强调：“念主，天道之首功，念君，人臣之首行。两念而两不忘，则天道人道，一以贯之矣。”②由于伊斯兰教在中国从来没有成为居于统治地位的宗教，就大多数臣民而言，他们从来也没有通过“两念而两不忘”，以达到天道与人道的统一；对穆斯林而言，则主要是为了强调其应具有封建的忠君思想，以利于伊斯兰教的天道五功与儒家的人道五伦相和谐。

中国传统法律文化重公法而轻私法，刑法发达，体系缜密，而在民事法规领域则显得薄弱；伊斯兰教法则在宗教功课、民事、商事等私法领域较为发达，刑事法规则较为简陋。二者在法律体系上具有明显的互补性，这为伊斯兰教法在中国社会的存在和延续提供了可能。但二者在具体内容上也有不少冲突的地方，从而成为译著者必须认真对待的现实问题。例如，从刑法方面看，在中国传统社会中，刑法是封建统治者手中权力的象征，是维持统治秩序的主要手段，如果过多地向教民宣传与世俗法相冲突的教法中的刑法内容，只可能引起教民从理念到行为的矛盾。因此，回避教法中的相关内容，就成为是汉文译著家们的自然选择。明清之际的回族学者较为注意这一点，他们在编译教法学者著作时，不是全文翻译，而是审慎地做了选择，回避了那些有可能引起冲突的教法内容。以《天方典礼》为例，刘智曾指出：“礼法原有全书，因其浩繁，特择什百之一二，提其大纲，撮其紧要，详其注解，便于读也”③。这种选择，显然不是盲目随意的，而是经过权衡考虑的。除了原著的选择外，清代的汉文著述学者更多地探讨了以儒释伊、融会贯通的具体内容。王岱舆在《正教真诠》中将伊斯兰教的五功与儒家文化提倡的仁、义、礼、智、信相提并论，按照他的解释，五常之首曰念，感赞真主之洪恩，人就有了仁心；五常之二曰施，施其智慧于主、亲、君，施其财物于危困贫寒者，施的举动可以称为义；五常之三曰拜，拜真主，拜君亲，可谓知礼；五常之四曰戒持，懂得并遵行戒持可以称得上智；五常之末曰聚，这

①② ［清］刘智：《天方典礼》卷一二。

③ ［清］马注：《清真指南》例言。

是穆斯林与主的约定，全约之谓信①。汉文译著的作者们还提醒教民要忠诚世俗君主、遵守世俗法律。王岱舆强调敬主的天道与忠君的人道的统一，认为："顺主、赞主、拜主、感主恩而不能忠君、赞圣、孝亲、济人者，则前事亦不足为功；如徒忠君、赞圣、孝亲、济人，而不能顺主、赞主、拜主、感主之恩，则前事仍为左道。"② 刘智在《天方典礼》中论及君臣之道时说："君者，主之影。忠于君，即所以忠于主也。""念主而忘君，非念主也；念君而忘主，非念君也。"③ 汉文著译者通过敬主与忠君的统一，从而在理论上弥合了伊斯兰教文化与中国传统文化之间的冲突。

第四节

清朝中后期回族法制的曲折发展

一、清朝中期清廷对回族和伊斯兰教政策的变化

乾隆四十六年（1781），在西北甘青地区发生了伊斯兰教的新旧教派争端，旋即转化为以哲赫林耶穆斯林为主的撒拉族、回族人民起义。清朝统治者制定了以回制回的策略，对穆斯林进行分化瓦解并残酷镇压反清起义，这也是清代社会由盛世走向衰败的标志之一。从这一事件的发生开始，清朝政权"齐其政而不易其俗"的伊斯兰教政策重心失去平衡，转而采取较为严苛的政治管制和军事高压手段来支撑其专制统治。在清朝中后期，统治者对回族经常使用的手段是"以回制回"、"剿抚并用"，虽然没有公开禁绝伊斯兰教，但歧视与限制措施远远超出前期。

清朝统治政策的转变与回族的反抗斗争虽互有影响，但从根本上讲，是清朝统治者为了强化专制统治、维护日趋没落的封建专制制度所决定的。回族的反清活动自清朝政权建立之日起就已经发生，只是清初回族的反清斗争从其性质看，仅属于全国抗清运动的组成部分。当时陕甘回族进行的抗清斗争或坚持"反清复明"的主张，或因

①② ［明］王岱舆：《正教真诠》五常篇、听命篇。
③ ［清］刘智：《天方典礼》卷一二。

满洲贵族武力征服和强权暴政而举旗反抗，实质并不是由某种特殊原因引起的单独由回族发动的反抗斗争，并非严格意义上的民族起义。① 这种状况发展到清朝中期则有新的变化。由于清朝前期回族社会经济的迅速发展，经堂教育和汉文著述运动的蓬勃开展，使回族的民族文化心理认同发展到一个新阶段，民族意识有了显著增强。由经堂教育为起点的西北宗教改革深入发展，并随着苏非派学说的传播而产生了门宦制度，宗教和宗教阶层成为回族社会的文化与政治代表；通过汉文著述运动的开展而加强了文化联系，推动了回族的心理认同。以宗教文化建设为内核的民族文化运动带来了回族社会组织化的发展，各地的回族因中国化的伊斯兰文化的认同而具有更加紧密的联系，从而大大提高了回族民族意识的自觉程度。于是，维护本民族的利益也就成为越来越多回族成员的强烈意识和社会要求，回族发展到了争取民族权利的时代。

中国伊斯兰教的门宦制度经过清朝前期数十年的酝酿，至乾隆年间在甘宁青地区的回族、东乡族、撒拉族穆斯林社会中有了广泛影响。门宦制度通过教坊体系把一定区域的回族联系和组织起来，不仅强化了回族的宗教力量，而且对回族社会具有极大的聚合与整合作用。各大门宦在发展过程中，不断扩大自己的宗教辐射范围和管理范围，其中自然存在着各教派、各门宦之间的竞争，发生一定的矛盾和冲突是不可避免的。这种竞争本来是回族内部的矛盾，然而回族早已被纳入中央政权“编氓”的行政管理体制之中。因此，在统治者看来，回族的重要社会活动只能在清王朝统治秩序内进行，而教争的发展势必要超越这种秩序，这就引起了官府对回族的关注并插手回族事务。但是，在处理教争时，本应从中调停的清朝官方，不仅没能促其和平解决争端，反而令争论双方各行其是，或贪财受贿，支持一派，压制一派，反而加剧了争执双方的矛盾，当事态扩大后则网捕镇压。这表明，清政府并没有正视回族社会发展变化的现实，企图简单地把宗教势力与回族社会政治活动分开，遏制门宦势力向回族社会政治生活中的扩展。教争的升级终于导致回族与官府矛盾的激化，遂演化为回族的一连串壮烈的反抗斗争与清政府的严厉镇压、剿抚并施这一旷日持久的社会矛盾。有清一代，因回族在各个时期不同地区的反抗斗争中，面临社会历史条件的不同而表现出复杂的情形，致使学术界长期对其性质未能达成一致的看法。加之以往的史学研究中曾受“左”倾理论的影响，把回民的反抗斗争仅仅看作农民阶级反抗清朝专制统治的阶级斗争，强调其革命性。这种表面拔高的观点实际不符合回族反清斗争的历史事

① 丁焕章、刘钦斌：《中国西北回民起义斗争史》，中国科学文化出版社 2003 年版，第 17—25 页。

实。通过上述分析可知，清代回族的反抗运动是回族社会发展壮大的必然结果，以西北回族起义为代表的抗清斗争，实质是回族社会一次要求民族自主与自治的民族运动。在斗争过程中，回民武装的战与和以及“降而复叛”、胜而求降等表现，都与各地回族的民族自主、自治愿望的是否实现密切相关。因此，清代回族的反抗斗争，反映了我国各民族反抗清王朝的共同愿望和回族自身政治诉求发展的高度①。而清朝统治集团为了维持日趋衰落的专制制度，无视回族社会的客观现实与要求，力图采取高压手段来解决问题，但面对的是回族英勇不屈的抗争，结果适得其反。清朝统治者在起初遭遇起义队伍沉重打击后，总结教训，运用历代统治者软硬兼施的惯用伎俩，转而采取“以回制回”、“剿抚并用”的策略，终于瓦解、镇压了一次次的反抗斗争。

总体而言，清朝中后期对回族统治策略的转变，使回族社会受到前所未有的创伤，回族等穆斯林群体被挤压到社会底层，伊斯兰教的学术发展和穆斯林的活动受到严格的管理和限制。但是，具有顽强生命力的回族并没有一蹶不振，而是在艰难曲折的历程中以顽强的意志生存下来，并逐渐得到发展。

二、教派、门宦的分化与回族法制的实践活动

伊斯兰教在唐代传入中国时并无教派之称，一直处于主导地位的是逊尼派中哈乃斐学派的教义教法。11 世纪后，随着伊斯兰神秘主义派别苏非派被纳入伊斯兰教正统信仰，苏非主义思想通过波斯传入中亚。蒙古西征后，中西交通大开，苏非派修道士开始拥入中原，但元代的穆斯林尚处于聚合阶段，回族共同体还没有正式形成，伊斯兰教的理论尚处于输入阶段，因此当时没有出现苏非主义派别。明末清初，一批苏非派传教士从西亚、中亚和喀什噶尔来到中国传教；同时，一些中国穆斯林通过求学朝觐，从阿拉伯、波斯地区引进了苏非派各教团的教律教法。随着经堂教育的发展，各种苏非主义著作、学说开始在中国穆斯林中传播，源自经堂教育需要而产生的汉文著译活动，则使苏非学说思想在穆斯林中传播得更为广泛，从而为清代教派的分化和门宦道堂的崛起提供了思想准备和必要的社会条件。

中国伊斯兰教的教派和门宦相当复杂。据马通先生的研究，中国内地伊斯兰教自明末清初以来逐渐形成了格底目、伊赫瓦尼和汉学派三个教派；有库布林耶、嘎的林耶、虎夫耶和哲赫林耶四大门宦。从教法教律来说，除新疆有少部分沙斐尔学派外，

---

① 邱树森主编：《中国回族史》（下），宁夏人民出版社 1996 年版，第 604—622 页。

格底目、伊赫瓦尼、西道堂和门宦都属于四大法学派之一的哈乃斐派。因此，从大的方面划分，也可以把门宦列为教派，但是从中国伊斯兰教发展的实际表现来看，教派与门宦还是有着明显的区别。简言之，教派在阿拉伯国家最初是因政治原因而形成的，属于教乘派（即舍热阿提）；体现苏非主义思想的门宦则是因信仰、礼仪的分歧而形成的，属于道乘派（即妥若格提）①。我国的教派、门宦是以对教义、教律的解释及组织体制的不同而区别的，除汉学派受门宦影响、吸收门宦的一些特点外，其余都保持着原有传统，并不认同和随从门宦制度及其修行方式。同时，教派仅仅以清真寺为活动中心，各清真寺之间一般也无联系，没有形成门宦那样严格的组织系统。格底目派在中国的三大教派中最为古老，地位独特。“格底目”系阿拉伯语音译，意为“遵古”，故称“老古派”、“遵古派”，普遍称为“老教”。但阿拉伯地区并没有格底目这个教派，自教派、门宦出现分化后，中国穆斯林把自唐代传入中国的伊斯兰教制度称为格底目。该派奉行的基本上是哈乃斐及其以前的教义教律，最初既不反对任何门宦的“功修”，也不攻击任何门宦和其他教派的“遵行”，处于中间调和地位。但随着清朝前期各苏非派门宦的迅速发展，格底目派的教众开始发生分化，部分人加入到各个门宦，格底目派的一统天下发生动摇。清末伊赫瓦尼等派别兴起后，部分人又分化出去。尽管如此，从总体看，格底目派穆斯林仍占多数，特别是在内地各省区更为明显。

与教派不同的是，四大门宦及其四十多个支系门宦，大多是以掌教世袭来区别的。各门宦上有教主、道堂，下有清真寺，形成一个严密的组织，教主一呼百应，教徒唯命是从。同时，各门宦之间，各自独立，互相排斥，矛盾和冲突时有发生。② 清朝中后期中国伊斯兰教派、门宦的分化与发展，使中国伊斯兰教的发展进入教派、门宦并存时期。这一时期，因回族的反抗斗争招致清政府的残酷镇压，清政府采取措施限制和打击新教的发展，但各门宦和新教教派的发展并没有被遏制住，而是突破重重阻碍，在险象环生中得以曲折发展。

教派、门宦的分化与演变，也标志着伊斯兰教法的本土化从理论阐发进入实践过程，同时也反映了回族法制实践发展的新状况。回族法制的实践活动在各门宦组织中得到不同程度的体现。“门宦”属于伊斯兰教中的神秘派，关于该词的渊源，其说法不一，目前多数人认为门宦一词来源于汉族的“宦门”、“门阀”等词，表明一种封

① 马通：《中国伊斯兰教派门宦溯源》，宁夏人民出版社 2000 年版，第 37 页。

② 马通：《中国伊斯兰教派与门宦制度史略》，宁夏人民出版社 2000 年版，第 73 页。

建世袭身份的特权。① 清朝以来的门宦组织是回族等民族穆斯林中大地主阶级的土地兼并和世俗特权加强的反映。门宦的出现，说明中国伊斯兰教已与中国传统封建制度和儒家思想紧密结合在一起，形成中国内地回族等穆斯林特有的宗教与社会组织。从回族法制的角度看，门宦制度的内涵体现出伊斯兰法文化与中国传统法文化的充分结合，表现了回族法文化中的制度文化，是伊斯兰教法文化中国化的重要表现。

第一，门宦的传教活动强化了伊斯兰教法的传播与影响。伊斯兰教法是伊斯兰教义学说的缩影，是伊斯兰生活方式的典型体现。各门宦虽然在教义、教法和修持等具体方面各有不同，流派众多，但总体上都有共同的遵行。在教义学方面属逊尼派，在教法上属哈乃斐学派，所有门宦都声称奉行《古兰经》和《圣训》，恪守天命五功，坚持六大信仰。《古兰经》中有关法律的内容所占经文比例虽然较小，但其中涉及的内容十分广泛，涵盖宗教义务、民商交易、犯罪刑罚、继承、婚姻与家庭、战争与和平、穆斯林与非穆斯林以及奴隶的地位等。它不仅规范了人们的行为，也更加注重人们的内在道德；它不仅包括严格意义上的法律规范，也涉及人们生活习惯的某些细节。《圣训》是穆罕默德的非启示性言论、行为和生活习惯。作为《古兰经》的补充，在穆罕默德时期就要求穆斯林遵照执行。穆罕默德去世后，传述《圣训》成为哈里发和教法学家创制法律的重要手段，统治者将各地流行的习惯和符合当时社会需要的习惯法规则附和为《圣训》，使之获得极强的宗教权威。到了阿拔斯王朝时期，随着伊斯兰法系的形成，圣训在法律事务中的地位越来越重要，教法学家们通过对《圣训》等经典的汇编和整理，以及采用公议、类比手段创制法律，最终形成逊尼派的四大教法学派。在中国，受苏非主义影响的各门宦主要遵奉四大学派中哈乃斐学派的教法学说。从具体表现来看，由于苏非派传入中国后，与儒家思想相结合，形成了“四大门宦”，从而打破了格底目一统天下的局面，使哈乃斐教法从一元转向多元。于是，“清代各教派门宦的教法实践，由于政权的限制、受儒家文化的影响及自身发展的需要，使传统的教法律令逐渐本土化，成为一种不仅使自己易于实践，而且也能为异族接受的礼仪制度”②。这也表明，中国苏非派教法实际上是融苏非主张、中国传统习俗、逊尼派哈乃斐教法为一体的一个综合体。

第二，门宦的形成进一步体现出伊斯兰教法在中国社会的自我调适。伊斯兰法和中国传统法在历史类型上同属封建法系，由于两种法文化产生和发展的文化背景不

① 马通：《中国伊斯兰教派与门宦制度史略》，宁夏人民出版社2000年版，第74页。
② 哈宝玉：《明清时期回族哈乃斐教法的本土化》，载《西北民族研究》2002年第3期。

同，两者存在着一定差异性，在文化氛围与哲学思想、文化内涵与表现形式、体例结构与司法制度、法的价值、功能与效益等许多方面具有不同之处。① 在中华法文化的大背景下，处于非主流地位的伊斯兰教法文化要适应中国社会环境，就必须自我调整以达到自我适应。因此，在统一的中央政府下，回族社会被纳入国家法制体系成为生存与发展的基本前提，遵从国家法律则是各门宦予以认同并强调的内容。例如，属于虎夫耶学派的毕家场门宦道祖马宗生按遵行的程度不同将教众分为三等，但将遵守国法与全美五功、学习教规、孝顺父母等要求列在一起，是各等级教众要共同遵行的。嘎的林耶学派下的撒拉教主张教徒“不聚敛钱财，遵守政府法令，管教事，不涉及国事”②，许多门宦教主对教众的告诫中都有关于遵守国法的内容。

第三，门宦组织的教权与世俗特权高度结合的管理方式，是回族法制文化深入发展的重要体现。各门宦教主不仅拥有绝对的宗教权威，而且拥有各种世俗特权，是全体教众的精神领袖和世俗首领，具有至高的权威，不论是精神世界还是世俗领域的问题，教众都要竭诚遵从其指示和命令。各大门宦及其支派内部，教主的世俗特权具有多方面特征。其一，教主拥有最高的教权。门宦教主大都声称是“代安拉和穆圣传教”，所以教权实质就是神权，教主拥有神权，显示其超众非凡。教徒为了祈福消灾而崇拜教主，教众对教主的言论和行为，不能怀疑和批驳，不能有抗逆的表现甚至在内心也不能有怀疑和抗逆的念头。一般而言，各门宦的教徒对老人家（教主）的“口唤”（指示或命令）非常尊重，遇有婚丧嫁娶和重大事情，都要去拱北拜谒并求得口唤，并无条件地服从和执行。据《甘宁青史略》载，信徒“对于老人家命令，服从唯谨，虽令之死，亦所甘心”。因此，教主以神权为基础，取得管理门宦的各种世俗特权，大多数门宦教主具有一呼百应的能量。其二，门宦的世俗特权表现为神权与财权的结合。例如，哲赫林耶教主的传承最初实行“传贤不传子”，但由于特定历史的影响，后来改变了这一教规，形成了子孙相传、世袭罔替的教权制。教权世袭制出现后，道堂已不再仅仅是聘用阿訇讲经论道、传授教理的中心，而成为管理拱北，收受束脩捐赠的场所。同时，从教徒中收受的钱财则大多据为已有，用以购置田产、庄园和家族的消费方面。在此情况下，教权的世袭，就不仅仅是教统的继承，而主要是财产的继承。教权和财权的结合，强化了教主的世俗特权和对教徒的控制。其三，道堂、拱北是门宦世俗特权的重要物质依托。道堂本意是宣传伊斯兰教的场所，其名称

① 马玉祥：《伊斯兰教法文化与中国法文化的比较研究》，载《西北民族研究》2000年第1期。
② 马通：《中国伊斯兰教派与门宦制度史略》，宁夏人民出版社2000年版，第262页。

一般认为来源于阿拉伯各苏非派“教团”的“宣道所”，与清真寺作为穆斯林的共有场所不同，道堂是传教者个人私设的，随着传教活动的开展，道堂逐渐凌驾于清真寺之上而成为传教的中心。一个道堂往往辖数十个甚至上百个清真寺。道堂的进一步发展就是修建拱北。在教徒们看来，门宦创始人和历代教主的拱北如同圣地，教徒前来朝拜并带来大量的束脩捐赠，既增强了门宦的实力，又强化了门宦的权威。其四，门宦仿效中国封建帝王的君臣庶民制度进行控制。在哲赫林耶等门宦组织中，以教主为君，辅佐人员为臣，教徒为庶民。教徒对教主及其亲属、宗族在礼节上用跪拜礼，教主及其宗族具有当然的至尊特权和神权。将这种严格的封建等级制度运用于宗教活动中，这是门宦对中国儒学伦理思想和伊斯兰教融合的典型表现。以儒家宗法伦理思想来解释宣扬伊斯兰教和门宦宗旨，是门宦世俗特权形成的重要体现。其五，一些门宦通过与官府勾结行使教权统治，加强世俗特权。随着社会的发展，不少教徒逐渐不满门宦的多方束缚。面对这一现实，一些教派门宦便积极投靠官府，借其权势巩固自己的权力和地位。在清朝，某些门宦在反清起义中，受清政府剿抚并用策略的利诱，其头面人物投靠清政府阵营，在官场取得职务。这些门宦的教主后来发展为称霸一方的乡绅，控制地方政教事务，门宦因此变成一个十足的政教兼容的社会集团，教主对教徒的特权和压迫，也远远超出宗教范围，他们往往以老人家的“口唤”为名，向教徒征兵纳粮，扩充武装，更以无休止地征收钱财作为行贿官场，维护其利益的费用。其六，门宦通过控制教坊，加速了土地的集中和对教内信众的进一步控制。门宦往往下辖众多清真寺，清真寺所辖教民及其区域形成教坊。教坊阿訇由教主直接任免，代替了单一教长的推选聘请制，从而奠定了教主权力集中的教权结构。每个教主都掌握一批为其效力的阿訇。阿訇不但为教主收缴道堂费用，而且要关注教徒对教主虔诚态度。除阿訇外，每个清真寺还设有“学董”，辅佐阿訇管理一坊教徒。学董一般都由地主或乡绅充任，他们都是教主的亲信。在教坊体制下，教主利用教权仅委派阿訇一事，就收取不少钱财。阿訇为了巩固学位或争开讲坛，要向教主及周围荐官送钱财礼物。待地位巩固后又以恭奉教主、修缮拱北和举行宗教活动为名，大兴摊派之风，将所花的钱财转嫁于信众。

门宦的特权制度是经过不断发展才形成的。一般而言，门宦的创始人都是比较虔诚的宗教职业者，重在传播宗教，聚敛钱财不是唯一目的。大多是第二、第三代以后，门宦教主逐渐拥有雄厚经济实力和种种特权。由于各个门宦发展的历史不同，门宦的特权也有差异。嘎的林耶的传教者是出家人，终身不婚，教主不实行世袭制，所以出家人不重视聚敛钱财，束脩捐赠基本上属于共有。由于经济权益没有完全集中到个人，所以当家人的特权并不太大。库布林耶门宦实行一家独传，教徒少，教主特权也相应较小。只有虎夫耶和哲赫林耶所属的主要支系，组织严密，特权较大，他们各为自己争取群众，以扩大经济基础，加强宗教和世俗特权。

第四，各门宦对教徒制定的清规戒律，是回族法文化的制度化体现。各门宦组织为了有效管理、约束教民，有据可行，制定了一些具体的规定，成为教徒必须遵行的清规戒律。正如哲赫林耶门宦的教史文献《热什哈尔》中所说："教门就是配成的一服药，这药不能随便增减。"① 强调了门宦对教徒的强有力约束。属于嘎的林耶学派的大拱北门宦针对本门宦出家人制定了详细严格的禁止性规定，在清规前言中说："大拱北薪传相接，历有二百余年，向例皆由河州派人轮流主持，秩序井然，当考清风云月间，名贤辈出，讲道论德，声名洋溢，一举不动。自不遵规蹈矩以来，降低道传，江河日下，人心不古，不得不听从法律，以资范围。"② 说明随着门宦的进一步发展，制定相应的规约是十分必要的。虎夫耶学派下的毕家场门宦为教徒规定了36项要求，其中涉及世俗生活行为和伦理规范的条目有遵守国法、宽待家下、孝顺父母、为人和善、行为端正、和睦乡邻、不随意欺人、接贫济困等。③

由上可见，在门宦制度下，回族穆斯林的行为规范和社会秩序受到多方面约束，既要遵守国法，又要崇拜教主，遵行宗教法规和门宦的清规戒律。当然，由于回族是一个产生在中国封建社会内部的民族，中国传统文化对回族有更为现实的制约和影响。因此，回族伊斯兰教法受到国法和占统治地位的上层政治权力的限制和制约，其影响主要体现在宗教生活和穆斯林的某些局部生活领域。

在清代伊斯兰教派、门宦的分化中，除了门宦组织的形成对穆斯林社会产生重要影响之外，格底目、伊赫瓦尼等教派中清真寺的组织体制也有相应变化。清初曾沿袭明代定制，凡清真寺掌教必须领取清政府礼部颁发的劄副作为传教凭证，掌教凭其特权而世袭相传。这种体制阻碍了有真才实学的宗教人士发挥作用，影响了伊斯兰教的正常发展。清代中后期，各教派清真寺的世袭伊玛目掌教制随着时代的发展而发生变化，逐渐为阿訇掌教制所代替。原因有两方面：一是由于世袭制本身存在的弊端。长期的家传世袭养成掌教子弟的依赖性，自恃世袭掌教乃法定法统，不认真学习宗教经典，使掌教者素质越来越低，丧失在教坊穆斯林中的权威，世袭制失去了群众基础。

① 关里爷：《热什哈尔》，杨万宝、马学凯、张承志译，北京三联书店1993年版，第102页。
②③ 马通：《中国伊斯兰教派与门宦制度史略》，宁夏人民出版社2000年版，第236、160页。

各级教坊穆斯林相继起来要求废除世袭制。二是明代后期的经堂教育在全国穆斯林地区发展起来，经过几十年的努力，为回族伊斯兰教培养出大批宗教人才。经堂教育培养出来的阿訇，成为传播伊斯兰教的新兴力量，从根本上动摇了伊玛目掌教体制，并使其逐渐解体。自清朝中期以来，全国各地多数穆斯林地区相继实行了阿訇掌教制。这种阿訇掌教制度的变革，适应了清代穆斯林宗教生活的实际需要，有利于教坊宗教活动的顺利开展和对掌教职业接班人的选择培养，从而使伊斯兰教在中国的传播和发展获得了更为扎实的基础。

阿訇掌教制形成后，开学阿訇（掌教阿訇）成为格底目等派别中教坊穆斯林的宗教领袖，其职能不仅仅是经堂学校的教师，更重要的是他已拥有行教权，掌理教坊各项重大宗教事务，兼有多项职权和职能，在教坊中拥有最高权威。大致来看，开学阿訇所行使的职权范围是：负责经堂教学工作，制定校规校纪，培养学生；主持穆斯林礼拜宣讲教义教法，劝人行善止恶，遵纪守法；为穆斯林主持婚丧嫁娶仪式以及其他重大宗教仪式；负责解释教律经训，并结合实际对教坊重大事务做出决定。关于内地教坊组织对穆斯林的管理方面，清代有关回族的民间资料中提供了一些相关情况。例如，清光绪三年（1877）“湖南隆回县山界乡清真寺规约碑”计有规约19条，内容涉及清真寺的日常管理、掌教的选聘、经堂教育的师资要求、寺产的经营、器物的储用、账目的出入等方面，是一份较为完整的清真寺管理制度。该规约着重对教坊的管理者做出较为严格具体的规定，如“开学者无故不许旷荡”、“掌教不准世袭恃事嗣位”、寺内经事乡老不许“虚名冒筹，吮利肥己”① 等等，这固然显示出该教坊的管理具有一定的民主性，但也从一个侧面反映出当时的掌教阿訇拥有较大特权，故通过规约进行限制。又据清光绪三十三年（1907）河北保定清真西寺大殿所立“俭可养廉”告示碑所载，当时清苑县回民婚嫁中奢侈颓废之风盛行，当地掌教并乡老、族长等在严加开导匡正的同时，要求地方官张贴告示，宣布聘礼标准，并规定了违者予以惩罚的办法。碑文最后记述了立此规章的意义，“女家既不索重聘，男家亦不至报复，一俭既立，百弊悉除”，并规定，“自示之后，所有婚嫁等事务当照章办理，不得任意索要。并由各寺掌教等随时稽查，妥为劝诫，以除积习而挽颓风。倘敢故违，即行送究，勿得徇隐”②。可见，清真寺的组织机构和阿訇在教坊群众中都是有相当威望的，教民之间出现的民事纠纷经常愿意找阿訇予以调解，清真寺还制定坊规民约，利用它在回族群众中的特殊地位和影响，有效维持着回族穆斯林社会的秩序。

---

①② 余振贵、雷晓静主编：《中国回族金石录》，宁夏人民出版社2001年版，第386、371页。

第七章
近代回族法制的变化

第一节

晚清法制转型与回族社会的变化

1840 年鸦片战争后，随着海禁大开，西方文化开始伴随着工业品而逐步输入中国，加上中国的社会经济结构和阶级结构的巨大变化，使传统法律文化显得支离破碎，很难再继续抱残守缺。中西法律文化碰撞以后发生了激烈冲突，部分先进的中国知识分子开始接触并逐渐接受西方法律文化，它宣布了旧时代的结束和新时期的开始。在新旧法文化的冲突和比较中，清朝统治者在思考如何改变传统的封建法文化，建设新的法制文明。1902 年 2 月，清廷颁发上谕："著派沈家本、伍廷芳，将一切现行律例，按照交涉情形，参酌各国法律，悉心考订，妥为拟议，务期中外通行，有裨治理。"① 从此，晚清修律开始提上日程。自清廷发布上谕开始修律直至清朝灭亡的短短十年时间，在沈家本的主持下，清政府以前所未有的速度制定了一系列新律，主要包括民法、民事诉讼法、刑法、刑事诉讼法、行政法、法院编制法及相关法规，建立起近代法治的框架体系，并确立了罪刑法定、人道主义、平等思想等一系列近代法律原则。尽管晚清的修律及其体现的法律原则具有很大的局限性，但由于它符合世界历史发展的潮流和中国民心之所向，因而具有重要的意义，"晚清修律的价值，不仅表现为中国人法律意识的觉醒，而且还在于它为中国法律的近代转型确立了航标，奠下了基础"②。

在近代中国社会变革和晚清法制转型的大背景下，回族社会的转变是必然趋势，回族法制文化也随之发生一定的变化。

首先，清末一系列新律的制定和颁行，使回族法也随之受西方式法律文化的冲击与碰撞，面临近代化的转型。事实上，在近代以前，回族学者刘智就曾"精研于程朱之理，又纬以泰西之学"，他"既精西学，又通诸家"，"旁搜博采二氏欧罗巴之文，靡不悉心殚究"③，表明刘智已接触并初步探讨过欧洲文化。我国进入近代时，近东、

① 《清德宗实录》卷四九八。
② 张晋藩：《中国法律的传统与近代转型》，法律出版社 1997 年版，第 475 页。
③ 金宜久：《中国伊斯兰教探秘》，东方出版社 1999 年版，第 34 页。

中东、东南亚等深受穆斯林文化影响的地区，普遍处于西方殖民主义国家的统治之下，他们在这些地区传播西方文化，也把西方式法律移植到这里。几乎可以说，凡是西方殖民者染指过的地方，在法律文化方面没有不受其影响的。因此，关注伊斯兰世界发展的回族学者，在游学近东、中东、东南亚等地时，亦对此予以高度重视，他们对西方法文化的了解与借鉴，势必影响到回族法文化。因此，西方法文化成为构筑近现代回族法制的因素之一。

其次，回族有识之士的社会实践活动对回族法制的变化起了积极促进作用。回族在历史上形成和发展中的一个突出特点，就是能够自觉地把国家的命运同本民族的命运紧紧地联系在一起，在中国近代半殖民地半封建社会的历史中发生过的许多重大事件几乎都有回族参加。在清末的大变局中，回族的社会活动集中表现为一大批回族有识之士在中国早期现代化进程中的理论宣传和实践活动，主要集中在三个方面：一是反对封建制度，鼓吹革命。早在光绪末年，北京回族丁宝臣、丁竹园便在北京、天津两地分别创办《正宗爱国报》、《竹园白话报》，大声疾呼对回族的改造，拯救回族，改革宗教，而且反对封建专制，倡导爱国思想。此外，当时远在西北伊犁的回族知识分子韩玉书也利用编辑《伊犁白话报》的有利时机，宣传革命思想、纲领。四川回族蔡大愚早年留学日本，1901 年回国后，以西方资产阶级进化论及天赋人权和平等自由学说向回民子弟灌输新文化、新思想。各地回族的革命宣传活动，证明回族人民的觉醒不是偶然的、个别的，而带有相当程度的必然性和普遍性。及至中国第一个资产阶级性质的政党同盟会成立之后，回族先进分子蔡大愚、赵钟奇、罗云五、宋耀民、马骧云等人积极参加，还有一批虽未参加同盟会，但参加了其他革命会党和进步组织的回族人士，都为辛亥革命前推翻清政府的腐朽统治做出了贡献。二是倡导教育救国。受戊戌维新中“开民智”思想的影响，自 19 世纪末以来，我国兴起了“教育救国”的高潮，回族教育也发生了质的变化，开始了由经堂教育向新式回民教育的转变。马邻翼、王宽、童琮、蔡大愚、保廷梁、张惠隆等人是实现这一转变的宣传家和实践家。他们认为教育普及是“扶衰救弊”的良药，纷纷组织学会，创办学校，讲授新学，以求通过教育救国的道路，来振兴国家和民族。1908 年，留学日本的回族留学生组织“留东清真教育会”，出版《醒回篇》，宣传“有教育者昌，无教育者亡；旧教育者死，新教育者生”的思想。通过一代人的努力和奔走，回族教育终于完成了由经堂教育向新式教育的革新，培养了一批具有资产阶级思想的人才。三是力主实业救国。戊戌维新、清末新政以后，由于政府制定了鼓励农、工、商的政策，形成一股兴办近代工矿企业的社会风气，“实业救国”成为具有资本主义思想的进步人士热衷并身体力行的口号，促使中国的资本主义工业化在这一时期有了长足的发展。回族社会中也兴起了兴办实业的热潮，成为中国早期现代化中资本主义工业化、民族化的重要组成部分。回族先进分子的思想宣传和社会实践活动，对回族传统的法律心理、法律意识以及法律行为均产生了不同程度的冲击与影响，使回族群众能够较为直接、充分地了解西方法文化，并在一定程度上将其转化为回族法文化的组成部分。

第二节

民国时期回族法制的变化

民国时期是中国社会的重要变革与转型期，在从旧民主主义革命发展为新民主主义革命的历史进程中，国内穆斯林各族和其他兄弟民族一样，进一步由封闭状态投入变革的浪潮。他们的民族意识进一步增强，并开始就穆斯林政治地位的平等、经济生活的改善、文化教育的发展和宗教信仰的自由提出各种要求。因此，无论掌握政权的北洋军阀政府和国民党政府，还是革命中的中国共产党，都必须根据当时的社会现实制定出自己解决中国民族宗教问题的纲领，包括对回族和伊斯兰教事务的政策。民国时期民族政策的重要特点，就是对有关民族宗教的政策逐渐形成一定的系统性，通过颁布的各种法律和法规，承认各民族的平等地位和宗教信仰自由。因此，在这一新的历史条件下，回族社会曾有了一定的发展，回族法制文化则延续了清末以来的变化趋势而发生了相应变化，进入新的发展阶段。

一、民国时期各个政权对回族的政策

民国时期各政权对于回族的统治政策，主要建立在孙中山先生三民主义的民族政策基础之上。在南京临时政府时期，孙中山的三民主义中有关民族问题的原则或纲领，构成了当时民族政策的基调。1912 年 1 月 1 日，孙中山就任临时大总统时发表宣言，其中指出：“国家之本，在于人民，合汉、满、蒙、回、藏诸地为一国，即合汉、满、蒙、回、藏诸族为一人，是曰民族之统一。”可见孙中山所要建立的中华民国，

是包括中国境内所有少数民族在内的统一的多民族国家。这种政治主张在《中华民国临时约法》中也得到充分表达。《临时约法》中强调了“中华民国人民，一律平等，无种族、阶级、宗教之区别”、“人民有信教之自由”等主张，这是中国历史上第一次以宪法形式宣布各种族的一律平等和宗教信仰自由的原则，具有划时代的意义。孙中山在辛亥革命期间和民国建立后，对回族穆斯林的革命性和在革命中的重要地位予以高度评价。1912 年，孙中山在中国回教俱进会举办的集会上讲话时指出：“三民主义首在解放国内之民族平等。回族在中国历代所受压迫最甚，痛苦最多，而革命性亦最强。故今后宜从事于回民之唤起，使加入民族解放之革命运动。”① 这反映了孙中山开始用民族平等的思想指导中国穆斯林的社会实践，从而使回族穆斯林深受鼓舞。随着三民主义内涵的发展，民国政府的民族政策也不断变革、创新和进步。其重要内容包括维护国家统一，反对民族分裂；承认民族平等，提倡民族团结；推进民族进化，主张自决自治；重视边疆建设，开发民族地区；反对帝国主义，争取民族独立等方面。

在北洋政府和南京国民政府时期，统治者为了加强和巩固自己的统治，曾制定了若干对待少数民族的民族宗教政策，其中包括在形式上承认“中华民国人民，于法律上无种族、阶级、宗教之别，均为平等”、“中华民国人民有信仰宗教之自由，非法律不得限制”等，南京国民政府的历次会议的重要宣言、报告和决议中，在其颁布的约法、宪法中，都在文字上保证各民族一律平等，强调各民族自治，发展边疆教育、文化、经济，尊重边疆民族的宗教和习俗等，这些主张是中国近代历史发展的趋势，是任何统治者都不便公开违背的，它客观上有利于回族社会的发展。但事实上，北洋政府和南京国民政府在制定有关的民族宗教政策时，虽然口头上一再声称要遵守“总理遗嘱”，其官方文件的不少章句甚至是从孙中山的有关论著中直接移植过来的，但他们在实践中都没有认真地实行民族平等政策，其民族宗教政策始终贯穿着大汉族主义思想，并从根本上维护大地主大资产阶级的利益，因而具有明显的片面性、模糊性和专制性。例如，袁世凯对回族穆斯林和伊斯兰教并不是真正予以尊重和平等对待，而只是加以利用，在处理伊斯兰教事务时往往暴露出偏见和限制意识。在袁世凯执政期间，没有统一管理民族宗教的机构，而只是像清代一样设立了蒙藏事务局，只管辖蒙古西藏政务和喇嘛教事宜，而将穆斯林各族及其他少数民族置于相对次要的地位，并认为“陕甘一带回汉久已杂居，互通情谊，很有同化气象”，这清楚地反映了当时统

① 白寿彝：《中国回教小史》，宁夏人民出版社 2000 年版，第 37 页。

治者对回族穆斯林的一种偏见。南京国民政府对伊斯兰教和穆斯林也实行控制和同化政策，渗透着民族歧视的观念。例如南京国民政府虽然宣称“各民族共同参政建国”，但蒋介石在1943年发表的《中国之命运》一书中，认为中国只有宗族而无民族差别，因此只提宗族平等而不提民族平等，在这种不承认国内少数民族存在的前提下，关于少数民族参政的主张就成为一纸空文。同时，因为国民党政府不承认回回是一个民族，并对回族和其他少数民族施以种种压制，回族的参政只能是一句空话。在北洋政府和南京国民政府事实上的民族歧视和压制政策下，伊斯兰教和穆斯林往往处于被利用与限制、控制与同化的地位，从而导致在舆论媒介领域及现实环境中不断发生侮蔑伊斯兰教的事端，阻挠穆斯林参政议政，使中国穆斯林在政治和社会生活方面的权利受到种种限制。

二、回族法制的时代性变化

民国时期，随着中国法制近代化的进程曲折推进，以及受各个政权对回族政策的影响，回族法制文化也相应发生了一些变化。

首先，受民国各个时期法制近代化推进的影响愈益显著。回族穆斯林是既有坚定信仰也具有灵活应变能力的民族。当回族以一个民族共同体而扎根于祖国之时，他们在保持其固有信仰的同时，较好地适应了强大的中央王朝统治的影响，从而为回族吸收中国传统法文化以铸造自身提供了条件。进入近代以来，自清末开始的法制近代化活动，使回族逐渐受到近代西方式法律文化的冲击与浸染。在民国时期，无论是北洋政府还是南京国民政府都进行了大规模的立法活动，延续了清末修律以来我国引进西方资本主义法制体系所取得的成果，至20世纪30年代中期，各种主要的法典已制定公布。尽管这种匆忙进行的变革，在很大程度上只是当时统治者用以解决面临的政治难题的手段，并且主要由移植西方法律而成的法典与当时的中国社会相脱节，因此这种改革及其立法成果的实践程度十分有限。但从形式上看，中华民国时期建立的“六法”体系，彻底改变了中国古代法律体系，西方的主权在民、三权分立等民主法治原则广泛传播并产生影响，从而在形式上大大推进了中国的法律近代化。因此，处于中华民国法制体系中的中国回族，就更易于逐步吸收近代西方法律文化，在法律心理、法律意识、法律行为等方面不同程度地受到西方法文化的影响。

其次，回族法制也进行了一定程度的自我更新与发展。民国时期，北洋政府和南京国民政府都宣称“尊重各民族之宗教信仰”，虽然对穆斯林和伊斯兰教事务实际上加以利用、限制与控制、同化，但为了巩固自己在西北少数民族地区的统治，笼络各族穆斯林上层，于是对伊斯兰教的存在和穆斯林的风俗习惯表示认可。因此，中国伊斯兰教和回族文化在新的时代氛围与社会环境中，有了一定的扩展，主要表现为穆斯林新文化运动的兴起。

穆斯林新文化运动孕育于20世纪初，在民国时期有了明显发展，前后延续约半个世纪，其主要内容表现为宗教革新、文化运动和社会运动等几方面。宗教革新主要表现为开展对《古兰经》的汉译，对《圣训》与穆罕默德事迹的研究，朝觐规模扩大和重建、修缮一批清真寺，改革宗教教育，伊斯兰新教派的迅速发展等方面；文化运动表现为创办新式回民学校、派遣穆斯林留学生、成立各种穆斯林社团，出版穆斯林报刊、开展伊斯兰教学术研究等方面；社会运动主要表现为支持、响应孙中山领导的民主革命运动，积极参加抗日救亡运动等方面。① 穆斯林新文化运动对回族法制产生了以下影响：

其一，为回族法文化注入新的内容。穆斯林新文化运动是“五四”以来中国新文化运动和伊斯兰世界文化复兴运动的一个有机组成部分，一批献身民族与宗教、热爱祖国、热爱教育、主张改革的知名学者和阿訇为挽救国家、振兴民族，为弘扬伊斯兰教真理而发起并投入其中。这一运动具有放眼世界、尊重科学的开放精神。广大的穆斯林没有囿于个人的、民族的、宗教的狭隘意识中，而是放眼祖国与世界，关注伊斯兰世界和整个世界的变化。学者们不仅把伊斯兰教灿烂的历史文化介绍给大众，而且还把世界的新动态、新思想介绍给人们。穆斯林为了广泛阐扬伊斯兰文化，创办了各种学术刊物和报纸，不仅弘扬伊斯兰教博大精深的文化，而且宣传介绍西方的进化论思想、辩证哲学、科学民主和政治法律思想，这些新思想、新知识大大充实、丰富了中国伊斯兰文化，也丰富了回族法制文化的内容。

其二，保持和弘扬了回族法文化的优秀传统。中国穆斯林新文化运动体现出注重传统的精神。如果说中国的新文化运动以扬弃固有传统、全盘输入西方文化为基本特征，而广大的中国穆斯林则怀着对伊斯兰教的虔诚信仰，在弘扬传统文化的前提下谋求革新、改变现状。通过穆斯林新文化运动的发展，造就了一大批经汉兼通的人才，使面临危机的中国伊斯兰教得以复苏和重建，使伊斯兰教的传播更加普及深入。尽管他们对个别陈腐的封建宗教陋俗和保守的宗教教育制度持否定态度，但他们并没有就

---

① 杨桂萍：《中国穆斯林新文化运动》，载《回族研究》1999年第4期。

此抛弃传统的宗教文化，放弃自己的信仰。相反，在30年代关于“科学与宗教”的论战中，他们以科学不能解决精神问题为论据，坚持宗教的人生观，并在报纸杂志上开辟宗教专栏，研究伊斯兰文化，介绍伊斯兰教教义，著书立说，弘扬伊斯兰教固有的优秀传统。穆斯林知识分子通过对《古兰经》和《圣训》的汉译，从中寻求合乎新时代的教义教法思想，涤除不合时宜的、非伊斯兰的思想与习俗，用伊斯兰世界的新思想丰富、充实中国伊斯兰教的内容。这一时期，具有时代精神和革新意义的伊赫瓦尼、西道堂、赛莱费耶等新教派得到快速发展。由马万福创立的伊赫瓦尼教派，强调遵经革俗，凭经立教，废除诵经收取费用、铺张浪费等偏离伊斯兰教法的礼俗制度，反对崇拜教主和拱北，主张用汉文宣传教义、培养阿汉兼通的人才，提倡一切宗教礼仪和习俗均按经训要求严格行事。这一宗教革新运动得到一些开明阿訇和学者以及西北军阀统治者的支持，在甘宁青发展很快，并波及陕西、湖北、河南、湖南、河北、山东、天津、上海的回族穆斯林社会。稍后，由马启西创立的西道堂，也为中国伊斯兰教注入了新的活力。西道堂打破了回族伊斯兰教传统的教坊制度，把“志同道合”的信众组织起来，以公有制为基础，结成一个宗教、经济和文化生活一体的穆斯林公社，谋求建设一个“公正、平等、富裕”的穆斯林理想社会。西道堂的理想在当时的历史条件下虽难免近于幻想，但在注重宗教信仰和功修的同时，注重经济发展和文化教育，组织教众发展道堂集体经济，建立学校，培养男女穆斯林子弟，体现勇于革新和创造的开拓精神。

第八章

回族社会法制现代化探讨

第一节

法制现代化的基本内涵

法制现代化是当代中国社会现代化的组成部分，民族地区的法制现代化是构成中国现代化战略不可缺少的内在机制和组成部分。

一、现代化视野中法制的发展趋向

现代化是人类社会及其各个层面由传统向现代转型的世界性的历史变革过程。现代化理论的目标之一，就是探求不同文化背景下由传统社会向现代社会转化的共同特征，以揭示现代化进程的普遍意义。从广泛的意义上讲，现代化首先是一个社会整体系统的历史变革过程，是传统生活方式及其体制向现代生活方式及其体制的历史更替，它表明人类社会从前近代社会向近现代社会的发展过程是一次历史性的社会变革。这种历史性跃进，导致整个文明价值体系的巨大创新，它是一个包含人类思想和行为等各个领域变化的多方面进程。这一进程是一个世界性的发展现象，而不是某些民族国家的特殊现象，更不是一个社区性的个别现象。它是突破原有社会形态的固有架构而在社会、经济、政治和文化诸领域所显示出来的革命性的剧变。不管各个民族的发展道路如何，它们都要被纳入一个新的社会发展秩序轨道之中，或者是主动进行或者被迫接受现代化的自我改造。这个过程或是因内部条件的成熟而从传统走向现代化，或是因外因诱导所发出的剧变，但不管是哪一种变革形态，现代化无疑是一个创新的过程。

现代化同时是一个连续的概念。认识现代化这一世界性的历史进程，不能忘记基本的历史联系，必须按照历史的和逻辑的连续性，考察现代化历史运动的主导趋势。现代化的普适性、世界性的特征，绝不意味着绵延久远的民族传统精神的历史性消逝。实际上，现代化的历史延续性特征，恰恰赋予各个民族在发展进程中自觉选择发展模式的深刻必然性。对于非西方社会来说，在外部世界提供的模式中，是没有现成答案的，只能是凭借自身基于本民族需要和条件的创造性行动，进而实现民族的现代化进程。从这个意义上讲，现代化进程是阶段性和连续性的有机统一，是世界性与民族性的有机统一。

在现代化进程中，法制现代化是社会系统现代化的重要层面。因为人类社会中的秩序是以一定的制度因素为基础建立起来的，在制度的诸类型中，法制占有重要位置。法制的发达与进化程度也直接反映着社会发展的状况。对于任何一个想要进入现代化社会的民族来说，如果不能使自己的法制实现现代化，那么，其努力就可能会落空。如上所述，现代化从其实质意义上指一种社会发展进程，它意味着一种发展、一种进步。因此，法制现代化，也就含有法制发展与进步的价值内涵。这种发展与进步，是同社会的发展与进步相伴随、相同步的。在现代社会的发展系统中，以法治为核心的法律文化构成了社会系统满足社会需求的必要部分。与传统社会中由宗教、伦理道德、法律规范和强权政治构成的社会控制系统不同，在现代社会，法律已成为社会控制的首要力量，这是由于人类自步入现代社会以来，社会结构、社会关系和社会价值发生了重大转变，传统社会所奉行的神治、德治和人治难以继续成为支配的治道，这些秩序失去了存续的条件和基础：神治失据、德治失灵、人治失信。于是我们发现，尽管神治、德治、人治的遗迹犹在，但在现代社会，法治逐渐取代了其他治道并成为支配性治道。伴随着传统社会转向现代社会，法律的指向和内容也发生了重要转变：从维护少数人利益的特权法转向了形式上平等的平权法；从强迫民众服从的压制型法转向了维护民众自由权利的契约型法；从受制于宗教、道德及政治等因素的他治法转向了独立自成一体的自治法；从受超自然因素或情感因素支配的非理性法转向了经过理性过滤与陶冶的理性法。① 社会学法学派把现代社会的法律看成是这样一种社会制度：即在通过政治组织的社会对人们的行为进行安排而满足人们的需要或实现人们的要求的情形下，它能以付出最小的代价为条件而尽可能地满足社会需求。现代法律通过社会控制的方式，不断对人的需求、需要和欲望予以承认和满足；对社会利益进行日益广泛和有效的保护；更彻底和更有效地杜绝浪费并防止人们在享受生活时发生冲突②。因此，这种法律秩序意义上的法律被视作一种社会制度，它既包括了由经验而“发现”法律，也包含由理性而创制法律这两种方式。就其价值目标而言，以最低限度的阻碍和浪费尽可能地满足各种社会利益成为法律的目的，社会利益成为法

① 高鸿钧：《现代法治的出路》，清华大学出版社 2003 年版，第 248—249 页。

② 〔美〕博登海默：《法理学：法律哲学与法律方法》，邓正来译，中国政法大学出版社 1999 年版，第 147 页。

律的终极权威。① 因此，从人类历史发展的总规律看，法律的发展总是经历着一个由低级到高级、由愚昧到文明、由低级状态到高级状态的发展过程，这是历史发展和法制现代化的总趋势。

二、法制现代化的特征

法制作为一种具备丰富体系和整体内容结构的社会制度文化，有着区别于其他社会文化类型的内容体系和特性。在分析法制现代化的特征时，可分别从静态和动态的角度来探求它的现代化特征。

从静态意义上，法制现代化意味着它的整体结构、体系和内容的现代化，包括法的制度规范、组织机构以及法律心理、法律意识、法律思想体系的现代化等内容。

法律制度和规范的现代化，意味着一个社会的法能够适应现代社会的需求，能够对现代社会的各种纷繁复杂的现实社会关系给予法律调整，使其呈现一种有序状态。它既包含法对社会生活调整的广泛性和深入性，同时也包含法对社会生活调整的有效性与有用性。在内容方面，法律制度的现代化意味着它是现代文明的成果和因素的体现，剔除了人类法律史上那些野蛮、愚昧、落后的旧制度的影响，反映代表人类历史前进趋势的现代社会大多数社会成员的愿望和意志，从而对现实社会生活发挥引领和指导功能。法律心理的现代化，是指在一个社会中，法律能够得到大多数社会成员的基本认同，成为公民心理文化的重要内容，强化法律在公民心中的地位，使那些与法律相悖的心理因素逐渐趋于弱化，形成社会公民对法律的信任与崇敬心理，使公民有一个健康的法律文化心理。法律意识、法律思想观念的现代化，是指在一个社会的公民意识中，应该确立以现代法制为内容的法律意识和观念，培养出尊重法律、遵守法律的良好意识，逐步剔除与现代法制不相吻合的旧的法律意识和法律价值观，将法律视作社会生活的重要内容，视作促进社会进步与发展的不可缺少的社会文化机制，确立法律在现代社会生活中应有的重要地位。

法制现代化包含了它自身的不断进步、更新与发展，要实现这一过程，还需要从法制的动态角度来分析和探究其现代化过程应具备的一些基本要素。首先，法制现代化的一个最基本的要求，是在整个社会公共生活中严格贯彻法治原则。现代法治原则

---

① 〔美〕庞德：《社会学法理学中的“社会”神》，邓正来译，载《法律史解释》（导读），中国法制出版社 2002 年版。

的基本精神可归结为三方面：一是法律是现代社会生活关系的基本调整器，二是法律是对国家权力的制约机制，三是法律是维护社会主体权利的重要工具。因此，以法治为关键性变相的法制现代化，便蕴含着法的形式合理性、法的价值合理性、法的效益化原则等相互关联的判定标准。其次，法制现代化还意味着在社会生活中确立一系列与现代法治原则相吻合的法律价值观和行为方式。例如，依法治国的观念、统一的法制状况、司法独立的特定地位、法律制度的严格实施、法律规范的严格遵守等等，所有这些，实际上是法治原则在整个社会生活中的全部展开。

总之，法制现代化是一个包涵人类法律思想、行为及其实践各个领域的多方面进程。一个民族和国家只有从人们的心理、态度和行为上与现代法制发展的历史进程相互协调，才能真正实现法文化的现代化。因此可以说，法制现代化也是一种精神现象，是人的法律价值观念和行为方式由传统向现代的转变过程。

第二节

民族地区的法制现代化

一、民族地区法制现代化的特殊性

现代化的概念是以现代民族国家的出现为起点的，现代化过程也是在现代民族国家形成以后才产生的，因而现代化过程常常带有每个民族国家特有的烙印。现代民族国家历史、文化的差异，决定了其现代化路径大不相同，特别是在那些后来卷入现代化进程的多民族国家中，由于现代化主要是一种外来力量影响的结果，这种力量对原有社会秩序与文化的冲击是全方位的，因而导致原有社会秩序与文化出现广泛而复杂的变化。在这一背景下，有研究者把当今多民族国家里少数民族的现代化称为第三种现代化，以区别于人们通常所说的原发型和后发型的两种现代化，认为强调第三种现代化即少数民族现代化的特殊性，旨在充分尊重少数民族的特殊历史文化，尊重他们对民族生活方式的选择，这将有利于协助各民族选择适合本民族特点的发展道路，从而有利于全面促进多民族国家现代化进程的实现。① 中国是一个多民族的国家，不同民族在发展中形成了多元文化格局，多元文化也造就了法律多元的现象，从而形成中华民族法制多元性的重要基础和基本特征。中国各个少数民族的传统法制都各有其自身的特殊性，而且由于经济发展的不平衡和许多少数民族所处环境的复杂多样性，从而使其具有多元性、乡土性、原始性和层级性等特点。由于少数民族法制的原发性特别强，而且相对封闭、自成体系，这样一旦形成就具有相对深厚的底蕴，正由于这个原因，其法制一旦完成现代性转型就会形成较强的后发力和生命力。因此，在当代中国的法制现代化进程中，正确对待各少数民族法制的特殊性，是实现中国各民族共同繁荣和建设多民族国家法制文明的重要内容。

二、国家法与民族法的调适与整合

有关少数民族法制现代化问题的研究方面，学术界存在着民族法制研究和法人类学（或法社会学）两种不同的视角。周星教授指出，这两种视角实际都能逐渐接近对于中国法律多元性及其本质的认识，只是它们各自的立场、观点和方法多少存在着一些值得注意的差异。民族法制的研究者，往往更多的是一些长期在“民族理论与民族政策”领域或在民族地区、民族部门实际工作的人士，以及一些法学工作者。而少数民族习惯法及法文化的研究者，则更多的是一些民族学、人类学者或文化研究者。前者在研究中特别关心民族自治地方的自治权益，也特别关注国家的法制建设如何在少数民族地区得以落实；后者则更多地强调少数民族习惯法的独特价值。虽然双方都承认民族地区和少数民族的特殊性，都承认习惯法对国家法律的实施有一定影响，都比较关心国家法制在少数民族地区和少数民族社会中实施时可能面临的各种问题，但其间的看法往往不同。民族法制研究的一些论著，存在着将少数民族习惯法看作是与现代法制格格不入，视之为“落后”和“阻碍”的倾向；还有一部分突出地强调国家或民族自治地方的立场，较忽视或看低少数民族习惯法的价值。而一部分法人类学的论著，则存在着忽视国家法制的大背景，突出强调少数民族习惯法的纯粹性，强调其在现阶段的教育、管理作用，强调其对精神文明乃至法制建设具有借鉴和建设性作用的倾向。显然，上述两个领域的研究者都程度不同地存在着对对方领域所知有限，需要加强交流与合作的问题。因此，基于少数民族地区和少数民族社会生活中实际存在

① 高丙中：《现代化与民族生活方式的变迁》，天津人民出版社 1997 年版，第 41—43 页。

的一系列实际问题，应将少数民族法文化研究与民族法制研究结合起来。① 从现实情况看，中国少数民族地区目前依然较大面积存在的违法婚姻，实际上都与本民族婚俗及有关婚姻的习惯法密切相关。此外，在诉讼程序、量刑标准、正义观念、审判方式等很多方面，都程度不同地存在着事实上的法律冲突。因此，如何使少数民族习惯法和国家法制之间的关系有所默契和有所配合，如何将少数民族的习惯法纳入国家法制建设的轨道之中，作为国家民族法制在基层的补充，如何将少数民族的习惯法及法文化传统理解成为一种具有重要价值的社会及文化资源，所有这些问题，都应在民族法文化研究和民族法制研究的相互结合中得以探索和揭示。

我国少数民族传统法制的现代转型及其与现代社会的适应和转变，是少数民族地区法制所面临的客观现实。在整个国家的法制现代化进程中，也必然包含少数民族法的现代化问题。因为与法律多元的状况相联系，很多少数民族的政治与法律生活，长期以来始终具有多重性的特点。从历史上看，中国各少数民族长期以来都是同时生活在一个统一的多民族国家之内，其法律生活和法文化常常具有更为复杂的内容和属性。例如，一般都无法回避国家法制和本民族法之间的关系问题，也不得不面临现代法制与古老的法文化传统之间的关系问题等。少数民族法律及其传统的存在，古往今来都要求统一的国家法制有所变通；与此同时，它自身的作用和功能也必然被限定在一定的范围之内。因此，从民族法文化研究和民族法制研究结合的视角来看，民族法文化的现代化应当通过有效地整合民族法与国家法之间的关系来实现。

认可民族法文化必须以体现社会公平和正义为原则。从最基本的功能与价值方面看，可以认为法律的目的在于创设一种正义的社会秩序，法律是秩序与正义的综合体。正义通常又可称为公平、公正、合理等。简单地说，正义就在于满足个人的合理需要和主张，并与此同时促进生产进步和提高社会内聚性的程度。一个法律制度若不能满足正义的要求，那么从长远的角度来看，它就无力为政治实体提供秩序与和平。因此，一个不具备坚固的正义基础的法律秩序所依赖的只能是一个岌岌可危的基础，一个完全或者基本上丧失正义规范的制度不配被称为法律。② 自古至今，人类社会普遍认为正义是一个崇高的价值、理想和目标。实现社会的公平和正义是法律的一种崇

① 周星：《将少数民族法文化研究与民族法制研究结合起来》，载《贵州民族学院学报》2000年第2期。

② 〔美〕博登海默：《法理学：法律哲学与法律方法》，邓正来译，中国政法大学出版社1999年版，第319页。

高价值，这使法律成为有人性感情的规则。法律具有正义性使得法律又有良法、恶法之分。我们评价法律的好与坏、先进与落后就是依据法律的正义性。因此，被认可的民族法文化本身必须体现社会公平正义，而且它们在实践中要真正地能够实现和维护社会的公平和正义。

认可和保护民族法文化需要确立限度。民族法文化之所以长期存在并为当地认可，本质上是为维护本民族利益，客观上适应当地秩序的实际需要。认识到这一点，国家就不能忽视民族法文化的客观存在，更不可随意地干涉、压制甚至取消民族法文化的存在。但这并不意味着要保留所有的民族法文化，保持和保护要有个科学的选择和限度。国家法中原则性规定的权威要切实维护，不能变通。超出公平、正义原则的范围，确实存在危害社会整体利益和地方性利益，就必须在国家构建的秩序内有效地予以限制。

中国法治的主导力量应定位在国家、政府，这是毋庸置疑的。改革开放前，政府掌握着一切经济、政治、法律、文化要素，政府权力辐射到社会的每一个领域，乃至私人角落，个人在社会生活中与切身利益相关的活动均有赖于政府，民间社会力量变得极度萎缩。改革开放后，尽管经济体制和政治体制改革带来了经济活动的自由化相对扩大，政府权力从社会经济生活和日常生活中有所回撤，但是由于中国历史和现状的特殊性，并没有立即出现一个具有主导性影响的“市民社会”。在此情形下，中国法治的推进与拉动就必须保持政府的主导地位，特别是在转型期，从计划经济体制中脱胎出来的中国社会还处于有序与无序相交替的嬗变状态中，政府行为对社会生活的影响依然很大，有时甚至左右经济与法治的运行，而完全依靠民间社会自身的制度演进，很难在急剧变化却又无序的现实环境中达到稳定状态，在没有政府支持和帮助的情况下，民间性的制度创新活动很难单独成为中国制度变革的主要力量。因此，在民族地区的法制现代化进程中，需要强调国家的主导地位。在多民族国家，民族问题与国家法有着必然的联系，无论民族文化的多样性、政治经济领域民族权利的分配与保障，在法治国家都有一个法律手段调整的问题，用国家法律解决民族问题，建设平等、团结、互助的民族关系法律制度，是通向各民族繁荣之路的重要保障。这种民族管理模式是体现各民族意愿的一种民主制度，是时代潮流的选择。

国家主导的民族法制建设还必须注重对历史上治理经验的吸取。法律虽以国家的强制力为基础，但必须符合社会实际，适应社会的实际需要和发展，才能发挥有效作用。在中国历史上，各民族形成了自己特有的习俗，具有长期沿袭不替的习惯法及其法文化，对本民族具有极大的约束力和影响力，对它采取任何形式的歧视都会伤害这些民族的感情，引起不满，影响国家的稳定。因此，中国历代的统治者从维护国家统治出发，不得不慎重地对待这个问题，采取“因俗而治”的民族法制原则，“修其教不易其俗，齐其政不易其宜”，这对维护多民族国家的统一与发展起到了积极作用。在当代中国法制建设中，只有把现代法治精神与统一多民族国家的社会实际结合起来，才能真正建成有中国特色的社会主义法治国家。在一定意义上，少数民族法文化传统的存在，乃是构成在少数民族聚居地区实行民族区域自治的重要依据之一。因此，国家法自然应该兼容习惯法，而不是断然排斥或拒绝。与现代化进程相伴生的统一的国家法制与少数民族文化多样性的主要表现形态即习惯法和民俗生活方式之间，既难以回避相互的抵触、摩擦和冲突，也并非没有相互分工、默契配合及相得益彰的可能。其间，国家法在民族地区的实施进程中应该能够发挥桥梁作用，尤其是基层的民族自治地方的自治条例和单行条例等，更应发挥积极沟通以促成彼此良性互动的功能。

在一个急剧转型的社会，法学必须以一种似乎很精确的方式来处理一些实际上无法精确处理的问题，这多少是法学家的无力与困难。随着转型现象和边缘群体的大量出现，国家能力的相对减弱，有可能会使一些无论滞后还是超前的法律对社会的调控有些无所适从。在这种情况下，冷静正视社会演化的规则，调动社会有利的资源，无论如何都是应当考虑的。国家推行的法律应当对民众的实践和知识积累进行承认与吸收，在这个问题上，西方法学家的认识能给我们带来有益的启示。正如萨维尼说：“一切法律本来是从风俗与舆论，而不是从法理学而形成的；也就是说，从不知不觉的活动力量而不是从立法者的武断意志形成。”① 卢梭也曾说过非正式制度“既不是铭刻在大理石上，也不是铭刻在铜表上，而是铭刻在公民们的内心里，它形成了国家的真正宪法”②。确实如此，法律权威的实现一方面依赖于国家的强制力，另一方面更依赖于法律内在的说服力，而且从一定意义上说法律权威只有建立在内在说服力的基础上，才是真正的权威。一部没有内在说服力的法律，会由于人们的集体抵制，比如不服从、不适应而成为一纸空文。那么要保证国家法律产生内在的说服力，就必须与社会资源、非正式的民间规则、道德观念和习惯等进行兼容与协调。因为社会演进

① 〔德〕萨维尼：《论当代立法和法理学的使命》，载《西方法律思想史资料选编》，北京大学出版社 1983 年版。

② 〔法〕卢梭：《社会契约论》，何兆武译，商务印书馆 1980 年版，第 73 页。

而来的民间规则有着不可替代的民众认同基础，法律的力量不在于理性，也不在于逻辑，而在于深深根植于人们的社会经验之中，正是由于人们凭经验感觉到法律是有益的，才能够从内心支持和拥护法律。

无疑，要科学地整合国家法与民族法之间的空隙和冲突是有难度的。但这种整合有利于促进我国法治建设和社会稳定，使二者共同成为地方社会秩序的规范形式，实现社会对法律评价和法律效率的最大化。在中国现实国情下，处理好国家与社会的关系，解决政府推进型法治与民众的创造性实践关系极为重要。政府推进型法治应成为中国渐进性改革的主要模式，但完全依托政府推进型的法治模式，忽视民间自治的作用，置中国社会传统的伦理、习惯和民间资源与法治承受心理于不顾，都有可能使中国的社会主义法治进程受到影响。因此，中国法治进程需要的是国家和社会两种合力的共同推进，需要的是两者的互动与整合。对于政府推进型的法治来说，法治的进步只是历史向前的一小步，它代表的是人类走向理性化、格式化的坚定信念，对社会演进型的民间自治来说，人民才是创造历史的动力。

总之，传统法的现代化是一个复杂的变革过程，在不同的民族、国度和地区，这一进程的动因、表征及后果是各不相同的。世界各民族现代化的历史表明，一个民族传统法的转型及现代化，从开始就不断地保有自我，弘扬优秀传统，并根据本民族的文化特点、思想和行动结构来选择自己民族的发展模式和转型道路。所以，中国少数民族地区法制现代化的模式不应该通过刻意的模仿，而应该以现代法治的基本原则结合各民族的特点进行新的创造，从而以各具特色的法律文明发展样式汇入整个国家法制现代化的浪潮之中。

第三节

回族法制现代化的路径

世界法制现代化进程是在共同性与多样性的辩证统一中发展的，回族法制的现代化也无疑是一般性与特殊性的内在统一。它无法避免回族民众关于法和法律的态度、价值、信念、心理、感情等方面从传统到现代转换的历史潮流，但同时，这种转变也应当是在保留其合理性资源和民族文化特色基础上的创造性转换。

一、回族法制发展历程中的矛盾运动

任何社会的进步与发展，都是在社会内部或外部的矛盾与调适中展开的，法律制度也不例外。法制现代化的历史过程，也是在法制自身的矛盾与调适中展开的。产生这种矛盾和调适的原因，有基于社会经济的发展、政治的变革方面的，也有基于文化自身的矛盾和调适方面的。由于法制是社会结构的组成部分，因此，法制发展中的矛盾与调适，同社会自身历史演进有着千丝万缕的联系。

回族传统法制发展中的矛盾与调适，贯穿于回族历史发展的整个过程中。主要表现在外部和内部两个方面。回族法与回族社会外部的矛盾与调适，集中体现为古代和近代以来的回族法与占主导地位的历代国家法的关系之中，其根源在于外来的伊斯兰文化与中国主流文化之间存在着异质性因素。伊斯兰文化与汉文化以及其他异质文化之间的矛盾产生了重要结果：首先，它有利于回回民族共同体的形成。通过一次次冲突，促进了回族内部的团结，增强了凝聚力，有利于回族的文化认同感和民族意识的增强，亦即“冲突唤起同盟”，从而进一步加强了伊斯兰教对回族的影响。其次，它促使伊斯兰教从明末清初开始走上文化自觉意义上的调适之路，伊斯兰教若想在中国这块以儒家文化为主体的土地上生存、发展，势必存在冲突，如何与异质文化相处就是摆在伊斯兰教面前的问题之一。接触与交流是文化发展的动力，有交流就会有冲突，冲突消解的方式之一就是调适。伊斯兰教正是在一系列的冲突与文化自觉意义上的调适过程中逐渐进入新的发展阶段的。

在传统社会，回族法与封建正统法律存在各种层面的对立与差异。在政治层面，伊斯兰文化的认主独一与儒家文化的皇权至上的矛盾，使回族穆斯林面临敬主与忠君之间的两难选择；在经济层面，伊斯兰教主张两世并重，既顾及信仰者的精神世界，又密切关注其物质世界。《古兰经》中允许穆斯林通过合法手段获得和拥有财富。所以穆斯林的好商逐利在伊斯兰教看来是合法的行为，而儒家文化则相反，它强调重义轻利，更多的是探索精神领域，鲜有物质方面的言说。中国传统社会历来重农抑商，士大夫皆以经商为耻。二者相比，伊斯兰教重商、崇商的特点就更加突出。在民间社会层面，儒家文化与伊斯兰文化在婚姻、家庭、继承、丧葬、饮食等生活规范、风俗习惯方面都存在着差异。回族民众通过以坚韧性和灵活性相结合的态度不断进行调适，从而在儒家文化居于主导地位的特定社会环境里争取到自身的生存空间。在政治上，面对教法与国法之间的选择，回族学者通过“以儒解回”，从“真主之明命，合当地之风俗”① 的圣训出发，推导出遵守世俗法律的结论，同时提出了忠君与敬主相结合的“二元忠臣”主张，既适应了历代政权对回族的行政管理，又保持了伊斯兰教信仰，维护了回族得以存续的精神支柱，通过“护教”实现了“护族”“保族”。在经济方面，回族面对历代政权重农抑商的压制政策和汉文化“重义轻利”的传统观念，在完纳封建国家赋役规定的情况下，保持了经商重商的伊斯兰文化传统。在民间社会生活的各个方面虽然深受汉文化的濡染和渗透，但从形式到内容方面都没有放弃伊斯兰文化的特质。通过上述冲突与调适的过程，回族法与国家法之间逐渐形成了协调与互补的格局。

进入近代，随着西方法文化的传入，东西方两种法文化产生了激烈的碰撞，其结果是中国传统法文化走向解体，传统法制开始转型，走向近代化之路。随着清末修律和一系列新律的制定和颁布，回族法与国家法之间的关系进入新的变化与调适阶段。尤其是辛亥革命的爆发，推翻了腐朽没落的清王朝，民国标榜“五族共和”，对回族社会产生了强烈震动。一部分回族知识分子较早觉醒，具有“文化自觉”意识，积极致力于探讨国家、民族、宗教的发展问题，掀起了一场近代回族自觉发动的文化运动。在关于国家与人民的关系上，他们认为人民是国家的基础，“国家借人民以成立”，同时也认为国家是人民的依托，“人民赖国家以保存”，阐明了国家与人民休戚相关、互为维系的关系。他们尤其强调人民在国家发展中的重要作用及其应承担的责任，认为“欲兴国者，不可不先兴其家；欲兴其家者，不可不先兴其人”。不仅如此，在国家发展中，人民应勇于承担重任，他们指出“分子之对国家也，既有密切之关系，则分子即不能不振作精神，以助长国家之精神，不能不积极活动，以集成国家之活动”。在对民族的认识方面，当时的回族知识分子往往将民族与种族等同起来，也有将民族、宗教混为一谈的，侧重由宗教方面考察回族，以致使族教不分，甚至将回族与伊斯兰教等同起来。但从总体来看，大家都一致认为回族是中华民族的一分子，明确宣称“我们是中国的人民，是五族之一”，从而突破了以往曾“自称天方曰吾祖国、宗国”的认识，体现出回族自我意识与爱国意识的增强。在对宗教的认识方面，回族的优秀学子在海外留学生涯中，广泛涉猎世界新潮思想，开阔了眼界，接触了西方的社会政治学说，思想获得了一定的解放。同时，受西学东渐潮流的影响，国内的回族知识分子也吸收了一些新的思想，从而使近代回族知识分子对宗教有了更新的认

---

① ［清］王岱舆：《希真正答》，余振贵点校，宁夏人民出版社1987年版，第285页。

识。面对中国伊斯兰教衰微的情形，他们并没有妄自菲薄，而是希望将伊斯兰教的积极因素发掘出来，强调其正面的、积极的作用。他们认为宗教是“融化社会的、维持道德的、规范人心的”，而且宗教自身也处于变化之中，将宗教的发展分为自然宗教时代、文明宗教时代和精神宗教时代，并据此提倡人们应“不泥于教，亦不背其教，变而通之，与时宜焉”①，从而使宗教的积极作用得以发挥。

近代回族知识分子对民族、国家、宗教问题所进行的思考，体现了他们具有鲜明的以爱国为主题的思想轨迹，其结果推动了全国各地回族社会的发展，自此以后，中国各地回族顺应时代潮流，勇于革故鼎新，纷纷兴办民族教育，改良宗教，输入科学与民主思想。从回族法的角度分析，回族知识分子对国家富强、民族发展、宗教进步的主张，也反映了近代回族法在近代中国法制大变局中所显示的自我更新与发展意识，它体现了回族先进分子以爱国主义为核心和基础，寻求回族发展、伊斯兰教发展与国家发展三者相统一的思想主张。这与回族历史上曾有的那种仅富有宗教意识、国家意识淡薄的思想状况相比，无疑是一大飞跃。其中隐含着近代回族文化运动的本质，就是觉醒后的近代回族积极自救、主动调适的新趋向。

回族法也是在回族社会内部的矛盾运动中发展的，主要表现于回族社会教派、门宦的分化与矛盾之中。自 17 世纪伊斯兰苏非派传入中国后，在中国回族伊斯兰中发生了重大影响，这就是出现了格底目、伊赫瓦尼（从中又分离出赛莱非耶）、西道堂三大教派和虎夫耶、库布林耶、嘎的林耶、哲赫林耶四大门宦。教派、门宦的分化使回族穆斯林在教法遵行方面出现了分歧，除了格底目、伊赫瓦尼、西道堂和四大门宦遵行逊尼派中哈乃斐的教法学说外，赛莱费耶则遵行罕百里的教法学说；在四大门宦及其众多支派中，也各有一些不同的遵守，例如，属于虎夫耶派的门宦主张“道、教并重”和“闹中取静”以及低念“迪克尔”为其主要特征。属于嘎的林耶派别的门宦主张“先道而后教”，修道者不娶妻室，出家住拱北，修行中以静坐参悟、默念“迪克尔”为尚，宣扬“一时的参悟，胜过千年的功修”。属于库布林耶的门宦，主张遵行“五功”，静修默念“迪克尔”。属于哲赫林耶的门宦，主张“先教而后道”，高声念诵“迪克尔”，宗教礼仪以简为尚，有沙沟、板桥、北山和南川四个门宦。②历史上，各教派门宦之间因见解不同，经常发生矛盾，尤其斗争，成为回族以及中国其他信仰伊斯兰教各民族内部不团结的重要因素之一。在这种情况下，封建统治者为

① 王希隆点校：《醒回篇》，兰州大学出版社 1988 年版。

② 马通：《中国西北伊斯兰教的特征》，宁夏人民出版社 2000 年版，第 17—18 页。

强化统治，常常利用这种矛盾，挑拨离间，有意制造民族内部的纠纷，造成教派、门宦之间彼此仇视，甚至发生流血冲突。

上述种种，反映出教派、门宦分化的消极性方面。但是，也应该看到，教派门宦之间的不同主张及其矛盾斗争，正是伊斯兰教的教义、教法在回族穆斯林中深入发展并实现本土化的过程，也是回族法矛盾运动中发展的具体体现。伊斯兰文化是共性与个性的统一，理论化、理想化的伊斯兰文化是通过分布在世界各地的各具特色的伊斯兰文化来体现的。盛行于甘宁青地区的回族等民族中的门宦组织，是伊斯兰教苏非派各支派的学说从阿拉伯、中亚以及新疆传入甘宁青后，在中国传统文化思想的影响下形成的。门宦的各支派大多已形成一种具有宗教世袭的身份、地位与特权的高门世家，是在一定的社会经济基础上形成的一种辖区更大的教坊制度。各门宦之间的不同观点和矛盾主要表现在对教法、宗教仪式的具体环节的理解和遵行方面，但并无根本性的矛盾，而是个性与共性的统一。所有的教派、门宦都宣布共同遵行《古兰经》和《圣训》的基本原则，严格尊奉伊斯兰教的六大信仰，严格履行念、礼、斋、课、朝五大天命。因此，统一的伊斯兰教义、教法的基本原则，通过回族社会内部各派别的体认和实践，才深入到回族穆斯林的精神世界和日常生活实际之中。

新中国成立后，在法制建设方面经历了摧毁与创建（1949—1957）、停滞与毁灭（1957—1976）、重建与发展（1976 年以来）等几个主要发展阶段①，回族法文化的运动轨迹莫不与此息息相关。随着社会主义制度的建立，回族教派、门宦制度的经济基础迅速瓦解，因而作为保障回族法实施的教派、门宦所拥有的世俗权威被削弱，进而经过 20 世纪 50 年代后期的反封建斗争，进一步扫除了宗教上的世俗特权。因而现在所谓回族教派、门宦含有世俗特权之意已不可能与以往相提并论。但这仅仅是回族法的局部变化，它并不意味着回族法的传统随之而式微，因为法是以民族的存在为基础的，它体现在民族文化的表层和深层结构的各个方面。民族学理论认为，民族是一个社会历史现象，一般要经历产生、发展、繁荣直至融合和最终消亡的过程。中国共产党领导人论及民族问题时指出："社会主义阶段是各民族共同繁荣的时期"，社会主义国家民族政策的根本立场是要达到各民族的繁荣②。虽然由于"左"的错误干扰，我国的民族繁荣原则一度遭到破坏，民族文化的发展一度处于窒息状态。自党的十一届三中全会以来，促进民族繁荣的原则重新得到恢复，民族文化的发展从此进入新的

① 蔡定剑：《历史与变革：新中国法制建设的历程》，中国政法大学出版社 1999 年版。

② 《中国共产党主要领导人论民族问题》，民族出版社 1994 年版，第 260 页。

历史时期。我国的民族平等政策和宗教信仰自由政策是民族繁荣和民族文化发展的重要保障。民族繁荣的内涵包括社会经济文化等各项事业，其中文化的繁荣是其重要表现。因为民族文化是社会或民族分野的标志，“在不同的国家、民族或群体之间，文化所表现的区别要比人类皮肤颜色或任何其他生理现象所表现的区别深刻得多”①。

传统法制作为民族文化的重要内容，在具有民族文化一般特征的同时，还有着自身特定的功能和影响。民族传统法不仅是过去的概念，而且是现实的概念，甚至是未来的概念。因为法制传统作为一种历史文化力量，具有深厚的社会基础，存在于普通民众的法律意识、心理、习惯、行为方式和生活过程之中，因而与一个社会的有机体密不可分，甚至在某种程度上，传统法制成了社会成员信仰或认同的载体。传统法制作为这样一种社会历史惯性机制，不仅构成了一个新社会法制发展的历史起点，影响着民族社会秩序的各个领域，进而与整个社会的法律生活交织在一起，而且制约着一个社会法律的长期发展进程，有形或无形地左右着该社会法制发展的走向。② 回族法作为回族传统文化和中国传统法文化的组成部分，在经历了近代以来中国法制现代化的洗礼和回族社会转型中的矛盾运动，虽然在形式与内容上都发生了变化，但它作为一种传统力量，对于当下回族社会的法制发展乃至未来的变化仍会发生潜移默化的影响力。在这里，回族传统法除了面对中国法制现代化的大背景外，其自身的传统与现代性也是交融在一起的，多重因素的矛盾运动使其现代化进程显得异常复杂。作为一个历史的连续过程来说，绵延不断的回族法制传统并未因其是历史上的东西而发生断裂，它在或大或小的程度上以某种新的形式延续和传承，进而在一个新的社会系统中发挥新的作用。例如，回族法中的明显特点是伊斯兰教文化因素。伊斯兰教文化作为回族文化最内核的部分，仍然发挥着重要的影响。回族对伊斯兰教的虔诚信仰，使伊斯兰教法对回族的思想意识和行为规范往往产生出比其他文化形式更为突出的作用，成为回族思想观念和行为规范的终极依据。同时，伊斯兰教文化也渗透在回族社会生活的方方面面。这种状况有其社会历史原因，但主要是由宗教本身的特征所决定的。宗教是历史的产物，有其产生、发展和消亡的规律。在现代社会里，虽然宗教作为一种崇拜、一种力量、一种使人忠诚不渝的虔诚信仰的影响力正在衰减，但是宗教的形式和内容并没有也不可能随之迅速衰亡，对特定的民族而言，宗教作为民族文化中最内核的部分，仍可以使一个民族维持自身的存在，宗教的文化意识形态，渗透到民族

---

① 郑杭生:《社会学概论新修》（第三版），中国人民大学出版社 2003 年版，第 75 页。

② 公丕祥:《法制现代化的理论逻辑》，中国政法大学出版社 1999 年版，第 347 页。

其他各个要素中间，对民族社会的发展乃至一个多民族国家仍具有不可忽视的作用。因此，有学者针对当代宗教问题的重要性指出，宗教工作关系到中国56个民族之间，特别是汉族和少数民族之间的团结合作，关系到边疆的安宁和国家的统一，关系到社会主义中国的国际交往形象，关系到中华民族文化的多样性发展。① 由上述可知，在回族文化体系中，伊斯兰文化所具有的核心地位和重要影响，决定了回族法文化矛盾运动的长期性，也意味着回族法制进行创造性转换的必然性。

二、回族法与国家法的调适及其创造性转化

在回族社会法制现代化的过程中，正确处理传统回族法与现代国家法的关系，汲取并运用回族法中的积极因素来加强并推动回族聚居地区的法制建设，是实现回族社会法制现代化的基本途径。

首先，应当肯定回族法与国家现行法之间具有一致性或相容性的方面。主要表现在：其一，深受伊斯兰教义的濡染，回族法中具有“义务本位”特征，回族成员个体受这一群体规范观念约束，不管是有意识的自觉还是无意识的自觉，都为国家法律在回族地区实施或变通实施提供了一定的有利条件。其二，回族法中的重商意识与现代社会有相合的基础。回族的重商观念为世人所称道，教法中关于经济交往的规定，如买卖公平、信守合约、反对高利贷、鼓励人们创造财富等等，都为民事经济法律在回族地区的实施提供了契机。其三，在婚姻家庭方面，回族民间法与国家法律也有很多一致或相吻合之处。例如，关于禁止近亲、血亲之间婚姻关系，关于离婚后的程序和关照妇女的一些规定等。其四，关于宗教信仰方面。从某种意义讲，回族对伊斯兰教的虔诚信仰，在促进民族地区的法制建设和树立法律的权威性具有某种可资利用的价值。在我国民族法制建设进程中，党和政府对宗教问题的高度重视，其中“积极引导宗教与社会主义社会相适应”理念的提出，使我们认识到了社会主义社会新时期宗教问题的新的思维坐标，对于促进少数民族地区法制建设，树立依法治国观念具有指导意义。积极引导宗教与社会主义社会相适应，一方面要求全面正确贯彻执行党的宗教信仰自由政策，依法加强对宗教事务进行管理；另一方面也要求民族宗教团体和人士爱国守法，并能够带领广大信教群众共同维护国家和法律的尊严。这表明，正确宗教

① 牟钟鉴：《民族问题与宗教政策》，载《宗教与民族》（第一辑），宗教文化出版社2002年版。

政策的贯彻实行，宗教事务在法制化轨道上发展，将会对少数民族地区的法制建设和法治精神的培养具有直接促进作用。

其次，应当认识到回族传统法文化与国家法律之间的差异也是显而易见的。“在古代社会，随着国家的组织得到强有力的发展，与此相适应，形成一种井井有条的法的程序。然而处于国家的共同体下的各种群体尚未失去他们独立的意义。与此相比，现代的法是建立在国家对各种群体和个人的充分的、至高无上的地位上的，建立在国家对‘强制的垄断’之上的。于是，局限于群体或者一定共同体的法，如果说不是已经消失，也受到很大的限制”①。例如，回族法具有宗教、伦理、道德性规范相混融的特点，其实行主要依靠当事人的自觉、社会舆论，这与现代法律依靠国家强制力保障实施形成鲜明对照。对于只知教法不知法律规范者，往往冒“道德风险”做出一些既违反习俗又违犯法律，或发生一些合俗不合法的行为。解决这一差异的措施，就是在具体内容与操作层面上，将二者之间的差异、矛盾的解决落实在“自治法规”上。自治法规是民族区域自治地方的自治机关根据宪法、民族区域自治法、立法法之规定，依照当地民族的政治、经济和文化的特点而制定的一种特殊的地方性法规，其目的是为了根据本地实际情况贯彻执行国家的法律、政策，即是变通执行国家法律的一种方式，它以不违背宪法和法律的原则为前提条件。回族聚居区的自治机关通过行使自治权，将回族法的相关内容纳入自治法规，在本民族自治地方内由国家强制力保障实施。在司法实践中自治法规适用于本民族区域自治地方的案件，如《行政诉讼法》第五十二条规定：“人民法院审理行政案件，以法律和行政法规、地方性法规为依据。地方性法规适用于本行政区域内发生的行政案件。人民法院审理民族自治地方的行政案件，并以该民族自治地方的自治条例和单行条例为依据。”上级国家机关对已经批准生效的自治法规也要保障其实施。为此，《民族区域自治法》规定：“上级国家机关有关民族自治地方决议、决定、命令和指示，应当适合民族自治地方的实际情况。”这里的“实际情况”，还应当包括制定符合民族自治地方实际情况的自治条例和单行条例。

回族法的“法规化”实际上包括了两个方面的问题：一是如何评价回族法的现状及其发展趋势，二是本民族的发展目标。随着改革开放所引导的现代化进程，回族同其他民族的交流空间扩大，多种传媒包括电视、电信以及互联网等的传播速度之快捷、范围之广泛是空前的，回族传统文化受现代文化的冲击也是空前的。因此，回族

① 〔德〕H. 科殷：《法哲学》，林荣远译，华夏出版社2002年版，第115页。

法的部分内容处于或衰退或变异的状态。衰退是指习俗规范作为一种现象的减少和消失，然而这毕竟是少数，更多者则是变异，即传统的民间法规范与现代化生活相结合使自身得到了适应新环境的演化变迁，变异事实上是回族法在新形势下得以保留和发展的重要途径。第二个问题，宪法规定，我国各民族之间是平等、团结、互助和共同繁荣的关系，是统一的主权国家之内的组成部分。因此，从这种意义上说，回族法的法规化，实质上就是要把握社会发展趋势，引导回族法同现代社会有机结合，为回族地区的进步与国家的稳定富强创造一个良好的制度环境。法规化了的回族法便获得了国家强制力的运行和保障，成为国家法律体系的组成部分。这表明，民族法的传统性只有在传统法与现实的法律制度本质相一致的时候，该法规才会构成体现现代法治精神的法制体系的组成部分。

总之，法制现代化对回族地区来说，是一次从价值观念、法律观念到制度规范的更新和重塑。我国是一个拥有 56 个民族的国家，是一个多元文化社会，多元文化意味着社会行为的规范和控制的方式、内容也必然是多元的，除了国家的法律外，还有大量的包含在各民族法文化之中的各种民间习惯和民间规范。这些民间习惯和规范具有本民族长期历史发展惯性的支撑，它是鲜活的、生动的，具有顽强的生命力，对人民群众的日常社会生活有着很强的调控、规制能力。在民族法制建设进程中，认真分析和总结回族传统法制的利弊得失，探讨国家法与回族法之间的相互影响、相互补充关系，促进国家法与回族法之间的良性互动，对保障和实现回族社会的现代化具有重要意义。

维吾尔族法制史

WEIWUERZU FAZHISHI

前 言

一

中国自古以来就是统一的多民族的国家，各民族共同努力、相互学习，共同创造了中华民族灿烂的文化。法律制度是政治制度的重要内容，法律文化实际上也是社会文化的一部分。中华民族作为一个有内在联系的统一整体，是在历史上逐渐接触、形成和发展壮大的。与此相适应，少数民族法制和汉民族法制一道走过了几千年的发展历程。少数民族的法律文化在中华法律文化的产生和发展的过程中起过重大的作用，可以说中华法律文化是中国各民族共同创造长期融合的产物。翻开中国的历史，除了汉民族所建立的王朝外，各少数民族也曾经在中华大地上建立过许多大大小小的政权。由于历史上少数民族在政治、经济、文化方面与内地存在的差异性，历代中央王朝对所辖的少数民族地区都采取了一定的自治方式，在考虑当时民族构成和特点的基础上，制定和形成了一套调整民族关系的法规和制度，这对民族地区的社会稳定和各民族的自身发展都起到了积极的作用。

新疆自古以来就是中华民族的一部分，历史上曾有许多部落、民族在此聚居，维吾尔族是其中的一个主要民族，也是中华民族大家庭中的成员之一。维吾尔民族的形成经历了一个漫长的历史时期和与其他民族融合的过程。它既有和其他民族共同的地方，又有其自身的发展规律。本课题按照历史发展的轨迹，分别论述了维吾尔族的族源、维吾尔族在不同历史时期，如鄂尔浑回纥汗国时期、高昌回鹘王国时期、喀喇汗王朝时期、蒙元时期、察合台汗国时期、叶尔羌汗国时期、清朝时期以及中华民国时期的法律制度状况。我们借助大量的史料探讨了维吾尔族法律制度的历史脉络及其发展变化。

目前，中国正处在构建和谐社会、加快法制化进程的重要时期。在大力加强民族立法、健全民族法制的今天，如何在边疆多民族地区构建和谐社会，处理好多民族地区的社会问题，建立和健全少数民族地区的民族法制建设，依法管理民族宗教事务，维护社会稳定、促进经济发展是政府当前面临的重要问题。借助民族史研究的已有成果，深入挖掘民族法律文化遗产，丰富民族法律文化，对于繁荣民族法学，构建多元一体的和谐文化格局，加强现阶段的民族法制建设具有非常重要的现实意义。同时，对于进一步完善民族区域自治制度，使依法治国的方略在少数民族地区得到进一步落实也具有深远意义。

二

维吾尔族法律制度史既有其本身的特点，受伊斯兰教法的影响，在民事法规方面更多地体现出宗教的色彩，如土地的瓦合甫制、婚姻家庭方面的宗教法规等，同时也受当时统治的中国历代中央王朝政治、经济等各方面的影响，如契约文书的订立带有汉文化影响的痕迹，中央王朝也将其法律推行到新疆维吾尔族地区，因此维吾尔族法律制度的历史可以说是二者的反映。

首先，维吾尔族法制史是中国法制史的一部分。

政治制度和法律制度从来就是密不可分的，行政管理体制也是法律制度的重要组成部分。从汉武帝太初四年（前101），中央政府就对新疆行使着行政管辖的权力，西汉政府在西域设置地方官吏——使者校尉。汉宣帝神爵二年（前60），西汉政府又设置了西域都护府，代表中央政府统辖西域各地，管理西域的军事和民政事务。魏晋南北朝时期，虽然内地王朝不断更迭，但西域戊己校尉和西域长史之设置一直仍旧。其中，前凉王还在今吐鲁番一代设立高昌郡，第一次在西域实施郡县制。隋唐时期，唐朝中央政府在西域还设置了伊、西、庭三个州和安西、北庭两个都护府。五代、宋、辽、金、元、明时期，西域和中原内地的经济、文化联系也非常密切。清统一新疆天山南北之后，清政府在新疆实行军府制，设置伊犁将军作为新疆最高的军政长官，下设参赞大臣、都统、领队大臣等各级官吏，这一制度一直实行到1884年新疆改设行省为止。从维吾尔族建立的第一个政权鄂尔浑回纥汗国开始，唐朝中央政府就在回纥地区设置了瀚海都督府，府下设六府七州，府设都督，州设刺史。唐太宗应吐迷度之请，封他为怀化大将军，兼瀚海都督。回纥各部要求建设回纥地区通往唐朝内地的交通干道——参天可汗道，唐朝政府采纳了这一建议。辽王朝曾统辖天山南北，在高昌回鹘王国设置有大王、于越、司徒、节度使、都监、将军等官职，分别授予回鹘等族首领或由契丹人充任。辽朝在高昌地区还设立了“高昌大王府”，在龟兹地区设立了“阿萨兰回鹘大王府”等地方统治机构。至喀喇汗王朝时期，王朝的统治者除了同中原地区保持政治、经济上的来往外，还称自己为“桃花石汗”，而“桃花石”一词是北方的游牧民族用以泛指中原的统称，其引申的意思为中国，以示不忘其本，视其统治的区域为中国的一部分。《突厥语大辞典》的作者将中国分为上、中、下三部分，作者称自己生活的喀喇汗王朝的疆域为下中国。蒙元和察合台汗国时期，中央政府在维吾尔族地区设置行政官员达鲁花赤，以加强对维吾尔族地区的管理。到了叶尔羌汗国时期，它的体制基本上是成吉思汗建立的蒙古国的体制。它同明朝中央政府在经济、文化方面依然保持着密切的联系。清政府统一新疆后，采取了军政合一、以军统政的军府制以及军府制下的伯克制、扎萨克制与州县制作为清政府在新疆所实行的一整套行政管理制度。不仅有伊犁将军统管全疆军政事务，而且在各城派驻办事大臣管理地方事务，将地方民族首领纳入政府官员序列，到清朝后期选择行省制作为治理新疆的统治方式，这对于巩固边疆起到了十分重要的作用。

从以上这一历史发展的脉络来看，不管新疆古时候被称为“西域”还是“回疆”，其大部分时间都没有脱离中原中央政府，和中原中央政府在政治、经济、文化上都有着密切的联系，中原中央政府都对这一疆域实行着直接或间接的行政管理。

其次，受宗教的影响，社会生活中伊斯兰教法的色彩表现浓厚。

在维吾尔族法律制度发展的各个不同时期中，土地瓦合甫制度、财产继承和婚姻制度以及各种契约文书所具有的浓厚的伊斯兰教法的色彩最为明显。宗教法庭的存在也是维吾尔法律制度史的一个重要特点。

第一，土地瓦合甫制度。瓦合甫系阿拉伯语在新疆地区的汉译，原意是“保留”“扣留”，即专指保留“真主”对人世间一切财富的所有权，在伊斯兰教法学概念里，是按照教法通过捐献建立起来的宗教公产和基金，其中一部分用于宗教慈善事业，这种把穆斯林“自愿施舍”而奉献出来并用于法定宗教目的的财产，就是通常所说的瓦合甫财产。瓦合甫制是伊斯兰教的一种社会经济制度，它伴随着伊斯兰教的传入而传入，属于瓦合甫经济的形式很多，除数量最多的瓦合甫土地外，还有瓦合甫房屋、树木、果园、牲畜等。喀喇汗朝统治者在推行伊斯兰教的过程中将征服的大片土地赠送给清真寺，瓦合甫土地渐渐的成为喀喇汗朝封建土地所有制的一部分。由于伊斯兰教的传播，瓦合甫制度逐渐在新疆推广。14 世纪以后，伊斯兰教先后传播到库车、吐鲁番地区，逐渐成为天山以南维吾尔族地区占统治地位的宗教，所有瓦合甫土地都实行封建农奴制的剥削。到叶尔羌汗朝时期，这种土地除了有一少部分属于宗教公产和用于宗教慈善目的以外，大部分的瓦合甫土地都是由统治者无偿捐赠给伊斯兰教上层人物的。汗国为了政治斗争的需要，瓦合甫的性质已经蜕变成为一种世俗统治者拉拢宗教势力的一种手段。虽然名义上是捐赠给礼拜寺、道堂或麻扎，但实际上却是针对某个具体的教派首领和卓或谢赫。因此，瓦和甫土地的规模在汗朝有了迅速的扩大。到了清代，从史料中的瓦合甫契约文书可以看出，宗教瓦合甫土地仍然大量存在。瓦合甫的契约是教民将自己的土地或财产捐献给礼拜寺、经文学校或麻札时订立的契约。17 世纪以后，以和卓为首的宗教上层人士逐步获取了政治权力，这种制度成为他们用来扩大自己经济利益的工具，这些土地和财产名义上属于礼拜寺、经文学校和麻札，但实际上却成为其私有财产。

第二，婚姻和财产继承。婚姻制度大体沿习《古兰经》的规定，男女择偶一般是遵从父母之命，或由阿訇包办，在婚姻状况中存在买卖婚姻、男子多妻、重婚等现象。规定：不允许穆斯林妇女与非穆斯林男子通婚；同父或同母兄弟姐妹之间不能结婚；妻亡，丈夫可取妻子的妹妹为妻等。受伊斯兰教的束缚，妇女的地位低下，尤其在财产继承上受到歧视。按照伊斯兰教法关于离婚的规定，丈夫有休妻的特权，只要说一个“塔拉克”，就等于夫妻离婚了，妇女没有离婚的自由，由此不难看出妇女对男子的人身依附关系。在财产继承上也遵循《古兰经》的规定。

第三，契约制度。在维吾尔族的法律制度史中，契约作为一种凭据在宗教信仰、经济、婚姻家庭以及财产继承等方面都广泛地流行着。契约在维吾尔族社会中有着悠久的历史，吐鲁番出土的回鹘文契约文献中的律、令、格、式残卷，不仅是唐、宋、元法制文明的重要标志，而且也反映了内地中央王朝的法律制度在西域诸国的实施。从出土的回鹘文契约文书中可以看出，其买卖、借贷等契约都有了相当高的水平。从吐鲁番阿斯塔那古墓中发现的《诗经》《孝经》和《论语》的残片，说明了汉文化在高昌的地位。从挖掘出的回鹘文契约文书中不难看出当时的契约已经到了相当发达的程度，契约签订的形式比较统一。契约中出现了证人、花押以证明契约的合法性和有效性。在清朝时期的各种契约文书中，伊斯兰教法的影响是很明显的。不少契约文书中都有“宗教法庭”一词，在有的契约里，宗教法庭是作为“公证人”出现，在立好的契约里也要加盖宗教法庭的印章。

第四，宗教法庭。宗教法庭阿拉伯语音译为“买黑凯麦沙里亚”，意思是“按教规解决民间纠纷的场所”。历史上在新疆的穆斯林地区，从中世纪到近现代在城乡都普遍地建立了宗教法庭，用以解决各种民间纠纷，宗教法庭起着绝对的权威作用。宗教法庭由若干个喀孜阿訇组成，即法官，宗教法庭根据伊斯兰教法独立进行审判活动，宗教法庭之间不论级别高低，均不存在隶属关系。宗教法庭设有书记员（海里排）、执行员等，宗教法庭一般设在清真寺内，也有设在巴扎上的。清政府统一新疆后，在实行军府制的同时，继续推行“政教分离”的政策，同时也将大清的律法在新疆实施。随着清政府在新疆不断扩大司法权力，宗教法庭的权限仅限于财产和继承、婚姻家庭、宗教赋税等一些诉讼。宗教法庭的作用主要有二：根据伊斯兰教法对民事纠纷作仲裁处理；出具书面凭证证明某人的合法身份或某件事情的结果。对宗教法庭做出的裁决，双方要在判决书上或者双方缔结的契约上加盖印章，即产生效力，然后由宗教执行官执行。1884 年新疆建省后，宗教法庭仍独立存在。在民国时期的一些维吾尔族契约文书中，我们仍可以看到加盖有宗教法庭的印章，这说明当时有些民事案件仍然由宗教法庭来审理。

新中国成立后，党和政府废除了一切宗教特权和宗教压迫剥削制度，坚决废除了宗教法庭，将广大信教群众的社会生活和宗教事务纳入了国家法制的轨道。

三

维吾尔族法制史是中国法制史的重要组成部分，它是在中华法文化大的背景中产生和发展的。在学术界，这一领域还少有人耕耘，本书只是作者的一次初步尝试。从事维吾尔族法律制度史的研究是一件十分艰巨的工程，其资料的收集整理和翻译还十分薄弱、零散和不足，加之维吾尔族法律制度史的研究是一个跨学科的研究问题，它兼跨了史学、法学、政治学、民族学诸多的领域，需要采用多种学科的研究方法。在现有史料的基础上，除了尽量将维吾尔族法律制度史有特色的内容挖掘出来以外，同时还要体现中国多元一体的发展脉络。

需要说明的是，法制是统治阶级按照自己的意志通过国家政权而建立的法律和各项制度，由于在中国古代封建社会中，统治集团的意志具有绝对的权威性，很难截然将政策与法的界限明确划分开来，在这里所谈的法制应该是更宽泛意义上的概念。同时，由于伊斯兰教在维吾尔族的生活中占据着重要的位置，伊斯兰教法对维吾尔族的社会生活影响较为广泛，因此在研究维吾尔族法律制度史时，包括了历代政权所实施的相关政策和相关措施的研究。其中许多的问题在写作的过程中是无法回避的，所以一定要加以引用和借鉴，这些都在所写的章节中一一加以注明。本书的写作除了参阅大量的史料外，还参考了许多学界同仁具有真知灼见的学术论文及专著，除史料部分以外，其余的参考书目均在书后加以注明。

本书的写作对作者来讲是一次有益的尝试和挑战，对民族法制史的研究这只是开始，“路漫漫其修远兮，吾将上下而求索”，在这条学术的研究道路上，作者将勤勉不弃持续走下去，挖掘民族法律文化的瑰宝，丰富中华法律文化，以期在今后对维吾尔族法制史的研究中能够更加翔实。

作　者

2007 年 2 月于乌鲁木齐

XINJIANG DE GUDAI MINZU HE
WEIWUERZU DE ZUYUAN

第一章

新疆的古代民族和维吾尔族的族源

第一节

新疆的古代民族

新疆是我国多民族聚居的地区，除了汉族以外，还有维吾尔、哈萨克、回、蒙古、柯尔克孜、塔吉克、锡伯、乌兹别克、满、达斡尔、塔塔尔、俄罗斯等十多个民族。新疆各地的古代文化遗存和考古发掘证明，早在距今六七千年的新石器时代，新疆的许多地方已经有古代人类生活。在人类漫长的历史过程中，他们在各个绿洲上进行农牧业生产，为新疆经济文化的发展做出过巨大的贡献。

历史上曾有许多部落、民族在新疆聚居。考古资料和文献表明，到秦汉时期居住在新疆天山南北的古代民族不断增多，汉代时期在新疆的古代民族主要有塞人、月氏人、乌孙人、羌人、匈奴人和汉人等，其中塞人、月氏人、乌孙人早就活动在新疆和河西地区。这一时期形成了民族大会合的局面。这些民族对于当时经济文化的发展都做出了自己的贡献，也对后来形成的新疆各民族有重要的影响。

远在商代就居住在我国西北的陕、甘、宁地区的羌族是我国古老的民族之一，战国时期羌人的足迹已经西及帕米尔高原，在张骞出使西域之前羌人就已经散居于塔里木盆地南缘和帕米尔高原各地。公元前 60 年，西汉政府统一西域，随后设置西域都护府，管辖天山南北，从此，汉族人或为官，或从军、经商，不断进入新疆，西汉政府除了在各地驻军外，还征发中原的汉族人到新疆屯田，在今新疆库尔勒、轮台、若羌、吐鲁番和哈密都有汉人聚居屯田。特别是在张骞通西域以后，大量的汉人进入新疆，并逐渐成为新疆的世居民族之一。特别是魏晋时期，前秦大将吕光率兵七万余人进攻西域，占领了吐鲁番、库车和焉耆等地，新疆的汉人进一步增多。

塞人是属印欧语系东伊朗语族的古老民族，他们以游牧为主，主要分布在中亚、河西走廊、帕米尔山区以及天山以北的伊犁河流域和天山以南的塔里木盆地的绿洲上。乌孙是操突厥语的民族，西汉初年以前分布在甘肃西部的祁连与敦煌之间，公元前 161 年前后，占据伊犁河流域，南北朝时期被北方新兴的柔然族迫逐西迁到帕米尔地区，逐渐与其他民族融合。月氏民族从远古以来就游牧在敦煌、祁连山之间，遭到匈奴的打击后西迁至伊犁河特克斯河一带。匈奴也是新疆的一个古代民族，在秦汉时期对新疆的政治、经济发展起过重要的作用。公元前174年左右，匈奴的势力发展到天山东部和塔里木盆地楼兰（今新疆若羌县一带）及其旁26国。① 自公元前2世纪初期，汉朝与匈奴的争夺日趋激烈，公元前176年前后，匈奴首先控制了西域。公元前119年，汉朝在占有河西走廊后，与匈奴开始了争夺西域之战，直到公元前60年西汉政府大破匈奴，统一西域。

魏晋南北朝时期，新疆的民族又增加了鲜卑、柔然、高车、哌哒等民族成分。柔然是继匈奴、鲜卑之后在北方草原上兴起的一个强大的民族，他们在蒙古草原建立政权，并与中原王朝争夺西域。公元460年，柔然控制了丝绸之路东端的哈密、吐鲁番两个重要的据点，焉耆、鄯善（今新疆若羌县境）、龟兹及伊犁河流域、姑墨（今新疆阿克苏）都曾是他们的势力范围。② 高车，亦称铁勒，最初游牧于贝加尔湖及额尔浑河、吐拉河流域。公元487年，副伏罗部落十余万在其首领阿伏至罗和穷奇的率领下，从土拉河经阿尔泰山，迁到吐鲁番盆地，建立了高车国③。哌哒起源于塞北，从事游牧，后进入西域，他们积极向西域塔里木盆地发展，沿丝绸之路分南北两路自西向东推进，越过帕米尔高原，曾一度控制了南疆的部分地区。

隋唐时期加入到新疆民族之列的有突厥人、吐蕃人、回鹘人等。公元6世纪中期，原属铁勒诸部的阿史那氏兴起，公元552年为反抗柔然贵族的压迫，阿史那氏首领土门发兵击败柔然，建立了强大的突厥汗国，使其疆域不断扩大，“东自辽海（今辽河）以西，西至西海（今里海）万里，南自沙漠以北，北至北海五六千里。”④ 公元583年，突厥分裂为东、西两部分，天山以北、中亚及帕米尔地区归属西突厥汗国。公元627—649年间，塔里木盆地的疏勒、于阗、龟兹等也在西突厥汗国的控制之下。公元659年，西突厥归入唐朝版图。东突厥于公元630年归入唐朝版图。吐蕃民族也是对新疆各族文化的发展产生重要影响的民族。吐蕃是藏族的古称，公元7世纪初，吐蕃首领松赞干布统一西藏高原，公元670年，吐蕃人从唐朝手中夺取了安西四镇，进入南疆。692年，唐朝军队又夺回了安西四镇，755年安史之乱后，吐蕃军队再一次向塔里木盆地进军，控制了整个南疆及北疆的部分地区，866年才从新疆完全退出。

---

① 《史记·匈奴列传》
② 《宋书·芮芮传》。
③ 《魏书·高车传》。
④ 《周书·突厥传》。

宋辽金时期是新疆各民族大融合的时期，公元1124年，契丹贵族耶律大石率部众西迁，在新疆及其以西地区建立了西辽政权。

到了元明时期，大量的蒙古人、女真人、契丹人、汉人等等进入新疆，形成了民族迁入的又一个高潮。到了清代，相继有满族、达斡尔族、锡伯族、俄罗斯族等等迁入新疆，最终形成了新疆今天的多民族聚居的格局。

上述情况表明，新疆的民族发展史是多民族迁徙流动、共同生活和居住的历史，是各民族融合的结果。各民族之间的相互往来和交流共同促进了新疆经济的发展。在长期的历史发展过程中，各民族不断的相互学习、吸收着外来的文化，不断融合，不断创新，加强了新疆与内地、与中亚各国之间的文化交流，形成了今天的多元文化并存的、多民族共同聚居的格局。

第二节

维吾尔族的族源

维吾尔族的主要族源有两个：一个是中国汉文史籍所载之回纥（回鹘），一个是公元840年回鹘西迁前居住于塔里木盆地周围的土著民族（或称之为农业民族）。①“维吾尔”是维吾尔族的自称，公元4世纪时的《魏书·高车传》中出现的“袁纥”，就是维吾尔的首次汉译。后来不同历史时期的汉文文献对此族有不同的译写：公元6世纪末7世纪初，写作“韦纥”；公元788年以前写作“回纥”；788年以后至13世纪70年代改写为“回鹘”；13世纪70年代至17世纪40年代写作“畏兀儿”；17世纪40年代到20世纪初则称为“回部”或“回民”。② 而近代维吾尔族真正以Uyghur为名，最早出现于历史文献记载的源头，乃是公元5世纪活动于蒙古草原操突厥语的高车诸部之一的“袁纥”部落。③

高车是铁勒的别号，主要居住于土拉河和鄂尔浑河流域。公元487年，高车的一部西迁天山一带，到6世纪，居住在土拉河和鄂尔浑河的铁勒部落有仆骨、同罗、韦

①③ 周伟洲：《关于维吾尔族族源问题》，《西域研究》1996年第3期，第25、26页。

② 《维吾尔族简史》，新疆人民出版社1989年版，第15页。

纥、拔野谷、斯结、浑、斛薛等；居住在天山一带的有契弊、薄落、职乙、乌护、纥骨等。① 据《隋书·铁勒传》记载：

“铁勒之先，匈奴之苗裔也，种类最多。自西海之东，依山据谷，往往不绝；独洛河北有仆骨、同罗、韦纥、拔野谷，并号俟斤；蒙陈、吐如纥、斯结、浑、斛薛等诸姓，胜兵可二万；伊吾以西，焉耆以北，傍白山，则有契弊、薄落、职乙、咥苏婆那曷、乌护、纥骨……胜兵可二万。”

在这里，“独洛河”也就是指蒙古高原的土拉河；“伊吾”为地名，故址在今新疆哈密市；“韦纥”即袁纥氏；“契弊”为鲜卑人的后裔，即契苾。而“乌护”在突厥文《毗伽可汗碑》《阙特勤碑》中写作“九姓乌护”，西方人称之为Toguzuguz，Toguz为突厥语“九”，uguz又译为“乌古斯”，这个词原是“乌护”的原音，为回鹘人中的重要组成部分，词尾中的ur和uz只不过是地区方言的差异，ugur和uguz实际上都是指回鹘。②《唐会要》卷一百解释说：“臣按国史叙铁勒种类云：‘伊吾以西，焉耆以北，傍白山则有契弊、乌护、纥骨。’其契弊即契苾也，乌护则乌纥也，后为回鹘。”

公元552年，土门可汗自立为伊利可汗，建立了突厥汗国，其立国二百余年间，统治范围东起渤海，西至里海，南起阿姆河，北抵贝加尔湖，势力范围相当强大。7世纪初，漠北的铁勒受突厥统治，公元605年，为反抗西突厥的残暴统治，韦纥、仆骨、同罗、拔野谷等组成部落联盟，联合起来脱离了突厥的统治，以回纥为首的部落联盟于744年在蒙古草原建立了回纥汗国，“回纥”之称从此开始。公元840年回鹘汗国灭亡后，一部分回纥人迁入了新疆地区。

考古资料表明，距今六七千年前的新石器时代，新疆的许多地方已经有古代人类生活。我国古代文献把秦汉时期居住在新疆各地的居民大致上分为三十余国，可见当时的人种与民族是十分复杂的。以后经汉、魏晋南北朝、隋唐，大月氏、乌孙、匈奴、汉、高车、吐谷浑、羌等众多的民族先后入住新疆，相互之间不断同化、融合，这些民族对当时的经济文化的发展都做出了自己的贡献。而塔里木盆地从很古的时代起就有人居住，这从罗布泊地区和阿克苏一带不断出土的属于新石器时代的石器中足以证明。塔里木盆地周围大部分的土著民族与西迁的回纥经过长期的同化、融合，最终形成为今天的维吾尔族。

---

① 《维吾尔族简史》，新疆人民出版社1989年版，第9页。
② 钱伯泉：《维吾尔族的族源及其先民的西迁》，《西域研究》1996年第3期，第56页。

总之，维吾尔族的形成和发展经历了一个漫长的过程，这是一个民族大融合的过程，在这个融合的过程中，不仅融合了漠北草原的一部分古代民族和新疆的一部分古代民族，而且吸取了新疆古代民族和其他民族的优秀传统，最终形成为今天的维吾尔族。

EERHUNHUIHEHANGUO WEIWUER
DIQU FALÜ ZHIDU

第二章

鄂尔浑回纥汗国维吾尔地区法律制度

回纥作为一支古老的游牧民族，早在公元5世纪起，就与其他大大小小的部落和民族出没在漠北广阔的高原地带。回纥民族在建立独立的汗国之前，尚处于氏族社会阶段，还没有形成统一的、巩固的政治共同体。氏族的首领是从一个氏族里选出的一个强有力者。后来，随着社会的发展和民族利益的共同需要，以及受突厥汗国和中原地区的影响，大约在6世纪末7世纪初，阶级这条无情的鸿沟逐渐出现在回纥民族的社会生活之中。在回纥民族社会结构的变化过程中，在政治领域明显的反应是部落酋长由部众推选过渡到世袭，由原来的部落成员共同参加部落政治活动演变为只有少数人处理部落政治活动。

公元605年，维吾尔、仆骨、同罗、拔野古等部脱离突厥汗国时，回纥部酋长时健被推选为首领。时健之后，其儿子菩萨继承了其父首领的地位。菩萨担任酋长以后，回纥部落逐渐强盛起来，回纥贵族有更多的机会来获得战利品。财富的迅猛增加和集中，导致回纥社会内部贫富两极分化加剧，加速了以血缘和宗法为纽带的氏族组织的解体。由于回纥社会开始进入阶级社会时，公元629年，回纥首次与唐朝发生政治、经济联系，菩萨的政权便是回纥封建国家的雏形。公元7世纪是回纥社会急剧向封建化前进的时期。这一时期，社会经济有了新的发展：鄂尔浑河和土拉河流域良好的自然环境为农耕的发展提供了优良的条件；铁和铁器的获得和使用，使军事和生产能力迅速提高；森林中丰富的野生动物资源为回纥人提供了裘皮和角骨；手工业成了独立的生产部门；由于畜牧业的发展，马匹成了回纥人与中原地区进行贸易的主要商品。

回纥民族兴起以后，在744年由护输之子骨力裴罗建立了由维吾尔族占统治地位的汗国，史学界称这个汗国为“鄂尔浑回纥汗国”。①

① 《维吾尔族简史》，新疆人民出版社1989年版，第31页。

第一节

鄂尔浑回纥汗国行政体制

一、汗国内部的阶级关系

进入封建制度之前，回纥社会中存在两大对立阶级，一方是平民（又称为“黑民”），另一方是包括部落酋长、氏族首领和氏族贵族在内的伯克阶级。平民要向伯克阶层支付一定数量的牲畜，作为赋税，战时要自备马匹、武器，随伯克出征打仗，缴获的战利品大部分要献给伯克。伯克负有为部落成员的生活和生产提供安全保障的责任，他们之间是封建的隶属关系。平民在政治上完全依附于伯克，产品的对外交换必须经过伯克、官吏之手。进入封建社会之后，其阶级关系与回纥汗国建立之前变化不大，可汗、可敦是最大的牧主，地方上的各级伯克是大牧主或中小牧主。牧主占有大量的牧地，牧民对牧地只有使用权，他们被无偿地剥削着。另外，在回纥社会还有一个特殊的阶级，那就是粟特摩尼教商人。他们不从事生产只经营生产品的交换，操纵着回纥社会的经济命脉。①

回纥社会被压迫的仍然是牧民、黑民和奴隶三种人。牧民是赋税的主要负担者，牧民和黑民同牧主的矛盾最为剧烈。奴隶具有家庭奴婢的性质，不是社会上的主要生产者。

二、二重官制

回鹘汗国建立以来，就与唐朝保持着密切的友好关系。早在吐迷度继承了菩萨的首领位置之后，于公元646年6月，吐迷度联合仆国、同罗等部协助唐朝大败薛延陀部。之后，唐太宗应吐迷度之请，封他为怀化大将军，兼瀚海都督，这是回鹘酋长第

① 〔唐〕李肇《国史补》卷下。

一次接受唐朝官职。唐政府在回鹘地区设瀚海都督府，府下设六府七州，府一级机构分别是：回鹘部为瀚海府，中心在今蒙古马尔台河畔；仆骨部为金微府，中心在旧车尔臣汗北部一带；多览葛部为燕然府，中心在今蒙古乌兰巴托附近；拔野古部为幽陵府，中心在今黑龙江贝尔湖一带；同罗部为龟林府，中心在今蒙古通格勒河畔；思结部为卢山府，在今蒙古拜达里格河以东。唐朝在上述部落以外的部落设置州的建制，分别为：浑部为皋兰州，在漠北；斛部为高阙州，位置不详；奚结部为鸡鹿州，位置不详；阿跌部为鸡田州，位置不详；契苾部为榆溪州，位置不详；白霫部为阗颜州，中心在大兴安岭一带。唐朝在府一级的机构里设置都督，在州一级的机构里设置刺史。他们分别由各部酋长担任。与此同时，唐朝设置燕然都护府，统管诸部，都护由唐朝政府直接派员担任。① 不久，又有骨利干、都播、结骨与回鹘的另一分支俱罗勃接受唐朝统辖。唐朝在这些部落也设置了府、州建制。骨利干部设玄阙州，中心在今俄罗斯西伯利亚贝加尔湖以北；结骨部设坚昆府；俱罗勃部设烛龙州，中心在贝加尔湖以东地带。吐迷度自称可汗“署官吏，壹似突厥，有外宰相六，内宰相三，又有都督、将军，司马之号”。②其中一些官号采用唐朝官制。俟斤、颉利发、可汗等都实行承袭制。内外宰相和其他各级官吏，一般从俟斤、颉利发、可汗的家族和血缘亲近的氏族部落中挑选任命。《新唐书·回鹘传》还记载，回鹘所属氏族和部落“各有分地”，最高统治集团把牧地分给亲族和其他部落首领，并派“监史”“求取无已”征收赋税。这一时期，吐迷度在接受唐朝官职、承认自己为唐朝官员的同时，又在回鹘部落内部自称可汗，并仿照突厥汗国的制度设置了各级行政官吏。因此，确切地说，这个时期回鹘部的地位是双重的，一方面它臣服于唐朝，另一方面它又继续实际管辖着一个特定的地区。

在回纥汗国存续的约一个世纪中（744—840），共有 14 位可汗。回纥汗国是以内 9 姓回纥为基础，再加上外 9 部而构成。回纥汗国有 9 个宰相：内宰相 3 人，外宰相 6 人。内宰相由王族中选出，外宰相由仆固、浑、拔野古、同罗、思结、契苾等 6 部选出。9 姓各部共有都督 11 人：王族集团出 3 人，其他部落各出 1 人。汗国的统治阶层有两个集群，即贵族集群和官吏集群。贵族集群的等级阶梯是：特勤（亲王）、叶护（副王）、设（别部领兵者）。他们分别由可汗子弟及宗室充任，享有极高的荣誉和特权。官吏集群的等级阶梯是：阿波（统兵马官）、阎洪达（评议国事官）、达干（统兵马官）、梅禄（皇室总管，掌兵者），以及内宰相 3 人，外宰相 6 人。此外，还有掌

①② 《新唐书·回鹘传》。

印官塔木葛支等等。他们的荣誉和特权远比贵族集群少，行政责任远比贵族集群大。除上述官职外，汗国还仿照唐朝官职设有将军、司马等等。①

第二节

汗国与中央政府的经济关系

回纥汗国时期的社会经济以畜牧业为主，畜牧业在回纥经济生活中占据着重要的地位，也是回纥部众衣食住行等方面的主要生活来源。回纥人的马与拔野古、同罗、仆骨、思结、契苾等部的马都有特别的印记，史称此马为“印纳马”。同时，牲畜和畜产品还是汗国对外政治活动的手段之一。赠送给唐朝的绝大多数礼品是由这些构成的。《旧唐书·回纥传》载：自唐朝乾元之后（758—760），回纥常常每岁来唐朝内地售马一次，以马换唐的缯帛。回纥马的存栏数在整个汗国时期都是大得惊人，马的数量是很多的。出售的马常常是上万匹。《白氏长庆集》载《与回鹘可汗书》称：回纥人一次给唐朝出售的印纳马有 2 万匹，价值唐朝的绢 50 万匹。马绢贸易对回纥人十分有利，一匹回纥马可换取唐朝的丝织品 40 匹，有时可换缯 50 匹。安史之乱之后，唐朝和回纥汗国约定：每年汗国要向唐朝供应 10 万匹马，唐朝按一匹马 40 匹绢计价。这种经济的往来主要是由官方进行的，除了绢马贸易外，马换茶的比例也很高。此外，双方还以朝贡和赏赐的方式交换各自所需的东西。764 年，回纥汗国军队协助唐朝在灵台击败吐蕃军队后，唐朝赐给汗国可汗绢 10 万匹。事实上，在经历了安史之乱后，唐朝未必能每年支付大量的绢，因此，在绢马贸易中，唐朝常常处于负债的地位，但双方并没有因此而发生不和。

这种交易行为除了由官方进行外，还在双方的使者当中进行。《新唐书·赵憬传》有这样的记载：“异时使者多私赍，以市马规利入，独憬不然。”意思是说，当时双方的使者都附带做些绢马买卖，唯独赵憬没有这样做。赵憬是在唐朝的咸安公主出嫁时，以御史中丞的官衔，作为副使出使汗国的。由此可以看出，这种绢马交易是何等

---

① 参见《中国通史简编》（修订本），第三编第二册，第 503—504 页；《册府元龟》卷九九二。

的广泛。

当然，多数的商业活动还是由双方的商人进行的。汗国的商人在长安有的开设货栈，有的长途贩运，有的从事高利贷活动，长安的许多富家子弟以及唐朝的高级官员为了弄到奇珍异物，也常常乐意和汗国的商人们往来。唐朝政府明令规定，唐朝的官员不得和回纥汗国的商人私下钱财交往；汗国商人的商业活动，不得超出规定的范围。① 汗国与唐朝之间不断增长的经济往来，给双方带来了巨大的利益。

① 《白氏长庆集》卷四〇《与回纥可汗书》;《李卫公会昌一品集》卷五《赐回鹘可汗书并公主及九姓宰相诏》。

GAOCHANGHUIHUWANGGUO SHIQI
WEIWUER DIQU DE FALÜ ZHIDU

第三章

高昌回鹘王国时期维吾尔地区的法律制度

高昌一名起源于西汉时期。那时的我国内地人把今吐鲁番县城东面、胜金口南面二堡和三堡之间的古城及古城周围叫作高昌。在中国汉文历史书籍中，高昌又有火洲、和州、哈喇火洲、哈喇火者、哈喇霍州、哈喇和卓等不同的名称。

公元840年左右，鄂尔浑回纥汗国的庞特勤率领15部西迁时，其中的一部分人大约先集中在酬北庭（今吉木萨尔县）附近，不久又越过天山进入焉耆地区。9世纪50年代，庞特勤在焉耆自称叶护。9世纪60年代，居住在北庭一带的回鹘人当中出现了一位叫仆固俊的新首领，他就是高昌回鹘王国的真正缔造者。高昌回鹘王国的首府设在高昌城（今吐鲁番高昌古城），此城规模宏大，是从西汉时期的“高昌壁”逐步发展而来的。公元前108年，汉武帝遣从骠侯赵破奴率军攻入吐鲁番盆地，从此中原中央封建集权政府的实力开始深入吐鲁番地区。公元前60年，汉朝在西域设立都护，吐鲁番盆地及西域其他地区正式归西汉版图。从此，吐鲁番地区进一步得到开发，著名的高昌城也形成雏形（时名高昌壁）。后来经过扩修，460年以后，高昌地区的阚氏、张氏、马氏诸政权都以此城为他们的政治、经济中心。到麴氏高昌王朝时，此城得到了进一步的扩大和发展，成了东西方交通要道上的著名佛教城市。唐朝建立西州后，此城为西州的州治，为唐朝统一西域，发展西域的经济、文化起过重要作用。

第一节

高昌回鹘王国的行政体制

高昌回鹘王国统治的时期，其疆域远不如鄂尔浑回纥汗国的疆域大，但居民却比鄂尔浑回纥汗国复杂得多。天山以南主要是从事农业生产为主的居民，天山以北主要是以游牧生活为主的游牧部族。因此，其政权的统治体制也有了相应的变化。对游牧部族来讲，其政权仅仅是维持着一种松散的领属关系。酋长们在自己的部落内，可以拥有广泛的权利和相应数量的武装力量。王国境内除了有以高昌为中心的高昌回鹘外，西面还有以龟兹为中心的龟兹回鹘。与整个高昌回鹘王国相比，龟兹回鹘只占整个高昌回鹘王国西边的一部分。龟兹回鹘与高昌回鹘一同生存在一个王国境内，实施双王制。高昌回鹘王称为狮子王阿斯兰汗，高昌回鹘王的最高统治者为“亦都护”，其义为“幸福之主”①。龟兹半独立的政权也拥有自己的行政体制，其首领最初称可汗，公元981年改称阿斯兰王，龟兹可汗也改称龟兹阿斯兰王。龟兹可汗以下有九名宰相协助可汗处理军政事务。龟兹可汗对内拥有广泛的权力，对外也享有一定程度的自由，龟兹可汗可以和当时的宋朝、辽朝进行直接的政治和商业方面的来往就是最好的例证。在高昌回鹘王国里，亦都护的权力是专制和世袭的，他是王国的最高立法者和执行者。亦都护下面有九宰相、枢密使、金紫光禄大夫、检校太师、左神武军大将军、御使大夫、上柱国封礁县开国子、监使、判官、都督，以及于越（相当于太守）、于尔奇（相当大臣）、断事官（司法官）。在首府高昌、龟兹以及地方上的封建主则为各级大小伯克。根据回鹘文的记载，亦都护在节日时坐在有珠宝装饰的台座和金座上，头戴王冠，身穿红色外衣，视事时，旁有许多侍者和击磬者。

高昌回鹘政权基本上沿用了鄂尔浑回纥汗国时期的行政建制。其最高的统治者称作可汗。在其行政体制当中，可汗以下分为两个系列：一个是贵族系列，一个是官僚系列。属于贵族系列的人分别被授予特勤、俟利发等称号，天山北部游牧部族的一部分酋长也被授予了贵族称号，这些部族的酋长在自己部落的范围内拥有行政权力。而高昌回鹘政权的行政权力实际上是由它的官僚机构来行使的，官僚机构的最高层是由宰相和督屯构成，他们直接协助可汗处理政务和军事等重大事项。而且最值得一提的是，在高昌回鹘政权的行政体制里，首次出现了伯克的官职。

高昌回鹘王国从建立之初就同许多政权和民族发生密切关系。位于它西面各国和各地区的来往密切者中，首当其冲的是喀喇汗王朝，其次有印度、波斯和阿姆河流域各地区。同时，王国与它东面各族的政治、经济、文化的联系也是极为广泛和密切的。由于高昌回鹘王国持续了近五个世纪，与中原地区的辽、后周、北宋、金的往来也是极为密切的。这其中首先发生政治关系的是辽朝，924年耶律阿保机西征西域，占领了高昌回鹘首府之一北庭，使高昌回鹘成了辽朝的属国。② 在此期间，辽王朝曾统辖天山南北，设置有大王、于越、司徒、节度使、都监、将军等官职，分别授予回鹘等族首领或由契丹人充任。辽朝在高昌地区还设立了“高昌大王府”，在龟兹地区设立了“阿萨兰回鹘大王府”等地方统治机构。高昌回鹘接受这种隶属关系，并且从933年至1112年间一直不断地向辽朝进贡。③ 当然，出于政治、经济以及安全利益的

① 《世界征服者史》上册，第一部，内蒙古人民出版社1980年版，第49页。

② 《辽史·太祖纪》下。

③ 《辽史·属国表》

考虑，高昌、龟兹与宋朝的来往也十分的密切。

第二节

高昌回鹘王国的经济制度

一、土地所有制

高昌回鹘王国的封建土地所有制是以地主私人所有制为主要形式的。从地理位置上来讲，天山南部远离海洋，属于极为干旱的大陆性气候，土地多为灰棕色荒漠土，易于开荒造田，种植各种农作物。加之高昌回鹘境内的绿洲地区土地宽广，资源丰富，因此，王国建立之后，大部分回鹘贵族依仗政治特权，占有了大量的农田，开始向封建地主转化。而封建制度的确立是高昌王国社会发展中的一个进步。高昌王国境内的被统治阶级当时主要是农民。根据对出土的回鹘文书进行研究，农民当时有几种不同的称谓，而每一种称谓都代表着他们不同的社会地位。王国农民的地位主要分为五等，即卡兰奇、英朱、库瓦克、图图克、卡达施。“卡兰”原是向国家缴纳的一种赋税，缴纳这种赋税的农民称卡兰奇，他们是王国的农民，其人身不仅属于国家，而且属于封建主个人。英朱，是一种依附关系的称呼，受小封建主的支配。他们所承担的经济义务是向王国政府交纳农副产品，如果小封建主归附了大封建主的话，小封建主也可以被看作是“英朱”，具有这种地位的农民或者小封建主，其与封建主之间就形成了密切的依附关系。具有库瓦克地位的农民负担最重，他们一方面要义务的、无偿地向王国缴纳土地上生产的实物，另一方面又要无偿地把捐税交给官吏，官吏的薪俸主要来自于库瓦克所缴纳的捐税。被主人作为借债的抵押品和人质而受雇于主人，待完成债主所规定的劳动定额后，方可获得人身自由的是图图克，具有这种地位的农民还不是完全意义上的农奴。地位最低的要数卡达施了，接近于家奴的地位。

高昌回鹘王国的土地大致分为四种占有形式:①

① 《维吾尔族简史》，新疆人民出版社1989年版，第54—55页。

1. 王国所有的土地。国王所有的土地包括尚未划分给封建主、宗教裁判所和农民们的耕地。尚未开垦的土地、没收的土地以及果园、森林、草原，包括河流、水渠也归王国国家所有。王国所有的土地的伸缩性是相当大的。王国如果把国有土地分赐给寺院或分给迁移来的农民，王国所有的土地就会减少；但由于新开垦大片土地，王国所有的土地就又会有所增加。

2. 亦都护所有的土地。亦都护的土地是归亦都护及其家族所有的土地。其拥有的土地还是相当宽广的，如草原、狩猎地，以及国王和大臣的陵园、宫殿等（名叫“围墙”或“围场”），亦都护的土地由王国派专人管守耕种。

3. 寺院所有的土地。在高昌回鹘王国境内，佛教居于统治地位。为了传播和巩固佛教，王国分给寺院一定的土地和农民。农民耕种寺田，将收获的一部分用来供养僧侣；如未交足定额，政府便要强令他们缴纳。

4. 小农租佃的土地。多数农民的土地是政府或封建领主租给的，没有土地的农民要租种他人的土地。

从其土地的所有制性质来看，高昌回鹘的土地有国有和私有之分，耕种国有土地的劳动者要向政府交纳赋税。而私有的土地可以进行买卖，这一点从出土的买卖土地的契约中可以看出，土地出卖后即世世代代为买主所有，买主既可以自己留用，也可以向他人转卖，同时也可以出租以收取地租。回鹘文文书中有这样的词句记载：“以棉花代替葡萄酒税”“以银币代替徭役”“以棉花代替徭役”等，由此不难看出压在高昌回鹘人民头上的捐税赋役名目是繁多的。但是，由于受唐朝中央政府的管理，这一时期已经在民间广泛地运用了契约这一意思自治的调整方式来规范民众的经济交易关系。

从出土的回鹘文文书中可以看出，契约已经成为了规范社会经济生活的主要方式，而且契约的内容已经达到了相当高的水平。农民向王国或封建主租佃土地的时候，要签订一定的契约为凭证，同时要交纳一定的租金。从一份10至13世纪的回鹘文契约上可以看出当时的租种关系及契约的完整性。该契约记载了佃农特米尔·普卡向地主契以木图租借十二亩土地耕种，字据上写明：“倘若在耕种此地时需要费用；则此项费用由我特米尔·普卡负担，而与我契以木图无关。至于收获所得，应当归双方共有而均分之。”① 这就是说耕种土地的所有费用，包括种子、肥料、人工工资及可能存在的风险都由租种土地的人来承担，出租土地的一方只是对于土地的收获物进

① 《维吾尔族简史》，新疆人民出版社1989年版，第55页。

行均分。

高昌回鹘王国的封建土地所有制可以说是我国传统的封建土地所有制的主要组成部分。自640年唐朝建立安西都护府统领各府、州以来，唐朝中央政府的政令在新疆地方得以广泛的推行，加之高昌回鹘王国与后面将要谈到的喀喇汗王朝所不同的是，前者主要信仰佛教，回鹘入主后，情况仍无甚变化。因此受中原内地的儒家思想影响较多。唐朝的均田制、租庸调法在高昌王国都曾实施过。

早在高昌回鹘王国建立之前，公元前60年，汉朝在西域设立都护，吐鲁番盆地及其西域其他地区正式归入西汉的版图，也就是在此时，吐鲁番地区得到了进一步的发展，高昌城也初见雏形。而且，最初的“高昌王国”是以汉族为主体的政权，也是西域唯一由汉人建立的封建割据政权，其典章制度完全承袭内地的中央王朝。

在唐代租佃契约一般都称为“租”，出租人为“田主”，承租人为“耕田人”或“佃人”，而在李经纬先生所著的《吐鲁番回鹘文社会经济文书研究》中所收录的回鹘文契约中不难看出，在土地的租用中，“租”字一词被普遍的使用。在铁木尔·普化的租田契中这样写道：

1. 猴年正月初二，
2. 我铁木尔·普化
3. 需要种庄稼的土地，
4. 因此从凯依姆杜的座落在恰坎的跟伊利
5. 奇有同等份额的土地中
6. 租了（可以播）两石（种子的）土地。该
7. 土地所收的庄稼、（派）来的捐
8. 税均由我铁木尔·普化负责。
9. 凯依姆杜不负责。若有交易税
10. 派来时，（我们俩）共同承担。证人：
11. 米四尔，证人：桑阿。这个手印儿
12. 是我铁木尔·普化的。
13. 凯依姆杜亲自遵铁木尔·普化
14. 之嘱而书。①

从这份更加完整的契约中我们可以看出，该租地的契约格式完整，契约要素齐

① 李经纬：《吐鲁番回鹘文社会经济文书研究》，新疆人民出版社1996年版，第73页。

全，权利、义务明确，同时有证人的出现。这也说明了高昌回鹘王国受中原中央政府的法律影响之深。

二、高昌回鹘王国的契约制度

吐鲁番出土的回鹘文契约文献中的律、令、格、式残卷，不仅是唐、宋、元法制文明的重要标志，而且也反映了内地中央王朝的法律制度在西域诸国的实施。从出土的回鹘文契约文书中可以看出，其买卖、借贷等契约都有了相当高的水平。从吐鲁番阿斯塔那古墓中发现的《诗经》《孝经》和《论语》的残片，说明了汉文化在高昌的地位。① 回鹘王国建立之前，麴氏家族统治时期的一些汉文契约，诸如：土地、房屋、奴婢的买卖，金钱的借贷等汉文的契约文书都被保存了下来。加之高昌地区自古以来就是丝绸之路上的重要地段，并且回鹘迁入后，从以游牧经济为主逐渐转变为以定居农业为主，王国的物产十分丰富（主要有农产品、畜牧业产品、经济作物和矿物等，特别是棉花、葡萄、瓜果、芝麻等经济作物），给其商业的发达创造了极好的条件。从这些留存下来的汉文契约文书中不难看出，当时的契约已经到了相当发达的程度。订立契约必备的条款，如契约的标的、质量和数量、价款或酬金、履行的期限、地点和方式都已经具备，同时也反映出了契约的合意。

在高昌回鹘王国境内，吐鲁番的无核葡萄或长圆形的马奶子葡萄享有盛名，因此，高昌回鹘王国的封建领主经营葡萄园的很多，私人间的买卖葡萄园的行为也很盛行。在一份奥斯迷失卖葡萄园契的文书中这样写道：

1. 鼠年三有初六，我奥斯迷失·托合利里
2. 因需要通用的因子而把握自己的葡萄园
3. 合情合理的卖给了拔萨·托合利里，价银
4. 是这样洽谈的：我们以一锭五两银子
5. 商定了。这一锭五两银子在立文
6. 书之日我拔萨·托合利里已完全付清了。我
7. 奥斯迷失·托合利里也全都受到了。该葡萄园
8. 的四界是：东边以拔萨·托合利里的葡萄园为界；
9. 南边以大路为界；北边以布拉提·

① 《吐鲁番学研究》2000 年第一期，韩森著，欧阳晖节译，第 33 页。

10. 普化的渠为界；西边以库塔鲁克的
11. 小庙（边）的葡萄园为界。这四届之内的葡萄园
12. 到千年万日为止将归拔萨·托合利里所有。
13. 如果合意，他就自己留用；如不合意，任其向他人
14. 转卖。我奥斯迷失·托合利里的松弟（和）亲
15. 友无论是谁都不得制造纠纷。如果
16. 谁想挑起纠纷，就得拿跟这个葡萄园相等的两个
17. 葡萄园去向拔萨·托合利里赎买。证人：布尔汗·
18. 库利，证人：雅甫·托合利里，证人：雅本苏。这个印章是我奥斯迷失
19. 的。我阿三·都统遵嘱而书。①

从这份契约中我们可以了解到，在高昌回鹘时期契约的内容已经是相当的完备了，出现了四至的规定，而且充分地体现了订立契约人之间的意思表示一致，甚至为以后可能出现的纠纷也做了条件限制，即如果出现纠纷，就由当事人拿两个相等的葡萄园去向所有人赎买。为了保证契约的有效，出现了两个以上的证人。从最后一条分析出，当时的契约不是由双方当事人书写，而是由一个第三人，即由缮写员来进行书写，以印章代替了手印，契约已经达到了很高的水平。

同时，在回鹘文契约中也有租借葡萄园的字据。即：回鹘人白·泰米尔租借特米奇在普星山的葡萄园一片，租价是十个塘，春租秋还。在这样的契约中，葡萄园的赋税仍由原主负担。

在高昌回鹘王国的物产中，由于其特定的气候条件所决定，棉花的种植较广泛，而且棉布柔软耐用，一向著名。回鹘人在市场上把它当作商品交换。② 汉人将其棉布称之为白叠或花蕊布。高昌回鹘王国对生长在地里的棉花、尚未纺织的棉花、比较粗糙的棉花、比较柔软的棉花都分别有专名称呼，可见当时棉花产量之多、处理过程之精细。棉花既然可以作为商品在市场上进行交换，说明了棉花是回鹘王国中的重要产品。

在拉得洛夫所著的《回鹘文献纪念集》一书中收录了关于棉布借用的两件契约，其中一件契约称：云拉柯里柯等需要棉布使用，为了借得棉布，愿将葡萄园丁送往伊

① 李经纬:《吐鲁番回鹘文社会经济文书研究》新疆人民出版社 1996 年版，第 78 页。
② 《梁书·高昌传》、《南史·高昌传》。

利和加处作为人口抵押，替和加劳动，负担和加的赋税，并将土地的收获奉送给和加。① 在这一回鹘文契约文书中，又让我们看到了当时的文书不仅条款齐全，同时出现了担保——为了保证借到棉布，愿将自己的葡萄园丁送去做人口抵押。关于契约中担保制度的规定，在《唐律》中已经得到了诸多的体现，不能不说是对回鹘文契约的一大影响。

① 《维吾尔族简史》，新疆人民出版社 1989 年版，第 56 页。

KALAHANWANGCHAO SHIQI
WEIWUER DIQU DE FALÜ ZHIDU

第四章

喀喇汗王朝时期维吾尔地区的法律制度

喀喇汗王朝是9世纪末到13世纪初在塔里木盆地西部和帕米尔以北地区突厥语系各族建立的政权。王朝的统治区有众多的民族，其统治阶层可能由回鹘、葛逻禄、样磨、处月、处密、奥格拉克、恰如克、乌古斯和一些已经突厥化了的粟特人构成。① 其所用语言以操突厥语族语言游牧诸部和讲伊朗语族语言的当地农业土著民为主，另外，有少量的汉人和吐蕃人，总的说来回鹘语与回鹘文占重要的地位。关于王朝的名称问题中外学者有不同的称谓，根据《突厥语词典》记载，该王朝自称“哈卡尼耶”，意思为“可汗王朝”；《宋史》称之为“黑汗”。后来有的学者根据该王朝的汗王常带有Qarahan（喀喇汗）称号，称之为喀喇汗王朝。喀喇汗王朝是我国历史上第一个信奉伊斯兰教的地方政权。喀喇汗王朝是什么时候建立的？王朝的缔造者是谁？对这些问题中外学者的看法尚不一致。但见诸史册的喀喇汗王朝的最早首领是9世纪中期的毗伽阙·卡迪尔汗。当时，喀喇汗王朝已经在巴拉沙衮建立了政权，不过统治的范围很小，政权的形式可能还不完善。毗伽阙·卡迪尔汗死后，他的两个儿子巴兹尔、奥古尔恰克分别继位，长子巴兹尔住在巴拉沙衮，称狮子汗；次子奥古尔恰克住在怛逻斯，称公驼汗，其统治中心仍然在西部天山北麓和七河地区。公元893年（唐昭宗景福二年），奥古尔恰克同萨曼王朝发生战争，萨曼王朝的军队攻破了喀喇汗王朝的重镇怛逻斯（哈萨克斯坦共和国江布尔），奥古尔恰克的王后和1.5万人被俘，奥古尔恰克不得已迁都喀什噶尔。

学术界还有一种看法，认为喀啦汗王朝的实际缔造者是萨克图·布格拉汗，他的原名是萨鲁尔·特勤，他是巴兹尔的长子，由于受到萨曼王朝的王子纳赛尔·萨曼尼的影响皈依了伊斯兰教，之后便秘密发展自己的力量，扩展自己的势力范围。于10世纪30年代打败并杀死其叔父奥古尔恰克，夺得了政权。萨克图·布格拉汗登上汗位后不久向萨曼王朝发起进攻，夺回了怛逻斯城，10世纪40年代又攻占了巴拉沙衮（今吉尔吉斯斯坦共和国托克马克），基本上确立了对塔里木盆地西部、费尔干纳地区和七河流域的统治。占领巴拉沙衮后，萨克图·布格拉汗便称大汗，定都喀什噶尔，汗国以伊斯兰教为统一的信仰。萨卡图·布格拉汗死于955年至956年之间，葬于阿图什。其长子巴依塔什继位，教名为木萨·本·阿卜都·克利木，称阿尔斯兰汗。据伊斯兰史学家伊本·阿提尔称，在阿尔斯兰汗统治时期，有20万帐突厥人皈依了伊斯兰教，960年，阿尔斯兰汗宣布伊斯兰教为国教。

① 《突厥语大辞典》，维吾尔文版，第1卷，第468页。

第一节

喀喇汗王朝的行政体制

一、中央的行政管理体制

由于喀喇汗王朝的统治区是一个多民族的地区，王朝的统治阶层也是由多民族构成。因此，喀喇汗王朝的政治和经济制度，从多方面继承了原回鹘、样磨、葛逻禄、乌古思等突厥语系民族的传统。同时，也深受伊斯兰国家特别是萨曼王朝社会制度的影响。最初，喀喇汗王朝实行“双王制”，由汗族长幼两支分别统治，即长支为大可汗，幼支为副可汗。大可汗称“阿尔斯兰汗”（意为狮子王），先于巴拉沙衮；副可汗称“卡迪尔汗”（意为顽强、刚毅、坚决、果断）①，先驻于怛逻斯，后迁至喀什噶尔。他们分治两地，各自为政，自成系统。有学者认为这就是“大汗”（阿尔斯兰汗）和“副汗”（布格拉汗）的双王制。② 但因为阿尔斯兰汗和布格拉汗之间相互争夺远胜于相互依存，因此，被称为“副汗”的布格拉汗，其势力有时远远超过被称为“大汗”的阿尔斯兰汗。后来，王朝的统治集团还使用过“喀喇可汗”“桃花石汗”“古老而伟大的国家之汗”③等号。

喀喇汗王朝实行行政管辖的是一个辽阔的地区。碎叶城（今俄罗斯托克马克城）、巴拉沙衮、怛剌斯（今俄罗斯阿吾勒阿塔城）、赭时（今俄罗斯塔什干城）、拔贺那（今苏联费尔干城）、撒玛尔罕、布哈拉等都在喀喇汗王朝的统治之下。塔里木盆地的南缘地区包括阿克苏、喀什噶尔、叶尔羌等城也在喀喇汗王朝的统治之下。征服于阗地区后，王朝又把自己的势力伸向了敦煌一带。为统治这样一个辽阔的地区，喀喇汗王朝建立了比较系统的国家管理体系，可汗以下设有各种等级的可汗爵位。根据《突厥语大辞典》记载，喀喇汗王朝除可汗和副可汗外，王朝的统治系统由中央和地方两级机构组成。

---

①③ 《突厥语大辞典》维吾尔文版，第 1 卷，第 472、592 页。

② 耿世民的《维吾尔族古代文化和文献概论》（新疆人民出版社 1983 年版）、刘志霄的《维吾尔族历史》（民族出版社 1985 年版）均主“双王制”之说。

占首位的是阿尔斯兰汗和布格拉汗。布格拉汗虽然是副可汗的头衔，但是自从苏克图执政以后，他便以布格拉汗的头衔行使王朝最高统治者的权利。可汗以下的等级有特勤、俟斤、将军、伊难珠、匐等。另外，还有“阿力甫特勤”（英雄王子）、“统阿特勤”（像豹王子）、“贝里特勤”（像狼王子）、“雅干特勤”（像象王子）、“恰格尔特勤”（像鹰王子）、“卡迪尔汗”（万能之可汗）、“毗伽可汗”（贤明可汗）等等爵位。在其中央行政机构中的官职可以分为五个档次：首先是可汗、副可汗；第二档爵位是授予王室成员的带有政治和经济特权标志的“伊列可汗”制，这种制度最终是以土地所有权的形式表现出来的（在后面将加以详述）；第三档次的官职构成了喀喇汗王朝统治阶层的核心，即由参议、执法官、将军、财务大臣、宰相、治安官组成，这些官职职能由王族成员充当①。对这些官员的身份的要求是相当严格的，例如对于宰相（优古鲁什）来讲，必须出自名门，笃信伊斯兰教，必须具备智慧、知识和魄力。作为财务大臣（阿格奇）的主要职责是管理国库，他必须会精打细算，精于数学，善于经商，以确保国家财政供给。作为将军（苏巴希霍桑棍），其职责主要是统帅军队、镇压叛乱，他必须善于谋略、有作战指挥的能力。另外，还有两个档次的官职，即第四档次的枢密官、叶护、巡视官和第五档次的司令官、侍从官、秘书官，这两个档次的官职是给非王族出身的人设置的。②

当然，对于后两个等级的官职也有一定的条件要求，特别是对秘书这一官职的要求更为严格。因为王朝的统治者无论是在行政管理还是军事、宗教的管理方面都严格地执行着一种被称作“印玺”（土格热格）的制度。对不同等级的官职来讲，印玺的称谓也不同。只有可汗的印玺才可以称为“土格热格”，可汗的诏令称“塔尔土格”或“雅尔勒格”；可汗以下各级官吏的命令则称为“勃依如格”，印章称“塔木格”；权力很大的宗教法官使用一种叫“穆胡尔”的印章。官吏的印章上刻有他们的名字、封号、爵位，印章不得自己保管，必须由他们非常信赖的秘书官来保管和使用。③ 因此，秘书官（艾力姆噶或毕提克齐）在王朝中享有较高的地位，他必须是这个统治集团信赖的人，因为他是“国君的代言人”，甚至可以说他是整个王朝的代言人，他可以代可汗、宰相和大臣起草诏书、敕令和有关其他的文书。

---

①② 《古代突厥语文献选读》第三分册（上），油印本，中央民族学院少数民族语言文学负责油印，1978—1982年。

③ 维吾尔族简史编写组：《维吾尔族简史》，新疆人民出版社1989年版，第86页。

二、地方行政管理体制

前面谈到，喀喇汗王朝的统治区域是十分辽阔的，是一个可供游牧部族和农业居民生活的富饶地区。为了适应草原和农业地区的不同情况，喀喇汗王朝的地方行政系统具有双轨体制的特点，这种地方的行政机构是很有特点的，即在游牧部族中实行部落制度，在农业地区实行伯克制度的行政管理方式。

在游牧部族中实行一种传统的、符合游牧部族的生产和生活特点的行政管理方式。在喀喇汗王朝疆域内的各游牧部族都可以保持着原有的、有数百年之久的部落制度，也就是说，在各游牧部落中，以氏族部落为社会的基层单位，即政治、经济、军事、文化为一体。一方面，部落是王朝的组成部分，喀喇汗王朝继续承认各部落酋长在本部落中的统治地位，部落酋长多是王朝的军事首领；另一方面，在部落所能控制的地区，又是部落酋长的世袭领地，部落酋长对于本部落中的纠纷的解决及违反部落规定，被视为犯罪的行为的处理等，完全由部落酋长自行裁决，王朝并不加以干涉，部落在政治、经济、军事方面又具有一定的独立性，实际上就是由部落自治。但是其前提条件是该部落的酋长必须服从喀喇汗王朝的统辖，并且要向王朝交纳一定数目的赋税，为王朝服必要的兵役。然而，正是因为部落的这种独立性，成为了王朝内乱与分裂的重要原因之一。

在喀喇汗王朝所统辖的塔里木盆地的南缘地区与中亚河中的农业地区，由于部落制度趋向衰落，村社处在形成之中，王朝在这一地区的行政管理完全有别于游牧部族。在这一地区，喀喇汗王朝实行的是一种直接管理的方式。喀喇汗王朝向这一农业地区直接派遣被称作“伯克”的官吏进行统治，伯克就是漠北回鹘汗国时期经常提到的“匐”。王朝所封的伯克多为汗室成员和征战有功的将领。在占领某一农业地区之后，占领该地的军事长官往往被封为统治该地的伯克，作为地方官吏的伯克在当地享有很大的行政权力，特别是在治安、司法、税收等方面，可汗有权对各级伯克进行任选和罢免。久而久之，这些伯克就逐渐地成为封建领主。喀喇汗王朝以后，新疆地区长期存在的伯克制度，就是由此而来。①

这种双轨制的行政系统一直并行于喀喇汗王朝的全部历史时期。喀喇汗王朝的统治系统是在长期的征战过程中形成的，这种完整的统治系统所带来的唯一的一个结果

---

① 林幹、高自厚：《回纥史》，内蒙古人民出版社 1995 年版，第 124 页。

就是中央集权的形成，在王朝的历史上，王朝与中原地区的来往是由官方专一进行的，这是与高昌回鹘王国所不同的。虽然喀喇汗王朝是一个由北方少数民族建立的信奉伊斯兰教的国家，但是这并不能改变它与中原地区的附属关系。据《宋史》卷四九〇《于阗传》记载："大中祥符二年（1009），其国黑汗王（即喀喇汗）遣回鹘罗斯温等以方物来贡。斯温跪奏曰：'臣万里来朝，获见天日，愿圣人万岁，与远人做主。'上（宋真宗）询以在路几时，去此几里？对曰：涉道一年，昼行暮息，不知里数。昔日道路尝有剽掠，今自瓜（州）、沙（州）抵于阗，道路清谧，行旅如流。愿遣使安抚远俗。'上曰：'路远命使，益以老费尔国。今降诏书，汝即赍往，亦与命使无异也。"公元1087年，"正月十二日：诏于阗国黑汗王贡方物，回赐外，余不以有无进奉，悉加赐钱三十万"。① 此外，《宋会要辑稿》还记载，自公元1068至1125年间，于阗国（指喀喇汗王朝）多次进贡乳香、杂物动辄数十万斤，宋廷回赐钱币每次多达数万贯，宋廷有时还准许贡物在秦州（今甘肃天水市）就地贸易，贡使从内地购回的茶叶还可享受免税的优待。喀喇汗王朝的统治者除了同中原地区保持政治、经济上的来往外，还称自己为"桃花石汗"，而"桃花石"一词是北方的游牧民族用以泛指中原的统称，其引申的意思为中国，以示不忘其本。《突厥语大辞典》的作者将中国分为上、中、下三部分，作者称自己生活的喀喇汗王朝的疆域为下中国。足见，视自己为中国一部分的观念，在这部分维吾尔族人中间是相当普遍的。②

第二节

喀喇汗王朝的土地制度

喀喇汗王朝的经济以农牧业为主，其间虽然有过重农轻牧和重牧轻农的两种思想的争论，但是，《福乐智慧》一书的结论告诉我们，农业经济在汗朝统治的中心地区占有着重要的地位。③ 喀喇汗王朝的建立者——回鹘及境内的葛逻禄、样磨等等，本来都是游牧民族，以畜牧业为其主要的经济。后来由于王朝势力的扩张，先后占领了

① 《宋会要辑稿》第一九七册《番夷》四《于阗传》。

② 刘志霄：《维吾尔族历史》，民族出版社1985年版，第166页。

③ 《福乐智慧》第57章。

喀什噶尔、于阗、河中等农业较为发达的地区，也使王朝的经济发生了重大的变化。农业成为主要的经济部门之一。史载："河中壤地宜百谷，唯无荞麦、大豆。四月中麦熟，土俗收之，乱堆于地，遇用即碾，六月始毕。"①"八谷中无黍、糯、大豆，余皆有之。盛夏无雨，引河以灌。率二亩收钟许"。②

在喀喇汗王朝的社会中，封建的生产关系占据主导地位，因而王朝属于封建社会。但是仍然存在着浓厚的奴隶制残余，并且同原有的部落所有制结合，形成了封建领主制或称封建采邑制。③ 喀喇汗王朝的财产所有制有两种，一种是"伊克塔"（阿拉伯语意为"分割""受赐"）制度，这是伊斯兰教的一种土地分封制或军事采邑制。这种制度在萨曼王朝就已经实行，喀喇汗王朝沿革了这一制度。根据这一制度，可汗是国家全部财产的所有者，他把他的领地分封给家族的兄弟，受分封者则是本地区领土的所有者。可汗对他们推行包税政策，以保障国家有足够的税收来充实国库，实行这种制度的地区主要是王朝的农业地区。后来，随着土地的集中和封建世袭的加强，伊克塔土地逐渐变为私有，成为世袭领地。④ 另一种是在牧业地区实行的传统的氏族、部落财产所有制。按照这种制度，除了牧场以外，其他的生产资料（牲畜）和生活资料均为牧民个人所有。但是，在喀喇汗王朝时期，草场的氏族和部落所有制已经开始向封建所有制过渡。

喀喇汗王朝时期的农村土地所有制形式是构成农村生产关系的基础。王朝农业地区的土地占有形式大约有以下几种：

1. 王朝所有土地（迪万土地）。它主要包括喀喇汗王朝在征服战争中所征服并没收的其他地区的统治者及其贵族和官吏的土地，还有本国中不属于私人的土地。

2. 宗教土地（瓦合甫土地）。即伊斯兰寺院和宗教学校的土地。这种土地的来源主要是王朝的赏赐和官吏、封建主以及信徒们的捐献。因为喀喇汗王朝是一个信仰伊斯兰教的政权，按照伊斯兰教法的规定，凡是有条件的穆斯林都必须将自己财产的一部分捐献给真主安拉，作为宗教慈善事业的基金。随着喀喇汗王朝征服领地的不断扩大，将喀什噶尔、于阗等地的大片肥沃的粮田赐给了寺院和宗教学校，使寺院和宗教学校的土地得到了迅速的发展。瓦合甫财产不仅包括土地，而且包括店铺、作坊、水

---

① 元人李志常：《长春真人西游记》卷下。

② 元人耶律楚材：《西游录》。

③ 林幹、高自厚：《回纥史》，内蒙古人民出版1995年版，第134页。

④ 《中国伊斯兰百科全书》，四川辞书出版社1994年版，第655页。

磨和城市地皮、房产等等。这种瓦合甫的财产制度，在一般情况下享有国家免税的特权，瓦合甫土地也就成了寺院经济的基础。喀喇汗王朝管理瓦合甫的人称作“穆特瓦里”，并且有以萨德尔为首的专门机构对瓦合甫财产管理事务进行监督，萨德尔办事机构从瓦合甫财产征收特别税，作为监督机构的经费和办事人员的薪水。只有国王的特别诏令，才能免除萨德尔办事机构对瓦合甫的监督和特别税。①

3. 封建主的土地（封建主米尔克）。这种土地属于地主个人所有，他们占有大量的土地，却并不自己耕种，而是以收取地租的方式把土地租给无地或者少地的农民耕种。

4. 农民的土地（农民米尔克）。这种土地的占有形式实际上是指自耕农所占有的土地，在喀喇汗王朝的土地总额中它所占有的比例并不大。喀喇汗王朝实行伊斯兰教的赋税制度哈拉吉。因此，农民需要向王朝交纳赋税，他们是主要的纳税人。主要交纳实物，有时也交纳货币，税额有时高达收获量的30%。农民所拥有土地的状况并不稳定，他们随时都有可能被封建主兼并其土地从而成为无地的农民。

5. 农村公社的土地。这些土地是早期公社制遗留下来的残余，为数并不多，由村落头人掌握并行使收益分配权。

从喀喇汗王朝的封建土地所有制的形式中，我们不难看出封建地主和封建宗教主是土地的主要占有者，大部分的是占有少量土地的农民或无地的农民，无论是宗教封建主的土地、世俗封建主的土地还是王朝的土地，都以分成制的办法租给无地或者少地的农民耕种，分成制佃农是农业生产主要的劳动者，当地的语言把他们称为“巴兹伽尔”②，他们是受剥削受压迫最重的阶层。据尼札姆·穆勒克在《治国策》一书中提到，一个贵妇人把土地租给别人耕种，她将其收获的粮食分成三份：一份交给国家，一份给土地上的劳动者，一份留给自己。由此可见，分成制的佃农只能得到收获量的三分之一，其余的都要作为土地税交给国家或作为地租交给封建主。③由此不难看出，当时王朝的剥削是相当惊人的，喀喇汗王朝的佃农们长期处于沉重的封建剥削之下。

除了土地税外，还有果园税、水利税等，牧民还要交纳牲畜税（萨达克）。在当时由于农业生产发展的需要，农田水利灌溉表现出相当的重要，玉龙喀什河、喀拉喀什河、叶尔羌河、喀什噶尔河和阿克苏河上都有一些比较大的水利工程。水利灌溉工

① 李进新：《新疆伊斯兰汗朝史略》，宗教文化出版社1999年版，第66—67页。
②③ 《维吾尔族简史》，新疆人民出版社1989年版，第87页。

程的施工由官方统一组织，王朝设有对水利工程的专门的徭役。如果应该去修筑水坝或开凿灌渠而没有去，则要向村长交纳赋税。这一制度的规定无疑对水利建设是有益的。①

第三节

《福乐智慧》的法制思想

玉素甫·哈斯·哈吉甫是喀喇汗王朝最杰出的文学家之一。他大约于回历 407 年（1012—1013）出生在巴拉沙衮的一个名门世家，年轻时受过很好的教育，是一位品德高尚、笃信伊斯兰教和学识广博、思想深邃的学者。回历 462 年（1069—1070）玉素甫在喀什噶尔用突厥语写成一部训导诗，书名叫“QutadghuBilig”，意为带来幸福的学问，人们把他全名译为《福乐智慧》。玉素甫把它献给了喀喇汗王朝执政最长的可汗②，即桃花石·布格拉·喀喇可汗·阿布·阿里·阿勒·哈桑。其目的是为了协助布格拉汗治理国家。布格拉汗很赞赏此书，封他为哈斯·哈吉甫（意为可靠的宫廷侍臣），因此，他的名字被称为玉素甫·哈斯·哈吉甫。他以其不朽的名著《福乐智慧》留给后人无价的文化遗产和珍贵的精神宝库。为了撰写《福乐智慧》，他曾远离家乡，到各地周游、访问、拜师。百余年来，中外学者从不同的角度，用不同的方法学习和研究《福乐智慧》。《福乐智慧》是一部押韵的长诗，有 13900 行，由 85 章和 3 个附篇、3 个序言构成。主要内容是作者以法制（代表可汗）、幸福（代表宰相）、智慧（宰相之子）、知足（宰相的兄弟）四者拟人法的形式，阐明了为人处世所应遵守的道德，通过四个具有象征意义的人物形象即日出（国王）、月圆（大臣）、贤明大臣、隐士觉醒之间的对话，表达了作者对社会、法度、哲学、伦理道德、治国之道以及宗教、文化、经济等问题的看法，在当时是一部思想进步的作品。

① 《维吾尔族简史》，新疆人民出版社 1989 年版，第 88 页。

② 魏良弢：《喀喇汗王朝史稿》，新疆人民出版社 1986 年版，第 106—108、241 页。

一、《福乐智慧》的法制思想

玉素甫·哈斯·哈吉甫是一位忧国忧民的诗人、思想家和政治家。① 他知识渊博、视野开阔，对于如何治理国家，他有着自己的一整套设想。在《福乐智慧》中，他主要通过几个方面抒发着自己的政治抱负：君王应该具有怎样的品德；大臣及朝廷各级官吏应由什么样的人担任；君王应如何治理国家、如何对待百姓等等。纵观《福乐智慧》全诗，治国安邦是其中心议题。他渴望国泰民安，体恤民众的疾苦，为国家的前途和命运而担忧。他认为，“正直已消失，邪恶在蔓延”（6475 行）、“信义发生了危机，不义充满了人间”（6568 行）、“贫穷孤苦者无人怜悯，世风日下无人感到吃惊”（6487 行）。因此，他在《福乐智慧》中写道：

有两件事物是社稷支柱，
是国家赖以生存的根本。
一是让人民享有法制，
一是向将士赏赐金银。
有了法制，人民欢喜，
得了金银，将士高兴。
(2132——2133 行)

如果国君不为民立法，
不保护人民免遭不幸，
人民将遭殃，国家将受损，
社稷的基石将毁坏殆尽。
(2136—2137 行)

在这里，诗人玉素甫深刻地认识到了立法对一个国家的重要性，是一个国家对内职能的主要表现。而且认为立法是支撑社稷的支柱之一、是国家赖以生存的根本，充分地说明了法制在治理国家中的重要性。如果国家没有法制，百姓的利益就得不到保护，人民就不可能安居乐业，而人民的不幸也将是国家的不幸，那么，这个国家也就离亡国不远了。他认为，法制是“国家的基石，是治国的钥匙和缰绳”（2015 行）。日出国王是法制、正义的象征。同时，他用这样的诗句来表达自己的法治观点：

① 郎樱：《福乐智慧与东西方文化》，新疆人民出版社 1992 年版，第 50 页。

你瞧我右边放着糖果，
若有人受欺凌来寻求正义，
他将会口含蜜糖满意而归，
让他舒展愁眉，欢天喜地。
你瞧我左边放着毒药，
谁若是肆行暴虐，藐视正义，
我将对于他，绳之以法，
要他愁眉苦脸，像喝了毒汁。
(812—815 行)

在诗中，他通过贤明大臣之口，更进一步地表达了自己的治国主张：

要抑制恶人，是其弃恶从善，
要尊敬善者，是其善性常在。
歹徒必须用监牢、铁索对付，
严君啊，如此才能改变他的恶习。
(5548 行)

刑罚装点了君王之门，
君王靠刑罚治理人民。
对于坏人要施行刑罚，
民间的污秽靠刑罚清晰。
(2130 行)

由此不难看出，诗人要求对良民百姓要仁慈为怀，对歹徒要严加惩处，法律制定了就要遵守，执法要严。正如日出国王所说的：

无论是我的儿子还是亲友，
无论是异乡人还是过客，
在法度上对他们一视同仁，
对他们的裁决毫无二致。
须知正义乃社稷之石，
君王正直，社稷才能永存。
(817—819 行)

我的法度和太阳一样，普及与万民而不分彼此。(828 行)

我的行止和太阳一样，我遍及黎庶，使他们各得其所。(832 行)

这是诗人理想中的国王，是一个依法治国、执法公平的国王，是诗人期盼的国君。从上述的字里行间中，玉素甫充分地表达了治理国家不仅要有健全的法制，而且要实行法治。法制健全，君王执法公平，只有这样的君主才是开明、智慧、百姓拥戴的君主。正如诗人所表达的：

建立了法度，普天之下大治，
随着法度的建立，汗的声威大振。
谁若想见识慷慨大度者的形象，
就请来看看我们可汗的圣容。
谁若想消灾免难，祈求幸福欢乐，
请一睹汗的尊严，他既是幸福的化身。(103—105 行)①

这是对君主依法治国的赞颂，作为一个生活在 11 世纪的维吾尔诗人来讲，对于法制和法治的认识能有如此的深度，实在是难能可贵的。

二、中原的儒家法律思想与《福乐智慧》中的法制思想

中原自汉朝董仲舒推行“罢黜百家，独尊儒术”以来，儒家的法律思想在中国封建社会几千年的历史上一直占据着主导的地位。西域从汉代起正式归入我国的版图，到了唐朝时期中原与西域的关系更加密切。唐朝曾在西域设置了 45 个府、115 个州，并建立起安西四镇。在漫长的历史长河中，中原汉人与西域各民族的交往越来越密切，汉族人移民西域的越来越多，汉文化也随着这些汉人大量地涌入西域。中原的儒家思想传到西域，对西域思想史的发展产生着潜移默化的影响。西域居民中精通汉文者不在少数，在罗布泊“海头”遗址发现的“西域长史”李柏写给焉耆王的信稿，信是用汉文写的，这说明当时的焉耆王是通汉文的。在罗布泊还发现了生活在当地的羌女用汉文写的信函，文笔流畅，用词达意准确。② 与玉素甫同时期的维吾尔学者玛合穆德·喀什噶里编写的《突厥语大辞典》有这样的记载：“维吾尔人的语言是纯粹

① 玉素甫·哈斯·哈吉甫著，郝关中、张宏超、刘宾译：《福乐智慧》，民族出版社 1986 年版，第 15—18 页。

② 新疆社会科学院考古研究所编：《新疆考古三十年》，新疆人民出版社 1983 年版，第 204 页。

的突厥语，他们使用突厥文字……（城市里的）维吾尔人还使用一种与秦人文字相同的文字。正式的信函与文件均用这种文字书写。这种文字只有不信仰伊斯兰教的回鹘人和秦人认识”。① 古代维吾尔人习惯于把汉人称作秦人，这里所说的秦人认识的文字无疑就是汉文了。与高昌回鹘汗国相比，喀喇汗王朝虽然距离中原地区要远一些，但是，王朝的两个都城——巴拉沙衮与喀什噶尔都在中国的版图之内。当时喀喇汗王朝的汗王也把自己看作是中国的汗王，称自己为“桃花石汗”（Tawolaq）（它渊源于“拓跋”一词，北方游牧部族用以泛指中原地区，其引申的意思为中国）。喀什噶尔地区的居民一向认为他们居住在中国的领土之内，是中华民族大家庭中的一员。喀什噶尔人玛合穆德在撰写《突厥语大辞典》中的“桃花石”（tarolaq）条目时这样写道：“桃花石”是“马秦”之称，秦原来分作三部分：（一）上秦，地处东方，被称作“桃花石”；（二）中秦，被称作 hitay（契丹）；（三）下秦被称为 barhan（巴尔罕），这就是喀什噶尔。他在“坎德”条目中再次强调，喀什噶尔是下秦。他说：“坎德”为城市、城镇之意。喀什噶尔为“斡尔朵坎德”，意思是“君王居住的城市”，这个城市气候宜人，突厥可汗阿夫拉西亚甫曾在此居住过，这里就是下秦。②

这说明古代西域的维吾尔人一直把自己视为中华民族的一员，中原的汉文化对喀喇汗王朝的影响是深远的。在王朝的统治者心目中，也一直把喀喇汗王朝看作是中国的一个王朝。并且在政治、经济、文化交流方面同中原王朝保持着密切的关系。诗人出生于巴拉沙衮的名门望族，而巴拉沙衮当时就在碎叶城附近，碎叶城当时在唐朝版图之内，是唐代安西四镇中的一个要镇，一直由唐朝的官吏在镇守。因此，诗人接受中原汉文化的影响也就毋庸置疑了。

了解这一文化背景，对于《福乐智慧》中所表现出的受儒家思想的影响之处就不难理解了。

儒家思想提倡贤人治国，注重当权者个人的表率作用，认为无论是“礼治”还是“德治”，都要靠“贤者”来实行。要求当权者必须严于律己，以身作则。即“政者，正也。子帅以正，孰敢不正”。③ 儒家主张实行“仁政”，反对暴政，认为国家的治理不在于法律制度的好坏和有无，取决于当权者个人是否贤明。贤者当政，政治自然会

① 玛合穆德·喀什噶里：《突厥语大辞典》，现代维吾尔文译本，郎樱译，第一卷《关于突厥语部分》，新疆人民出版社 1981 年版，第 40 页。

② 郎樱：《福乐智慧与东西方文化》，新疆人民出版社 1992 年版，第 12 页。

③ 《论语·颜渊》。

清明，奸邪当道的话，政治就必然会昏暗。为政者应但恤民、重民，“君子不仁者有矣夫”。① 认为不仁的君子不可以为政。

儒家思想的这些治国主张在《福乐智慧》中也得到了体现。诗人认为，庶民不良，有国君整治，如果国君不良则会败坏天下。因此，要想实现长治久安，关键在于有一位圣明的君主。而这个君主应当实行的是“仁政”，而不是“暴政”，“暴政似火，能焚毁一切”“暴政使国祚衰微，天下不宁”，而“暴君的政权不能久存”（2024行），“对广大的庶黎要心怀仁慈，要心地善良，多积善功。莫危害庶黎，要造福于民，要品德优良，要剪除坏人”。（2160—2161 行）因此，“君王必须清醒而警觉，如若昏昧，祸患会滋生。”（2014 行）这与儒家所讲的贤者当政，政治自然会清明，而如果奸邪当道的话，政治就必然会昏暗的意思是一样的，诗人玉素甫同样也主张“为政在人”。

在《福乐智慧》中，诗人特别强调法制在治理国家中的重要的作用，君王应当执法公平，特别提出了君王应当制定良法。他这样写道：

暴政似火，能焚毁一切，良法似水，使万物滋生。

明主啊，你若要国祚长久，须推行良法，保护黎民。

良法使国运昌盛，人民兴旺，暴政使国祚衰微，天下不定。

国君若心地公平，推行良法，社稷永固，传之永恒。（2032—2036 行）

在这里诗人所谓的良法是保护人民的法，也就是说法律应当体现对人民的保护，对歹徒的惩处，这一点是十分重要的，它关系到国家的兴衰，社稷的永恒。有了这样的法律还要看国君能否公平执法。他写道：“我审理百事，以正义为本，无论你是伯克，还是奴隶。”（809 行）这反映了诗人所具有的法律面前人人平等的思想。

第四节

喀喇汗王朝的法律文书研究

喀喇汗王朝是以信仰伊斯兰教为主的，从“所有莎车文书传递给我们这样一个信

① 《论语·宪问》。

息，即喀喇汗王朝使用的官方语言至少有两种：突厥语和阿拉伯语；使用的官方文字也至少有两种：回鹘文和阿拉伯文。”① 从莎车出土的阿拉伯文判决文书（1080—1135）中我们可以进一步了解到喀喇汗王朝的法制状况。

阿拉伯文书 I

（法官的标记）

我赞颂独一无二的安拉（即 bismi – alla aal – rahman – ial – rahim）。

（正文）

1. 以宽厚仁慈的安拉的名义。

2. 这是一件阿布德·阿勒—萨玛德（Abdal – Samad）之子、依斯玛依·阿勒—布哈日（Isma’ il al – Buhari）之孙、作为长老（saih）哈孜（即伊斯兰教法官）和依玛木的阿布·巴克尔·穆哈迈德（Abu Bakr Muhammad）——愿真主保佑并庇护他——（裁定）的文书，（他）传唤证人们到莎车（即叶尔羌）

3. 地区法律和正义的法庭，他是当时该居民区和管辖区的哈孜和执行官（hakim），（该头衔）由最高贵的可汗、陛下、国王、神佑天助的、战无不胜的、值得信徒们荣耀的强大王朝的

4. 守护神、全体教民的典范、纯洁信徒们的庇护者、穆斯林的解救者、东方与秦的国王：桃花石·布格拉·喀拉可汗·

5. 阿布·阿里·阿勒·哈桑（TafyacBuyraQaraHaqanAbu’ Alial – Hasan），即苏莱曼·阿尔斯兰·喀拉可汗（SulaymanArslanQaraHaqan）之子、安拉使者的亲信、哈里发的朋友（所任命），同时（该头衔）还由最高贵的王子、殿下、王朝的栋梁、

6. 信徒们的向导恰格里·特勤·阿布·穆萨·哈伦（CayriTaginAbuMusaHarun），即东方桃花石·布格拉·喀拉可汗国王之子、哈里发的受保护者（所任命）——愿真主使他们俩长寿并赐与他们荣誉——

7. 于（回历）474 年 Du’ l – Higga 月 1 日（即公元 1082 年 5 月 1 日）（证人被传唤至法庭）为了向朴拉提·苏巴西（Pulad Subasi）之子、喀喇—阪德·伊难（Qara – BandInal）之孙、名叫哈吉·伊难（Haggi Inal）的人作证而来到本法庭。

8. 他（即原告）不留胡须，唇上的胡须已经长出，（身体）多毛，留平头，身材匀称，（皮肤）白皙，骨架较大，深蓝色眼睛上有一对间距较宽的眉毛。他把塔格恰合（Taycah）之子、名叫

① 牛汝极：《阿尔泰文明与人文西域》，新疆大学出版社 2003 年版，第 191 页。

9. 哈伦（Harun）的人带到法官面前。（法官）对他们俩的面孔、姓名及其父母关系了如指掌。前者（即原告哈吉·伊难）向被他带来的人（即被告哈伦）要求赔偿一块位于刹车地区他居住地 Rabul 村

10. 的土地，其对面是一座名叫伊斯哈克·阿勒—尕拉伯（Ishaqal - Gallab）的清真寺，（而且说明）这块地已播种了 30

11. 驮筐的小麦，其中部分土地是荒芜的，部分土地适合于耕种。这块土地的四界是：一边与优素甫·伊难（Yusuf Inal）的土地接壤，一边与名为索克曼·伯克（Sokman Bak）

12. 的灌溉渠相接，一边又与优素甫·伊难的土地接壤，最后一边与靠近古巴孜·伊难（Gubarz Inal）的土地

13. 和艾则克（Azak）水渠的一条大道相连。他在其指控中重申该契约文书上述提及的带有四界的整块土地有契约证明是属于他父亲名下的财产，

14. 他父亲已经去世并（把这块土地）移交给他本人和其他继承人，现在（这块土地）是他们合法的财产，（但是）此人（即被告哈伦）却通过不公正和暴力的方式占有此地，并

15. 从他手中把地夺走转给其他人，但他反对这么做。（原告）要求（被告应该做出回答）。他回答了问题。（但）他完全否认了这项指控，全部不能接受，并声称，

16. 此地是他的合法财产，他从一个人手里花了一大笔钱购得而且是付的现钱。（于是）原告被要求为其指控的可信性和他的故事的真实性提供证据，

17. 假如情况如他所说，他就能够做到。他指出了三个人，这三个人都说他们是他的证人并为他的指控的真实性作证。他（即原告）请求（法官）要他们做证，

18. 并倾听他们的证词。他们分别是：穆萨（Musa）之子、阿穆鲁克（Amluk）之孙阿布德·阿勒—噶里勒·恰格里·苏巴西（‘Abdal - GalilCayriSubasi），布热克（Buraq）之子、亚尔巴（Yarba）之孙阿布·巴克尔·阿勒—斯拉合（AbuBarkal - Silahi），和

19. 穆萨（musa）之子、巴克恰尔（Baqcar）之孙葛布里勒·维塔克巴西（GibrilWitaqbasi）。在指控和否认结束之后，法官传唤他们作为证人。他们每个人都

20. 一一做证，肯定了（原告的）指控，两位在场的当事人，是有效性和正确性的证明，都同意其证词并对其指控毫无任何

21. 异议。（法官）询问了他们的人品，他们被证明是无可指责的、公正的，而

且他们的诚实也被证明了。这样，判决对被告是不利的。（法官）告知并要求他（即被告）

22. 如果可能的话，他可以进行反驳或提供相反的证明。但是，很明显他不可能这么做，之后，原告请求法官就他的指控做出有利于

23. 他的判决。（法官）向至高无上的真主乞求帮助，请求真主保佑不出偏差，不误入歧途地做出判决：该文书指明的带有四界的这块土地属于在上述证据中占有利地位的人和

24. 他的父亲的继承人的（共同）财产。他（即法官）要求在已做出的判决中处于不利地位的人把土地交还出来，转交给在已做出的判决中处于有利地位的这个人。而且，为了被告的利益，他进一步做出判决，把钱从已交付给这块土地的卖主

25. 手中再索要回来。然后，这个在已做出的判决中处于有利地位的人（即原告）请求法官做一个他认为是合法的、可以拿来在他面前展示的纪录。法官答应了他的要求，与此同

26. 时，命令起草了这份文书，以便一旦受到侵害时可以提供保护。

（本文书的开头写明了起草的时间）

阿布德·阿勒—萨玛德（Abdal－Samad）之子、依斯玛依（Isma’il）之孙穆哈迈德（Muhammad）说：该文书以上所记录的判决是由我做出的，该证明由我亲手所写，这行签名是我的笔迹。①

这是一件完整的关于土地纠纷的契约文书，从这份莎车出土的阿拉伯判决文书中，可以看出喀喇汗王朝的诉讼制度是相当的完善的，这与《福乐智慧》中所描写的法制状况是相吻合的。从这里我们可以知道法庭开庭的一些情况。

关于原告、被告、时间、地点、诉讼的原因、证人、当庭质证、被告辩解及庭审笔录等等都做了完整的交代。开庭前存在着宣誓，即“赞颂独一无二的安拉”“以宽厚、仁慈的安拉的名义”，不仅反映出法庭的庄严性，而且更重要的是反映出喀喇汗王朝浓厚的伊斯兰教的氛围。因为喀喇汗王朝与高昌回鹘王朝在这一点上是完全不同的，高昌回鹘王朝是以信仰佛教为主而建立的维吾尔政权，而喀喇汗王朝则是以信仰伊斯兰教为主而建立的维吾尔政权。之后是关于本案的主审法官及参加的当事人，即本案由阿布德·阿勒—萨玛德之子、依斯玛依·阿勒—布哈日之孙阿布·巴克尔·穆哈迈德进行审理，他是当时纠纷产生地居民区和管辖区的哈孜（即伊斯兰教法官）和

① 牛汝极：《阿尔泰文明与人文西域》，新疆大学出版社2003年版，第184—188页。

执政官，本案的开庭时间为回历“474 年 Du’l－Higga 月”（即公元 1082 年 5 月 1 日），原告为哈吉·伊难，被告是哈伦。由于法官是该居民区和管辖区的行政长官，因此“（法官）对他们俩的面孔、姓名及其父母关系了如指掌”。而本案的案由是原告要求被告“赔偿一块位于莎车地区他居住地 Rabul 村的土地”，并且具体说明了这块地的方位是位于“一座名叫伊斯哈克·阿勒—尕拉伯的清真寺”的对面，诉讼文书对这块地的四界做了非常详细的描述。原告陈述的事实与理由是：他有证据证明这块地是属于他父亲名下的财产，他的父亲已经去世，原告和其他的继承人合法地继承了这块地的土地所有权，在这块土地上已经播种了 30 驮筐的小麦，而被告“却通过不公正和暴力的方式占有了此地”并“转给了其他的人”，即被告取得该地并不是通过合法的途径。现在，原告要求法官判决被告返还这块土地。从这一部分的描述中我们可以看到，在当时土地可以通过合法的方式予以继承，而要取得他人财产的所有权也应当通过合法的方式。

被告对原告的指控不予认可，声称：他是通过合法的方式取得这块土地的所有权的，即“他从一个人的手里花了一大笔钱购得而且是花了一大笔钱”，接下来我们可以看到当时王朝的诉讼中出现的证人制度是多么的完善。原告为了证明自己起诉的正当性和可信性，向法庭提供了三个证人。从这一点上，我们可以知道当时的司法制度中已经出现了较完备的证人制度，而且是三个证人出庭做证。由证人证明其起诉的“可信性”和“真实性”。证人就本案的事实作了他们的证词，肯定了原告的指控是有效的和正确的，而法庭对证人的资格也要进行审查，即审查证人是否具备诚实的品质。从文书中也反映出了质证、认证制度的存在，即两位在场的当事人“都同意其证词并对其指控毫无任何异议”。之后，我们不难想象本案的判决对被告是多么的不利，他必须把土地交还给原告。

从这份文书中，让我们同时也看到了喀喇汗王朝的另外一个司法制度，即对于无过错的当事人利益的保护，既然被告是“花了一大笔钱”非法购得土地，于是法官在判决书中明确地写道：“为了被告的利益，他进一步做出判决，把钱从已交付给这块土地的卖主手中再索要回来。”这样的一句判词所反映出的是对非法取得他人土地无效的认定，既然非法取得是无效的，那么再转手倒卖自然也就是无效的了。在这里给了被告一个追偿的权利，即从非法出卖者手中将自己买地的损失追回来。

牛汝极教授所提供的这份保存完整的、十分珍贵的阿拉伯文书，为我们了解喀喇汗王朝的法制状况提供了可靠的依据。我们简直无法想象在当时的历史情况下，整个诉讼的程序是那样的完整，诉讼要素是那样的齐全。而这件法律文书也告诉我们，法庭的审判是公正的，这个时期喀喇汗朝的法制是健全的①。

① 牛汝极：《阿尔泰文明与人文西域》，新疆大学出版社 2003 年版，第 91 页。

第五章

蒙、元时期畏兀尔地区的法律制度

12 世纪末，在我国北方的蒙古草原上崛起了一个新的游牧民族，这个后起的游牧部落统一了自身各部落之后，以无坚不摧的铁骑征服了包括今天的天山南北各地及中亚各地，建立了庞大的蒙古帝国。它有着空前辽阔的疆域，而且其统治的疆域首先是从我国少数民族聚居的地区开始的。高昌回鹘王国原是西辽的重要属国之一，高昌回鹘不堪忍受西辽统治者的政治压迫和经济剥削，希望摆脱其统治。1209 年，高昌回鹘亦都护巴而术阿尔忒的斤下令把西辽在高昌监国的“少监”处死，1211 年，亲赴克鲁伦河畔觐见成吉思汗，受到成吉思汗的热情款待，并封其为第五子，与诸皇子约为兄弟。从此 ，高昌回鹘王国就成为蒙古的属国了。高昌回鹘的臣服，使蒙古帝国的势力渗入到了天山南部具有战略意义的吐鲁番盆地。而当时的汉文史籍常把此族名写作“畏兀尔”。

第一节

蒙、元时期畏兀尔社会的政治制度

一、蒙（元）诸汗对畏兀尔亦都户的行政管理形式

蒙、元政府对归属以后的畏兀尔亦都护政权的管理方式经历了两个不同阶段的特点：第一阶段的特点是畏兀尔亦都护自主国事，蒙古大汗派遣官员或设立机构督查；第二阶段的特点是从亦都护身兼两制过渡到元朝政府直接管辖其域内事务，最后完成中央政府对畏兀尔亦都护政权内部军政事务的直接管辖。①

成吉思汗晚年将征服的领土分封给宗室诸王：长子术赤的封地为钦察汗国，次子察合台的封地为察合台汗国，三子窝阔台的封地为窝阔台汗国，四子拖雷居蒙古本土。而原高昌回鹘管辖的地区被作为一个特殊的政权实体保留了下来，成吉思汗允许高昌回鹘亦都护仍使用其称号，并保留原有的统治地区，居住的都城仍为哈喇和卓

① 田卫疆：《元朝政府对畏兀尔地区的统治政策及其演变》，黑龙江教育出版社 2003 年版，第 105 页。

（今吐鲁番境内），在畏兀尔亦都护自主管理其内部事务的同时，作为蒙古国的直辖地，蒙古指派“达鲁花赤”官员对其进行监督，这种双重管理体制从至元年间一直沿袭到畏兀尔亦都护政权王室东迁甘肃永昌为止。① 蒙古帝国这样做的原因并不难以理解，因为高昌回鹘在蒙古的统一事业中发挥过重要作用，因此它得以享有比成吉思汗征服过的其他地方较高的待遇，其统治阶层也更容易和蒙古帝国形成紧密的政治关系。这种紧密的政治关系无论是成吉思汗统治时期还是后来的元朝君主们都给予了足够的重视，并通过多次联姻的方式加以巩固。

1251 年（元宪宗元年）拖雷的长子蒙哥汗继位后，严厉清洗自己的政敌。由于当时的高昌王萨伦的斤曾经支持过窝阔台系，1252 年蒙哥汗处死了高昌王萨伦的斤，高昌国从此失去了昔日的地位，它不再拥有管辖其原有疆域的权力，虽然这是一种极为有限的权力，只剩下继续保持着亦都护这样一个空的头衔。之后，蒙哥汗实行了严厉的中央集权措施，分别在燕京（今北京）和别失八里（今新疆吉木萨尔）设置燕京行尚书省和别失八里行尚书省，作为中央政权的派出机构，将蒙古草原以外的地区分别划归这两个派出机构管辖。其中，别失八里行尚书省的管辖范围包括了天山南北、中亚和伊朗高原。同时，在中央设置波斯令史、汉地令史、维吾尔令史官职。有维吾尔令史专门管理天山南部维吾尔地区与蒙古帝国中央往来的文书，很明显，蒙古帝国通过这一系列的措施将畏兀儿地区完全置于自己的统治之下。

13 世纪 60 年代以后，由于察合台和窝阔台的子孙们与元世祖忽必烈争夺权位，致使天山南北的局势发生了重大的变化，天山南北战事迭起。元朝的中央政权为了与叛乱的诸王们争夺对天山南北的控制权而经常调整对这些地区的政策，高昌地区的亦都护统治区也在这些斗争中成了争夺对象。1266 年（至元三年），忽必烈任命畏兀儿亦都护马木剌的斤之子火赤哈儿的斤继任高昌亦都护，敕令亦都护收复因战乱而流散的畏兀儿人，同年，忽必烈在和田置“忽丹八里举”，置大使一员，给从七品印。②火赤哈儿的斤任畏兀儿亦都护以后的六年间，一直忠于元朝政府，始终没有与叛王们同流。1280 年，元朝在北庭设置都护府，赋予它行使中央监察机构的权力。1283 年，又分别在别失八里和喀喇和卓设宣慰司，派宣慰使常驻别失八里，将天山南北地区的军政事务分别划归这两个宣慰司统辖。此外，元朝为加强对天山南部地区的管理，在

① 田卫疆：《元朝政府对畏兀尔地区的统治政策及其演变》，黑龙江教育出版社 2003 年版，第 106 页。

② 《元史》卷三五《百官志》。

曲先（今新疆库车）设立曲先宣慰司都元帅府，在斡端（今新疆和田）设立斡端宣慰司都元帅府，设立这些机构的目的就是用来管理天山南北的军政事务。“自火赤哈尔以后，高昌王的头衔虽然继续保留在这个家族之中，但他们已不再是某一特定地区（焉耆以北的塔里木盆地边缘地区）畏兀儿人的领袖了，到了帖木儿补花，则完全成了元朝的官员，担任了从地方到中央的一系列事务。此后，高昌王的头衔已完全成为元朝的一种爵位，失去了它原来的意义”①。

二、驿站制度

驿站的设置差不多是与蒙古帝国同时兴起的。按照一定的距离进行布局，穿越沙漠戈壁，由帝国的中心向四方延伸辐射开来，为公文的传递提供了基本的便利。为了抑制叛乱，1272年忽必烈派人前往和田、可失哈儿“采玉”②，在和田一带设置驿站，之后，元朝政府又着手改善通向塔里木盆地西南端的交通，“立于阗（今和田），鸦儿坎（今叶尔羌）两城水驿失散，沙州北陆驿二。免于阗采玉工差役”③。这些措施对便利交通、稳定这些地区的局势起到了重要作用。元朝围绕塔里木盆地设置的驿站达十九处之多，它将天山南部地区联系起来，与各地驻防军、屯田军一起，形成了元朝在天山南北完整的防御体系。除了作为军事设施的一个组成部分外，为了便利商旅，元朝政府还在畏兀儿地区广泛地设置驿站。1281年（至元十八年），从太和岭到别失八里置驿站三十④。1282年（至元十九年），元政府在罗卜、怯台等处设驿站。1285年（至元二十二年），掌管大都护事的畏兀儿诸王阿只吉向元朝政府建议在别失八里设驿站，以便利使客往来，得到元朝政府的准许，“别失八里站赤，置马六十匹，牛、驴各二十五只；岁支‘首思羊’一百口，解渴酒一千五百升。各给价钱备买，仍与钞六百锭，以供后来之费”⑤，另外又设畏兀儿驿六所。《元典章》记载：1294年（至元三十一年），“押纲葡萄酒驮色目人员，通起马一百一十一匹”⑥，这说明元朝蒙古人把畏兀儿地区的酒作为重要的特产，动用大批的驿马向东运输。由此可以看出，元

① 刘志霄：《维吾尔族历史》，民族出版社1985年版，第45页。
② 《经世大典》“站赤”。
③ 《元史》卷八《世祖纪》。
④ 《元史》卷十一《世祖纪》。
⑤ 《永乐大典》卷一九四一八，第4页。
⑥ 《元典章》卷三十六。

代的驿站的作用从最初的为征战而设，发展到后来的便利商旅和行人了。

第二节

蒙、元时期畏兀尔社会的经济制度

西辽王朝的后期繁重的课税和纷乱的政局使畏兀尔社会的经济受到了严重的损失。1218 年，蒙古军队击溃屈出律之后，塔里木盆地的周围出现了一个相对稳定的时期。在蒙古和元朝时期虽然天山南北经常发生诸王之间的征战，蒙哥汗时期虽然为了清洗政敌而处死了高昌回鹘亦都护，但对高昌回鹘的社会经济制度并没有进行大的改变，因此当地的经济和文化没有受到太大的影响，仍然在原来的轨道上前进和发展。13 世纪，畏兀尔商人凭借着成吉思汗和他的后继者们所给予的优厚政策，将其商业活动扩大到了蒙古帝国势力所及的一切地方。

一、蒙、元时期的赋税制度

畏兀尔人的商业活动具有悠久的历史。史料表明，蒙古和元朝时期，高昌畏兀儿地区的主要大城是火洲、别失八里和哈密。当时的喀什噶尔、叶尔羌、和阗、且末和罗布泊地区等绿洲的经济也很繁荣。其中别失八里为元朝中央政府多次设立军事、行政、屯垦的最高领导机关之地，也是元朝驻兵、屯田的主要地区之一。而火州除了是亦都护常驻的地方之外，还是一座经济和佛教文化都十分发达的都会。在经过多年的战争之后，为了减轻农民的额外负担，刺激他们的生产积极性，杜绝各级官吏巧立名目的横征暴敛，1279 年（元至元十六年），元朝“命畏兀境内计亩输税”①，这个办法规定：在一个相当长的时间里，固定田赋。在土地不作变更，内有大面积灾害的情况下，不论每个农民的实际收获量如何，田赋的数目不作变动。元朝政府的这一规定无疑使它在一个时期内获得了稳定的财政来源。

当时吐鲁番地区的经济主要以农业为主，由于当地特殊的气候，在农业生产中葡

---

① 《元史》卷十《世祖纪》七。

萄生产种植的规模是相当之大。因此，葡萄酒的生产也就占据了重要的经济地位。难怪13世纪初奉成吉思汗之命前往西域的邱处机于其行记里留下了“其地（指畏兀尔地区）太热，葡萄至多”的感叹。与葡萄生产相关的还有畏兀尔地区葡萄酒的酿造和销售。元代畏兀尔地区出产的葡萄酒是蒙古皇宫葡萄酒的主要来源。元朝的中央政府为规范葡萄酒的生产、经营、运输制定了一系列的政策，在税收方面也有明确的规定。如1303年（大德七年），皇帝命令对私造葡萄酒者要重罚，对私营酒商经营的葡萄酒要征收“三十分取一”的酒税①。之所以这样规定，是因为当时的葡萄生产与葡萄酒在高昌经济中占据了重要的地位，元朝蒙古人把畏兀尔地区的葡萄酒作为重要的特产，动用大批的驿马源源不断地向东运输，成为元朝宫廷的用酒。这种进奉葡萄酒的制度一直延续到元朝在西域政治统治的终结。同时，由于葡萄酒在各族人民的社会交往和经济生活中所起到的重要的作用，葡萄酒在当时被当作一种特殊的商品等价物，在人们的日常生活中可以用来接待、抵押以及缴纳赋税等等。元代回鹘契约文书中的《蒙·铁木耳借酒契》中规定：

羊年三月二十二日，我蒙·铁木耳需要带利息的酒，从吐里法师那儿借了半皮囊的酒。秋初时节我将如实地还他一皮囊（甜）酒。如果我拖延着不还，按民间惯例，我的如实地按利率偿还。在偿还之前，如我有什么好歹，则由诺姆·库里家里的人们共同如实地偿还。证人：台瑟克·吐尔迷失，证人：博尔塔孜。这个手印是我蒙·铁木耳的。我吐尔迷失遵蒙·铁木耳之嘱而书。②

当然，在对葡萄酒生产经营规范的背后，也还有着例外的规定，那就是对寺院的税赋进行豁免。在《豁免寺院捐税敕令》③这一文书中，我们可以清楚地了解到当时寺院的地位是很高的。

羊年腊月二十八（日），摩鲁陀鲁诃寺，卡迪尔毗伽腾力王陛下，寺院的……进入了。……售价……居坐，由……居住的弟慈阁下、雅本苏释拉般提（和）跋神释拉般提主持，（以下）就对其土地（和）葡萄园不得强行摊派……等（捐税）以及劳役一事，颁布长期赦免令。该敕令称：在……中，要对释拉般提们的心情（和）他们的事业有所了解。摩鲁陀鲁诃寺僧用葡萄园（和僧用）土地是用来为我们祈福的，不要让他们出公差、献贡奉、缴棉布、纳田税，让他们首先为我们的尊位、其次为国家造

---

① 《元典章》卷二二。

②③ 李经纬：《吐鲁番回鹘文社会经济文书研究》，新疆人民出版社1996年版，第166、220—222页。

福吧！雅本苏释拉提般、道人释拉提般、库达特米失释拉提般、诺姆达西释拉提般、布颜楚克释拉般提、跋神释拉般提们的更新自持（全）靠葡萄园和土地维持。（因此）凡在摩鲁陀鲁诃寺居住的释拉般提们（当中）的年幼者、萨里（俗僧），民众国家、族人（都）不得拉（他们）服劳役我们命令：从今以后，摩鲁陀鲁诃寺是我们的福之所养，（福之）所持者。寺庙的葡萄园（和）土地均由雅本苏释拉般提主管，住在摩鲁陀鲁诃（寺）的释拉般提门、萨里们要加强，让他们用所进的收成养活寺院、商量着使用他们盈余的瑟比克吧！作为像国家的（君）王一样的长老，（和）萨里，不要侵吞"礼辅"，让这些释拉般提们按其所具有的权力支配和增加（其）所得吧！今后要这样：让在寺院定居的释拉般提和萨里们（不断）加强，让在国家城镇居住的（民）中不要介入（他们的事务）吧！这些（定）居的释拉般提（和）萨里们今后也要在国家城镇住，加强摩鲁陀鲁诃寺，定居者们的心绪不得受（其他）事务烦扰。对这座摩鲁陀鲁诃寺的葡萄园，（国）库管理人员一律不得征收卡普税金，对（该寺的）土地（不得征收）田租。此外，大（项）支出（如）官布、芝麻、棉花、酒、兽毛等，（一律）不得征收捐税，不得摊派劳役。对在摩鲁陀鲁诃寺居住的萨里们，无论是城市、教区、（民）众都（不得强迫征收）跋西克（税）、特西克（税）、吐屯（税）、阔铺契尔（税）、吐屯奥提（税）等捐税，也不得强迫（他们）接受任何劳役。管理河流（与）水源的人员不得进入寺院的葡萄园，也不得索要挂着的葡萄（和支葡萄架用的）绳索与支柱。为此我们特颁发这件必须遵守的书面敕令。

二、契约制度

畏兀尔地区经济活动的一个重要的特点就是土地、葡萄园、家奴的买卖比较频繁，因此它关于这方面的契约规定也是相当详细的。从契约文书中，我们不难看出当时契约的规范性即人们对经济活动秩序的遵守。在土地和葡萄园买卖的契约中，土地、葡萄园的四至已经在契约中明确地规定出来，而且在所有的契约文书中都有证人的出现，契约签定完毕后由当事人加盖印章或实行按手印，以证明契约的有效性，并且关于权利、义务的规定也十分的详细。已知的同葡萄园相关的元代回鹘契约文书就有十几件，从已有的契约内容来看，有涉及租用或买卖葡萄园的文书、征收葡萄园赋税的文书等等，从这些内容里可以看出有的葡萄园的规模很大，可以说葡萄园在当地人们的生活中占有着重要的位置。除了葡萄及葡萄园的买卖之外，棉花的种植和棉布的生产销售也是畏兀尔地区人们生活中的主要的经济活动。棉花的纺织技术也达到了一定的水平。因此，人们用棉布进行商品交易和纳税，从出土的回鹘文契约文书《纳税缴贡单》中也可以看出当时用棉布充作赋税的文书。

（一）关于土地及葡萄园买卖契约的相关规定

《萨达卖葡萄园契》①：

鸡年正月初六，我萨达因需要通用的棉布，从索尔旦阿哥那里拿了一百零二捆卡厘长的棉布，把我坐落在肃姑河边的与雅苏克里克·苏利亚共同有份的属于我的那个需要六个人丁耕掘的葡萄园合情合理地卖给了索尔旦巴依。葡萄园的售价计一百零二捆棉布在立文书

之日，我萨达已全部收讫。我索尔旦也全部付清。这座葡萄园的四界是：东边以喀喇·铁木尔的葡萄园为界；南边以河为界；西边也恰恰以河为界；北边以属于苏里的葡萄园为界。这四界之内的葡萄园将千年万日的归索尔旦·普化所有。如果合意，他就自己使用；如不合意，任其转买给他人。我萨达的兄弟、亲属、子嗣无论是谁也不得制造纠纷。如果谁依仗有权的官吏、官太太、捐客、说和的人势力争执，就得付给跟河边的这座葡萄园相等的两个葡萄园，（说其）他的话一律无效。证人：吐尔迷失·铁木尔，证人：麦尔克得，证人：艾山·普化，证人：巴尔斯·普化。这个手印是我萨达的。这（件文书）是我萨达亲自写的。这个手印是我证人吐尔迷失·铁木尔的。这个手印是我证人麦尔克得，这个手印是我证人艾山·，这个手印是我证人巴尔斯·普化的。

（二）《依格·布尔特卖土地契》②

羊年正月初一，我喀喇·严·依格·布尔特，因需要通用的塔瓦尔（tawar），（又）无其他财物，故把我的坐落在克屯·克喇一带克孜·克台尔各地方的、与我哥哥坎楚克共有的、有同等份额的三石土地合情合理地卖给了名叫库特鲁克·塔什（的人）了。其售价的官布（数）我们是这样洽谈的：商定为三百二十五（件）官布。在立此文书之日，我库特鲁克·塔什已将三百二十五（件）官布一件也不缺地全部数清支付了。我依格（布尔特）也全部数（清）收到了。这块土地的四界是：北边以

①② 李经纬：《吐鲁番回鹘文社会经济文书研究》，新疆人民出版社 1996 年版，第 83—84、103—104 页。

河为界；东边以托尔切克的土地为界；南边以（流）向陆赛的土地的拔合拉小河为界；西边以严亚克·依纳尔的土地为界。这块以此为四界的土地，将至止千年万日归库特鲁克·塔什所有。如果合意他就自己留下耕种；如果不合意，任其转卖给他人。我依格·布尔特的弟弟、哥哥、亲切、朋友不得有争议。如果（有谁）依仗有权势的官员（和）女绅的势力（或动用巫师的力量），企图收回（该土地），那就要付给库特鲁克·塔什两块跟该河边的这块土地相等的土地。持有该文书的库特鲁克·塔什将不受损失，我依格·布尔特的弟弟、哥哥、亲切、朋友必将受到损失。证人：伯格·艾尔逊浑，证人：本格，证人：逊古西。这个图章是我依格·布尔特的。

（三）《斌通卖身契之二》①

（1）龙年八月二十六日，我阿体都统因需要通用的钱钞

（2）而把名叫斌通的契丹男子，（即）我的奴隶（通过）向薛赛大师递交借契（的方式），

（3）合情合理地卖了九锭钞。出售该奴隶的九锭钞

（4）我薛赛大师在立文书之日，已全部数（清）支付了。我阿体都（统）

（5）也一个不少地全部点（清）收到了。该奴隶将永远

（6）归薛赛大师所有。如果合意，他就自己留用；如不合意，

（7）任其转卖与他人。我阿体都统的兄弟、亲

（8）朋、甥侄、伯叔，无论是谁都不得制造纠纷。

（9）如果谁依仗有权的官吏、女绅、异邦使者的势力想赎走（或）带走，

（10）就得付给跟该奴隶相等的两个奴隶去赎买。赎买的

（11）赎买的人将损失，薛赛大师将不受损失。证人：雅皮克，证人：巴恰克

（12）托合里利，证人：巴雅楚克，证人：淘井匠阿三·契丹。这个印章是我阿体

（13）都统的，我腾里木·库提·赛温奇·卜群遵嘱而书。”

从以上这些契约文书中我们不难看出蒙元时期的畏兀尔社会的经济活动是十分的活跃的，家奴的买卖得到了官方和社会的承认，并且要建立家奴买卖的契约。从这几份契约文书中看出，契约的书写是有一定的规范的格式的，当事人主体明确，对于日

---

① 李经纬：《吐鲁番回鹘文社会经济文书研究》，新疆人民出版社1996年，第35—36页。

后产生纠纷的解决方式也做了明确的规定。同时也可以看出，土地、葡萄园、奴隶的租赁买卖在当时十分盛行，接待、债务契约文书制度也较为完善，从近代已出土的回鹘契约文书中也可以看出，契约文书书写格式大体固定，经后人研究许多格式套语全然是受同时代中原地区汉文契约书写制度的影响。

三、土地制度

昔日惯于游牧生活的畏兀尔人在蒙、元时代发生了一个重要的转折，那就是完成了游牧经济形态到定居的农业社会的转变，并完全融入当地的农业社会中。土地是农业民族基本的生产资料，一般来讲，按照蒙古游牧传统，天下资财皆归属大汗，这自然也包括土地。因此，蒙、元统治下的西域畏兀尔地区的土地制度具有以下特点：

1. 国有土地与私有土地并存。由于畏兀尔亦都护归附蒙古较早，曾经被封为成吉思汗的第五子，享有同蒙古“黄金家族”宗亲相同的待遇。所谓国有土地即指畏兀尔亦都护王族占有使用的份地。“采邑”、回鹘文书中经常见及的“因朱”便是指这一形式的土地制度以及在这些土地上从事劳动的人们。亦都护拥有着这些份地，并不能出售这些土地，同时要向蒙古汗缴纳赋税，而在土地上耕作的生产者不再承担国家其他赋税。这种份地的制度是蒙古早期的分封制在畏兀尔地区的体现。另一种形式是私有土地，私有土地不仅可以买卖、出租，而且还可以互换、典田抵债。在回鹘文契约文书中所出现的“合理合法地”“土地卖出后千年万日”等证明了当时土地的私有化及葡萄园的私人占有化。

回鹘文《典田抵债协议书》① 写道：

羊年正月初十，我塔西克要给吐利立一文书：我负担着卡兰税，债务累累，债主甚众，似难自立，（欲）赴逃匿。为此，我拟与吐利（商议），要把属于我所有的需要三个人丁耕作的葡萄园典押给吐利，（并且对他）说：“你可以为我偿清债务，而收留（我的葡萄园）吗?”（还）说“如若不然，我将典押给他人了。”吐利说：“我可偿还你的债务，葡萄园不要典押给他人了。”鉴于此言，我便以“应给巴尔恰·道人半件丝绸，给卡楚克半罐酒，给玉目霞客两石谷子（和）一间黑衣服，给契丹·普化三件绸缎，这么些东西由你偿还后，你方可把我的文书取走”为条件，吐利若支付了

① 李经纬：《吐鲁番回鹘文社会经济文书研究》，新疆人民出版社 1996 年版，第 109—110 页。

这些东西，还清了我的债务，（那么）该葡萄园将成为给吐利的抵押物，这些东西我塔西克回来以后若能还给吐利，我吐利则退还（塔西克的）葡萄园。如果塔西克至到三年回来以后，不能把这些东西还给吐利，那么葡萄园将合理合法地成为给吐利的赔偿。

2. 货币地租和实物地租并存。元代畏兀尔地区的租佃关系实际上是畏兀儿人西迁之前在高昌本地已经盛行的租佃关系的延续和发展。货币地租和实物地租是元代畏兀尔地区租佃关系中地租的两种主要表现形式。支付货币的形式有金币、银币、纸钞等，元朝发行的中统、至元钞尤为盛行。从回鹘文契约文书中我们注意到当时流行的钞币中有一种被叫作“官布”的货币，经前人考证，它是一种棉布制品。但当地畏兀尔人交换中更多的是实物地租，实物的种类主要为棉花、酒等。租佃的形式有多种，但更多地表现为两种：一种是土地所有者出租土地，租用者依照契约规定按时交纳租金；另一种是所有者出地，无田者负责耕种管理该地，双方按一定的比例来分配收入，无论是哪种土地形式，国家的赋税是不能免除的。

《伊里奇租田契》①

鸡年二月十八（日），我伊利奇因需要种庄稼的土地，我把凯依姆杜的位于涯尔吐里坎的半石土地租用了，该地需要下多少种子，（我们）两个人均摊予以耕种，获得的收成我们均分。该地若有课税（派）来，我们俩个人平均负担。此言之证人：喀喇·法师，证人：奇斯毋。这个手印是我伊里奇的。我米四儿·色拉遵嘱而书。

第三节

畏兀尔社会各项制度对蒙、元的影响

一、用回鹘体蒙古文记载札撒和律令

回鹘文被蒙古人接受是我国历史上的一件重要事情。成吉思汗统一蒙古诸部后，

① 李经纬：《吐鲁番回鹘文社会经济文书研究》，新疆人民出版社1996年版，第60页。

深感困难的是没有自己的文字。1204 年成吉思汗击败乃蛮部落的太阳汗，在川流不息的战俘中，俘获了一位乃蛮的掌印官，畏兀尔人塔塔统阿。《元史》卷一二四关于塔塔统阿是这样记载的："塔塔统阿，畏吾人也。性聪慧，善言论，深通本国文字。"成吉思汗知其精通回鹘文，便令他以这种文字教授诸王及太子。从此，回鹘文变成了蒙古人使用的文字了，这种使用逐渐扩大到了政治和经济的各个方面。汗国的符牌印玺也以这种文字篆刻，蒙古军用符牌迄今已出土十余件，在 1845 年出土于第聂伯河畔的一件金帐汗国银质符牌，两面都刻有畏兀儿体蒙文，这是用畏兀尔体蒙古文改造和健全原有符牌制度的证明。① 在 1254 年，蒙哥致法兰西国王路易九世的国书就是用回鹘文写成的。蒙古王室下令要将有关的札撒（法令）和律令都用畏兀尔体蒙古文记载于卷帙上。②《札撒》是成吉思汗处理政治、军事以及民事纠纷的言论记录。在以后的元朝时期、金帐汗国、察合台汗国、伊儿汗国，这些用畏兀尔体蒙古文记载的《扎撒》都被视为是成吉思汗的遗教和一切法律的总依据。③

二、印章制度

成吉思汗俘获塔塔统阿后，从他身上搜到一颗印信。塔塔统阿给成吉思汗传授印信的知识，使成吉思汗对印章的意义和权威有所了解，并开始在制旨中使用印玺。明确规定"是后，凡有制旨，使用印章"。从此，在其统治的范围内，印章的使用极为广泛，为其政治、经济活动提供了便利。诸宗王、中央军政、司法机构以及他们在各地的派出机构和下属机构，也都有各种规格的印章，以区分其等级权限。④印章的使用逐渐得到了完善，被视为是军政文牍、训令、奏章的信物，同时印章的使用范围也在不断地扩大，在衣着上也加以佩戴，以作为各种不同身份的象征。同时在回鹘文契约文书中，契约的签订除了依惯例按手印外，我们还可以明显地看到印章的大量使用，这一点在之前所引用的回鹘文契约文书中得到了有力的证明。

总之，蒙、元时期，西域各地同中原的商业往来十分密切，它们是一种互补型的商品交换关系。西域各地在给元朝中央政府的贡品中有玉石、葡萄酒、金银、马等物，元朝政府赐给的东西除币钞外，有金、银、牛、羊、衣服、粟、米、鞍等。元朝

---

① 维吾尔族简史编写组：《维吾尔族简史》，新疆人民出版社 1989 年版，第 120 页。

② 蔡美彪：《元代园牌两种之考释》，《历史研究》1980 年第 4 期。

③④ 刘志霄：《维吾尔族历史》，民族出版社 1985 年版，第 254、255 页。

发行的钞币，如中统宝钞（1260 年始发行）和至元宝钞（1287 年始发行）均在天山南北各地广为流通。为了顺应元币钞的流通，元朝政府还在哈剌火州地区设立“交钞提举司”和“交钞库”，极大地方便了当地人民使用元朝钞币进行商业交往活动的需要。

DONGCHAHETAI SHIQI WEIWUER
DIQU DE FALÜ ZHIDU

第六章

东察合台时期畏吾儿地区的法律制度

第一节

察合台汗国的分裂及东察合台汗国的建立

察合台汗国指的是成吉思汗次子察合台的封地和在封地上建立的政权，察合台汗国是蒙古的四大汗国之一。察合台的封地“东起畏吾儿之边，向西一直延伸到撒麻耳干和不花剌”。这片疆域主要包括两部分：一是天山以北至巴尔喀什湖以南广大游牧地区，另一个是塔里木盆地诸绿洲和河中（锡尔河与阿姆河中间地区）农业区。察合台汗国的封地是诸封地中最大的一个，境内民族和部落较为繁杂，生活方式也极不一致。汗国最初由察合台本人直接统治，成吉思汗生前给他的四个儿子分工时，分配给察合台的任务是执掌帝国的札撒和法律，而察合台又忠于成吉思汗的札撒，一直承认他的汗国是蒙古高原上的大汗的属国，因此，他的汗权接受蒙古大汗政权的控制，境内的法律施行蒙古的法律。

察合台汗国的首府最初设在阿力麻里附近的库雅斯地方，后来迁至阿力麻里。察合台汗国的初期由于得到了各族人民的拥护，政权较为稳固。按照蒙古国的国制，诸王的封地只在草原，就整个城市和农业地区而言，由大汗委派有能力的官吏去管理，但这些地方仍属于大汗。察合台在位共 14 年，于 1214 年去世。由他的孙子哈喇旭烈兀继承汗位，这是根据成吉思汗生前的指定由蒙古中央的大汗窝阔台重申并执行的。1246 年贵由被选为蒙古中央的大汗，他认为察合台汗国的汗位不传儿子辈而先传孙子辈是不合法的，于是废黜了哈喇旭烈兀，另立察合台的第五子也速蒙哥为汗。也速蒙哥沉于酒色，荒于朝政，国事由妃代理。公元 1252 年，蒙哥继承大汗之位时，又废黜也速蒙哥，重立哈喇旭烈兀为察合台汗国君主。哈喇旭烈兀复位后仅数月后死去①，察合台汗国由其妻倭耳干纳可敦摄政。

1259 年蒙哥汗去世，幼弟阿里不哥和忽必烈之间展开了争位斗争，争斗期间二者都把察合台汗国视为举足轻重之地予以争夺。1260 年，察合台的另一孙子阿鲁忽取代

① 转引自维吾尔族简史编写组：《蒙兀儿史记》卷三三《察阿歹诸位王传》称其死在归国途中，未复位。转引自维吾尔族简史编写组：《维吾尔简史》，新疆人民出版社 1989 年版，第 129 页。

了倭耳干纳的统治地位，并将倭耳干纳逐出阿力麻里。阿鲁忽转而支持忽必烈，忽必烈也承认阿鲁忽对已有土地的统治权，这使得察合台汗国在中亚地区的实力得到了加强。因此，双方的关系得到了明显的改善。忽必烈与阿鲁忽的联合引起阿里不哥的不安。阿里不哥派兵大掠阿里麻里，结果兵败，于公元1264年向忽必烈投降。阿鲁忽大约死于1265—1266年之间，之后木八剌沙继位。但是这一继位是未经忽必烈的旨意而自立的，忽必烈认为是一种反叛的兆头。于是，忽必烈派察合台的另外一个子孙八剌去夺权。但是，八剌在夺得察合台汗国的大权后，公开与忽必烈作对，反目为仇。1270—1271年，八剌被海都毒死，海都的势力控制了察合台汗国。1301年，元朝在按台山（阿尔泰山）附近与海都、笃哇进行会战，取得胜利。不久，海都死，笃哇向朝廷请和。1307年，笃哇死，笃哇的另一个儿子怯伯得到诸王贵族的支持继位。他继位后不到一年，就召开忽里台大会请他的兄长也先不花继位。1310年，窝阔台汗国灭亡，其国土大部分被察合台汗国吞并，居住在这个领地上的部落，一部分成了察合台汗国的臣民。此时的察合台汗国与元朝的关系仍然没有得到缓解。1313年，元朝派往伊儿汗国的使臣经过察合台汗国时，被也先不花所擒，元朝与察合台汗国于1314年再一次爆发战争。1320年也先不花去世，怯伯在他死前的1318年前后已经复位，此后，经过两年多的努力，察合台汗国与元朝重新恢复和平。怯伯复位后，将首府从阿里麻里迁往撒马尔罕，引起东部七河流域、伊犁河地区贵族的反对，于是察合台汗国开始分裂为东西两部分。

1321年怯伯死，经过了几任汗位后，1334年察合台汗国进入了汗位频繁更迭的时间。汗国的大权落到权臣手中，各地贵族纷纷效仿，选立自己的汗。14世纪40年代中，察合台汗国天山南部地区的一个部落朵豁剌惕部的首领异密·播鲁只的权力逐渐增大，在1348年的时候播鲁只找到了一个名叫秃黑鲁·帖木儿的年轻贵族，宣布他是也先不花之子，并在阿克苏拥立其为察合台汗国的汗，历史上就把承认秃黑鲁·帖木儿的地区称作东察合台汗国。东察合台汗国在国外的一些史料中又称之为“蒙兀儿斯坦汗国”或“察台（者台）汗国”，我国明史称“别失八里”。《明史》载：“别失八里，西域大国也。南接于阗，北连瓦剌，西抵撒马尔罕，东抵火州，东南距嘉峪关三千七百里。”① 伊斯兰历764年（1363）秃黑鲁·帖木儿汗去世，经过也里牙思火着汗，到其幼子黑的儿火着即位之后，不久就向明朝派出使臣，从此东察合台汗国与明朝使臣往来不绝。东察合台汗国前后共历时166年，这一时期是畏吾儿历史上发

① 《明史·别失八里传》卷三三二。

展的重要时期之一。

第二节 察合台汗国时期畏吾儿社会的律法

成吉思汗晚年依蒙古习俗将其辖地分封于“黄金（成吉思汗系统）家族”宗王诸子。察合台的封地包括两部分：一是天山以北至巴尔喀什湖以南广大游牧地区，另一个是塔里木盆地诸绿洲和河中（锡尔河与阿姆河中间地区）农业区。察合台汗的封地后来演化成为察合台汗国，正如前所述，成吉思汗生前给他的四个儿子分工时，分配给察合台的任务就是让他执掌帝国的札撒和法律，而察合台则是帝国札撒的忠实执行者。因此，在他的辖地内执行的是蒙古的律法。

一、察合台汗国的赋税

按照蒙古国的国制，察合台汗将整个封地的首府设在阿力麻里，农业区和城市则派相应的官员去管理。察合台汗国初期，由于得到了各族人民的拥护，因此政权较为稳固。被察合台汗派去治理河中和喀什噶尔等地的官员总督叫牙老洼赤，他长期为蒙、元帝国主持河中和天山南路的行政、赋税等事务，是一个颇有经验的总督，深受成吉思汗、察合台以及历代蒙古大汗的器重。牙老洼赤一生为蒙古帝国治理过许多地方，其中包括别失八里、和阗、喀什噶尔、阿力麻里、海押立、撒马尔罕、布哈拉和费尔干，于公元 1298 年去世。由于当时的蒙古统治者连年征战，生产遭到极大的破坏。为了恢复经济、发展生产，针对当时蒙古统治者无节制的横征暴敛，牙老洼赤在赋税方面采取了不少的措施，提出实行忽卜绰儿税，这是一种类似人头税的赋税办法，即每人每年的赋税按他的财富和支付能力来规定，在交纳完规定的税额外，不得再强征或另外摊派。按照这个办法，富人每年需交纳十个第纳尔，如此按比例，穷人的赋税降到一个第纳尔。其收入用作监军、驿站和使臣的开销。① 如此的税收规定，

① 志费尼：《世界征服者史》（何高济译），下册，内蒙古人民出版社 1980 年版，第 615 页。

对于连年征战的蒙古国来讲，无疑使政府有了稳定的税收，对于其辖地内的农民，也有了休养生息的机会，既保证了军队的供给，也发展了生产。后来，蒙哥汗下令将这个赋税的办法推广到波斯等地实行。

二、蒙古律法在西域畏吾儿地区的继续使用

公元1219年，成吉思汗用塔塔统阿所创蒙文纂修了一部《札撒大典》，命令在蒙古统治的所有地方推行。察合台汗在位14年，成吉思汗曾命他掌管帝国的札撒，因此，在察合台汗统治下的西域畏吾儿地区仍然沿用的是蒙古的律法。札撒是以蒙古习惯法为依据。关于宰杀，扎撒明确规定："吃兽时，应缚住兽的四肢，割开肚子，在兽死以前将心脏束住，然后吃兽肉，如果像回教徒那样屠杀时，应将他屠杀掉。"①从中不能看出，蒙古札撒的一些规定是与当时畏吾儿地区的伊斯兰法格格不入的，察合台作为札撒的忠实执行者，只是将蒙古统治者的意志强加给其他民族。

第三节

东察合台汗国时期畏吾儿地区的法制

东察合台汗国从秃黑鲁·贴木儿继位开始，至1513年赛依德汗定都叶尔羌的前一年为止，前后共历时166年，这是畏吾儿历史发展上最重要的时期之一。在这一时期中，东察合台汗国天山以南的大部分蒙古人逐渐由游牧生活过渡到定居的农业生活，并开始了伊斯兰化的过程，最后融合到畏吾儿中去。秃黑鲁·贴木儿是东察合台汗国王族中第一个接受伊斯兰教的人。之后，他用强迫的办法在天山南北推行伊斯兰教，畏吾儿族也在这一历史发展阶段形成了两个民族文化区域，一个是以喀什噶尔为中心的伊斯兰文化区，另一个是以吐鲁番为中心的佛教文化区。

① 贝勒津：《成吉思汗的札撒》。内蒙古大学蒙古史研究室编：《蒙古史研究参考资料》第18辑，内蒙古大学蒙古研究室1981年版。

一、行政体制

东察合台汗国保持着游牧政权的特性，可汗是最高权力代表，但这只是一个象征性的，因为封建领主割据的“地面”均由封建领主的政权实行自治。这些“地面”主要分布在天山以南的维吾尔地区，而封建领主大多是蒙古统治时代的部落贵族，他们与察合台后裔家族有着密切的联系。政治上附属于汗，经济上有向汗政权纳税贡赋的义务，必要的时候还要随汗一起出征。因此，汗政权与这些封建领主政权之间保持着一种较松散的隶属关系。但在其征服的各地区仍然设置行政长官和达鲁花赤（监治官）。在这种体制下，必然决定了汗政权与各封建领主之间、封建领主之间都存在着利害冲突和各种矛盾，这也是汗国内部长期处于动荡的原因之一。

二、实行封建农奴制

由于东察合台汗国时期长期进行战争，所以天山南北的经济遭到严重的破坏。高昌、吐鲁番等许多地方已经荒废，高昌地区以前的繁荣景象已不复存在。大约到15世纪中叶以后，因为战争减少，天山以南各地的生产又逐渐恢复起来。但是东察合台汗国统治时期的畏吾儿人社会仍然是封建农奴制社会，在封建贵族庄园里劳动的农奴忍受着残酷的剥削和压迫，他们没有人身自由，可以被随意的转卖、转赠。汗国察合台后王和封建贵族、宗教显贵都蓄有许多的家奴和农牧。每当察合台后王即位时，馈赠物除了牛、马、羊等财物外，还包括奴隶，奴隶可以作为馈赠物被转赠。农奴没有人身自由，也可被随意转卖、转赠。奴隶的来源主要是通过掠夺周边地区的人口，景泰六年（1455），明代宗曾为此敕书哈密忠顺王倒瓦答失里，命其禁止人口买卖，被拐卖人口应尽数遣返送还。其中披露，有三千汉人男女被掳掠，一千人被察合台后王转卖到了撒马尔罕，二千余人在哈密、吐鲁番被倒卖。永乐五年（1407），明成祖下命“近闻回回多买中国人妻、妾、子处警。律买卖者皆处死，宜严加禁约之，毋因循也”。[①] 农奴制是与掠夺、买卖人口联系在一起的，由此不难看出当时农奴制的盛行。汗国的统治者对畏吾儿人的压榨是极为残酷的，据史料记载，哈密“速檀”拜牙对于他统治下的人民，每年要夺取三石麦子，或一批梭布，或十匹马。把人民肥壮的牛羊

① 《明太宗实录》卷四十九。

都掠来杀了自己吃，还任意强奸民家妇女。① 统治者对畏吾儿人的压榨极为残酷，也反映了察合台后王游牧政权统治的野蛮的一面。

三、易货贸易盛行

商业贸易历来在西域经济中占有重要地位。东察合台汗国时期，汗国中的个个“地面”向明朝进行贸易，以取得经济上的利益，明朝政府也利用“回赐”和汗国各地联络关系，与明朝的贸易则多以“进贡”为名。东察合台汗国向明朝进贡的物品中以马匹为其大宗，因为汗国当时最有名的物品就是马。除马匹之外，朝贡的物品还有羊、骆驼等畜产品以及玛瑙、铁刀、回回青、玉石等其他物品。而明朝的“回赐”物品除了钞币，还有绢、彩缎、丝绸诸物。这一时期东察合台汗国与原中央王朝的经济往来主要有两种形式：

1. “朝贡”和“封赐”。这种经济往来形式虽古已有之，它既是西域诸地与中原王朝政治隶属关系的表现，又是经济联系的一种特殊形式。明朝中央政府这种带有政治色彩的回赐是很丰厚的，其实际价值远远超过了所贡物品。东察合台汗国前往明朝进贡的人数之多，来往之频繁都是空前的。各地分裂为许多小政权时，有些小政权还与明朝政府建立了从属的政治关系，据《大明会典》记载，明嘉靖年间回赐东察合台汗国的标准是：“玛瑙数珠一串与绢四疋，红绢道布一疋，绢六疋；鞍子一面，绢四疋；撒袋一副，绢二疋。……回回青……每斤与银二两。”“阿剌骨上等马每匹彩缎六表里，中等每匹彩缎三表里，下等每匹彩缎一表里”。“狮子每只彩缎八表里”。②

2. “互市”，也就是市易。明朝政府规定：朝贡使臣可以“量带方物来京贸易”，进贡之后，于会同馆（使节居住之所）开市五日，“许官民各色铺行人等持货入馆，两平贸易”。明朝政府对于进贡者实行优厚的待遇，沿途驿所免费提供住宿、酒食等，同时又允许朝贡者挟私货进京，这样一来吸引了各地的统治者和商人纷纷以进贡为名，前往北京经商，有些贡使甚至留在北京三五年不还。东察合台汗国与中原地区的互市贸易始于1413年，贸易的物品主要为马，当时东察合台汗国卖给明朝的马价是

---

① 慎懋赏：《四夷广记》“哈密国记”。转引自《维吾尔族简史》，新疆人民出版社1989年版，第139页。

② 《大明会典》卷一一二《礼部七十·给赐三》，转引自苗普生、田卫疆主编：《新疆史纲》，新疆人民出版社2004年版，第301页。

“中马每匹钞三千贯，下马每匹二千五百贯，下下马每匹二千贯，骡驹一千贯”。①

通过这些经济联系，加强了畏吾儿地区同内地的物资交流，增强了民族间的互相了解，有利于民族团结。

四、伊斯兰教法占据了主要地位

东察合台汗国时期是伊斯兰教获得迅速发展的时期，出现了自公元10世纪喀喇汗朝以来伊斯兰教在新疆的又一次传播高潮。秃黑鲁·帖木儿汗是新疆地区最早接受伊斯兰教的蒙古可汗。他接受伊斯兰教以后，迫使天山以北的许多蒙古人信仰了这种宗教。尽管如此，鉴于根深蒂固的传统影响，决定了蒙古人不可能在一夜之间就变为穆斯林，伊斯兰教的信仰、教规和教法并未能够约束住蒙古人。一方面长期的游牧生活使得他们反对过定居的生活，另一方面他们的生活原则仍然是沿袭古老的传统，蒙古的法律规范“札撒”仍然居于支配地位。

蒙兀儿人由于生活在草原，缺少礼拜寺、经文学校、宗教法庭和监督宗教生活的机构，不像定居的穆斯林那样信守“五功”，因此在生活中很少受伊斯兰教法规的约束。秃黑鲁·帖木儿汗之后的诸汗们在竭力扩大伊斯兰教的影响方面是一代胜过一代。为了迫使部民信守伊斯兰教，他们采取了许多的措施。诸如，极力劝说部下到城市定居、强迫部民一律缠“赛兰”（缠头巾）等，尽管如此，自身却保留着许多与伊斯兰教法格格不入的习俗。例如，被伊斯兰教法严格禁止的“子继庶母”的婚姻关系在当时的蒙兀儿人中仍然流行，有的甚至企图强迫伊斯兰教法官认可这种做法。笃思忒·马黑麻汗为了娶其父也先不花的一个妃子先后杀死了七名拒绝为其取得宗教法律认可的法官，② 引起了伊斯兰人士的强烈谴责。

吐鲁番地区是新疆最晚接受伊斯兰教的维吾尔主要聚居区之一，黑的儿火者汗统治时期曾对吐鲁番地区发动战争，以武力夺取该地，强迫当地居民接受伊斯兰教，无疑对当地的佛教是一个沉重的打击。吐鲁番被伊斯兰教占领之后，佛教和伊斯兰教并存了一段时间，最后伊斯兰教完全取代佛教成为该地区普遍信仰的宗教。到15世纪中叶以后，察合台后王将其治所由亦力把里迁往吐鲁番城，吐鲁番地区成为一个割据

---

① 《明宣宗实录》卷四三。

② 米尔咱·马黑麻·海答尔：《中亚蒙兀儿史——拉失德史》，第一编，新疆人民出版社1983年版，第286页。

的伊斯兰教“地面”，其王速坛（苏丹）阿力、阿麻黑、满速儿等皆住该城，并在这里举行重大宗教仪式和庆典活动。大约在这一时期，吐鲁番地区的居民或被胁迫或从王室全部改从了伊斯兰教。公元 16 世纪初，明朝官员的一份报告中说道：“有为盗一次责令赔偿，二次割手一只，三次打死。……其争斗犯奸者告满剌（毛拉）处责治……，凡女子十一二岁者，皆从满剌读书写夷字，只礼拜天地，不信佛教。”①

① 陈子龙等：《皇明经世文编》卷一八一《桂文襄公奏议三》。转引自李进新：《新疆伊斯兰汗朝史略》，宗教文化出版社 1999 年版，第 60 页。

YEERQIANGHANGUO SHIQI WEIWUER DIQU DE FALÜ ZHIDU

第七章

叶尔羌汗国时期维吾尔地区的法律制度

叶尔羌是我国西域的一座历史名城，位于塔里木盆地南缘绿洲，今称莎车。它的西面是喀什噶尔，东面是于阗。这里物产丰饶，叶尔羌河由南向北流过，浇灌着两岸肥沃的土地。生活在叶尔羌汗朝的居民主要是维吾尔族。此外还有蒙兀儿、柯尔克孜、哈萨克、塔吉克、瓦剌蒙古和撒里维吾尔等部族。叶尔羌汗朝是我国明代的一个西域地方政权，它建立的时候正值明朝正德年间（1506—1521）。这一时期明朝政权比较虚弱，国内矛盾重重，因此无力经营西域。但是西域各地方割据政权仍然视明朝为宗主国，经常派使者前往明朝政府朝贡，这种关系并未间断。叶尔羌汗朝统治者也把自己看作是中国境内的地方藩王，奉明朝以及后来的清朝中央政府为其宗主，在政治、经济、文化上与祖国内地保持着联系。

第一节

叶尔羌汗国的政治制度

一、政教分离

叶尔羌汗朝是一个封建世俗王朝，伊斯兰教为国教。叶尔羌汗国的统治阶层虽然血统上属于蒙古成吉思汗的后裔和蒙古部落朵豁拉惕部成员，但是由于这些人在天山北部居住很久，他们的信仰、生活方式、心理特点和文化特征已经与当地的民族差别不大，特别是居住在统治塔里木盆地维吾尔地区的这一部分人，实际上已经逐步与维吾尔民族融合。与此同时，长期形成的游牧统治习惯并未随之消失，而是与当地原有的制度相结合，形成了叶尔羌统治制度的某些特点。伊斯兰教的思想和制度已经渗透到维吾尔族社会政治、经济、文化以及风俗习惯等各领域。伊斯兰教法成为叶尔羌统治者立法的主要依据。宗教原则在居民生活中越来越具有支配作用。政治和宗教紧密地交错在一起，但是它的统治者却不是宗教领袖，而是蒙兀儿察合台的后裔。因此，政教分离是叶尔羌汗朝的基本的政治制度。这在维吾尔史料里有明确的记载，谢赫马合木德·楚拉斯在《编年史》里这样写道：“（阿不都·克里木）汗的习惯是这样的：每周有两天主持公正的司法，对于一切被公开接待的人他都给予安排，责成喀孜（宗教法官）和穆夫提（教律解释人）出席；连那些艾米尔也被叫来参加，以便解决国家的事情。他解决了穆斯林们迫切的问题，受欺侮的人向汗控诉了高利贷者的压迫。如果是适合于伊斯兰法判决的案件，那么他就与喀孜和穆夫提商量；而要是涉及习惯法的案件，那他就交给艾米尔们处理。和卓·乌拜都拉（当朝大维奇）、菲尔乌兹·米尔扎·巴鲁剌思、米尔扎·沙特金伊希卡加和米尔扎·牙库卜·朵豁剌惕再次深入研究案件，做出判决。汗庄严地坐着，细心听诉，并以这种形式主持审判。”① 在一本佚名作者的《喀什噶尔史》里也有类似的记述，说汗每星期出庭两次，“他的一侧坐着喀孜和穆夫提，另一侧坐着维奇和阿奇木。……与伊斯兰法（沙里阿特）有关的案件由喀孜和穆夫提来处理；而属于习惯法（阿达特）的事情，则由维奇为首的艾米尔去处理”。艾米尔是负责军务的，阿奇木是各地的行政首脑，“喀孜”是依据伊斯兰法审理案件的法官。宗教界的权力有：一是组织和监督穆斯林履行宗教礼仪和义务；二是依照伊斯兰法处理民事和刑事案件，其范围是非常广泛的，包括对家庭、婚姻、遗产继承等案件的审理及判决；执行有关私产、债务、利息等方面的法律；三是对杀人、伤害、偷盗、抢劫、通奸、诬告等犯罪审理及做出判决；四是对当局的法令或通喻有权利和义务进行符合伊斯兰教的宣传和解释等等。对于由政府行使的权力，诸如行政、官职、赋税、军事、外交以及战争等，是不允许宗教人士直接参与的，在教职内担任职务的，不准许再在政府机构中担任职务，同样政府官员也不得兼任阿訇等职。由此不难看出，在叶尔羌汗国政权和教权是分离的，可汗是最高权力的代表。

二、汗国的官制

叶尔羌汗国的体制，基本上是成吉思汗建立的蒙古国的体制。② 叶尔羌汗国实际上实行的是分封制，即每位汗登基后首要的任务就是分封近亲和功臣。受封者是封地的总督，封地不能世袭，不仅每位汗登基时要重新分封而且中间也经常有变动。叶尔羌汗国没有留下官制方面的完整资料，只是在有关史料中提到了一些官名，而这些官名中亚当时或其前后的一些国家或地区中也见到。③因此，汗国的官制较为繁杂。

① 马合木德·楚拉斯：《编年史》（阿基穆什津俄译本），莫斯科科学出版社 1976 年版，第 161 页。

②③ 魏良弢：《叶尔羌汗国史纲》，黑龙江教育出版社 1994 年版，第 158、161 页。

（一）行政官职

大维奇：相当于摄政大臣，是汗王的政务助手，有签署敕令的权力。

阿塔雷克、相父、少傅：通常是汗王为未成年的王子指派的监护官，负有教导、保护诸王子的责任，对成年宗王则是他的私人顾问。

阿奇木：汗朝委派到各城、辖区的行政首脑，阿奇木除了常设在喀什噶尔、阿克苏、叶尔羌、和田、库车、吐鲁番等地外，还设在乌什、阿图什、焉耆、英吉沙、巴楚、叶城等地。

伊希卡加：是阿奇木的副官。

巴卡乌勒：负责首都和宫廷的安全，是侍卫长。

库什伯克：一为“鹰坊伯克”或“鹰监”，属宫廷高级官员，“汗国的一切事务都要经过他，他再呈报艾米尔；在最高层人物离开首都时，库什伯克接替艾米尔的位置而且任何时候都不从首都出去。”①

掌玺大臣：掌管汗王印玺，负有起草文书诏令的使命，相当于汗王的秘书。

达鲁花赤：这里指阿奇木或重要伯克的秘书，原蒙古统治时代则为各地的监治官。

帕察沙布：伊斯兰教的警官，维护治安，监督刑罚。

阿尔巴布：村长或村落的头人。

（二）财产、税收及经济管理方面的官制

噶札纳吉：管理国库、税收的总官。

巴济吉尔：征收税务的官员。

米拉甫：掌管水利的官员。

木勒克雅勒克：主管贸易商务税收的官员。并负责从地方为军队筹集军需装备。

明伯克：总千户田赋。

玉资伯克：总百户田赋。

鄂尔沁伯克：总十户田赋。

以及管理集市的巴扎尔伯克、管理采玉的哈什伯克、管理淘金的阿勒屯伯克、管

---

① 马合木德·楚拉斯：《编年史》（阿基穆什津俄译本），莫斯科科学出版社 1976 年版，第 284 页注释（135）。

理工程事务的克图瓦尔伯克、管理宴会及采办的鄂克塔克奇伯克等等。① 军队中则有左翼军统将、右翼军统将、达瓦赤（副官）、库克比吉（掌旗官）。除了在城市设有伊斯兰教的法官外，在军队中也设置了伊斯兰的法官。军队伊斯兰法官的设立，大约始于叶尔羌汗朝的中期。因为伊斯兰教为其国教，统治者要利用宗教来控制军队。

由此不能看出，叶尔羌汗国对它的行政设置的范围所给与的重视。但在这些行政官制中，阿奇木一职的作用显得尤为重要，因为他是汗委派到各城、辖区的行政首脑，代表中央政府对地方行使权力，总理大小事务，权限很大。

三、氏族制的某些传统得以保留

由于氏族组织的形式在汗朝仍然存在，氏族制的某些残余和古老习俗在汗朝得以保留，所以在叶尔羌汗朝的统治集团里，氏族宗法观念仍很浓厚。在叶尔羌汗朝初期，蒙兀儿人的人口大幅度减少，大约有三万人分布在叶尔羌到吐鲁番的各地。② 他们仍旧保留着氏族的组织形式，这些氏族主要有：杜格拉特部、都合台（杜赫吐一）部、巴鲁剌思部、巴尔喜或牙儿喜部、斡耳朵别乞部等等，这些氏族组成了叶尔羌汗朝的基本统治力量，氏族的异密、伯克就是汗朝的封建贵族，他们在军队、政府、地方和伊斯兰教里担任要职。可汗和本氏族成员保持着一定程度上的平等关系，国家被视为汗氏族的共同财产。汗位的取得是按照习惯法，由汗氏族中年长继承。但是，事实上汗位的取得往往要通过暴力和阴谋才可取的。汗在即位的过程中要仿照古制，举行兀鲁思会议（忽里勒台），并按照蒙古的礼仪举行加冕、登基。原先由萨满履行的职责改由伊斯兰的长老来执行，祈祷的仪式也完全改为按照伊斯兰教的规定进行。由此可以看出，在这种古老的习惯法当中掺进了伊斯兰教的内容。

① 李进新：《新疆伊斯兰汗朝史略》，宗教文化出版社 1999 年版，第 248—249 页。

② 米尔咱·马黑麻·海答儿；《中亚蒙兀儿史——拉失德史》第一编，新疆人民出版社 1983 年版，第 376 页。

第二节

叶尔羌汗国的经济法律制度

在叶尔羌汗朝，伊斯兰教是它的国教，宗教制度渗透到社会政治、经济、文化以及风俗习惯等各个领域，伊斯兰法成为汗朝立法的主要依据，宗教原则在居民生活中越来越具有支配的作用。

一、汗国的社会经济结构

叶尔羌汗国的社会经济情况，史籍留下的资料极少。《拉失德史》的作者米儿咱·马黑麻·海答儿·朵豁剌惕写道："于阗（和田）和哈实哈尔（喀什噶尔）的居民可以分为四类。一类叫秃曼（tuman），意思是农民，他们臣属汗，每年向汗交租税。另一类叫忽钦（kuchin），意思是士兵，臣属于我的家族。第三类叫爱马（imak或作aimak），他们每年都有一定量的谷物和衣服等薪给（mukata），也臣属于我的家族。第四类是司法部门的官吏，以及清真寺与礼拜场所的管理人，他们大部分出自我的家族。"① 这里所讲的是叶尔羌汗国初期的情况，其后很长的时间还是如此。现将其四类居民分述如下：②

"1. 原有定居居民，主要是农民，在蒙古进入中亚之前，天山南路就有相当发达的农业，是整个社会的经济基础。察合台汗国时，当地定居居民变成汗的臣民，向汗交纳赋税。这些定居居民被称为'秃曼'，除农业居民外，也包括手工业者及其他定居居民。叶尔羌汗国时期继续保持着这种情况。

2. 游牧民。叶尔羌汗国的前期及中期蒙古部族主要从事游牧，其成员平时放牧，战时出征，所以汗每年付给他们'一定量的谷物和衣服等薪给'。随着蒙古部族由游牧生活方式向农业定居生活方式的过渡，氏族部落组织形式逐渐解体，到叶尔羌汗国

---

① 《拉失德史》汉译本，第二编，第215页。引自魏良弢：《叶尔羌汗国史纲》，黑龙江教育出版社1994年版，第175页。

② 魏良弢：《叶尔羌汗国史纲》，黑龙江教育出版社1994年版，第176—177页。

晚期，蒙古人已大部分融入土著维吾尔族农业居民中。

3. 士兵，这是专指称为‘忽钦’的士兵。忽钦不再是平时游牧，战时出征的牧民，而是专以斗杀为职业的士兵。忽钦组成汗的或某个异密的常备武装卫队，通常是汗的侍卫军或某个异密的卫队。他们是汗的或某个异密的权势的‘柱石’，因此享有一定的特权。

4. 官吏和宗教人士。这里的官吏是指司法部门的和清真寺等财产的管理人，由于汗权的加强，国家机器日益发展，官僚机构日趋完善，官吏成为一个人数众多的阶层。同一时期，伊斯兰教在政治上和社会上的影响也日益加强，司法官员已由宗教人士担任。官吏阶层和宗教人士阶层同属于统治阶级，他们往往又从事工商业活动，特别是国际贸易和采矿业，利用其特权谋取利益。

马黑麻·海答儿的这种社会划分，基本上是以民族—职业为标准，它反映了叶尔羌汗国当时及其后一段时间的社会经济结构；但这不是阶级划分，未能揭示出其社会阶级对立的实质。”①

二、汗国的土地法律制度

（一）苏尤尔加尔土地分封制

叶尔羌汗朝的经济体制大体上是延续自喀喇汗朝以来新疆南部就已经形成的带有伊斯兰教印记的封建经济制度。具有代表性的就是它的苏尤尔加尔土地分封制度。喀喇汗朝时期曾经广泛推行的伊斯兰教“伊克塔”分封制，到公元15世纪以后逐渐在中亚一带演变为苏尤尔加尔土地制。② 按照这种制度，汗作为国家最高权力的体现者，对土地等生产资料享有绝对的占有权和支配权，汗把全国的土地按不同的比例分封给诸宗王、诸侯（异密）、勋臣及宗教上层。受封者享有相对占有权，可以支配自己封地内的赋税和徭役，有权向耕地的农民征收土地税（哈拉吉），甚至可以自行任免封邑内的官吏，但必须向中央政府缴纳一定数额的贡赋，随时提供相应的士兵。这种在中亚被称为苏尤尔加尔的封地制度，是中世纪阿拉伯伊斯兰教国家土地占有制的一种统治形式，叶尔羌汗朝统治者之所以推行这种制度，目的是为了笼络蒙兀儿封建

① 魏良弢：《叶尔羌汗国史纲》，黑龙江教育出版社1994年版，第176—177页。

② 加富罗夫：《中亚塔吉克史》，肖之兴译，中国社会科学出版社1985年版，第282页。

贵族，加强汗的统治地位。这种制度是蒙古人在中亚统治后的产物，它更符合军事游牧贵族的利益，带有军事采邑的性质。

（二）土地赏赐制度

在叶尔羌汗朝存在着土地赏赐制度，这也是它的一项重要的土地制度。这是可汗根据自己的利益对臣属的一种特殊恩典。它是以可汗的名义直接赏赐给受益人的。受赏赐的人主要是政府官员、宗教组织首领、诗人、乐师等等。按照法律，赏赐土地的所有权属于国家，没有继承权，但是得到这种土地的人有权向耕种者收取租金和谷物。汗王也可以根据自己的利益随时收回和另行赏赐这些土地。这种土地赏赐制度发展到后期，最大的获益者是伊斯兰教的首领，他们通过汗的赏赐和瓦合甫土地捐赠数量的不断扩大，把大量的财富和土地聚集到了自己手中。不仅如此，统治者还将国家的矿产资源及其加工权转赠给宗教首领，使他们拥有了众多的信徒和追随者，使他们占有了国内主要的农耕区和大片的土地以及矿产资源的开采加工权，致使他们形成为汗国的一股主要的政治势力。

（三）宗教瓦合甫土地

宗教瓦合甫土地是用以表达伊斯兰教寺院占有土地的一个专门术语。是按照伊斯兰教法由教徒捐输给礼拜寺、教经堂和麻扎的土地。所有瓦合甫土地都实行封建农奴制的剥削，在叶尔羌汗朝，这种土地除了有一少部分属于宗教公产和用于宗教慈善目的以外，大部分的瓦合甫土地都是由统治者无偿捐赠给伊斯兰教上层人物的。汗国为了政治斗争的需要，瓦和甫的性质已经蜕变成为一种世俗统治者拉拢宗教势力的一种手段。虽然名义上是捐赠给礼拜寺、道堂或麻扎，但实际上却是针对某个具体的教派首领和卓或谢赫。因此，瓦和甫土地的规模在汗朝有了迅速的扩大。叶尔羌的瓦合甫土地主要由奇里坦麻扎所占有，《心之光》一书记载说：“阿巴拜克尊沙阿·塔里夫为师，……他给奇里坦麻扎划出可以播种六帕特曼籽种的土地，做瓦合甫。”①

三、汗国的赋税制度

按照伊斯兰法典，国家向农户征收1/10的地租（哈拉吉），这仅限于农民私有的

① 转引自刘志霄：《维吾尔族历史》，民族出版社1985年版，第40页。

土地。在汗室公地和封建领主封地上耕种的农民，则要按折半或更高的比例上缴收成。对瓦合甫土地和赏赐的土地免征税赋，这种土地往往以租赁的形式租佃给农民耕种。租佃双方要根据土地的契约，确定分配收成，农民实际上获得的报酬更少。此外，汗国的苛捐杂税名目繁多，如宗教课税则卡特、人丁税、行政管理税、果园税、财产移动税以及各种附加税。赋税可以货币也可以实物支付。在汗国，农民的负担是十分沉重的，他们是国家的主要纳税人，统治者的奢侈生活、军队的庞大开支以及游牧民的部分生活补给统统源自农民的纳税。因此，农民的处境十分的艰难，农民同封建统治者始终处于尖锐对立的状态。

四、汗国实施的有利于农业发展的措施

叶尔羌汗朝的统治者比较重视农业，建国初期统治者就实行了一些有利于农业发展的措施。

（一）宣布免税十年，以便农民能休养生息，劳有所获

但是这个政策只实行了六年，在记载这一文件的各种历史文献中，米尔扎·沙阿·马赫茂德·贾拉斯所著《热西德史》（续编）中对统治者免税十年的原委作了较为详细的记述。他写道："阿巴拜克·米尔扎严重地毁坏了这个国家，苏丹赛伊德称汗以后，公正地、宽宏地免除百姓们十年的负担。这十年的头五年中，士兵的俸禄由可汗的金库支付。到了第六年，金库空了，士兵的生活发生了困难……头面人物们商议以后，在第六年就向可汗报告说，十年免税期已满。于是，又开始向百姓们征收税赋。"① 尽管如此，农民仍然得到了实惠，调动了他们的生产热情，使经济得到了迅速的恢复。

（二）向已经荒芜的农业地区移民

让战争期间逃亡流散的农民返回家园，从事农耕。阿克苏地区与叶尔羌河上游一带是移民的重点地区。把没收的土地和大量的无主土地的一部分分给无地的农民，让他们安于农事，有田耕作。

---

① 转引自刘志霄：《维吾尔族历史》，民族出版社 1985 年版，第 394 页。

（三）兴修水利

水利在农业生产中占据着重要的位置，终年奔流不息的阿克苏河水为汗国的农业灌溉创造了良好的条件。水利工程主要集中在遭受严重毁坏的阿克苏地区，其次是叶尔羌河上游一带，兴修水利的范围还包括和田绿洲的克里雅河、尼雅河以及车尔臣河流域。这样一来，天山南部的社会经济得到了恢复和发展，这一时期在吐鲁番地区由于它的灌溉系统——坎儿井，在 16 世纪以后也逐渐得到了修复，因此吐鲁番地区社会经济也得到了恢复和发展。

QINGCHAO SHIQI WEIWUER
DIQU DE FALÜ ZHIDU

第八章

清朝时期维吾尔地区的法律制度

清朝是我国最后一个封建中央王朝，清朝时期是中国近代疆域最后形成、统一的多民族国家最终确立的时期。清政府为了重新统一天山南北，费时数十年，前赴后继，再接再厉，于1759年终于剪除了地方割据势力，重新统一了天山南北，挫败了企图将祖国这一部分领土分裂出去的国内外反动势力和阴谋。清朝统一天山南北后，为了维护新疆地区的政治稳定和中国西北边疆的安全，根据当时的具体情况，实施了一系列与内地省区不同的政治、经济、军事、边防、民族、宗教、文化等各种政策，不仅结束了新疆长达数百年政局动荡、战乱不断的局面，而且使经济、文化都获得了前所未有的快速发展，为近代新疆政治、经济、民族、文化、疆域等格局的最终形成奠定了基础。

第一节

清朝实施于维吾尔地区的军事和行政建制

清朝重新统一新疆后，在天山南北实施了一系列卓有成效的措施，在保卫和继续开发祖国西部疆域方面取得了巨大的成功。

一、中央派驻新疆军政机构及其管理法规

为了长期稳定地统治天山南北，清政府在新疆采取了军府制度。军府制是中国历代中原王朝对新疆地区实行统治的主要方式。采用军府制管理新疆，始于西汉西域都护府的设置，沿于唐代安西、北庭都护府的建立，到清代，其体制逐步完善。清朝政府在新疆实行的军府制度是一种军政合一、以军统政的行政管理制度。①

（一）机构及官员设置

1762年（清乾隆二十七年），清朝设“总统伊犁等处将军”（简称伊犁将军）作为统治新疆的最高长官，住在伊犁惠远城。在乌鲁木齐设“都统”，管辖乌鲁木齐地

① 管守新：《清代新疆军府制度研究》，新疆大学出版社2002年版，第2页。

区；在伊犁、塔城、喀什噶尔三处各设“参赞大臣”，以节制南北各城。参赞大臣以下大城设“办事大臣”，小城设“领队大臣”。办事大臣和领队大臣受参赞大臣的节制，而参赞大臣和都统都受伊犁将军的节制。为了巩固边防，清朝政府派遣军队驻防新疆沿边各地，驻防军分为南北两路，而且以北路为驻防地重点，北路的军队为携眷兵和换防兵，南路的军队为换防兵。在数量和种类上，北路驻兵最多，南路较少。对于当地的维吾尔兵，清政府规定一般由各城的伯克率领，归伊犁将军兼管。①

（二）行政权限

清朝政府对于其各级军事机构，规定有明确的职责范围。伊犁将军作为新疆最高军政长官，其所辖都统、参赞、办事、领队大臣，均由中央特旨指派。除伊犁将军被赋予行政权力外，参赞大臣以下各级军事首脑的任务是指挥当地驻军，执行防卫和警备的职责。在天山南部的维吾尔地区，清政府将这一地区的军事和民政做了严格的划分，其目的是为了使其各级军事机构成为专一的指挥系统，保证军事机构超脱于民政事务。乾隆二十七年（1762），伊犁将军正式设立，清政府规定了伊犁将军的执掌规定：“至回部与伊犁相通，自叶尔羌、喀什噶尔，以至哈密等处驻扎官兵，亦归将军兼管。其地方事务，由各处驻扎大臣仍旧照例办理。在叶尔羌、喀什噶尔等回城，皆在边陲，如有应调伊犁官兵之处，亦准各处大臣自商将军，就近调拨。”② 这就说明了清政府对军事和民政职权范围的明确划分，伊犁将军对回疆的管辖重在军事方面，地方事务则交由各城的办事大臣管理。但这并不意味着各级军事首脑绝对不能过问驻地的民政事务，各地参赞大臣、办事大臣、领队大臣，通过推荐地方伯克、受理控告地方管理案件等渠道，对地方民政事务事实上进行着监督，或通过复核的方式做间接的干预，形成以军府体制为核心的司法体系。清政府认为，“新定地方，立法不可不严”，规定：“凡是由内地来疆贸易的商人与回民杂居，一旦发生斗殴杀人事件，应于本处就地正法，而不能以内地的法律来治罪。”③ 规定：新疆东路和北路各地发生的人命、盗窃案件的审理，由设在当地理事通判或巡检来进行。伊犁、塔尔巴哈台所属厄鲁特、察哈尔以及哈萨克越界游牧、偷盗牲畜等案件，由伊犁司官审拟，将军复

① 维吾尔族简史编写组：《维吾尔族简史》，新疆人民出版社 1989 年版，第 176 页。

② 《平定准噶尔方略》，续编一九。引自王东平：《清代回疆法律制度研究》，黑龙江教育出版社 2003 年版，第 74 页。

③ 《清高宗实录》卷六〇八。

核。伊犁境内的民众与蒙古人发生纠纷，由理事同知会审，伊犁将军复核。镇西府、迪化州境内的民众与蒙古人发生纠纷，由各州、县会同理事厅审拟，乌鲁木齐都统、陕甘总督复核。南疆地区的案件是由各级有关伯克根据清朝政府在南疆的立法程序来审拟，各城办事大臣复核。① 规定：南疆各城的阿奇木伯克，凡是遇到判处枷责轻罪的人犯，可以自行处理，但要禀明驻扎大臣存案备查。如果遇到刑讯重案，阿奇木伯克不得滥用夹棍、杠子等刑罚，擅自受理，应随时禀明本管大臣，听候派人会同审办。② 吐鲁番地区发生在维吾尔人中间的人命、盗窃案，均由领队大臣审理，商人中发生的人命、盗窃案件由同知详细呈报镇迪道审理，但仍要报领队大臣存案备查。总之，所有交涉案件内，如有人命案件，“皆先由地方官检验通报，再行会审，应报院者有将军、都统、司官报院”。③

（三）官员的任职条件

清朝政府对于其军事指挥系统的可靠性尤为重视，重要的职位限定民族成分。各级军事指挥机构首脑的任命权，牢牢掌握在清朝中央政府手中。在人选问题上，清政府严格执行着以满人为主的原则，特别是伊犁将军的人选，明确规定为“旗缺”。换句话讲就是，只有满族人才有资格被委以此职。乾隆二十五年四月对于新疆各地的驻防事宜指示说：“伊犁及回部，非巴里坤、哈密、内地可比，即须驻兵屯田，仍当以满洲大员驻守，非镇道绿营所能弹压。”④ 伊犁将军以下的人选资格略有放松，偶尔也任命出身于八旗部队的蒙古高级军官担任。仅有的一个例外是哈密的维吾尔人玉素甫，曾经一度担任过喀什噶尔参赞大臣的职务。

对于各城属员的选任也有民族成分的限定。1728 年，乌什办事大臣、工部尚书卓克托给清政府的一份奏折中写道：“库车、喀喇沙尔二城，驻扎典史各一员，承办粮饷诸事，汉人不谙满文，请照乌什、叶尔羌、喀什噶尔三城例，与京城满洲废员内，拣选二员引见，给与主事衔前来，将现在二城典史撤回。”⑤

---

① 管守新：《清代新疆军府制度研究》，新疆大学出版社 2002 年版，第 114 页。

② 《钦定回疆则例》卷六。

③ 《大清会典》（嘉庆朝）卷五三《理藩院·徕远清吏司》。

④ 《清高宗实录》卷六一〇。

⑤ 《清高宗实录》卷一一六〇。

（四）官员的考核

清朝在回疆设置的军府制度下各级职官，原来是有考核制度的，但不够严密，在具体执行中，问题凸现出来。① 1828 年清政府大臣那彦成上书朝廷，在指出诸多问题的同时，建议应该制定新的章程，以加强对回疆各级官吏的管理。由于新疆地处边陲，幅员辽阔，交通运输、通讯联络以及各级官员之间的监督制约均有不便，因此清政府对新疆官员的考察极为重视。清政府根据那彦成的奏议，制定了有关加强对新疆各级官吏考核管理的新章程。章程规定："新疆西南路分设大臣驻扎，皆受伊犁将军节制，自应分隶考察……嗣后哈密办事大臣与吐鲁番、巴里坤、古城、库尔喀喇乌苏归乌鲁木齐都统专；喀喇沙、库车、阿克苏、乌什、叶尔羌、和阗、英吉沙尔等七城，归喀什噶尔参赞大臣专辖，均属伊犁将军统辖。"② 这实际上是把回疆各城分成两个区域，由乌鲁木齐都统和喀什噶尔参赞大臣分别考核，由伊犁将军总负责。"每届年中，该将军、都统、参赞大臣等将各城大臣出具切实考语，密行陈奏，如有人地不宜及才不胜任者，随时奏明更换。倘有失察循隐，一经发觉，即将该将军、都统、参赞大臣等交部分别议处。"③同时，还明确规定都统和参赞大臣的考核办法，"其将军、都统参赞大臣内有不正己秉公者，亦准各城大臣据实参奏，以资维制"。④除此之外，清朝政府还在实行札萨克制度和伯克制度的地区规定了主管大臣均有考核这些地方官员的责任，在每年的春秋二季，南疆各城官员都要将各城伯克的考绩及升迁调降数目汇集成册，咨送理藩院备考任免。札萨克王公的承袭，也由当地主管大臣出具考语，咨呈理藩院备考察委。通过采取这些措施来保证新疆地方吏治的清正与新疆的社会稳定。

清政府最初在新疆实行的军府制，不仅有伊犁将军统辖全疆军政事务，而且在各城派驻办事大臣管理地方事务，在统治体制上显得更加完备，使中央对地方的统治力得到了加强，对于巩固清政府在新疆的统治地位、巩固边防，起到了十分重要的作用。

二、清政府对新疆地区实施的行政建制

新疆民族甚为复杂，对于各民族之治理，随其风俗习惯而各有不同，基本有三种

---

① 王东平：《清代回疆法律制度研究》，黑龙江教育出版社 2003 年版，第 87 页。
②③④ 《那文毅公奏议》卷七四。

行政建制：

（一）扎萨克制

新疆天山北部主要是游牧部族，生活在这一地区的主要是准噶尔人，其次是哈萨克人，畜牧经济是他们的主要经济活动。尽管成吉思汗蒙古帝国创建的千户制行政建制在这里早已推行过，但是传统的血缘观念并没有完全消失，部落制度仍然是他们行政建制的主要结构。扎萨克制是为了适应游牧部族的特点而设计的，它基本上保留了游牧部族原有的社会组织形式，扎萨克制基本上是世袭的。由于准噶尔部长期以来与蒙古草原有着广泛的联系，因此，清政府首先将扎萨克制实施于天山北部地区的准噶尔部。扎萨克被授予对其属部实行管辖的全权，清朝政府通常不与扎萨克管辖下的部族发生直接的关系。在天山南部，清政府也将扎萨克制度推行到了哈密、吐鲁番等农业地区。① 清朝在哈密设扎萨克制后，封额贝都拉为一等扎萨克，确认他占有整个哈密的土地和农奴。② “扎萨克各以王、公、贝勒、贝子、台吉等充任，皆是世袭，对于其所辖范围内之土地人民有完全管辖之权。但须受驻在其地之办事大臣或领队大臣之监督。其人民对于朝廷或驻防新疆之官吏，不负任何徭役赋税之义务。俨如封建制下之诸侯然。唯吐鲁番回民承种官田岁须纳地租，此为例外”。③

（二）郡县制

这是清朝政府实施于天山南北的第二种行政建制。由于扎萨克制度使清朝政府对游牧部族的统治处于间接地位，对于锐意实行中央集权的清朝政府来讲并非理想的治理方式，清政府在总结历代治理经验的基础上，在乌鲁木齐、昌吉、奇台、阜康、吉木萨尔、木垒、巴里坤等地实行郡县制。清朝政府设迪化道统辖上述诸郡县的事务。“乾隆朝，划迪化以东，设镇迪道，隶属于甘肃省。其建置如下：镇迪道，置分巡镇迪粮务兵备道一员。驻乌鲁木齐。辖一府一州。镇西府，知府一员，驻镇西（巴里坤），辖县二。宜禾县（治镇西）、治台县（指今旧奇台，在木垒河之西）知县各一员。迪化直隶州，知州一员。驻迪化州城。辖三县。昌吉县、绥来县、阜康县、知县

① 刘志霄：《维吾尔族历史》（上编），民族出版社 1985 年版，第 505 页。

② 维吾尔族简史编写组：《维吾尔族简史》，新疆人民出版社 1989 年版，第 179 页。

③ 曾问吾：《中国经营西域史》，新疆维吾尔自治区地方志总编室 1986 年版，第 302 页。

各一员，呼图壁巡检一员，吉木萨（今孚远县）县丞巡检一员”。①

（三）伯克制

清朝前期，清政府对维吾尔族原有的社会制度基本上没有触动，只是把世袭的伯克制度改为任免制。所以，直到新疆建省之前，维吾尔地区的社会制度还是建立在个体农业和手工业生产基础之上的封建领主制。按此制度，社会的统治机构由大小不等的各级伯克构成。清朝统一之前，这些伯克受地区的汗或国家的最高元首辖领，统一之后，封建割据的汗不再存在，伯克们便统归清朝政府任免，作为清朝对维吾尔地方的统治工具。许多伯克都是独霸一方的封建领主。②

维吾尔的伯克中最高的首领称阿奇木伯克，总管城镇所辖各城村的大小事务，职权繁重；阿奇木伯克的副职为伊沙噶伯克，协助阿奇木伯克办理事务。除此之外，各地还有一些伯克分管着一些专门的事务，他们职掌任务清楚。《西域地理图说》卷二中记载：“名伯克者，即其官之号也。但其职之大小，并无顶翎品级，唯一坐次论之。而服色并未崇卑之别，欲知何伯克应司某事者，须先识其职衔，方知所司何事，故其体制未洽，且各伯克等并无俸饷养廉之例，均视其民力之所能，尽行勒索夺取，所以民众受劫不过，致有离散奔逃躲避他邦之乱。”③ 在清朝统一新疆之前，维吾尔地区就存在有伯克制度，和内地中央政府的等级森严的官职制度相比，维吾尔地区旧有的伯克制度应该是“具无等级”，但是在其伯克制度的内部等级制还是存在的。清统一新疆后，为了巩固统一的多民族的国家，革除了原有的伯克制度的弊端，对旧有的伯克制度进行了改革。其核心是分散阿奇木伯克的权力、改世袭制为任命制，同时还规定了伯克的养廉、俸禄办法等，关于这一点将在后面的章节中加以详述。

---

① 曾问吾：《中国经营西域史》，新疆维吾尔自治区地方志总编室 1986 年版，第 301 页。

② 维吾尔族简史编写组：《维吾尔族简史》，新疆人民出版社 1989 年版，第 177 页。

③ 《西域地理图说》卷二，《官职制度》，第 37 页。

第二节

清政府在新疆维吾尔地区的行政立法研究

一、《回疆则例》行政立法研究

《回疆则例》是清朝制定的主要适用于新疆地区的法律规章，其中虽然有刑事法律的相关内容，但主要内容大多是涉及行政管理方面的。清平定新疆叛乱后，对新疆地区进行了直接的统治，在新疆设官列戍，其法律规章也必然的要进入新疆社会。“迩今各部归一，自应遵我朝之律”①。清朝在新疆地区推行大清的法律，对于维系新疆的稳定，维护国家的权威性和法律的统一性及巩固民族联盟具有重要的意义。

《回疆则例》的颁布，加强了清朝对新疆的政治管理，废除了伯克的世袭制，使新疆地区的伯克转化为清朝的地方官员。《回疆则例》是由理藩院徕远司编纂并负责执行的。② 嘉庆十九年（1814）初次编纂告成。大规模修订《回疆则例》是在清平定回疆张格尔之乱之后的道光十三年（1833）。此次回疆变乱，暴露出诸多问题，清朝在平定变乱后，不得不对回疆的政策进行调整，原有条例显得过时，于是开馆纂修，道光十七年（1837）纂成汉文本，由于翻译蒙古、满洲文字尚待时日，逐令将近年新增条例纂入，道光二十二年（1842）四月完成修订，重新颁行。③

《回疆则例》共八卷，134 条，它是清朝统治新疆最基本的法律规章。它以法律的形式规定了新疆地区基本的政治制度，明确了新疆地区同中央的关系及在经济方面清朝统治新疆的具体措施，特别是对穆斯林地区的宗教管理制度等方面做了具体的要求。

（一）用法律的形式规定了新疆地区的行政建制

清朝政府在新疆地区实行军府制，军政合一、以军统政。清朝在新疆设置官员，

---

① 汉文笺注阮道明，满文详注刘景宪：《西域地理图说注》卷二《官职制度》，延边大学出版社 1992 年版，第 48 页。

②③ 王东平：《清代回疆法律制度研究》，黑龙江教育出版社出版 2003 年版，第 27、31 页。

派驻军队，设参赞大臣总领回部，各城也分别设置办事大臣、领队大臣、统领驻军，以兼理民政。在服从中央政府的前提下，参照内地的官制，对新疆旧有的伯克制度进行改革。规定了伯克官员的职掌、品秩、编制、待遇、升迁、回避等制度。

（二）对新疆地区实行的伯克制度做了详细的规定

清朝政府派驻新疆的各级官员代表中央政府履行着管理新疆地区事务的权力，由此显示出清朝中央政府绝对权威。清政府对新疆伯克的考核有两种：一种是例常考核，定期进行。另一种则是和升迁联系在一起的，当某一伯克职位出现空缺时，对候选人考察履历，出具考评意见，呈报上级部门，供确定人选时参考。《回疆则例》对新疆各级伯克的升迁、任免及考核等都做了严格的规定。《回疆则例》规定："回疆三品至五品伯克缺出，由参赞大臣拟定正陪，奏请补放……六品以下伯克缺出，由各该城大臣呈报参赞大臣咨部补放。"① "叶尔羌、喀什噶尔、阿克苏等三城阿奇木伯克缺出，有驻扎大臣将应调人员出具考语，如其父曾著有劳绩并将世袭爵秩一并注明，移咨参赞大臣处汇总，以便升用"。② 不难看出伯克的选任权掌握在清朝政府手中。

在清朝统一新疆之前，伯克手中曾掌有自制的官印，《西域地理图说》中记载："阿奇木伯克，乃首司一城重任之职，凡遇关系地方钱粮，军民等事，文案图记，是所必需。伊等旧例，即用回字铁石图记，皆自造之字号。故其往常假冒其字式，造作私行，以图觅利等敝重重。"③ 清朝政府针对这种情况，于乾隆二十六年（1761），对伯克"给与图记，皆由部铸造颁发，字兼满洲、蒙古、回字"。④

（三）对阿奇木伯克的权力加以限制

《回疆则例》对阿奇木伯克的权力加以限制，并做出了相应的规定。为了防止新疆位居要职的阿奇木伯克同境外势力联系，被境外势力利用，规定阿奇木伯克不得私交外藩，严行禁止阿奇木伯克与外藩通信，"遇有必应寄事件，皆禀明参赞大臣奏闻办理"。⑤ 阿奇木伯克不得私理刑讯重案。"各城阿奇木伯克等，凡遇有枷责轻罪人犯，准其自行办理，仍令禀明驻扎大臣，存案备查。如遇有刑讯重案，阿奇木伯克不

---

① 《回疆则例》卷二《回疆各城补放大小伯克分别奏咨回避》。

② 《回疆则例》卷二《叶尔羌等三城简调阿奇木伯克》。

③ 《西域地理图说》卷二《职官制度》，第62页。

④ 《新疆回部志》卷三《官制第二十九》。

⑤ 《回疆则例》卷六《阿奇木伯克不得私交外藩》。

得滥设夹棍、杠子，擅自受理，随时禀明本管大臣，听候委员会同审办”。① 巴杂尔是新疆民间贸易的主要场所，为避免出现欺行霸市的现象，清政府立法“禁止私设牙行”“阿奇木伯克等，毋许私派家人，护卫弹压市集，极端滋扰，违者严参治罪。”② 水利是新疆绿洲农业经济的命脉，权贵者凭借自己的势力经常会出现强占水利的现象，清政府规定禁止大小伯克侵占水渠，“仗势侵占渠水，或回众有恃强截流，偷引浇灌者”“被控告者系伯克，参革究办，系回众照例严惩，仍将该管伯克等，治以失察之咎”。③ 为了限制新疆的地方官吏对穆斯林民众的盘剥，《回疆则例》规定：禁止大小衙门及阿奇木伯克借端苛敛，同时禁止伯克“假官用之明，妄行摊派克列克里克、色里克钱文”“有改易名目，或因公苛派，暗为巧取，扰累闾阎者，一经查出，抑被告发，无论该管大臣并属下官员，以及奇木伯克等，均照枉法赃严行治罪”。④ 之所以规定这样严格的禁制，其目的是为了缓和民族矛盾，吸取历史的教训，维护新疆的稳定。

（四）对新疆的宗教管理制度方面的规定

特别是在阿訇的选任问题上，《回疆则例》做了明确的规定。“回疆阿浑为掌教之人，回子素所遵奉。遇有阿浑缺出，由各庄伯克回子查明通达经典、诚实公正之人，公保出结，准阿奇木伯克禀明该管大臣点充。……如有不知经典、化导无法或人不可靠及剥削回户者，即行惩革，并将原保之阿奇木伯克等一并参办。”⑤ 这充分地说明了清政府在对待阿訇的人选问题上是十分慎重的，这是因为阿訇在新疆宗教界的特殊地位所决定的。为了彼此沟通、联络感情，还要求选定的阿訇定期拜访驻扎大臣。此外，在《回疆则例》卷八“稽查汉回擅娶回妇”条中还规定：“如查有擅娶回妇为妻及煽惑愚回，多方教诱及充当阿浑者，即照新例治罪。”对内地回族和维吾尔族的关系做了明确限制，不仅制止通婚，更严禁回族宗教人士在维吾尔穆斯林中担任教职，以防止两个穆斯林民族之间形成密切关系，被人用来危及当权者。⑥ 还规定有“禁止

① 《回疆则例》卷六《阿奇木伯克不得私立刑讯重案》。
② 《回疆则例》卷六《巴杂尔市集禁止私设牙行》。
③ 《回疆则例》卷六《禁止大小伯克侵占渠水》。
④ 《回疆则例》卷七《禁止大小衙门及阿奇木伯克籍端苛敛》。
⑤ 《回疆则例》卷八。
⑥ 余振贵：《中国历代政权与伊斯兰教》，宁夏人民出版社 1996 年版，第 258 页。

莫洛回子习念黑经”① 的条款，款内注明：“各城莫洛回子有习念黑经者，查出即行报明审实，分别久暂，酌拟发遣、枷责，咨部核复遵办。仍于每岁孟春，由该管大臣申明定例，出示晓谕，严行饬禁。”对于各城大小衙门使用的通事、毛喇及杂役数目，明确规定了“回疆各城大臣衙门准用通事”的条款。② 该条款规定：“各城大臣衙门准用通事十二名，莫洛十名，杂役回子二十名，此外，无论何衙门，不准私役回子一名，遇有不尊，照例究办。”③ 正如前所述，清政府在统一新疆之初实施了政教分离的政策，那时候对阿訇的选任也做过相应的规定，但最初对阿訇的社会影响力并没有估计得过重。因此，对处于基层的大量的小阿訇的宗教活动清政府并没有进行相当的干预，而是采取了“以从其俗”的态度。到了清朝中后期，清政府进一步认识到了这些基层的小阿訇在穆斯林民众中所起的作用，特别是经过大小和卓的分裂活动之后，清政府明确了必须选任可靠的人士来担任阿訇，应当将这一人选的主动权掌握在自己的手里，以保障新疆的统治秩序的稳定。到了道光年间，开始对阿訇实行同伯克一样的管理措施，以便选拔出有利于清政府统治的可靠人士来担任阿訇，这充分显示出清政府在新疆穆斯林地区管理手段的日臻完善及经验的日趋成熟。

（五）惩治贪弊的规定

清朝政府虽然在新疆实行了军府制，但是由于新疆地处边疆，远离中央政府，加之各城衙门处理民政事务的机制不健全，因此很容易为当地的地方官员肆意忘形提供机会。这时清政府清醒地认识到其在新疆的治理中存在着许多的问题，如果不对此加以规制，将会危及到清政府在新疆的统治地位。对于新疆地方官员的严重腐败行为，清政府深感不安。为了限制地方官吏，缓和社会矛盾，《回疆则例》规定了大量的禁例。如“各大臣自到任时，所属本城及各庄阿奇木均馈送回疆所产之金丝绸缎、回子棉花布、玉玩皮张等件，谓之博勒克，节寿一律呈递，任满回京，该阿奇木致送程仪，元宝数十锭”。“遇阿奇木呈递时，故作辞却，复授意私人转告阿奇木，将所递之物一一折价”。④因此，《回疆则例》中明确规定：“禁止各城大臣收受博勒克。”⑤ 以开雅尔城为例，在和阗，每年办事大臣等巡阅所属开雅尔等六城的时候，各呈阿奇木

① 《回疆则例》卷六。
② 《回疆则例》卷五。
③④ 《那文毅公奏议》卷七七《澄清积弊》。
⑤ 《回疆则例》卷七《禁止各城大臣收受博勒克》。

向办事大臣等馈送花缎布、细花布、皮张之外，还有黄金、元宝等物。送给大臣黄金40两，家人及随员笔帖士各有馈送，至书吏通事等，均有红钱二三十钱文不等。① 对于这种借巡阅之机而大肆敛财，清政府规定："停止巡阅开雅尔等城。"② 针对官员大量收购瘦马，交由阿奇木代牧，并从中获利，《回疆则例》规定："司员收买马匹不准伯克供支料草。"③ 针对官衙中的司员按月接受阿奇木伯克功给的红钱，《回疆则例》规定："禁止阿齐木伯克供给司员等月费。"④"禁止大小衙门令阿齐木伯克代买衣食等物。"⑤"禁止当差官人私索供给面斤。"⑥"不准滥派滥应乌拉马匹"。⑦ 除此之外，还有其他如："禁止兵丁私入回庄""禁止商民重利盘剥穷回""禁止兵民强占回子园地"等规定。《回疆则例》规定如此众多而严格的禁例，当然有其深刻的原因，目的是希望制止清朝大臣和维吾尔族伯克贪纵暴戾的弊端，吸取历史教训，减少民族冲突和社会摩擦。

二、惩处阿奇木伯克的相关规定

清朝对回疆最大的一次行政立法是在道光八年（1828）平定了张戈尔的叛乱之后。这次叛乱持续时间长，影响范围广，对清政府刺激较深。清政府意识到回疆的统治机器中存在许多问题，如不加以调整，统治难以稳定。那彦成受命处理回疆善后事宜，他向清政府报告了回疆统治机制中的诸多问题，在深入调查回疆各地衙门腐败问题的基础上，奏陈革除回疆大小衙门陋规条例17条，它是回疆行政立法中的重要内容。⑧ 那彦成上奏经清朝政府批准在回疆实行的加强吏治、惩治腐败的法规中，对于阿奇木伯克的违法的惩处有如下规定："嗣后阿奇木呈递博勒克及回京盘费，当永远禁止，大臣违例收受，甚至折价贪索，参赞访查参奏，即行正法，馈送之阿奇木一并从重治罪""嗣后派令阿奇木官价买办物件及托阿奇木代买物件之事，永远禁止，违者从严参办，阿奇木代买代卖，亦从重治罪""参赞、帮办大臣不准发马变价，违者

---

① 王东平：《清代回疆法律制度研究》，黑龙江教育出版社2003年版，第92页。
② 《回疆则例》卷七《停止巡阅开雅尔等城》。
③ 《回疆则例》卷七七《司员收买马匹不准伯克供支料草》。
④ 《回疆则例》卷七《禁止阿齐木伯克供给司员等月费》。
⑤ 《回疆则例》卷七《禁止大小衙门令阿齐木伯克代买衣食等物》。
⑥ 《回疆则例》卷七《禁止当差官人私索供给面斤》。
⑦ 《回疆则例》卷七《不准滥派滥应乌拉马匹》。
⑧ 王东平：《清代回疆法律制度研究》，黑龙江教育出版社2003年版，第91页。

照枉法赃治罪，阿奇木逢迎领变，亦一体治罪”。① 对于官员接受阿奇木伯克供给的红钱，规定“倘再以此陋劣，得受此项赃款，由参赞大臣一面严参即行正法，以示惩戒，如阿奇木伯克仍前供给，亦应一律治罪”。“嗣后各大臣遇有买办各物，用不准派令阿奇木代买，大小衙门悉应照市价，派家人自行买办发价，倘仍蹈故辙，该参赞大臣指名参奏，照枉法赃办理。该阿奇木伯克一体治罪”。“嗣后各衙门遇有大小工作，悉令自行发价雇觅工匠，并不准阿奇木发给口粮，影射投充之弊，用行禁止，官粮亦可均匀缴纳，穷回可免扰累。以后大小衙门如仍私设应差工匠，至粮赋贪累穷回，许回子指实控告，奏明参赞，该阿奇木一并治罪”。②

三、“养廉”政策

清政府治理新疆后，因新疆地处边陲，物资缺乏，物价昂贵，条件艰苦，因此对调任新疆官员养廉银的发放比较优厚。③ 据清代有关文献记载：新疆各地主要军政官员养廉银经几次调整，到乾隆末年被基本定下来，具体情况如下：伊犁将军每年3000两，乌鲁木齐都统2888两，喀什噶尔、塔尔巴哈台参赞大臣1500两，伊犁锡伯、索伦、察哈尔、厄鲁特领队大臣700两，喀什噶尔、乌鲁木齐、英吉沙尔、和阗、喀喇沙尔领队大臣600两，巴里坤、古城、吐鲁番领队大臣500两，其他各地办事、领队大臣以及镇迪到的各级道府州县官员养廉银数额也与其同级的官员差不多。从北京到新疆办事的章京、侍卫等下级官员也发放有数额不同的养廉银或盐菜银。④ 除此之外，对于新疆的王公伯克等上层首领也实行不同的养廉方式。对实行札萨克制度的蒙古及哈密、吐鲁番两地维吾尔族中的王公首领，其原所属部众土地皆归其所有，这些土地或草场上的收入全部归王公们支配使用，中央政府不向其征收赋税，而且每年还赏给一定数量的银两物品，让他们仍旧过着优裕豪华的生活。对于维吾尔族伯克也给予优厚的待遇，其目的在于养廉。但伯克的养廉银地区不同，发放的标准也是不同的。根据《西域图志》的记载，具体数额如下：三品伯克，每员给二百帕特玛籽种地亩，种地人百名；四品伯克，每员给百五十帕特玛籽种地亩，种地人五十名；五品伯

①② 《那文毅公奏议》卷七七《澄清积弊》。

③ 齐清顺、田卫疆：《中国历代中央王朝治理新疆政策研究》，新疆人民出版社2004年版，第262页。

④ 齐清顺：《清代新疆官员的养廉银》，《新疆大学学报》1990年第二期。

克，每员给百帕特玛籽种地亩，种地人三十名；六品伯克，每员给五十帕特玛籽种地亩，种地人十五名；七品伯克，每员给三十帕特玛籽种地亩，种地人八名。① 另外，对个别职责比较重的阿奇木伯克清朝政府还另外每年发给一定数量的养廉银钱。其中，伊犁三品阿奇木伯克500腾格（当地普尔钱的单位，一腾格约合白银一两），喀什噶尔三品阿奇木伯克200腾格，英吉沙尔四品阿奇木伯克250腾格，叶尔羌三品阿奇木伯克600腾格，和阗三品阿奇木伯克800腾格等等，其他不同地区之间、同一地区不同伯克之间养廉银也不尽相同。对新疆地区的这种特殊的养廉办法，乾隆皇帝说："前因回人旧习，凡伯克等朘削所属，是以赏给各城阿奇木伯克等钱币地亩及供役之人，俾得奉公自爱。"② 清政府的这些养廉政策，在当时的情况下，在一定程度上解决了官员任职期间活动经费不足的困难。

四、对违法伯克处理的原则

清政府统一新疆之后，为了加强对这一疆域的统治，虽然对其旧有的民族与地域文化传统表现出一定程度的宽容，但是对以伯克制为代表的新疆旧有行政制度加以改造，并把它纳入到清朝法定的行政管理体系之中。但是，因为清政府派驻新疆的各级官员并不直接亲民，而是通过伯克管辖基层的民众，因此在其行政立法中，对于伯克的违法的处理就成为其重要的方面。

一般来讲，对于伯克的违法行为，其处理的原则有以下三种：

（一）从重治罪

这主要是针对违法行为情节严重、影响较大的伯克，按律从重治罪，革职、流放乃至处以死刑。③ 我们在《回疆则例》的相关规定中不难看到，对于严重威胁到清政府统治的违法行为，决不手软。在《那文毅公奏议》中也不乏看到这样的规定："嗣后阿奇木呈递博勒克及回京盘费，当永远禁止，大臣违例收受，甚至折价贪索，参赞访查参奏，即行正法，馈送之阿奇木一并从重治罪""嗣后派令阿奇木官价买办物件

① 《西域图志》卷三十《官制二》。引自王东平《清代回疆法律制度研究》，黑龙江教育出版社2003年版，第145页。

② 《清高宗实录》卷六四九。

③ 王东平：《清代回疆法律制度研究》，黑龙江教育出版社2003年版，第156页。

及托阿奇木代买物件之事，永远禁止，违者从严参办，阿奇木代买代卖，亦从重治罪”。① 在严惩违法伯克的同时，对于诬告者也给予严厉的惩罚。乾隆四十三年，拜城回人呢雅斯控告阿奇木伯克阿布都里提布，“恃强索伊地亩”，经审查系呢雅斯“挟嫌诬控”，于是呢雅斯被发配充军。对此，清政府明确指出：“从前准部各城伯克，常有扰累属下回重之事，自准部投诚，朕即加恩，赏给伯克等养廉，倘伯克等不改旧习，一经告发，自应从重治罪，而属下回众，挟嫌妄控，更不可不示以严惩，呢雅斯一案，因系初犯，如此完结，嗣后如再有似此者，该大臣审实，即拟死罪，请旨在该处正法示众……通谕各回众知之。”②

（二）降等留用

这是针对伯克一般性的违法行为而采取的惯常的处理办法。例如，对伯克失职，一般的处理办法是革去现职，降一等使用。③ 道光四年（1824），阿克苏伯克巴彦岱“于所属回子控告窃案，既不认真推究，率令事主与回犯前往乌什质对，又失察该管回子，私引民人潜走山僻贼路。其平素办事怠忽，不能约束回众，已可概见，阿奇木巴彦岱着革去三品阿奇木，以四品伯克降用”。④ 道光五年（1825），英吉沙尔八申庄维吾尔民众指控阿奇木伯克阿不都喇依木等“将无辜之人，私用绳索，肆行惩处”。对此，清政府指示：将阿布都喇依木等枷号，解至英吉沙尔示众，照例发往伊犁；本庄管事七品伯克多列特，知情不报，予以革职；阿奇木伯克迈哈默特，对于下属违法并未查出，被革去四品阿奇木伯克官制，降为五品补用。⑤

（三）异地为官

这实际上是一种从轻发落的方式，既能保护伯克对清政府的忠诚，也对当地百姓有交待，确立中央政府的威信。⑥乾隆二十六年（1761），玉古尔总管阿奇木伯克阿布都赍被属人控告有勒索行为，清政府明确表示“若所告属实，则阿布都赍系库车回

① 《那文毅公奏议》，绢漆器，《澄清积弊》。

② 《清高宗实录》卷一零五四，乾隆四十三年四月已亥。

③⑥ 王东平：《清代回疆法律制度研究》，黑龙江教育出版社2003年版，第157页。

④ 《清宣宗实录》卷七十五，道光四年十一月乙卯。

⑤ 《清宣宗实录》卷八十一，道光五年四月丙寅。

人，不便留于本处，酌量发往叶尔羌、阿克苏等处安置。”①

第三节

清朝在新疆维吾尔地区实行的经济制度

事实上，当清政府相继解决了新疆天山南北的政治和军事难题之后，经济问题就作为一个新的课题摆在了眼前。如何促使新疆当地经济的稳定和重建，不仅有着巨大的经济意义，而且有着巨大的政治意义。因此，清政府在新疆进行政治、军事统治的同时，为了确保中央对地方的经济管理、协调各方经济关系，还实行了一系列的经济政策。

一、货币制度

当清政府对天山南北军事、政治等措施逐一实施的同时，货币的制币权问题也就自然地提到了议事日程上，货币统一是政令统一的一个主要方面。因此，在这个问题上清政府要解决的首要问题是改革原有的货币，其次是适度的发行新币。清统一新疆之后，在铸行新币方面颁行了一系列的法令。乾隆二十五年（1760），清朝政府以军队所携备用余铜，在叶尔羌开炉铸造第一批新币，约五十余万枚。新币完全模仿清朝制钱式样。钱的正面铸有汉文“乾隆通宝”字样，以示铸造时间，背面铸有满文和维吾尔文“叶尔羌”字样，以示铸造地点。制币每枚重两钱，后来改为一钱五分，稍后改为一钱二分。② 乾隆二十六年（1761），阿克苏用乌什、库车、哈尔沙尔（喀喇沙尔）、赛里木、拜城、沙雅尔及本地所产之铜也开炉铸币。清政府宣布新币为法定货币，即“辟展以西各部回城通用者，即我国之制币也。”③

① 《清高宗实录》卷六三六，乾隆二十六年戊申。

② 《回疆通志》卷七。引自刘志霄：《维吾尔族历史》，民族出版社1985年版，第524页。

③ 《西域地理图说注》卷四。

（一）规定了货币的流通范围

喀什噶尔等西四城通用叶尔羌铸局所铸新币，阿克苏等东七城通用阿克苏局钱币；① 新普尔仅限新疆南八城使用。

（二）规定了钱币的式样

乾隆三十九年（1774）谕："国朝内地铸钱，自顺治年间以来，俱照年号鼓铸，叶尔羌等处向用准噶尔腾格钱文，乾隆二十四年平定回部后，毁除准噶尔旧钱，颁给式样，令铸乾隆通宝钱文，使用甚属便益。所有各回城系朕开廓之地，其钱文理应永遵朕乾隆年号鼓铸，各回部人等万年谨守，而朕之子孙亦当万世奉行，不可援照内地钱制按代改铸。着交各回部办事大臣等登记档案，永远钦遵。"②

（三）规定了新旧货币的兑换率

清政府规定的新旧货币的兑换比率为二比一，即两枚旧币兑换一枚新币。

（四）严禁钱币出关

为制止钱价下跌，防止新疆商人带新疆钱币处境，清政府明确规定严禁新疆货币出关，"凡有外来货讫回乡，即往各回部贸易之人，俱细心搜看，断不须失陋钱文出卡以益之"。③

（五）私毁私铸货币予以严惩

对私自铸造钱币者，清政府给于严厉的惩罚："禁止撕毁私铸钱文""倘不肖商回希图渔利，私毁私铸，则于钱法大有关碍，即责成各城台市营员、阿奇木伯克，严加访查，如有私毁私铸者，即行拿送该管衙门，照例究办，加重治罪"。④

二、赋税制度

赋税是国家财政收入的主要来源，是维持国家机器运转的经济基础，历代封建中

---

①③ 《西域地理图说》卷四。

② 《回疆则例》卷六。

④ 《回疆则例》卷八。

央王朝都非常重视赋税的征收。清政府治理新疆后，根据新疆各地区、各民族经济发展的实际，“修其教不易其俗，齐其政不易其宜”，对旧有的赋税征收制度进行了某些变通，制定了许多不同于内地的赋税征收政策。

（一）对乌鲁木齐地区实行“实物地租”

即农民只按耕种土地的亩数交纳田赋，不用缴人丁税。这一点和当时内地实行的“摊丁入亩”制有所不同。农户只需从国家领种的30亩土地缴粮，每亩赋额不超过一斗，如此农户每年交纳的赋粮不超过三石，且农户交纳田赋时，皆须交纳粮食，不必变价为银钱。清政府实行的这种降低税额，与民生息的赋税政策，对于减轻农民的负担、发展经济是非常有利的。

（二）在伊犁地区推行按户缴粮的赋税政策

伊犁地区是清政府在新疆的军政中心，为了保证驻军和官府的粮食供应，清政府对伊犁屯田的维吾尔农民采取按户缴粮的赋税政策，统一由维吾尔族中的各级伯克征收集中，运往设在惠远城及惠宁城等国家粮库。①

（三）在南疆维吾尔地区征收“什一税”和“人丁税”

清代新疆的经济制度中融入了伊斯兰法的有关内容，对自耕农地什一税的征收就是最好的例证。清政府治理新疆前，南疆维吾尔地区就已经存在这种赋税征收办法，正如魏良弢先生所指出的，对私有土地征收什一税，在回疆地区由来已久，喀喇汗王朝时期住在骨斯讹鲁朵（巴拉沙衮）的回纥人，以田为业，所获十分之一输官，西辽时仍保持这一税制。② 清政府治理新疆以后，保持了维吾尔地区这种赋税征收办法。在南疆维吾尔地区除了政府拨给各级伯克的养廉地外，还有两种土地占有形式，即农民私有的土地和国家所有的“公地”或“官地”，而农民要把土地所获粮食的十分之一作为田赋上缴国库。除此之外，清政府还做了一些变通规定，如：为防止伯克头目乱政乱收，明确规定了所交粮食或棉花的办法；对确有困难者进行了适当的减免等等。

---

① 齐清顺、田卫疆：《中国历代中央王朝治理新疆政策研究》，新疆人民出版社2004年版，第152页。

② 魏良弢：《叶尔羌汗国史纲》，黑龙江教育出版社1994年版，第181页。

在清朝政府治理新疆前，南疆的维吾尔地区处于厄鲁特蒙古准噶尔政权统治之下，准噶尔贵族为了自身利益，除了按较高的比例索取粮食、棉花等实物外，还按丁征收财物。据有关文献记载，清政府治理新疆初期，在南疆维吾尔地区每年共征收人丁税（当时称正赋或丁赋）6.1万余腾格（每腾格折白银一两），其中喀什噶尔地区2.6万腾格，叶尔羌地区25150腾格，和阗地区8112腾格，阿克苏地区1642腾格，赛里木134腾格，拜城130腾格。① 这就说明当时人丁税的征收情况并不是统一的，而是根据各地的具体情况的不同而有所差别。

三、贸易制度

清政府治理新疆后，根据新疆的具体情况，通过制定贸易章程，采取了一系列的有别于内地的贸易政策，特别是在对外贸易上所采取的政策更是谨慎有加，但又是积极的。

（一）哈萨克贸易章程

第一，哈萨克驱赶牲畜来贸易者，每年三月以后可以陆续进卡入境；携带货物来贸易者，每年七月以后可以陆续进卡入境。

第二，进入新疆境内贸易的哈萨克等，均须持有其所属部落首领发给的证明信，并接受清朝政府派驻各卡伦官兵检查，查明进卡人数及所携带牲畜货物数量与证明信件所写数相符才能放行。

第三，进卡贸易的哈萨克等在到达指定贸易地点的沿途，均由清政府所派官兵护送。到达指定贸易地点后（时称“贸易亭”），哈萨克等自己搭盖帐房居住生活。

第四，哈萨克所携带贸易的牲畜，先由清朝官府派人挑选，以茶叶、布匹、绸缎、棉花等物品交换，选中的牲畜送官府设立的牧厂，剩下的牲畜再由前来贸易的新疆商人军民挑选，以茶叶、绸缎等进行交换。哈萨克所携带的货物，也先由清朝官府所开办的官铺挑选，以布匹进行交换，剩下的货物再由商人军民自由贸易。

第五，每批进卡贸易的哈萨克在所携带的牲畜货物交换完毕后，立即由清朝官兵护送出卡，不许在新疆境内任意走动或借故停留，也不许随意进入城内。

---

① 齐清顺、田卫疆：《中国历代中央王朝治理新疆政策研究》，新疆人民出版社2004年版，第156页。

第六，在双方开展的贸易中，只准以货易货，并在规定的“贸易亭”内交换，不准互相赊欠。如果哈萨克所携带牲畜货物卖不出去，仍由原货主带回。

第七，对双方开展的贸易活动，清朝官府不另征商税。

第八，入境贸易的哈萨克如有违法犯罪行为，由新疆当地官府照例查办。①

从以上的规定中，我们可以知道，清政府对这种贸易的时间、条件、贸易的先后顺序、贸易的方式及对贸易者违法行为的惩处等等均做了较为明确的规定。而且规定：进卡贸易者必接受官兵的检查，并在官兵的严格护送下到指定的贸易地点进行贸易，贸易结束后也由官兵护送出卡，贸易的方式只能是以货易货，清政府给予的优惠政策就是对于这种贸易，官府不再另征商税。清政府之所以这样规定是缘于新疆地处中国的西北边陲，占有重要的战略位置。

（二）《回民出卡贸易章程》

由于特殊的地理位置，在新疆沿边一带每年都有不少维吾尔族商民到中亚各地从事贸易活动。对于这一行为，清政府一直持比较慎重的态度。乾隆五十九（1794），喀什噶尔参赞大臣永保制定《回民出卡贸易章程》，得到清政府的准奏以后，在维吾尔地区实行。其主要内容有：

第一，喀什噶尔等地出境贸易的维吾尔族商民如到已“归附”清朝的布鲁特充巴噶尔、额德格纳、萨尔巴嘎什、布库、齐哩克等部贸易，则由官府发给出卡执照；如到更远的其他部进行贸易，则不发给执照；无照出卡贸易者一经发现严加惩办。

第二，出卡贸易的维吾尔族商民，必须是10—20个人为一组者，才发给出卡执照。每组派阿哈拉克齐（头目）一员负责管理，不许个人单独行动或滞留不归。

第三，出卡贸易的维吾尔族商民，如果擅自行动到别的地方贸易货物被人抢夺，即使被追回，也只将货物的一半发还本人，另一半充公，货主本人还要关押半年不许出卡贸易。

第四，出卡贸易的维吾尔族商民，如果遵守规定，而货物被布鲁特部众抢掠，必须如实报案，以便由官府追查；但如果多报或滥报，一经查实，货物一半充公，本人受到严惩。

第五，布鲁特部众如果私自进入卡内抢掠贸易商民的货物，一经抓获，一律

① 齐清顺、田卫疆：《中国历代中央王朝治理新疆政策研究》，新疆人民出版社2004年版，第231页。

正法。

第六，在卡外抢掠贸易商民货物的布鲁特部众，除追缴全部被抢货物外，初次抢掠者照布鲁特习惯，罚取牲畜；如果伤害人命，不论是初犯或重返，一律抵命。

第七，布鲁特部众中，对初次偷盗少量货物的人，进行较轻的惩罚，如果不知悔改，再次重犯，则加重惩办。①

清政府之所以这样规定是基于当时的政治、经济形势，对于出境贸易，严格监管。因此在相当长的一段时间内，新疆的贸易活动进行得比较正常、稳定。

第四节

清代新疆维吾尔族的民事法律制度

一、契约制度研究

从目前收集到的相关史料中，我们可以得知清朝治理新疆期间，民间用签订契约这种社会公认的方式来处理大量的民间纠纷、调整社会关系，在当时是很普遍的。契约涉及的内容比较广泛，有涉及土地、继承、买卖、转让纠纷的等等，通过这些契约文书，我们可以更深入地了解这个时期新疆维吾尔地区的经济状况及其他社会问题。

（一）有关瓦合甫的契约

契约一：

清乾隆三十八年1773年11月8日

感赞真主！为先知祈祷！

伊斯兰教历1187年（猴年）8月22日

我阿里胡孜伯克遵照真主“谁做善事，赐他十倍恩惠”之言，

① 齐清顺、田卫疆：《中国历代中央王朝治理新疆政策研究》，新疆人民出版社2004年版，第233页。

向真主恩海祈求，现在百什村奇里克修建礼拜寺一所，并将我在奇里克的一处院房连同家具等和15帕特曼土地，一座磨坊捐献给寺院作为瓦合甫，对这些财产任何人无权干涉。

8帕特曼土地的界限是：东边是水磨渠；南边是买买提依明的土地，界为土坎；西边是再依里力渠；北边是马路，马路对面是达吾来提买买提明的土地，有地垅。

另7帕特曼土地：东边接巴吐尔伯克的院子，界为坑；南边是河流；西边是毛拉和加的土地，界为渠；北边是河滩渠。

（印章一枚）①

契约二：

清嘉庆二十二年1815年3月6日

伊斯兰教历1230年（兔年）3月24日

立约人毛拉尼亚孜和托乎提苏菲

我们愿将父亲遗留下来的热巴其合洁渠的1帕特曼地在真主的道路上奉送给罕尼卡礼拜寺做瓦合甫地。此地已与我们无干。今后不论何人，若提出异议，则是无效的。

该地东连瓦合甫地，以杏树为界；南面也是如此。西面与尼亚孜苏菲的地相连，以丛生灌木为界；北面与谢开尔买提的地相连，以杏树为界，有的地方也以丛生灌木为界。

证明人：毛拉亚库甫

毛拉萨木萨克尧尔地曼等人

（印章一枚）②

契约三：

清道光三十年1850年8月31日

感谢真主，他给自己的顺民以种种的好处！

感谢真主，以充满天地的激情感赞真主，他使我们得到做好事的道路！

感谢真主最好的子民——圣人！

感赞与祈祷之后，须知：

1260年（虎年）吾守尔月二十日。

---

①② 王守礼、李进新编：《新疆维吾尔族契约文书资料选编》，新疆社会科学院宗教所编印，1994年，第1、3页。

立约人毛拉阿卜拉海里排的继承人——妻子茹给叶巴巴、子艾不都力杰立力。

我父亲在世时曾将热巴其合洁渠的9称字地作为瓦合甫地赠给了礼拜寺。

立约人，我们的父亲已经去世，我们——继承人也同样承认该地作为瓦合甫地。故重新立此契约。此地与我们无干。今后，无论我们还是我们的后代，对该地提出异议，或进行修改，或造成破坏，或将收入挪为他用，则定遭严厉的惩罚。

特此立约。

该地东面与毛拉艾则孜、毛拉库特鲁克之地，或接瓦合甫之地，以杏树为界；南面是苏菲巴依的地以埂为界；北面是不动产地，以埂为界；西面是毛拉坎吉海里排之地，以埂为界。

证明人：买买提赛里木

吐尔地

买买提依明

尤素夫等

（印章一枚）①

（二）卖地契约

契约一

清道光二十年1840年

伊斯兰教历1256年？月10日

我是来吾克村吐尔地尼亚孜托乎提的儿子，我承认已将我母亲遗嘱给我一亩半地连同地里的数目以3500钱卖给了热合买提阿訇，钱我已如数收到。对出卖的土地和树木我已无权过问。

地界：东边是依布拉因塔里甫的地，界为埂；南边是吐尔地尼亚孜的地，界为棘；西边是瓦合甫地，界为棘；北边是依不杜外力的地，界为棘。

证明人：阿不杜哈力克

阿比提等

（印章二枚）②

契约二：

---

①② 王守礼、李进新编：《新疆维吾尔族契约文书资料选编》，新疆社会科学院宗教所编印，1994年，第16、14页。

清道光十四年1834年2月16日

伊斯兰教历1249年（鸡年）10月6日，星期二。

立约人巧尔旁妣妣。

我已将热巴其合法渠之地产20称子旱地卖给了吐尔地和加，售价12个银币。钱已收讫。此地已与我无干，也与其他人无干。此地既非坟地也非礼拜寺瓦合甫田。

今后，若我自己和我的后代提出异议，在教法面前是无效的。该地东面与买买提和加的地相连，以灌木为界；西面是阿布拉海里排的地，以灌木为界；南面是西开尔买买提的地，以渠为界；北面是大路。

证明人：阿布拉海里排

依玛目毛拉沙木沙克。

（印章一枚）①

（三）其他契约

契约一：

清道光十四年1834年4月30日

毛老大师县长伯克阁下：

我们是巧尔旁妣妣、阿色亚妣妣、毛拉托乎提苏皮。在热巴其有我们母亲遗留下来的12亩土地。我们的兄长毛拉纳斯尔背着我们，把土地连同15棵树卖给了别人。我们问他为什么要卖，他拒不回答，为此，我们曾上诉，要求处理。在经卷教规之前询问他时，他还说在他那里没有我们的地。后来，在迫不得已的情况下，经一些好中人出来调解，结果田买主阿卜拉海里排出银元13块，吐尔地海里排出银元2块，共出银元15块交给了我们。我们得到了钱，土地纠纷就此解决了。今后，对那里的土地和树木，我们再无过问权，倘有反悔，一概无效。空口无凭，立约为证。

证明人：沙木沙克苏皮

依斯玛依尔

热依木巴依等

伊斯兰教历1249年12月20日，星期四

（印章一枚）②

---

①② 王守礼、李进新编：《新疆维吾尔族契约文书资料选编》，新疆社会科学院宗教所编印，1994年，第7、8页。

契约二：

清道光二十二年1843年6月1日

具结人毛拉塔里。我和我弟弟毛拉安尼瓦尔，在阿卜拉海里排处念经并工作两年，现在我弟弟去世了，我要工钱，阿卜拉海里排不给。我向协力叶提上诉时，协力叶提判决说：阿卜拉海里排把毛拉安尼瓦尔教育培养成了毛拉，因此不付工钱。

此外，我提出阿卜拉海里排还短我10块银元时，阿卜拉海里排承认此事，并把一头公驴顶给了我。至此，我同阿卜拉海里排的钱财账目已清，经济官司已了结，今后，倘我或我身后之人向阿卜拉海里排闹钱财纠纷，一律无效。

证明人：尤素甫海里排

哈里克海里排等

伊斯兰教历1259年（羊年）5月3日

(印章二枚)①

实际上在这一时期的史料中，我们更多掌握的是关于瓦合甫土地的一些契约文书。宗教瓦合甫是契约里反映的一个主要内容，瓦合甫制是历史上伊斯兰教国家广泛实行的一种社会经济制度。在南疆，伊斯兰教传入以后，瓦合甫制度就逐渐成为维吾尔族地区封建土地所有制的重要形式之一。随着伊斯兰教的广泛传播和宗教上层势力的发展，瓦合甫制度成为南疆封建寺院经济的支柱。有关瓦合甫的契约，大部分是教民将自己的土地或财产捐献给礼拜寺、经文学校时订立的契约。捐献的数量多至几百亩，少到一亩或几分，这种土地或财产一经捐出，原主便不再拥有权利，同时要声明这种土地不得买卖、继承、转让等，正如契约里表述的那样，这种土地的性质是受到教法保护的。私有土地的自由买卖在当时的南疆也是比较普遍，从契约中看出，这种交易主要是换取货币，但也有交换粮食等实物的，卖方大多为占有少量土地的农民。

就契约签订的形式而言，契约的格式比较统一。有立约人，契约中明确地写明契约的签订是出于自愿，是公平合理的，各自的义务表述十分清楚。立约采用的是伊斯兰教历，最后由证人签名、盖印，从契约中可以了解到证人的人数并没有一定的限制，但是从证人的身份来看，有相当的证人都是由毛拉、依玛目、海里排担当的。这说明，由有较声望的资深年长者担任证人，其契约的效力也就越大。

---

① 王守礼、李进新编：《新疆维吾尔族契约文书资料选编》，新疆社会科学院宗教所编印，1994年，第15页。

二、婚姻制度研究

伊斯兰教传入新疆后，伊斯兰教法对新疆社会产生了巨大的影响，渗透到社会生活的每一个方面。在伊斯兰社会中，穆斯林的日常生活受到伊斯兰教法的指导和约束。

伊斯兰教法亦称“沙里阿”“沙里亚”，阿拉伯语中原意为“通向水源之路”，引申为“安拉指引的大道”“必须遵守的常道”，进入法律成文期以后，又称“沙里亚法典”，它是在中世纪政教合一的阿拉伯社会中形成和发展起来的关于穆斯林在宗教、社会、道德、家庭、个人生活等方面的行为法规。清朝前期，伊斯兰教法在南疆地区已广泛实行。

（一）结婚的限制

婚姻家庭是社会最基本的结构。在伊斯兰社会，穆斯林的婚姻生活通过神圣的伊斯兰教法而限制在宗教规范之中。

第一，有血缘关系的禁止通婚。清代，新疆社会普遍实行早婚。《新疆回部志》记载：“回人男过十五即娶，女至十一二即嫁。”① 根据伊斯兰教法的有关规定，对结婚的条件做出了诸多的限制。伊斯兰教法禁止婚娶母、女、姐妹、姨母、姑母、侄女、外甥女等有血缘关系的女性。

同乳不婚。在维吾尔社会中，吮吸过同一母亲乳汁者就被称作同乳兄弟姐妹，她们之间不能婚配。其理由是母亲的乳汁相当于血缘关系。②

第二，有姻亲关系的不得通婚。一个男子不得与女性长辈或后代、或者与长辈或后代的前妻通婚。《古兰经》还规定，不得同时婚娶两姊妹为妻，但若妻子死去，则允许婚娶妻子的妹妹。③

第三，宗教的限制。伊斯兰教法规定，穆斯林男子可以与穆斯林女子或“信奉天经”的女子，即信奉犹太教、基督教、祆教的女子通婚，但穆斯林女子只能婚配穆斯

---

① 《新疆回部志》卷二《婚渊弟十七》，北京边疆丛书续编油印本，1950 年。引自王东平《清代回疆法律制度研究》，黑龙江教育出版社 2003 年版，第 226 页。

②③ 王东平：《清代回疆法律制度研究》，黑龙江教育出版社 2003 年版，第 230、231 页。

林，违反此规定的则构成无效的婚姻。①

（二）对于妻妾的数目的限制

伊斯兰教法规定，一个男子可以同时婚娶四个女子，条件是男子必须拥有一定的经济能力。在维吾尔地区按教规实行的是阿訇征婚的嫁娶制，在阿拉伯婚姻、家庭习俗的影响下，维吾尔族父系社会家庭中一人聘娶四妻者有之，但并不鼓励；一般家庭仍是单偶婚从夫居的一夫一妻制。②《新疆回部志》中记载："一夫可娶三五妇，不以为怪。"③"伯克之妻，回人称之曰阿哈察，即有娶三四妻者，皆同此谓，无大、小、嫡、庶之分。"④伊斯兰教法中的多妻制被称为有限制的多妻制，实际上只有富人才能那样做，一夫一妻制在维吾尔族的社会中才是真正的社会婚姻的基础。

（三）离婚的相关规定

在清代维吾尔地区中，实行"塔拉克"制（休妻）。男方有绝对的休妻权。男方的休妻带有极大的随意性，而女方休夫却不是那么容易。夫方休妻天经地义，极少受到责难，但妻方提出离异至少在理论上讲要受到责难。⑤"夫妇不和，随时皆可离异，……妻弃其夫者，不许动室中一芥；夫弃其妻者，家中所有，任妻取携。子女亦各分认，夫得男，妻得女。离异一年之中，其妻或生子女，夫可承认，逾年则谓不相干矣。"⑥在夫妻解除婚姻关系后一段时间内，其配偶间法定权利和义务并未完全解除，在此期间，被休的妻子不得再婚，这种情况被称作"待婚期"，清朝初期，女子的待婚期为必须待候一百天的时间，而到了清末在丈夫说了三个'塔拉克'，女子必须待候六月零十天的时间。⑦"在待候期间，由男方负担生活费，如果男方不负担生活费，女子只要没有怀孕，可以提前改嫁"。⑧

---

① 王东平：《清代回疆法律制度研究》，黑龙江教育出版社2003年版，第231页。

②⑦ 徐晓光：《中国少数民族法制史》，贵州民族出版社2002年版，第313页。

③《新疆回部志》卷二《婚渊第十七》。

④《回疆通志》卷十二《风俗》。

⑤ 王东平：《清代回疆法律制度研究》，黑龙江教育出版社2003年版，第242页。

⑥《回疆闻见录》卷七。

⑧《维吾尔族社会历史调查》，10页。引自王东平：《清代回疆法律制度研究》，黑龙江教育出版社2003年版，第243页。

（四）财产继承的规定

对继承的顺序和分配额是这样规定的："有子者财产归子，妻女与前妻之子得分子之半；无子有女者，财产归女；子女俱无者，不立嗣，抚他人之子不得分财产，兄弟及宗戚均而分之；其妻无所出者，只分女所分财产之半。子先父母死，父母财产，例不得及于子孙。"①

第五节

清代维吾尔地区的刑事法律制度

清代新疆地区的刑法是大清刑律与新疆旧有刑法体系的结合。清统一新疆以前，新疆维吾尔社会存在有一套旧有的法律体系，当然也存在有旧有的维吾尔惯用的刑法，刑罚种类繁多，制裁的刑事犯罪主要有：偷盗罪、杀人罪、奸淫罪、强盗罪等。盗窃罪为清律与伊斯兰教法所不容，对于偷盗罪一般是割掉盗贼的手，但忏悔改过的，可以不割其手。《古兰经》规定："男女盗贼，你们当割断他们俩的手，以还报他们俩的罪行，以示真主的惩戒。谁在不义之后悔罪自新，真主必赦宥谁。"② 对于杀人罪，一般原则是杀人者死，以命偿命。《古兰经》规定："今以杀人者抵罪为你们的定制，良人抵良人，奴人抵奴人，妇女抵妇女。"③ 对于奸淫罪，一般处以鞭笞，后来穆罕默德又规定，奸夫淫妇应施以乱石的刑罚。对于强盗罪，一般是处以死刑，但也可以驱逐出境。《古兰经》规定："扰乱地方的人，他们的报应，是处以死刑，或钉死在十字架上，或把手脚交互着割去，或驱逐出境。除在你们惩治他们之前已经忏悔者。"④但是，维吾尔社会旧有的刑法体系过于粗糙，这和伊斯兰教法有关。刑法是伊斯兰教法中最不发达的部分，犯罪和刑罚的概念比较模糊，尤其是相对于体系缜密的清律而言更是如此，所以《西域地理图说注》说：回疆"行刑之条律，均属未善"。⑤

---

① 《新疆图志》卷四八。

②④ 《古兰经》第五章，第38—39、33—34节。

③ 《古兰经》第二章，第78节。

⑤ 王东平：《清代回疆法律制度研究》，黑龙江教育出版社2003年版，第169页。

清朝统一新疆初期，考虑到新疆地区民族、文化、历史的特殊性，在与大清律法基本不相抵触的前提下，对新疆原有的法律体系采取了宽容的态度，在一定程度上准予使用伊斯兰教刑法，认可穆斯林习俗和伊斯兰教法在处理轻微刑事案件中的效力。正如乾隆所说："办理回众事务，宜因其性情风俗而利导之，非尽可以内地之法治也。"① 因此，在《西域图志》"风俗卷·政刑条"中有这样的记载："回人有小罪，或褫其衣，墨涂其面，游行以徇，次重者击之，又重者枷之，最重至鞭腰而止。窃物者必断手，视其值十倍而输之。无则械其足，锁于市上以示众，役其要以输值。再犯者刑之如前，掘地为牢，幽之一月乃出之。斗殴者视其被伤之情形而作之，杀人目者抉其目，伤人手足者亦断其手足。犯奸者依回经科断则杀之，宽则罚令当苦役，终其身不复，有证则坐之，无则释之。杀人者抵。有证者据证佐之言以定谳。……不服则鞭其腰，继而刖其足，甚则囚之于地牢，期岁而出之，给苦主为奴。"以上内容是伊斯兰教法与维吾尔族习惯法混合形成的产物。②

随着清朝在新疆统治的逐步巩固，清政府也试图逐步在重大的案件中取缔新疆旧法的使用。事实上，清朝统一新疆后，清朝的各项法律已经成为清政府在新疆所设的各衙门的统治依据，"迩今各部归一，自应遵我朝之律"。③ 对于严重危害到清政府皇权、政权统治及社会稳定的"谋反""谋叛"等十恶不赦的犯罪一律依清律给予处理。乾隆二十九年（1764）发生在喀什噶尔的伊什罕伯克阿布都喇伊木里通外藩的事件，触犯了刑律，证据确凿，"凡私将内地事务漏泄与外藩者，其罪即同反叛"。④ 对于反叛罪《大清律例》中明确规定："不分首从，已行、未行，皆凌迟处死。"⑤ 清依法对阿布都喇伊木进行了处置："着即凌迟枭示，伊子俱着处斩，妻女及兄弟之妻，俱送京备赏，所有财产，查明入官。"⑥ 一人犯罪，株连九族，不难看出惩罚的严厉。

---

① 《清高宗实录》卷六四八。

② 引自徐晓光：《中国少数民族法制史》贵州民族出版社2002年版，第311页。

③ 《西域地理图说注》卷二，《官制制度》，第48页。

④ 《清高宗实录》卷七０七。

⑤ 《大清律例》卷二三《刑律》。

⑥ 《清高宗实录》卷七一五。

第六节

清朝在新疆建省后维吾尔地区的法律制度

清政府最初治理新疆之时，设立了伊犁将军作为新疆的最高行政、军事长官，其下设参赞大臣与伊犁、塔尔巴哈台、喀什噶尔；设都统与乌鲁木齐，其他地方设办事大臣和领队大臣，对新疆的政治制度也根据不同的情况做了不同的变革。采用军府制管理新疆，始于西汉西域都护府的设置，沿于唐代安西、北庭都护府的设立，成于清代军府制的确立。清政府在新疆实行的军府制，在清政府治理新疆的初期，对于巩固边防、开发、建设新疆起到了十分重要的作用。但由于新疆地处中国西北边陲，距内地中央政府遥远，加之军府制是重军轻政，许多地方事务大多委托当地少数民族上层人士来管理，以至于下情难于上达。再加上新疆还是一个多民族、多宗教聚集共存的地区，不同的文化背景、宗教信仰，一旦受到外来势力的影响，极易产生离心的倾向。因此，军府制的弊端不断暴露。清朝同治年间（19 世纪 60 年代）新疆爆发了大规模的各族群众的武装斗争，随后又发生沙俄和中亚浩罕军官阿古柏匪帮的军事入侵，清朝在新疆的治理机构基本瓦解。左宗棠在驱逐阿古柏，收复新疆的过程中，根据新疆变化了的政治形势，提出在新疆建省并全面推行郡县制的主张。经过左宗棠及其后的刘锦堂等人的多年努力，光绪十年（1884），清政府批准添设新疆巡抚、布政使各一员，正式授刘锦堂为新疆巡抚，仍以钦差大臣督办新疆事宜，以甘肃布政使姚光焘为新疆布政使，至此，新疆改设行省遂告完成。新疆建省，建立州、府、县制是维吾尔族和其他各民族历史上的一个重要事件，它使清政府在新疆的统治更加直接化，削弱了地方封建割据势力，巩固了祖国的统一，实现了新疆与其他各省行政制度的一致性，也是近代新疆在新的历史条件下走向一个新时期的开始。

一、废除了南疆维吾尔地区的伯克制度

清政府治理新疆初期所采取的是“因俗而治”，对旧有的维吾尔伯克制进行改革后仍予以保留，而且形成了一套比较完整的伯克制度。各地的伯克凭借手中的权势，

非法地占有大量的土地和农奴。各地伯克占有的土地均属伯克私有，他们不向国家交纳钱粮，使国家的赋税收入大大减少。伯克制度的存在，已经成为维吾尔地区社会经济发展的桎梏。因此，新疆建省时，刘锦堂“通饬南路各厅、州、县，传集各城关阿奇木等伯克……准其各留原品顶戴，仍视城关事务繁简，分设乡约，专司稽查。即于裁缺之回目选令承充，并视品级之崇卑，分送道、厅、州、县衙门充当书吏。相约酌给租粮，书吏酌给口粮，以资养赡。不愿者听便。其乡庄地远，聚难户晓，旧有之伯克暂仍不裁，遇有额缺亦不令补，以期渐照城关一律改设乡约”。① 由于伯克制度在维吾尔地区已有根深蒂固之影响，该伯克为乡约，保留原品顶戴，对被裁缺的伯克介绍到官府衙门充当书吏，酌给口粮，这样做加深了对新疆立法的内地化程度，但是也给民族宗教的上层人士保留了一定的权力。随着伯克制度的废除，原为伯克、阿訇所掌握的司法权基本上被收回到各级政府官员手中。但由于当时还没有建立独立的司法机构，一切民事、刑事案件均有各道、府、厅、州的行政官监理。②

二、《新疆屯垦章程》

新疆建省后，清政府对旧的政治、军事制度进行了重大的变革，与此同时对旧的社会经济制度也进行了重大变革。以民屯为主要形式的屯垦在原有的基础上得到了较快的恢复和发展，特别是在战乱中破坏比较严重的北疆地区农垦得到了较好的恢复和发展。

光绪十三年（1887），由刘锦堂等人上奏清政府制定了《新疆屯垦章程》，按清政府批准的方案，刘锦堂对新疆的屯田进行了一系列的改革，而且取得了成效。该章程规定：以父子、或兄弟、或同伴，均以二人为一户，每户官府给地 60 亩，借给种子粮 3 石，制办农具银 6 两，修盖房屋银 8 两，给耕牛 2 头，以上共折合银 24 两；从春耕算起，给 8 个月口粮和生活费，口粮面粉每月 90 斤，生活费每月银 1.8 两，到秋收为止。③ 对屯田的民户按军队屯田的办法管理，十户派一屯长，五十户派一屯正，五百户派一委员，层层管束，对于屯长、屯正每月分别发给银 2 两或 4 两。对于军队

---

① 《光绪朝东华录》卷七四。引自齐清顺、田卫疆《中国历代中央王朝治理新疆政策研究》，新疆人民出版社 2004 年版，第 322 页。

② 余振贵：《中国历代政权与伊斯兰教》，宁夏人民出版社 1996 年版，第 272 页。

③ 齐清顺、田卫疆：《中国历代中央王朝治理新疆研究》，新疆人民出版社 2004 年版，第 326 页。

裁撤愿意留疆的官兵，与其他屯田的农民一样安置，分别给予土地及贷给农具、种子、耕畜及其他生活资料。对于发送新疆的遣犯，与新疆屯田农民一样安置，尽可能让遣犯携带家眷一同到新疆种地，以使他们能安心生产。改变原为奴遣犯永远不许为民种地、当差遣犯必须服役五年才能为民种地的旧办法，规定："原犯为奴罪名，定限五年，原犯当差罪名，定限三年，果能安分出力，即编入本地民册，给地耕种纳粮。"① 战乱时期驻防新疆的八旗官兵，也全部分配给土地，让其耕种自食，这样既解决了他们的生活问题，也扩大了屯田的规模，以后便成为当地各族农民屯田的一部分。②

三、实行新的赋税制度

新疆建省之后，清政府在南疆维吾尔地区废除了伯克制度，代之而行的是郡县制，并推行和内地各省一致的新的田赋征收办法，一律按土地的亩数征收赋税。新办法规定：南疆维吾尔族所有的土地，根据水源肥力条件的好坏分为三等，"上地每亩科粮五升、四升不等，科草五斤；中地每亩科粮三升，科草五斤；下地每亩科粮一升五合、一升不等，科草二斤"。对于南疆维吾尔地区一些比较特殊的土地，新办法还做了补充规定："凡旧日额征铜金地亩，一律改征粮石"，以减轻这部分土地上农民的负担；对原"义学坛庙乡或各官地"即原有官府拨给各地清真寺、经文学校、麻扎（圣裔墓地）等所有权属于国家的土地，也按照规定缴纳粮赋；对过去由各级伯克以"养廉地"名义占有的土地，在"招田承租"之后，也与其他农民耕种的土地一样，按亩向官府缴纳粮赋；对"距城二百里以外"，比较偏远的土地，农民可以把应交的粮食折成银钱缴纳，可以免去长途运输之劳。同时规定农民在缴纳粮赋时，可以按照"小麦六成，包谷四成"的比例缴纳。③

清政府在新疆地区实行的新的赋税制度，不仅使新疆的赋税征收办法与内地趋向一致，而且为清政府增加了大量的赋税收入，从一定程度上讲也促进了生产力的发展。

①②③ 齐清顺、田卫疆：《中国历代中央王朝治理新疆研究》，新疆人民出版社 2004 年版，第 329、330、333 页。

ZHONGHUA MINGUO SHIQI WEIWUER
DIQU DE FALÜ ZHIDU

第九章

中华民国时期维吾尔地区的法律制度

清朝光绪皇帝于1901年1月颁诏进行“变法”，在中央及各地陆续设立“督办政务处”，实行“新政”。采取了诸多的措施，诸如编练新军，推行“警政”，废除科举，开办学堂，奖励实业等等，虽然取得了一些成绩，但是并没有由此而改变其封建制度。清朝末年，社会危机四伏，处于西北边陲的新疆更是内忧外患。1905年，孙中山成立同盟会，资产阶级革命党人立志要推翻封建帝制，建立民国。1911年爆发的辛亥革命推翻了清朝的统治，中国迈入了民国时期。民国时期是中国社会革命的转型期，在从旧民主主义革命发展为新民主主义革命的历史过程中，国内穆斯林少数民族和其他兄弟民族一样，开始走出封闭状态投入变革的浪潮。新疆是中国穆斯林的主要分布区域，而辛亥革命后的新疆历史又主要是一部军阀统治史，当时宗教的地位与社会状况都取决于历届治新军阀们的思想、政治行为和政策。① 这一时期新疆地区维吾尔的法律制度据史料的记载更多的是体现在有关民族宗教方面。民国时期，各类政治势力集团在新疆的执政时间都不长，本章想通过专节对杨增新、金树人、盛世才治理新疆时期的民族宗教政策进行研究探讨，同时对三区革命时期新疆维吾尔地区的法律制度进行相关的研究。

第一节

杨增新治理新疆时期伊斯兰教政策研究

杨增新，字鼎臣，云南蒙自县莫别村人。生于咸丰十年（1860），光绪三十三年（1907）来新疆任职，历任阿克苏道尹、镇迪道尹兼抚署提法使等职。辛亥革命后被袁世凯任命为新疆都督，后改任省主席，1928年7月7日，被具有民主革命思想的部下樊耀南刺杀身亡。自1912年至1928年，杨增新在新疆主政达17年，在内外交困的情况下，他采取种种措施维护了国家的主权和领土的完整。作为清朝的遗臣即封建传统和道德的维护者，在其执政期间，他始终把伊斯兰教的问题作为整个政策的重要组成部分，也正是他所采取的抚绥和压制并举的策略，才使新疆在其执政的17年中没有发生较大的危及政权的事件，新疆社会是稳定的。

① 于振贵：《中国历代政权与伊斯兰教》，宁夏人民出版社1996年版，第277页。

在杨增新的宗教政策中，“抚绥”是它的核心，其根本出发点是为了安定社会秩序和巩固统治。他认为，要在新疆这个多民族的地区巩固自己的统治，就必须采取“抚绥”的政策，“用新疆之人，以守新疆”“欲求新疆久安长治，不外利用新疆各种族之人，以保新疆，实为万全之策”①。他曾毫不隐讳地称道：“全疆人民约二百万，回缠占百分之九十六七，非利用若辈，无以维持现状。”② 其主要表现就是拉拢维吾尔族的上层人士，对阿訇进行笼络和利用。对清廷曾经在新疆册封的大量王公贵族的爵位全部予以认可，并普遍地给其晋爵，保留其封建的特权。民国初年，哈密王仍然实行着政教合一的统治，他既是地方政权的首脑，又是宗教领袖，杨增新极力拉拢哈密王，在协助哈密王镇压农民起义的同时，在经济上给予优厚的待遇，保留其封建特权。笼络维吾尔王公贵族的同时，也充分地利用阿訇的社会地位和影响去控制广大的穆斯林民众。对于出现“无故革换阿訇之事”③，他责令地方官吏不得无故更换和侮辱阿訇，要求宗教人士对穆斯林民众勤讲天经、各安本分。杨增新明白，只要阿訇为他所利用，就能起到官吏起不到的作用。

利用阿訇协助地方官处理民、刑案件。在清政府实施的政教分离的政策中，就禁止“查经拟罪”，但由于司法机构的不健全和人员的奇缺，阿訇参予处理刑、民案件的现象到民国年间也没有得到改变。民国初年，杨增新以新疆“特殊”为由，宣称在新疆难以施行“普通法律”。因此，各地的官员往往把处理不了的案件交由阿訇来处理，甚至连发生的重大命案，杨增新也曾求助于乡约，结果导致上行下效，许多地方官“遇有难了之案，以阿訇为护符，批寺了结”④。而阿訇协助地方官吏处理案件不可避免地会出现阿訇从中渔利、收受好处等等弊端，杨增新虽然有所认识，但是害怕影响到他的“利用宗教、利用阿訇”的政策，因此对此事睁一只眼，闭一只眼。

“恩威并用”的另一手就是“限制”。杨增新采取独裁专制的手段管理穆斯林事务。由于担心穆斯林各族团结起来进行反抗，在不同的穆斯林民族之间造成相互牵制的局面，达到分而治之的目的，他采取了如下的限制措施：

---

① 杨增新：《补过斋文牍》甲集下。

② 杨增新：《电呈新疆回对用命情形文》，《补过斋文牍》甲集上。

③ 杨增新：《补过斋文牍续篇》卷14。

④ 杨增新：《补过斋文牍》辛集2。

一、明确规定公办清真寺为念经的法定场所

为了防止有人以念经为由私设道堂或在家聚众纠事，他饬令各地的官吏发现“私开道堂”者，应严加“查禁”，令其“自行封闭”。并通知各县知事，“应即逐细调查，造册呈赍核办”。

二、慎选阿訇，不准教民念《古兰经》《圣训》以外的经典

这一点是值得令人借鉴的。在阿訇的任免问题上，杨增新认为选什么样的人当阿訇和给教民讲什么样的经，直接关系到能否维护其统治的问题，他一改清政府关于阿訇的任免由政府控制的做法，下令各地方禁止地方官吏验放或派充阿訇，目的是防止地方官员借机收受贿赂、徇私舞弊而引起教争或难辨阿訇的好坏。他极力主张，阿訇应当由穆斯林“自行公举”，国家不应用行政手段干预阿訇的任免，只有百姓公举才能推选出“品望素孚”的阿訇，才能为教民所“尊信”和“心服”。但是，其前提是被选之人必须是不“擅传邪教、谋为不轨”，因为“阿（洪）訇一身，一教之善恶系之”①。事实上，在杨增新执政期间，对于阿訇的人选问题一直是非常重视的，在对待阿訇的任免问题上并非是放任自流的，如果公举的阿訇不是“品望素孚”，不能协助官府维持地方的治安，不利于社会的稳定，国家的行政是一定要干预的。

三、利用经济手段限制到麦加朝觐的穆斯林人数

杨增新担心到麦加朝觐的哈吉会带来新的思想，表面上他对去麦加朝觐持赞同的态度，认为这是“乐善好施，悔过迁善之举”，而实际上他却以第一次世界大战爆发为由对此加以阻挠。警告官吏“一律停发护照”，发现违令者一律“定即撤任，惩办不贷”。对于坚持要到麦加朝觐的穆斯林民众，采取经济限制的手法，即“所有请领出国朝汗护照者，每护照一张，除照费外，定为加捐款喀票银六百两”，将这些银两用于“补助公益”，以“振兴宗教，维持教学”之用。而在当时能够拿出这样巨额银两的穆斯林是微乎其微的，这样一来，许多人因为交不起银两，不得不推迟或取消

---

① 杨增新：《补过斋文牍》辛集2。

朝觐。

四、严禁“另立教派”和“私立门户”

为防止教派之间的教争“酿成祸端”，杨增新一再声称：“为维持地方计，为维持宗教计”，穆斯林民众应“遵奉马圣人（即穆罕默德）为教主，不必惑于门户之说，免起纷争，实为久安长治之策”①。民国初年，回族内部的教派之争比维吾尔族内部的教派之争更为激烈，回族中一旦发生教派冲突，“小则破坏秩序，大则影响治安”，因此，回族内部的教派之争就成为一个重要的问题。凡是“另立教派，私立门户者”，杨增新都严加禁止。他认为，“另立教派，私立门户”使本来不分门户的穆斯林产生“分立门户”之弊②；清真寺应以阿訇为主体，“不应将讲经礼拜之地”变为巴依“植党营私之所”③；清真寺越多，不但增加穆斯林负担而且是地方变乱之祸源④；“分寺”必“开他日多事之门”⑤。为此，他提出几项防范措施：第一，禁止此地阿訇、毛拉到彼地传经布道，更不准所派之阿訇“总揽各寺之权”，其目的是防止借传教之名“暗传新教，致其教争”。第二，严禁给到彼寺宣讲经典的阿訇颁发谕帖。其目的是防止阿訇借官府以扩展宗教势力及各清真寺借助官势贿买阿訇，在这一点上杨增新的态度是非常坚决的。第三，为了防止泛伊斯兰主义思潮在新疆的蔓延，严禁私聘外国人到新疆充当阿訇和“教习”，“凡外国回教人来新疆游历者，不准入新疆缠回礼拜寺内传经诵经，亦不许新疆回教人与外国传教之回教人往来，并不准延请外国回教人入寺教经”⑥。在当时的世界背景下，杨增新的这些做法是对国家有利的，功不可没。

第二节

金树人治理新疆期间伊斯兰教政策研究

1928 年，统治新疆长达 17 年之久的杨增新遭到暗杀，结束了杨增新的统治，金

① 杨增新：《补过斋文牍续篇》卷 13。
②③④⑤ 杨增新：《补过斋文牍三编》卷 2。
⑥ 杨增新：《补过斋文牍三编》卷 1。

树仁统治时期开始。

如果杨增新所实施的民族宗教政策是以“抚绥”为主、“恩威并用”的话，那么，金树仁所采取的手段恰恰与杨相反，而是依靠武力，用暴力镇压的手段来解决民族宗教问题。因此，在他执政期间新疆的民族矛盾比杨增新时期更为严重。曾问吾在《中国经营西域史》一书中这样写道：金树仁“一切措施皆师杨氏故策，然才识权变不及杨氏，不得其长，悉得其短”。

在新疆这个多民族、多宗教的地区，信仰伊斯兰教的群众约占总人口的2/3以上，伊斯兰教渗透和影响着穆斯林民众生活的各个方面。而且穆斯林文化水平不高，精神生活又不丰富，在这种情况下宗教具有极大的号召力。如果在宗教问题上解决得不妥，就会伤害穆斯林的宗教感情，引起民族误解。金树仁执政期间所采取的武力手段首先表现为对穆斯林民众的民族歧视和残酷的剥削，致使民族矛盾激化。在其执政的头几年虽然没有发生较大规模的民族反抗斗争，但是由于当时的国内外形势对新疆民族问题的尖锐化所产生的影响，新疆的民族矛盾有其潜在的危机。

在哈密地区的政教合一的政权统治下，维吾尔族农民深受封建领主的残酷的剥削和压迫，阶级矛盾和民族矛盾从清末到民国初年以来一直就处于较为尖锐的状态，早在1907年和1912年曾两次发动反抗哈密王封建徭役制度的斗争。1931年，维吾尔农民再次要求废除王制，实行“改土归流”，金树仁出于增加税收和田赋的目的，接受了这一要求，将哈密分为哈密、宜禾、伊吾三个县，宣告了封建王公制度的正式结束。然而，县制代替了王权后，金树仁政权对哈密农民的压迫有增无减，变本加厉地向穆斯林农民征收擅自增加的赋税，扩大税源；将甘肃逃荒来的汉族农民在哈密进行安置，提供给他们耕牛、农具和籽种，并免纳田赋两年，迫使维吾尔农民将熟地转交给汉族农民，直接侵害了当地穆斯林民众的利益。同时，无视民族感情和宗教信仰，扬言要民汉通婚，取消宗教。驻防哈密的汉族驻军当中，经常发生掠夺、强买和调戏妇女事件，终于以“小堡事件”为导火索引发了哈密农民的武装起义。

1931年2月27日，哈密东部沁城乡小堡镇汉族驻军的一个排长张国琥不顾民族习俗，强娶当地维吾尔女子为妻，导致哈密穆斯林农民宣布起义，全排32人被歼，直接酿成了“小堡事件”。以此为契机，对金树仁政权不满的原哈密王府的贵族趁机利用农民起义对官府发动了反抗，起义很快蔓延到整个哈密地区。一些不良分子也很快混入起义队伍，他们任意屠杀当地的汉族居民、甘肃难民和早年游牧到哈密的蒙古族牧民，以至于原本正义的斗争行为掺杂了民族仇杀的内容。哈密“一隅之变”牵动了全疆40余县，反金的斗争遍及了全疆的大部分地区。这是金树仁政权在对待民族宗教问题上的一大严重错误的直接后果。

杨增新在处理宗教问题上的非常重要的一条就是“羁縻政策”，他曾说道，“所以能措新疆于一时之安”，就是用伊斯兰教牵制伊斯兰教，1912年他组建“新疆回队”，就是其“羁縻”与“牵制”思想的体现，“用新疆人，以守新疆”①。而金树仁执政之后“畏政权旁落，故极力任用私人”，对杨增新十分倚重的“回队”更是持有戒心，对“回队”将领不仅不予以重用，还将部分“回队”予以改编，撤换回族军官，对少数民族官吏持猜疑的态度，在官府中擅自任用自己的亲信等等一切的做法都体现了他“一概排斥”的极端思想，势必造成树敌过多、政局不稳。

第三节

盛世才治理新疆期间伊斯兰教政策研究

盛世才，辽宁开源县人，1915年毕业于上海中国公学政治经济科，1917年入东京明治大学，主攻政治经济学，1919年回国考入云南讲武堂广东韶州分校，毕业后任东北奉军中校参谋，1923年入日本陆军大学学习，1927年学成回国。金树仁执政后不久，急需军事人才，1930年盛世才来到新疆。1933年4月，金树仁在“四一二”政变中倒台。盛世才窃据了新疆边防督办职务。盛世才上台后，其民族宗教的政策和其政治举措是同步的。1933—1937年其主政新疆伊始，盛世才提出的“信教自由”的政策受到了进步宗教人士的拥护，使他们在政治上对政府基本上采取了拥护或中立的态度。而在1937—1944年间，盛世才采取独裁政策，迫害宗教人士。盛世才主政新疆近12年，先后蒙冤被捕入狱者达10万多人，而被杀害者在5万人以上，其中包括相当数量的各民族代表人物和一大批穆斯林人士②。因此，盛世才执政期间的宗教政策明显可以分为两个阶段，即“1937年以前和1937年以后两个截然不同

① 杨增新：《补过斋文牍》甲集下。

② 余振贵：《中国历代政权与伊斯兰教》，宁夏人民出版社1996年，第385页。

的阶段”①。

1933年，盛世才虽然当选为临时督办，但是离统一天山南北的距离还很远。当时，马仲英正第二次进入新疆，攻下哈密三城，又相继攻占了鄯善、吐鲁番、木垒河，可以说是占据了东疆。在南疆也出现了一个由英帝国主义幕后操纵、以喀什为据点的标榜所谓“独立”的分裂政权“东突厥斯坦伊斯兰共和国”。经过一年多的斗争，1934年盛世才基本上统一了新疆。为了巩固其独裁统治，收买人心，他伪装进步。1934年，在由省政府发表的宣言书中提出他的施政纲领，把治理新疆民族问题放在了领先的地位，统称“八大宣言”，即实行民族平等、保障信仰自由、实施农村救济、整理财政、澄清吏治、扩充教育、推行自治、改良司法。1935年，盛世才又提出一个对八大宣言的补充和发展的新的“九项任务”，其中第九项明确规定：“绝对保护各族王公、阿訇、喇嘛等地位和权力。”1936年，他又提出“反帝、亲苏、民平、清廉、和平、建设”的六大政策。应该说，在当时的新疆的政治情况下，六大政策的提出顺应了历史前进的潮流，有其进步的意义。在历史上矛盾一直比较突出的新疆，各族人民对社会安定、民族和睦有着热切的渴望，而“民族平等”“信仰自由”这些具体的政策符合当时人民的心声，受到了新疆各族人民的拥护。特别是盛世才宣称的“团结宗教上层人士”“共同建设新疆”，给予了新疆民族宗教人士较高的政治地位。让宗教人士在新疆全省民众代表大会上参政、议政，这一做法激发了包括受到进步思想影响的宗教人士在内的穆斯林民众对政府的信任感，对各民族之间的团结、新疆的社会稳定起了积极的作用，缓和了当时的民族矛盾。

1937年，盛世才在新疆督政已达四年之久，也就是从这一年开始，他先后进行了两次大的清洗行动，利用独裁手段捕押了大批的穆斯林人士，引起了各族穆斯林的极大不满。面对新疆的民族宗教政策问题，他并不是忠实地履行着自己所颁布的民族平等和宗教信仰自由政策，为了个人的独裁统治，他不惜任意给人罗织罪名，对穆斯林民众实行暴政，给新疆各族人民的心灵留下了久久难以愈合的创伤。他多次以召开少数民族代表大会为由，整肃少数民族中的反盛分子。从1937年8月开始，盛世才在新疆各地进行大规模的逮捕，上至省政府委员，下至各界知名人士及富商巨贾，先后被捕的达千余人，而在这次大逮捕中，各地知名的宗教人士也未能幸免，回族各教派有影响的人物几乎全部被捕。1939年，他举办全疆蒙、哈、柯三族代表大会，而参加

---

① 中国新疆地区伊斯兰教史课题组编：《中国新疆地区伊斯兰教史》，新疆人民出版社2000年，第317—318页。

这个会议的均为这三个民族中的头人和知名人士，他们都是怀着惴惴不安的心情前去参加会议，而会议期间就有哈萨克族代表被“莫须有”的罪名投入狱中，恐怖的气氛笼罩在新疆大地之上。盛世才对待伊斯兰教和穆斯林宗教人士的这种态度及做法，极大地伤害了新疆各族穆斯林人士的感情，其前期在新疆民族宗教政策方面取得的一些成果也多化为乌有，在当时的大的国际背景下，对新疆的稳定是极其危险的。

1944 年 8 月，盛世才调任农林部长，离开新疆。新疆由国民党政府直接统治，由主持边政多年、对民族问题极有经验的曾任蒙藏委员会委员长的吴忠信任新疆省政府主席。吴忠信在处理伊斯兰教的问题上有以下举措。第一，发表了《告新疆民众书》，提出了四项施政重点，即增进宗族互信、保障宗教自由、安定地方以乐民居、维护币信以利民生。第二，释放被盛世才关押的穆斯林人士并予以安置。第三，组织多路慰问团去宣抚各族穆斯林民众及百姓。第四，为了阻止革命力量的发展，采取封官许愿的手法笼络少数穆斯林人士和阿訇、毛拉。1946 年 3 月，吴忠信离开新疆，前后共一年零五个月。紧接着张治中主政新疆，在民族宗教政策问题上采取了一些争取民心的措施。诸如，把尊重少数民族及其宗教信仰作为建设新疆的精神基础；明确承认保障宗教信仰自由和保持少数民族固有的文化；用行政手段禁止汉人和伊斯兰教妇女通婚，通过采取这些措施以达到对宗教上层人士的安抚。

第四节

三区革命时期新疆维吾尔地区的法律制度

1944 年秋，在新疆的伊犁、塔城、阿勒泰三个地区爆发了以维吾尔、哈萨克等少数民族人民为主力军的反对盛世才和国民党反动统治的大规模的武装斗争，并取得了政治、军事上的重大胜利，经过一年多时间的浴血奋战，终于推翻了国民党在伊、塔、阿三区的统治，成立了临时革命政权。这就是新疆现代史上的“三区革命”。三区革命是在中国共产党领导的新民主主义革命的推动之下，特别是在抗日战争即将在全国取得胜利的大好形势下爆发的，它是新疆各族人民谋求民族解放、争取民主与平等的一次民族民主革命运动。1949 年 8 月 18 日，毛泽东同志在致伊宁特区政府领导人阿合买提江·哈斯木的信中指出：“你们多年来的奋斗，是我全中国人民民主革命运动的一部分，随着西北人民解放战争的发展，新疆的全部解放已为期不远。你们的奋斗将获得最后的成功。”三区革命虽然不是由共产党领导的无产阶级革命，但它是在中国共产党的影响、支持和推动下爆发的一次人民革命，是中国民主革命的一部分，三区革命的历史经验说明，新疆各族人民的根本利益是一致的，命运是相同的，各族人民只有团结一致，互相支持和帮助，才能够彻底摆脱压迫和剥削。

一、三区的司法机构

1944 年 11 月 12 日三区革命临时政府成立之初，决定在临时政府之下设立内务厅（即警察机关）、司法机关、最高法院和宗教法庭等执法机关。

（一）内务厅

内务厅是三区革命政府的最高警察机关。1946 年 6 月 28 日，三区革命政府与国民党政府和平谈判达成成立联合政府的协议后，内务厅改称为伊犁专区公安局。① 内务厅是三区革命的治安机关，它的主要职责任务是：保卫国家的安全和人民的安定；维护社会治安、惩治犯罪；随时帮助解决群众中发生的纠纷。内务厅辖伊犁、塔城、阿勒泰三个地区的 16 个县警察局，内务厅下设 12 个科，科下设有若干个股。12 个科分别是：政治保卫科、机关保卫科、治安科、检查科、财务科、军事保卫科、刑侦科、户籍科、干部人事科、装备科、监狱科、秘书科。②

三区警察机关实行的是供给制与警衔制。供给制是指三区警察机关所属的衣、食和主要日用品，全部由三区革命政府供给，每人每月发给少量的津贴。当时，警察机关的一切财务、后勤和供应工作均由内务厅副厅长玛斯卡洛夫主管。三区警察机关所属的生活日用品及苏制警服，均由他负责与苏联方面签订合同，协商购买。1945 年 8 月 8 日，内务厅给三区警察机关的干警人员授衔，正式开始实行警衔制。警衔共分为三级十二等。即：士、尉、校三级。士又分为下士、中士、上士；尉分为少尉、中尉、上尉、大尉及准尉；校分为少校、中校、上校。③

①②③ 阎殿卿：《新疆三区革命法制史》，中国社会科学出版社 1991 年版，第 13、14、16 页。

（二）审判机关

1945 年 2 月 15 日，临时政府通过 23 号决议，决定正式成立司法厅，并任命买合买提江·马合苏木为厅长，① 全面负责最高法院的筹建工作。1945 年 4 月，最高法院正式成立，三区革命政府任命买合买提江·马合苏木兼任最高法院的院长。1946 年 6 月，三区革命政府同国民党政府通过和平谈判达成成立联合政府的协议后，三区最高法院改为伊犁专区法院，任命买合买提江·马合苏木为伊犁司法署长兼任伊犁法院院长；买尔曼为第一副院长兼任首席检察长。②此外，在三区革命军中建立了军事法院；在边远地区建立了巡回法庭；在伊犁允许俄罗斯人建立了专门法庭，以便更好地处理有关俄罗斯人的诉讼案件。

三区的审判机关分为：最高法院、地区法院和县级法院三级。最高法院是三区的最高审判机关；地区法院是最高法院的派出机关；县法院是三区的基层审判机关。最高法院设在三区革命政府的所在地伊宁。最高法院管辖塔城、阿勒泰和伊犁地区所属的县法院。③

三区法院的主要职责和任务是通过审理刑事、民事案件维护三区革命的法律秩序，保障社会治安，巩固和捍卫三区革命的胜利果实，保障人民的合法权益。按照案件的审理权限，三区法院根据《刑法》和《刑诉法》的有关规定，依法审理民事、刑事案件。

（三）检察院

检察院是法律的监督机关，它的主要职责任务是通过审查批捕、起诉和出庭支持公诉等活动，对侦查机关的侦查活动和法院的审判活动依法进行监督。三区的检察机关是在三区革命取得胜利之后建立起来的，它的机构构成包括三个部分：总检察长、专区检察长和县检查科。由于历史条件的限制，检察院并不是一个单独的机构，而是作为各级法院的一个附属机构。总检察长是三区革命政府的最高检察机关和最高法律监督机关，它独立行使法律监督职能，不受任何政府机关的干扰，最高检察长只服从于三区革命政府最高协商会议的领导。在总检察长之下，设有责任秘书作为办事机构，根据总检察长的指示进行工作。专区检察长是三区地方的最高检察机关，在专区

①②③　阎殿卿：《新疆三区革命法制史》，中国社会科学出版社 1991 年版，第 3、18、19 页。

检察长下边设有秘书和检察员若干，协助检察长开展工作。在县一级没有单独设立检察机构，检察职能一直是通过分设在县法院内的检察科来行使的，其主要任务是通过受理侦查终结案件，审查起诉、提起公诉和参与审判活动等，行使审判监督的职能。

检察院作为法律的监督机关，在三区革命过程中与警察机关、法院紧密配合，发挥了巨大的作用。它通过参与审讯、审判等活动，同各种刑事犯罪进行了坚决的斗争。据伊犁法院检察科的统计，1947 年 1—9 月，检察科共审理各类犯罪案件 75 件。1948 年检察科计划每月受理案件 15 件；要求每个检察员每月办理 3—5 个案件。1947 年底，伊犁法院检察科曾参予查处了库那洪等 6 人的重大抢劫案，此案中有 4 人被判处死刑。①

二、三区的刑事法律研究

三区革命政权建立后，如何维护革命根据地的社会秩序，确保社会治安、人民的民主权利和生命财产的安全是三区革命政权面临的一项重要任务。1945 年 5 月 13 日，三区革命政府制定并颁布了《刑法》，它是三区革命政府成立后所制定的第一部基本立法，共有七章一百一十一条。它是以苏联的刑事立法为蓝本，结合三区革命的实际需要，集宪法、刑法、程序法为一体，在其开篇中就规定了公民的权利和义务，确定了公民在法律上的地位。强调公民在法律面前平等，指出：“生活在三区革命政府所属土地上的各民族男女都是政府的公民”“每一个公民都充分享有政府赋予的权利，并正确认识这些权利，忠实履行政府所规定的公民义务”。②它同时吸收了苏联刑事立法的一些好的经验，简单、实用，在巩固三区革命新政权、保障人民的民主权利和生命财产安全方面发挥了重要的作用。

三区革命的刑法原则是参照苏维埃刑法的一些基本原则而确立的，共有九大原则。

（一）罪刑法定原则。三区的刑事立法明确规定：“以法定罪，以罪施法”“调查单位只调查符合按刑法条文出发的犯罪”“经过对罪行的全面调查，确认构成犯罪时，所犯罪行适用哪一条法律条文，就以哪一条法律条文量刑”。③

（二）平等原则。“全体公民一律平等”，每个公民“都可以向法院提出书面申

---

①②③ 阎殿卿：《新疆三区革命法制史》，中国社会科学出版社 1991 年版，第 23—25、29、37 页。

诉，并进行应有的诉讼”“对他人无故施以刑法惩处或者诬陷的”，将受到刑法的追究，① 这一原则肯定了公民在法律上的平等地位。

（三）一罪一罚原则。对某一种犯罪行为法律规定只能收到一次追究和一次处罚，“一人一罪被追究的犯人（不论他是如何被追究的），只要受到起诉和开除公职的处罚，就算是受到了处罚。不能借口处罚太轻而重新追究被告的责任”。②一罪一罚原则有利于维护司法机关的权威和审判工作的严肃性。

（四）数罪并罚原则。数罪并罚是对犯有两种以上罪行的犯人，法院根据其所犯的罪行，分别定罪，合并处罚，以确定综合刑期。三区《刑法》明确规定：“如果一个人因两种罪行被追究，调查机关应依罪量刑，将两种罪行合二为一，按照两种法律条文追究责任。”同时还规定，“法院……对犯有两种罪行的犯人，应按照两种法律条文追究责任并在量刑幅度上，采取就高不就低的办法。”③

（五）商定罪行原则。按照三区的法律规定，用语言侮辱他人、以信件中伤他人、夫妻之间发生的纠纷和父母强迫包办子女的婚姻等情节轻微的案件，当事人之间可以通过协商的方式来决定是否定起诉和定罪。对于这类情节轻微的案件，如果当事人之间相互取得了谅解，法院就不再起诉和定罪，反之将依法追究责任。

（六）未成年人犯罪刑期减半原则。未成年人不具有完全行为能力，他们不可能预见到他们的行为可能产生的危害社会的后果，三区《刑法》规定：犯人不满十六周岁“对不满年龄的小孩，可处一半刑罚，并送至反省室……做工受罚”。“如果盗窃者是不满成年的幼稚儿童，可以从轻处罚。并处两年徒刑”。④

（七）公职人员、在押犯重新犯罪加重处罚原则。为保证公职人员队伍的廉洁性和打击在押犯的重新犯罪活动，三区法律规定了对公职人员和在押犯重新犯罪加重处罚的重要原则。三区《刑法》第76条明确规定了公职人员如果利用职权犯贪污、收受贿赂或者诬告陷害他人的罪行，将加重处罚，绝不宽容；在押的犯人在被关押期间重新犯罪的，把未执行完的刑期与重新犯罪应执行的刑期二者累加，以决定其应执行的刑期。

（八）法律面前人人平等的原则。不论是什么人犯罪，也不论其年龄大小，成年人还是未成年人，一律按其所犯的罪行适用法律条文。

（九）外国人犯罪适用所在国的法律。三区《刑诉法》第300条明确规定：“如

①②③④　阎殿卿：《新疆三区革命法制史》，中国社会科学出版社1991年版，第38、38、39、40页。

果犯人是外国人，应视其所犯罪行，按照所在国的法律追究责任。”而且还特别注明，外国人犯罪同国内其他人民犯罪在适用法律上是“一致的”。①

除上述《刑法》原则外，三区的刑事法律特别是刑事诉讼法中对于审判制度、审判的管辖、证据的搜集和运用、强制措施、立案、侦查、起诉等等也都有其相应的规定。不难看出，三区的刑事法律还是比较完备的，尽管某些方面存在有一定的局限性，但在当时的情况下，是对于巩固新政权、维护社会治安有重大的意义。

三、宗教法庭

宗教法庭在新疆维吾尔地区的历史上是早已存在的，是伊斯兰教法律的执行机构，执法者称“喀孜”，故有时也称“喀孜法庭”。宗教法庭一般由下列人员组成：

喀孜卡朗——宗教法庭的庭长，大法官。

穆夫提——教法解释人，一般主管遗产、婚姻等。

艾兰木——负责处理一般民事纠纷的法官。

喀孜——宗教法官，可掌摹印。

热依斯——教规监督人，可持皮鞭鞭打违反教规的教徒。

新疆三区革命取得胜利后，1944 年 11 月，临时政府决定成立宗教事务厅，任命阿布迪·穆塔·阿里·哈里发为宗教事务厅厅长。宗教事务厅是三区政府领导和处理宗教事务的机关，宗教法庭是经三区政府承认并允许存在的宗教审判机关。②宗教法庭依据《古兰经》和宗教习惯审理涉及宗教事务的案件，宗教法庭对案件做出的判决同样具有法律效力。在三区政府所辖的各专区、县都设有宗教法庭的机构，它们彼此之间没有隶属关系，都受宗教事务厅的领导和监督。

宗教法庭审理案件有明文规定，“涉及到有关宗教方面的案件应由宗教事务厅和宗教法庭做出裁决”“没有确凿证据的诉讼，可以交由宗教法庭和公证人裁决”。此外，“宗教法庭负责审理有怀疑的诉讼案件（如遗产、婚姻、离婚），并按宗教法庭的判决执行”“有关孤儿、彩礼等申诉案件应按本民族自己的风俗习惯，由宗教法庭审理”。③这些规定充分地说明了宗教法庭审理案件的范围，主要是些涉及宗教徒之间的民事纠纷的案件、涉及本民族风俗习惯的案件以及和宗教事务有关的案件。而宗教法

①②③ 阎殿卿：《新疆三区革命法制史》，中国社会科学出版社 1991 年版，第 43、90、202 页。

庭审理案件的依据是《古兰经》和宗教习惯，《古兰经》是伊斯兰教先知们诵经传道的经文和训令，后来逐渐成为伊斯兰教的一部习惯法规。在阎殿卿先生所著《新疆三区革命法制史》一书中记载了宗教法庭开庭审理案件的特殊程序：比如，一件没有确凿证据的财产纠纷案，如果交由宗教法庭来处理，宗教法庭的阿訇就会把《古兰经》高高举起，让当事人在“真主”面前真诚宣誓。因为“真主”一向教导其“信徒”要“坦诚”“无私”，不能够随意侵占他人的财产，否则就要受到“真主”的“惩罚”。这时，如果某项财产真的属于其中一个当事人，那么这个当事人就会跪在《古兰经》前举手宣誓；反之，另一个不是这项财产主人的当事人，他就不敢跪在“真主”面前宣誓，害怕受到“真主”的“惩罚”。阿訇推断据此某项财产的归属问题。①

当时，凡是涉及有关财产纠纷的案件都由宗教法庭加以解决。下面的契约文书也说明了这一点。

契约一：

1946 年 1 月 23 日

伊斯兰教历 1366 年 3 月 1 日

我们是卡斯克村阿吾提阿吉的儿子吐拉阿吉木，女儿吐拉布维。我们把位于 550 户之处的 2 片三等地（20 亩）及其土地上的树木、马路卖给了艾具杜拉·买合苏木、穆罕默德·艾贝杜拉·买合苏木、木提依拉·买合苏木、依达依提拉·买合苏木，价格为 2 万 9 千元，现款如数收到。从今后，我们不再拥有那些财产的所有权，特立此据为凭。一片土地的东部与吐尔地巴依的土地相连，以地埂为界；南部以信女古力苏木的土地相连，有的地方与沙吾提的土地相连，有的地方与吾买尔·帕合提的土地相连，以地埂为界；有的地方与阿吾拉·塔吉木的土地相连，以水渠为界；北部以达吾提阿訇的继承人的水渠为界。另一片土地的东部与吐拉吉木的土地边接，有的地方与尼牙孜·库瓦依的土地边接，以老地埂为界；南部与水渠相连；西部与达吾提阿訇的继承人的土地相连，以旧地埂为界；北部是阿吾提阿訇的土地，以杏树为界。这些土地四周的杏树、桑树、杨树、沙枣树等都归买主所有。

证明人：百户长托合提阿訇

买苏尔阿訇

（宗教法庭印章三枚）

---

① 阎殿卿：《新疆三区革命法制史》，中国社会科学出版社 1991 年版，第 205 页。

（印章一枚）①

契约二：

1945年8月3日

伊斯兰教历1364年8月23日

立约人老城花园阿布杜卡力之子买买提艾力。

我曾上告阿布拉卡力处有我的13斤油钱和8称子红花油渣钱未给。区上问了我们以后，又让我们上宗教法庭去。阿布拉卡力说，我从买买提艾力处拿了油是实，但是我给了他8分黄金，已经了结了。我说，那8分黄金是其他的油钱，这13斤油的钱我没收到。

宗教法庭判决说，阿布拉卡力找证明人，找不出证明人，则由买买提艾力发誓，发誓以后，则由阿布拉卡力给13斤油，8称子红花油渣。

我们两人都同意阿布拉说：买买提艾力发誓的话，则我阿布拉给上述东西。

买买提艾力说，如果我发誓后就死了，那是我的死期到了。

可是，有些好心人从中说和，阿布拉卡力给了4分黄金，就作罢论了。

（印章一枚）②

而宗教法庭在审理遗产纠纷案件和婚姻案件中采取的却是另外一种方式。在审理遗产纠纷案件时，往往是歧视妇女，维护“父系亲属的继承权”“余产归父系男性至亲的继承权”，主张“儿子得两倍于女儿的份额”，③ 妇女的继承权往往得不到应有的保护。

宗教法庭处理离婚案件则是沿用“玉希塔拉克”（即三休）的宗教习惯法来作为审理依据的。按照“玉希塔拉克”的习惯法规，只要男方连着三次说出休妻的话，妻子就得离开丈夫回娘家去住。宗教法庭就可以据此裁定休妻（离婚）有效。如果离婚之后男方反悔，想与女方复婚，那么必须要在阿訇的主持下与另一男人再结一次婚，才可以与原来的丈夫复婚。女方离婚后在三个月零十天内不准嫁人，以观察其是否怀有身孕，如果已经怀孕，其腹中的子女生下后仍为原夫所有，并享有其生父的财产继承权。

契约一：

---

①② 王守礼、李进新编：《新疆维吾尔族契约文书资料选编》，新疆社会科学院宗教研究所编印，1994年，第167、160页。

③ 阎殿卿：《新疆三区革命法制史》，中国社会科学出版社1991年版，第207页。

1947年3月8日

伊斯兰教历1366年4月15日

我是依提木乃尔村艾合买提阿訇的儿子色买提阿訇。我代为诉讼的是：我把女儿热比汗嫁给了艾贝杜拉买合苏木，由于他们感情不和，我女儿离婚之时，其夫说了一声“塔拉克”，被迫离婚，结婚时其丈夫所买衣服、被褥给了我女儿，均已退还。对男方再不要求给予任何资助，对此我均无意见。

证明人：依玛目买合苏提

达吾提阿吉

（宗教法庭印章一枚）

（印章一枚）①

契约二：

1947年

伊斯兰教历1366年□月20日

发誓人沙代提汗、卡斯木阿訇。

我沙代提汗向吐尔逊卡力控诉卡斯木阿訇。自我们结婚以后，他没有给我给地毯而和我离了婚。以后又说给我地毯，买了毡和家具，重新成家。离婚后，我拿不上东西，我要东西，卡斯木阿訇说是不洁之物。昨天又将我打伤。我想要回东西，脱离他的压迫。

吐尔逊卡力同意以教法审讯，但卡斯木阿訇不承认以上言行。

宗教法庭做出了如下判决：沙代提汗找证人，证明所诉的真实性，找不到证人的话，卡斯木阿訇发誓。卡斯木阿訇也应找证人，证明它对沙代提汗做了不正确的事情。找不到证人的话，沙代提汗应对自己的所作所为发誓。

诉讼结束。

我们对此也满意。

谁干了亏心事，死后自己负责。

（印枚2枚）②

尽管宗教法庭享有独立的审判权，但是宗教法庭必须在三区法律规定的范围内，开展宗教审判活动，实行一次终审，整个宗教审判活动由阿訇主持，宗教法庭还设有

①② 王守礼、李进新编：《新疆维吾尔族契约文书资料选编》，新疆社会科学院宗教研究所编印，1994年版，第167、173页。

庭长、审判员及法警，宗教法庭刻有自己的印章，当事人没有上诉权，除了服从之外，没有辩护权和请求复议的权利。

新疆是一个以信仰伊斯兰教为主的少数民族地区，伊斯兰教从公元10世纪传入新疆后，不断得到发展，教权、政权和少数民族的宗教信仰和风俗习惯相互渗透融合在一起。在三区革命时期，宗教法庭既是宗教事务的主宰机关，又是宗教执法机关。三区革命政权初建之时，需要各阶级、各阶层人士的广泛支持，三区内的广大的少数民族非常虔诚信仰宗教，又积极支持三区革命，因此允许宗教法庭在法律允许的范围内，在三区政权的监督和领导下有限制地开展宗教审判活动，在当时是必要的。新中国建立后，党和政府在废除一切宗教封建特权和宗教压迫剥削制度的同时，也坚决废除了宗教法庭，并一再强调，绝不允许宗教干预国家行政、干预司法、干预学校教育和社会公共教育，从而使广大信教群众的社会生活和宗教事务逐步纳入到国家宪法和法律的轨道。

参考文献

回族法制史

［1］《古兰经》，马坚译，中国社会科学出版社 1981 年版。

［2］〔埃及〕纳·阿·曼苏尔编:《圣训经》(全集)，陈克礼译，1998 年合订本。

［3］〔埃及〕穆·本·穆罕默德艾玛热编:《布哈里圣训实录精华》，宝文安、买买提·赛来译，中国社会科学出版社 1981 年版。

［4］［清］王岱舆:《正教真诠·清真大学·希真正答》，余振贵、铁大钧译注，宁夏人民出版社 1999 年版。

［5］［清］刘智:《天方典礼》，天津古籍出版社 1988 年版。

［6］［清］马注:《清真指南》，余振贵标点，宁夏人民出版社 1988 年版。

［7］［清］马德新:《四典会要》，杨永昌、马继祖标注，青海人民出版社 1988 年版。

［8］［清］金天柱:《清真释疑》，海正忠点校，宁夏人民出版社 2002 年版。

［9］祝庆祺等编:《刑案汇览三编》，北京古籍出版社 2004 年版。

［10］刘作翔:《法律文化理论》，商务印书馆 1999 年版。

［11］吕世伦、文正邦主编:《法哲学论》，中国人民大学出版社 1999 年版。

［12］李楯编:《法律社会学》，中国政法大学出版社 1999 年版。

［13］田成有:《法律社会学的学理与运用》，中国检察出版社 2002 年版。

［14］梁治平：《清代习惯法：社会与国家》，中国政法大学出版社 1996 年版。

［15］梁治平：《寻求自然秩序中的和谐》，中国政法大学出版社 1997 年版。

［16］谢晖、陈今钊主持：《民间法》（第 1 卷），山东人民出版社 2002 年版。

［17］谢晖、陈今钊主持：《民间法》（第 2 卷），山东人民出版社 2003 年版。

［18］谢晖、陈今钊主持：《民间法》（第 3 卷），山东人民出版社 2004 年版。

［19］公丕祥：《东方法律文化的历史逻辑》，法律出版社 2002 年版。

［20］王云霞：《东方法律改革比较研究》，中国人民大学出版社 2002 年版。

［21］高鸿钧：《现代法治的出路》，清华大学出版社 2003 年版。

［22］高鸿钧：《伊斯兰法：传统与现代化》（修订版），清华大学出版社 2004 年版。

［23］高道蕴等编：《美国学者论中国法律传统》，中国政法大学出版社 1994 年版。

［24］范忠信：《中国法律传统的基本精神》，山东人民出版社 2001 年版。

［25］张冠梓：《论法的成长》，社会科学文献出版社 2000 年版。

［26］蔡定剑：《历史与变革：新中国法制建设的历程》，中国政法大学出版社 1999 年版。

［27］瞿同祖：《中国法律与中国社会》，中华书局 1981 年版。

［28］武树臣等：《中国传统法律文化》，北京大学出版社 1994 年版。

［29］俞荣根：《道统与法统》，法律出版社 1999 年版。

［30］林端：《儒家伦理与法律文化》，中国政法大学出版社 2002 年版。

［31］张仁善：《礼·法·社会：清代法律转型与社会变迁》，天津古籍出版社 2001 年版。

［32］马小红：《礼与法》，经济管理出版社 1997 年版。

［33］刘广安：《清代民族立法研究》，中国政法大学出版社 1993 年版。

［34］吴海航：《元代法律文化研究》，北京师范大学出版社 2000 年版。

［35］王志强：《法律多元视角下的清代国家法》，北京大学出版社 2003 年版。

［36］范宏贵：《少数民族习惯法》，吉林教育出版社 1990 年版。

［37］高其才：《中国少数民族习惯法研究》，清华大学出版社 2003 年版。

［38］龙敬儒：《宗教法律制度初探》，中国法制出版社 1997 年版。

［39］吴大华：《民族法律文化散论》，民族出版社 2004 年版。

[40] 吴宗金等:《民族法制的理论与实践》,中国民主法制出版社1998年版。

[41] 徐中起等:《少数民族习惯法研究》,云南大学出版社1998年版。

[42] 张晓辉主编:《中国法律在少数民族地区的实施》,云南大学出版社1994年版。

[43] 戴小明等:《民族法制问题探索》,民族出版社2002年版。

[44] 徐晓光:《中国少数民族法制史》,贵州民族出版社2002年版。

[45] 张晋藩主编:《清朝法制史》,法律出版社1994年版。

[46] 张晋藩:《中国法律的传统与近代转型》,法律出版社1997年版。

[47] 费成康主编:《中国的家法族规》,上海社会科学院出版社1998年版。

[48] 熊坤新:《民族伦理学》,中央民族大学出版社1997年版。

[49] 杨建新:《中国西北少数民族史》,民族出版社2003年版。

[50] 邱树森主编:《中国回族史》(上、下),宁夏人民出版社1996年版。

[51]《回族简史》编写组编:《回族简史》,宁夏人民出版社1978年版。

[52] 杨志玖:《元代回族史稿》,南开大学出版社2003年版。

[53] 王永亮:《西北回族社会发展机制》,宁夏人民出版社1999年版。

[54] 吴建伟主编:《回回古文观止》,宁夏人民出版社2000年版。

[55] 吴建伟主编:《回回旧事类记》,宁夏人民出版社2002年版。

[56] 余振贵、雷晓静主编:《中国回族金石录》,宁夏人民出版社2001年版。

[57] 马塞北:《清实录穆斯林资料辑录》(上、中、下),宁夏人民出版社1988年版。

[58] 留东清真教育会编:《醒回篇》,王希隆点校,兰州大学出版社1988年版。

[59] 白寿彝:《中国伊斯兰史存稿》,宁夏人民出版社1983年版。

[60] 白寿彝:《回民起义》(1—4),上海人民出版社2000年版。

[61] 白寿彝:《中国回回民族史》(上、下),中华书局2003年版。

[62] 杨兆钧主编:《云南回族史》,云南民族出版社1989年版。

[63] 马通:《甘肃回族史》,甘肃民族出版社1994年版。

[64] 马通主编:《回族近现代史研究》,宁夏人民出版社1996年版。

[65] 答振益:《回族历史文化论集》,香港天马图书有限公司2005年版。

[66] 张怀武主编:《近现代回族爱国斗争史话》,宁夏人民出版社1996年版。

[67] 赖存理:《回族商业史》,中国商业出版社1988年版。

［68］高占福：《西北穆斯林社会问题研究》，甘肃民族出版社 1991 年版。

［69］胡振华主编：《中国回族》，宁夏人民出版社 1993 年版。

［70］马建春：《元代东迁西域人及其文化研究》，民族出版社 2003 年版。

［71］丁宏、张国杰编著：《百年中国穆斯林》，宁夏人民出版社 2002 年版。

［72］伍贻业主编：《南京回族·伊斯兰教史稿》，金陵刻经处 2000 年印刷。

［73］吴丕清：《沧州回族》（上、下），中央民族大学出版社 1999 年版。

［74］马鸿超、田志和主编：《吉林回族》，吉林教育出版社 1989 年版。

［75］丁国勇主编：《宁夏回族》，宁夏人民出版社 1993 年版。

［76］冯福宽：《陕西回族史》，陕西人民出版社 1997 年版。

［77］丹昌国主编：《呼和浩特回族史》，内蒙古人民出版社 1994 年版。

［78］马寿千：《马寿千回族史志论集》，中央民族大学出版社 2009 年版。

［79］李松茂：《回族伊斯兰教研究》，宁夏人民出版社 1993 年版。

［80］吴万善：《西北回民起义研究》，兰州大学出版社 1991 年版。

［81］丁焕章、刘钦斌：《中国西北回民起义斗争史》，中国科学文化出版社 2003 年版。

［82］刘天明：《伊斯兰经济思想》，宁夏人民出版社 2001 年版。

［83］王正伟：《回族民俗学概论》，宁夏人民出版社 1999 年版。

［84］王正伟：《伊斯兰经济制度论纲》，民族出版社 2004 年版。

［85］杨启辰、杨华主编：《中国穆斯林的礼仪礼俗》，宁夏人民出版社 1999 年版。

［86］马绍周、隋玉梅：《回族传统道德概论》，宁夏人民出版社 1998 年版。

［87］孙振玉主编：《回族社会经济文化研究》，兰州大学出版社 2004 年版。

［88］马平：《回族心理素质与行为方式》，宁夏人民出版社 1998 年版。

［89］纳麒：《传统与现代的整合：云南回族历史·文化·发展论纲》，云南大学出版社 2001 年版。

［90］杨经德：《回族伊斯兰习惯法研究》，宁夏人民出版社 2006 年版。

［91］纳忠：《阿拉伯通史》（上、下），商务印书馆 1997 年版。

［92］金宜久主编：《伊斯兰教》，宗教文化出版社 1997 年版。

［93］吴云贵：《伊斯兰教法概略》，中国社会科学出版社 1993 年版。

［94］吴云贵：《当代伊斯兰教法》，中国社会科学出版社 2003 年版。

［95］秦惠彬：《中国伊斯兰教与传统文化》，中国社会科学出版社 1995 年版。

［96］李兴华等：《中国伊斯兰教史》，中国社会科学出版社 1998 年版。

［97］余振贵：《中国历代政权与伊斯兰教》，宁夏人民出版社 1996 年版。

［98］马通：《中国伊斯兰教派与门宦制度史略》，宁夏人民出版社 2000 年版。

［99］马通：《中国伊斯兰教派门宦溯源》，宁夏人民出版社 2000 年版。

［100］马通：《中国西北伊斯兰教的基本特征》，宁夏人民出版社 2000 年版。

［101］勉维霖：《宁夏伊斯兰教派概要》，宁夏人民出版社 1981 年版。

［102］勉维霖主编：《中国回族伊斯兰教制度概论》，宁夏人民出版社 1997 年版。

［103］冯今源：《三元集》，宗教文化出版社 2003 年版。

［104］马启成、丁宏：《中国伊斯兰文化类型与民族特色》，中央民族大学出版社 1998 年版。

［105］南文渊：《伊斯兰教与西北穆斯林社会生活》，青海人民出版社 1994 年版。

［106］杨启辰、杨华：《中国伊斯兰教的历史发展和现状》，宁夏人民出版社 1999 年版。

［107］丁明仁：《伊斯兰文化在中国》，宗教文化出版社 2003 年版。

［108］杨怀中、余振贵主编：《伊斯兰与中国文化》，宁夏人民出版社 1995 年版。

［109］梁向明：《刘智及其伊斯兰教思想研究》，兰州大学出版社 2004 年版。

［110］张秉民主编：《伊斯兰法哲学》，宁夏人民出版社 2002 年版。

［111］张铭：《现代化视野中的伊斯兰复兴运动》，中国社会科学出版社 1999 年版。

［112］王家瑛：《伊斯兰宗教哲学史》（上、中、下），民族出版社 2003 年版。

［113］穆罕默德·尤努思：《伊斯兰政治学》，香港天马图书有限公司 2004 年版。

［114］罗秉祥、万俊人编：《宗教与道德之关系》，清华大学出版社 2003 年版。

［115］牟钟鉴、张践：《中国宗教通史》（修订本），社会科学文献出版社 2003 年版。

［116］戴康生、彭耀：《宗教社会学》，社会科学文献出版社 2000 年版。

［117］金泽：《宗教禁忌》，社会科学文献出版社 1998 年版。

［118］朱越利主编：《当代中国宗教禁忌》，民族出版社 2001 年版。

［119］〔摩洛哥〕伊本·白图泰：《伊本·白图泰游记》，马金鹏译，宁夏人民出版社 1985 年版。

[120]〔英〕梅因：《古代法》，沈景一译，商务印书馆1959年版。

[121]〔英〕马林诺夫斯基：《原始社会的犯罪与习俗》，原江译，云南人民出版社2002年版。

[122]〔英〕诺·库尔森：《伊斯兰教法律史》，吴云贵译，中国社会科学出版社1986年版。

[123]〔法〕孟德斯鸠：《论法的精神》，张雁深译，商务印书馆1963年版。

[124]〔法〕爱弥尔·涂尔干：《宗教生活的基本形式》，渠东、汲喆译，上海人民出版社1999年版。

[125]〔德〕马克斯·韦伯：《论经济与社会中的法律》，张乃根译，中国大百科全书出版社1998年版。

[126]〔德〕H. 科殷：《法哲学》，林荣远译，华夏出版社2002年版。

[127]〔美〕罗斯科·庞德：《法律史解释》，邓正来译，中国法制出版社2002年版。

[128]〔美〕伯尔曼：《法律与宗教》，梁治平译，中国政法大学出版社2003年版。

[129]〔美〕昂格尔：《现代社会中的法律》，吴玉章、周汉华译，译林出版社2001年版。

[130]〔美〕埃里克·A. 波斯纳：《法律与社会规范》，沈明译，中国政法大学出版社2004年版。

[131]〔美〕布莱克：《社会学视野中的司法》，郭星华等译，法律出版社2002年版。

[132]〔美〕托马斯·李普曼：《伊斯兰教与穆斯林世界》，陆文、岳英珊译，新华出版社1985年版。

[133]〔日〕穗积陈重：《法律进化论》，黄尊三等译，中国政法大学出版社1997年版。

[134]〔日〕滋贺秀三等：《明清时期的民事审判与民间契约》，法律出版社1998年版。

[135]〔日〕滋贺秀三：《中国家族法原理》，法律出版社2003年版。

[136]〔日〕千叶正士：《法律多元》，强世功等译，中国政法大学出版社1997年版。

维吾尔族法制史

［1］阿拉腾奥其尔：《清代伊犁将军论稿》，民族出版社 1996 年版。

［2］安部健夫：《西回鹘国史的研究》，宋肃瀛、刘美松、徐伯夫译，新疆人民出版社 1986 年版。

［3］陈永胜：《敦煌吐鲁番法制文书研究》，甘肃人民出版社 2000 年版。

［4］段连勤：《丁零、高车与铁勒》，上海人民出版社 1988 年版。

［5］高永久：《西域古代伊斯兰教综论》，民族出版社 2001 年版。

［6］管守新：《清代新疆军府制度研究》，新疆大学出版社 2002 年版。

［7］华立：《清代新疆农业开发史》，黑龙江教育出版社 1995 年版。

［8］黄建华：《国民党政府的新疆政策研究》，民族出版社 2003 年版。

［9］黄振华、孟凡人主编，刘戈、郭平梁著：《回鹘史指南》，新疆人民出版社 1995 年版。

［10］郎樱：《福乐智慧与东西方文化》，新疆人民出版社 1992 年版。

［11］李进新：《新疆伊斯兰汗朝史略》，宗教文化出版社 1999 年版。

［12］李经纬：《回鹘文社会经济文书研究》，新疆大学出版社 1996 年版。

［13］厉声主编：《中国新疆历史与现状》，新疆人民出版社 2003 年版。

［14］林恩显：《边政通论》，台北华泰书局 1989 年版。

［15］林恩显：《清朝在新疆的汉回隔离政策》，台湾商务印书馆 1988 年版。

［16］林幹、高自厚：《回纥史》，内蒙古人民出版社 1994 年版。

［17］林幹编：《突厥与回纥历史论文选集》（上册），中华书局 1987 年版。

［18］刘美崧：《两唐书回纥传回纥传疏证》，中央民族学院出版社 1989 年版。

［19］刘锡淦：《古代西域民族关系与政策研究》，新疆大学出版社 2000 年版。

［20］刘迎胜：《西北民族史与察合台汗国史研究》，南京大学出版社 1994 年版。

［21］刘正寅、魏良弢：《西域和卓家族研究》，中国社会科学出版社 1998 年版。

［22］刘志霄：《维吾尔族历史》，民族出版社 1985 年版。

［23］罗运治：《清高宗统治新疆政策的探讨》，台北里仁书局 1983 年版。

［24］马大正、刘逖：《二十世纪的中国边疆研究》，黑龙江教育出版社 1997 年版。

［25］马大正：《边疆与民族——历史断面研考》，黑龙江教育出版社 1993 年版。

［26］马大正主编：《中国边疆史地论集续编》，黑龙江教育出版社 2003 年版。

［27］米尔咱·马黑麻·海答尔：《中亚蒙兀儿史——拉失德史》，新疆社会科学院历史研究所译，新疆人民出版社 1983 年版。

［28］苗普生、田卫疆主编：《新疆史纲》，新疆人民出版社 2004 年版。

［29］牛汝极：《阿尔泰文明与人文西域》，新疆大学出版社 2004 年版。

［30］齐清顺、田卫疆：《中国历代中央王朝治理新疆政策研究》，新疆人民出版社 2004 年版。

［31］苏北海、黄建华：《哈密、吐鲁番维吾尔王历史》（清朝至民国），新疆大学出版社 1993 年版。

［32］王东平：《清代回疆法律制度研究》（1759—1884），黑龙江教育出版社 2003 年版。

［33］王守礼、李进新：《新疆维吾尔族契约文书资料选编》，新疆社会科学院宗教研究所编印，1994 年。

［34］《维吾尔简史》编写组：《维吾尔族简史》，新疆人民出版社 1989 年版。

［35］魏良弢：《喀喇汗王朝史稿》，新疆人民出版社 1986 年版。

［36］魏良弢：《西辽史纲》，人民出版社 1991 年版。

［37］魏良弢：《叶尔羌汗国史纲》，黑龙江教育出版社 1994 年版。

［38］新疆人民出版社编：《新疆历史论文续集》，新疆人民出版社 1982 年版。

［39］新疆社会科学院历史研究所：《新疆地方历史资料选编》，人民出版社 1987 年版。

［40］徐晓光：《中国少数民族法制史》，贵州民族出版社 2002 年版。

［41］阎殿卿：《新疆三区革命法制史》，中国社会科学出版社 1991 年版。

［42］尹筑光、茆永福：《新疆民族关系研究》，新疆人民出版社 1996 年版。

［43］余振贵：《中国历代政权与伊斯兰教》，宁夏人民出版社 1996 年版。

［44］曾问吾：《中国经营西域史》，商务印书馆 1936 年版。

［45］张践、齐经轩：《中国历代民族宗教政策》，首都师范大学出版社 1999 年版。

［46］《中国新疆地区伊斯兰教史》编写组：《中国新疆地区伊斯兰教史》（第一、二册），新疆人民出版社 2000 年版。

［47］佐口透著，章莹译：《新疆民族史研究》，新疆人民出版社 1993 年版。